石墨烯中国梦

创业 10 年

10 YEARS IN BUSINESS
CHINESE DREAM OF GRAPHENE

石墨烯产业技术创新战略联盟（CGIA）
国家石墨烯创新中心(宁波石墨烯创新中心有限公司)
西安市追梦硬科技创业基金会 编著

哈尔滨工业大学出版社

图书在版编目(CIP)数据

创业10年，石墨烯中国梦/石墨烯产业技术创新战略联盟（CGIA），国家石墨烯创新中心（宁波石墨烯创新中心有限公司），西安市追梦硬科技创业基金会，编著. 哈尔滨：哈尔滨工业大学出版社，2024.8.--ISBN 978-7-5767-1524-8

Ⅰ.F426.75；K826.16

中国国家版本馆CIP数据核字第20243NH202号

创业10年，石墨烯中国梦

CHUANGYE 10 NIAN，SHIMOXI ZHONGGUOMENG

策划编辑　李艳文　范业婷
责任编辑　马　嫒　赵凤娟
封面设计　麒麟设计
出版发行　哈尔滨工业大学出版社
社　　址　哈尔滨市南岗区复华四道街10号　邮编150006
传　　真　0451-86414749
网　　址　http://hitpress.hit.edu.cn
印　　刷　辽宁新华印务有限公司
开　　本　787毫米×1092毫米　1/16　印张20　字数433千字
版　　次　2024年8月第1版　2024年8月第1次印刷
书　　号　ISBN 978-7-5767-1524-8
定　　价　138.00元

(如因印装质量问题影响阅读，我社负责调换)

编 委 会

主　　编　李义春

副 主 编　吴鸣鸣　胡振鹏

编　　委　（按姓氏拼音排序）

　　　　　陈跃华　杜金雨　高永乐　贺洪影　李传勇

　　　　　刘　蕾　孟艳芳　秦绪凯　沈　颖　汤锡芳

　　　　　唐明军　王梦露　吴娟红　谢晶兰　俞丹萍

　　　　　张　燕　郑千里　钟　亮

序 一

人类社会的发展历程，犹如一部由材料创新写就的壮丽史诗。正如《烯望》诗云："石陶铜铁竞风流，信息时代硅独秀。量子纪元孰占优，一片石墨立潮头。"从石器、陶器开启原始社会的狩猎采集，到铜器、铁器推动农业与工业文明的繁荣，再到硅材料引发的信息科技革命，每一次材料的革新都如激昂的乐章，引领生产力的巨大飞跃，塑造全新的社会形态，驱动文明滚滚向前。

1947年，晶体管的诞生犹如一声惊雷，宣告了电子时代的来临，威廉·肖克利、沃尔特·布拉顿、约翰·巴丁三位科学家因此荣膺1956年的诺贝尔物理学奖。1958年，杰克·基尔比以锗为衬底制作触发电路，创造了世界上第一个使用单一材料制成的集成电路。与此同时，仙童半导体公司的创始人之一罗伯特·诺伊斯，将各种器件制作在同一硅晶片上，发明出硅晶体集成电路。杰克·基尔比与罗伯特·诺伊斯在集成电路领域所做的贡献奠定了现代信息技术的基石。美国硅谷随之崛起，逐渐成为全球领先的科技创新中心，吸引了数百万来自世界各地的顶尖科技人才，汇聚了苹果、谷歌、Facebook、甲骨文、英特尔、英伟达、AMD、特斯拉、Linkedin、惠普、思科等科技巨头的总部和上千家创业公司，诞生了互联网、人工智能等划时代的技术。

以硅为核心的信息技术在贡献巨额利润的同时，也颠覆性地改变了社会生产生活方式，创造出独特的硅文明。对硅材料原创技术的掌握与持续创新，以及硅谷这一高效的科技成果产业化的"超级型平台组织"构建，成为美国在信息时代占据绝对领先地位的成功密码。

自安德烈·盖姆（Andre Geim）和康斯坦丁·诺沃肖洛夫（Konstantin Novoselov）剥离出石墨烯以来，经过近十年的产业化发展，石墨烯以其高导热性、高导电性、高韧性、高强度、超大比表面积等特性，在碳中和、量子计算、集成电路、5G/6G下一代通信、下一代能源、生物医疗等领域展现出广泛的应用潜力，引领人类进入碳时代，为人类和平发展奠定基础。因此，全球各国均将石墨烯技术提升至战略高度，期望把握石墨烯技术革命和产业革命的战略机遇。

作为我国在国际新材料领域能够与发达国家并跑甚至领跑的新材料之一，石墨烯在改造提升传统产业、培育新兴产业方面发挥着巨大的作用，并被视为未来产业竞争的战略制高点。在国家政策的有力推动下，我国石墨烯产业经过十余年的发展，产业规模和企业数量均实现了跨越式增长，产业化进程走在了全球前列。

十年风雷激荡，十年岁月峥嵘。中国石墨烯产业的十年之路，是一条充满挑战与机遇的创业之路。在这条道路上，有那么一批人，他们是"无人区"里的"拓荒者"，他们坚守初心、守正创新，无畏艰难险阻，不畏前路未知。他们以坚韧的意志和不懈的努力，积极推动石墨烯的应用和产业化，为我国石墨烯产业的发展开辟出一片新的天地。

这些石墨烯追梦人的故事，是对创新精神的最好诠释。他们不畏困难，勇于探索，不断突破科技的边界，将实验室中的新奇发现——石墨烯，转化为推动社会进步的新质生产力。他们的努力，不仅推动了中国石墨烯产业的发展，也为全球石墨烯研究和应用开辟了新天地。

本书是对这些石墨烯追梦人故事的记录，是对他们在石墨烯产业发展中所做出的贡献的致敬。他们走过的每一步，都充满了激情与汗水，都凝聚着智慧与勇气。这些故事，是对过去的回顾，更是对未来的展望。他们激励着更多的石墨烯人，勇敢地面对挑战，追求梦想，他们的创新精神也将成为我们宝贵的财富。

在本书中，我们将了解到"中国石墨烯产业奠基人"冯冠平董事长，如何从科研出发，推动石墨烯产业化进程，为中国石墨烯产业的发展奠定坚实基础。我们也将感受到"中国石墨烯产业领航人"刘忠范院士的远见卓识，他不仅在学术研究上取得了丰硕成果，更在产业界发挥了重要作用。"中国石墨烯产业护航人"李义春理事长，则以其卓越的领导力和远见，为石墨烯产业的发展提供了坚实的支持和护航。

在本书中，我们还将看到瞿研、刘兆平、侯士峰、高超、潘东晓、陈利军、丁古巧等七位"中国石墨烯创业功勋人物"的追梦故事。他们是企业家、科研人员、投资人，他们也是新时代中国特色社会主义事业的建设者，是实现中华民族伟大复兴中国梦的奋斗者。他们的故事，是对石墨烯产业十年发展历程的真实记录，也是中国石墨烯产业发展的缩影。他们的成就，不仅推动了中国石墨烯产业的进步，也为全球石墨烯研究和应用开辟了新篇章。

本书是对过去十年中国石墨烯产业发展的一份致敬，也是对未来的一份期待。它不仅是对那些勇敢追梦、不懈奋斗的石墨烯人的礼赞，更是对所有关注和支持石墨烯产业发展的人士的感谢。让我们通过这些故事，共同见证中国石墨烯产业的成长，共同期待它在未来的辉煌。

在此，诚挚地感谢所有为本书的编写付出心血的作者和编辑团队，感谢所有支持和关注石墨烯产业发展的人士。

让我们携手前行，在新的十年里，共同推动中国石墨烯产业迈向新的高峰，为实现中华民族伟大复兴中国梦贡献力量。

2024 年 5 月

序 二

石墨烯具有超大的比表面积、优异的强度、高导电性、高导热性、高电子迁移率、高透光性，在材料学、微纳加工、能源、交通、柔性电子和医疗保健等方面具有非常重要的应用前景，被公认为是一种未来革命性的材料，美国麦肯锡公司更是将石墨烯评为改变世界未来的12项变革性技术之一。石墨烯有望成为21世纪新材料纪元的引领者和带动者，其应用前景和发展趋势给人以无限的遐想和期待。

鉴于石墨烯优越的性能及广阔的应用前景，目前全球有80多个国家和地区开展了石墨烯相关的研究，并纷纷出台创新战略、产业规划、扶持政策，不断加大对石墨烯研究和产业化的支持力度。以欧盟为例，欧盟自2004年石墨烯被发现之后，对石墨烯领域给予长期支持，先后通过欧盟"石墨烯旗舰计划"、"地平线欧洲计划"（2021—2027年）投入20多亿欧元支持石墨烯产业发展，保持欧洲在石墨烯二维材料方面的全球领先地位，促进欧洲社会经济发展。

中国是石墨资源大国，也是目前石墨烯研究和应用开发最活跃的国家之一，通过企业主导、政府支持和市场导向的协同努力，中国的石墨烯产业实现了跨越式发展，这些成绩离不开十年间坚守初心、守正创新、勇闯"无人区"的石墨烯奋斗者，正是他们以坚韧的意志和不懈的努力，积极推动了石墨烯的应用和产业化，为中国石墨烯产业的发展开辟出一片新天地。

我从2013年就开始关注石墨烯在中国的发展，多次参加由中国石墨烯产业技术创新战略联盟组织的各种活动，见证了中国石墨烯产业从无到有，进而成为全球石墨烯产业的引领者的全过程。十年来，中国石墨烯产业技术创新战略联盟在推动中国石墨烯产业发展方面做出了杰出贡献。2024年1月，世界上第一个由石墨烯材料制成的功能性半导体问世，石墨烯可以给人们带来很多惊喜。作为能源工作者，我多次讲过能源革命需要石墨烯，石墨烯能够推动能源革命。我盼望石墨烯在能源革命中展示其非凡之力。

《创业10年，石墨烯中国梦》这本书，邀请了"中国石墨烯产业奠基人"冯冠平、"中国石墨烯产业领航人"刘忠范、"中国石墨烯产业护航人"李义春以及瞿研、刘兆平、侯士峰、高超、潘东晓、陈利军、丁古巧等七位"中国石墨烯创业功勋人物"，讲述他们逐梦"烯"望的创业故事。

《创业10年，石墨烯中国梦》这本书是对石墨烯产业十年发展历程的真实记录，也是中国石墨烯产业发展的缩影；是对过去十年中国石墨烯产业发展的一份致敬，也是对未来的一份期待；是对勇敢追梦石墨烯人的礼赞，更是对所有关注和支持石墨烯产业发展人士的感谢。

纵观全球，未来十年对石墨烯产业发展具有决定性意义。这体现在两方面：一是未来十年将在很大程度上决定未来谁来主导、引领全球石墨烯市场，抢占未来科技竞争制高点；二是也将决定石墨烯的应用发展水平，决定石墨烯能否像钢铁、塑料、硅等基础材料一样深刻改变人类的生活。

目前，我国石墨烯产业依然面临许多技术和产业化的挑战。石墨烯产业之路很长，急不得，但也慢不得，需要数十年如一日的不懈努力和持续的资源投入，才能攻克"卡脖子"技术的封锁和实现真正的"杀手锏"级的应用。让我们在新时代的新征程中，携手共进，共同推动中国石墨烯产业迈向新的高峰，为实现中华民族伟大复兴贡献力量。

徐锭明

2024年7月

目录

十年回望忆"烯"路
——中国石墨烯产业观察 / 1

捧回未来科技材料之星火　开创石墨烯产业化应用之先河
——记中国石墨烯产业奠基人冯冠平 / 13

矢志不渝家国梦　敢凭烯碳赌人生
——记中国石墨烯产业领航人刘忠范 / 43

10 年磨砺　亮剑出鞘
——记中国石墨烯产业护航人李义春 / 75

石墨烯领域的奋斗者与创新者
——记中国石墨烯创业功勋人物瞿研 / 109

甬江奔腾逐"烯"梦
——记中国石墨烯创业功勋人物刘兆平 / 123

投身石墨烯产业创业 13 年的脚步
　　——记中国石墨烯创业功勋人物侯士峰 / 149

从论文到产品
　　——记中国石墨烯创业功勋人物高超 / 169

永不满足的赶路人
　　——记中国石墨烯创业功勋人物潘东晓 / 215

躬身入局新材料产业，砥砺前行向未来
　　——记中国石墨烯创业功勋人物陈利军 / 237

廿载如一日，追寻最好的石墨烯材料
　　——记中国石墨烯创业功勋人物丁古巧 / 259

附录　中国石墨烯产业大事记（2013—2023 年）/ 295

后记 / 305

十年回望忆"烯"路

——中国石墨烯产业观察

浩瀚的银河繁星闪烁，斗转星移中，时间指针匆匆转动；绚烂的四季轮回更迭，披星戴月间，行业同袍并肩前行。被誉为 21 世纪"材料皇冠"上最璀璨的明珠的石墨烯，一经发现便引起国际上的广泛关注与高度重视，许多国家纷纷从国家战略层面进行布局引导，力争在新一轮技术革命中抢占发展制高点。石墨烯作为新材料之一，近 10 年来，产业不断发展壮大，在改造提升传统产业、培育新兴产业等方面发挥了巨大作用。

一、概述——"烯"材岁月展画卷

2023 年是中国石墨烯产业发展 10 周年，也是中国石墨烯产业技术创新战略联盟（以下简称石墨烯联盟）成立 10 周年。从 2013 年石墨烯联盟成立，中国石墨烯产业化征途正式开启，到 2023 年中国石墨烯产业发展进入稳步发展的新阶段，中国石墨烯产业走过了 10 年的奋斗征程。

10 年来，中国石墨烯产业从零到一，从小到大；石墨烯研发从跟跑到与国际基本同步；石墨烯材料制备从中试到批量生产，材料规模化制备能力突出；石墨烯产品也从实验室逐渐走进市场，应用领域从星辰大海到衣食住行，逐渐走进人们的生活。中国，正在引领着全球石墨烯产业化的发展。

10 年来，石墨烯联盟成员从发起时的 26 家发展到目前的 159 家，成为全球具有影响力、专注于推动石墨烯产业化的行业综合服务平台；在中国材料研究学会下成立了石墨烯分会，并成为国家石墨烯创新中心的核心组成部分；石墨烯联盟组建的产业研究团队深入开展全球石墨烯产业战略研究，梳理行业发展脉络，持续发布《全球石墨烯产业研究报告》，研究团队成为全球知名的石墨烯产业智库；同时，石墨烯联盟坚守初心，践行社会责任，与西安市追梦硬科技创业基金会等联合发起并组织筑梦、追梦等公益项目，共同奋斗实现"石墨烯让世界更美好"这一愿景。石墨烯联盟在促进石墨烯产业链协作、推进"政产学研用"协同创新发展的产业生态体系建设方面进行了积极探索，走出一条用市场化手段推动中国石墨烯产业的发展之路。

10年来，石墨烯产业依托石墨烯联盟不断拓展国际"朋友圈"，构建全球石墨烯产业共同体。石墨烯联盟以"技术全球并购，产业中国整合"为战略，以"产品走出去，项目引进来"为核心，围绕国内石墨烯企业海外市场推广及技术需求，对接海外市场，引进海外技术，推出一系列国际合作服务，建设对接海内外石墨烯相关资源的国际化服务平台。

自2014年以来，石墨烯联盟成功举办了10届中国国际石墨烯创新大会。目前中国国际石墨烯创新大会已成为国际石墨烯科技与产业界最大规模的年度盛会以及向全球展示成果、开展交流合作的重要窗口和平台；中国国际石墨烯创新大会的成功召开成为促进全球创新和产业资源汇聚，加速区域产业转型升级，激活区域经济发展的新引擎，为打造石墨烯国际合作平台发挥了重要作用。

10年来，涌现了一批又一批的石墨烯追梦人，他们怀揣梦想、矢志报国、勇攀高峰、甘于奉献，始终坚守在石墨烯行业，为实现石墨烯的中国梦而披荆斩棘、砥砺奋斗，在祖国实现了人生价值，为中国石墨烯产业的发展做出了杰出贡献。

二、产业发展回顾——10年回望忆"烯"路

（一）产业发展历程——创业耕耘播"烯"望，产业腾飞看今朝

1. 产业初创期（2013—2014年）：小荷才露尖尖角

2010年，英国曼彻斯特大学的两位科学家安德烈·盖姆(Andre Geim)和康斯坦丁·诺沃肖罗夫(Konstantin Novoselov)因在二维材料石墨烯领域的开创性实验而获得当年的诺贝尔物理学奖。石墨烯的发现引起了世界各国的高度关注。石墨烯诞生于欧洲，从2006年开始，欧盟就开始将石墨烯提升至战略高度进行布局，起步早且系统性强。2013年欧盟启动了欧盟石墨烯旗舰计划（Graphene Flagship），总投资10亿欧元，这是全球范围内首个聚焦石墨烯领域、投资最大、时间跨度最长的科研计划，是全球石墨烯战略的一面旗帜。

中国石墨烯的产业化进程可以追溯到2008年，中国石墨烯产业奠基人、时任深圳清华大学研究院创始院长的冯冠平教授开启了石墨烯材料的探索之路，中国的石墨烯产业开始起步。

这一阶段，我国的石墨烯产业诞生了许多"名场面"：国内第一家石墨烯领域新型研发机构——江南石墨烯研究院建立（2011年）；全球首条规模化石墨烯生产线在宁波正式投产（2013年）；国内第一条量产石墨烯透明导电薄膜生产线在常州投产（2013年）；我国首家专注于石墨烯产业化的行业组织——石墨烯联盟成立（2013年）；全球首个旨在推动石墨烯产业化的石墨烯领域国际会议——首

届中国国际石墨烯创新大会在宁波召开；中国第一家以石墨烯为主业的公司——常州第六元素材料科技股份有限公司在全国中小企业股份转让系统（简称"全国股转系统"，俗称"新三板"）挂牌上市（2014年）；等等。

（1）中国石墨烯产业化征程揭幕——石墨烯联盟成立。

国内产业界对石墨烯项目的关注和投资引起了国家相关部委的高度重视。2013年3月，受国家发展改革委、科技部、工业和信息化部等相关部门的委托，时任国家现代材料科技信息网络中心主任李义春博士牵头就国内外石墨烯研发及产业化状况进行调研，在调研中偶遇从事石墨烯的制备及产业化工作的老朋友萧小月博士，两人对石墨烯的发展态势及策略进行了深入探讨并达成共识，一致认为组建一个行业组织来制订规划，统筹协调，引导石墨烯产业健康有序发展是当务之急，于是，我国首家专注于石墨烯产业化的行业组织——石墨烯联盟应运而生。

2013年7月13日，石墨烯产业发展趋势及投资论坛盛大开幕，石墨烯联盟成立，标志着中国石墨烯产业化的进程正式开启。石墨烯联盟的成长伴随着中国石墨烯产业的发展壮大，随后一系列开创性事件对中国石墨烯产业产生了深远影响。

石墨烯联盟是联合国内外从事石墨烯领域研发、生产、应用等单位，自发形成的新型产业技术创新合作组织。目前石墨烯联盟成员单位从发起时的26家发展到159家，石墨烯联盟通过推动技术创新、促进产业协同发展和加强国际合作等，为全球石墨烯产业的发展做出了积极贡献。

（2）石墨烯国际"朋友圈"初建——首届国际石墨烯创新大会。

2014年9月1~3日，由石墨烯联盟、欧洲幻影基金会（Phantoms Foundation）和宁波市人民政府联合主办的全球首届以推动石墨烯产业化为目的、以石墨烯在各领域的应用进展为主题的石墨烯专业国际会议——2014中国国际石墨烯创新大会（图1）在宁波市成功举办，吸引了来自全球近30个国家、400多家单位的1 000多人参会以及30多家展商参展。会上发布了全球首个石墨烯领域的国际合作倡议——《宁波宣言》，提出注重原始创新和开放合作、坚持以应用需求拉动上游的整体产业链高端发展等倡议。

图1　2014中国国际石墨烯创新大会会场

（3）石墨烯企业走出去——组团出访。

2014年5月，石墨烯联盟首次走向国际，参加第四届石墨烯国际会议并访问海外石墨烯旗舰计划项目组。自此以后，石墨烯联盟每年组团去海外出访交流，参加欧洲重要的石墨烯会议并访问海外知名石墨烯研发机构和企业，石墨烯联盟组织的海外出访也成为石墨烯产业国际合作的一个重要内容。

（4）青年人在行动——首届石墨烯青年论坛。

2013年，中国石墨烯领域的4位青年才俊——刘兆平、高超、朱彦武和林时胜牵头发起了石墨烯青年论坛，首届论坛于2013年9月在浙江大学举行，论坛宗旨是为石墨烯的中青年学者提供良好的交流展示平台和合作的契机。

2. 快速成长期（2015—2017年）：千树万树梨花开

2015年以后，中国石墨烯产业开始进入快速成长阶段，学术界、产业界、投资界都争相谈"烯"，市面上也出现了林林总总的"石墨烯"概念产品，石墨烯产业仿佛"忽如一夜春风来，千树万树梨花开"，主要有以下特点。

（1）相关政策密集发布。

2015年10月，国家主席习近平参观英国曼彻斯特大学国家石墨烯研究院时指出，中英在石墨烯研究领域完全可以实现"强强联合"。这既说明了中国石墨烯产业在国际上的地位，又表明了我国政府对石墨烯高度重视。这一时期，我国相关政策密集出台，极大加速了我国石墨烯产业化的进程。

① 2015年，工业和信息化部、国家发展改革委、科技部联合发布中国首部聚焦石墨烯产业的专项政策《关于加快石墨烯产业创新发展的若干意见》。

② 2016年，国家发展改革委印发《关于加快推进国家"十三五"规划〈纲要〉重大工程项目实施工作的意见》，石墨烯成功入选165项重大工程项目。

③ 2016年，国务院成立了国家新材料产业发展领导小组，并于2017年组建了由48位专家组成的国家新材料产业发展专家咨询委员会，时任石墨烯联盟秘书长的李义春受聘为委员，牵头负责石墨烯领域相关工作。

④ 2017年，工业和信息化部、财政部和中国保监会建立重点新材料首批次应用保险补偿机制并开展试点工作，石墨烯入选目录。

⑤ 2017年，石墨烯联盟标准委员会正式发布全球范围内首个石墨烯领域的团体标准：《石墨烯材料的术语、定义及代号》（T/CGIA 001—2017）。

（2）技术产业蓬勃发展。

这一阶段，我国石墨烯领域的研发和产业化均发展迅速。

① 论文和专利等创新成果产出数量急剧上升，石墨烯的制备技术、改性复合材料、石墨烯电子器件等研发取得一定进展。

② 石墨烯产业规模迅速扩张，石墨烯产业链初步形成，涵盖了从原材料制备、技术研发到产品应用的各个环节，石墨烯材料产能大幅提升。

③ 石墨烯应用领域不断扩展，在电加热、大健康、散热、电池、润滑油、防腐涂料等领域开始市场化应用，各类石墨烯应用产品层出不穷。

（3）投资创业如火如荼。

越来越多的资本涌入石墨烯行业，全国各类石墨烯相关项目纷纷投产。

① 2015年石墨烯联盟组织的国际上首届石墨烯领域创业活动——2015中国国际石墨烯创新创业大赛在常州、无锡、青岛举行。

② 石墨烯相关企业数量爆发性增长，据全球石墨烯产业战略研究院（CGIA Research）统计，截至2017年年底，在工商部门注册的营业范围包含石墨烯相关业务的企业数量达4 800多家，其中2016—2017年增加了近2 000家。

③ 石墨烯在资本市场备受青睐，石墨烯概念股争相上市。据CGIA Research统计，截至2017年年底，我国共有石墨烯相关上市公司58家，其中主营石墨烯业务的有5家，均为新三板上市；非主营石墨烯上市企业数量为53家。

④ 各地开始建设石墨烯产业园区和基地，其中青岛、无锡获批国家火炬石墨烯特色产业基地；青岛、宁波、深圳、北京等地方创新中心成为区域石墨烯产业发展新名片，中国石墨烯产业区域集聚初步成型。

3. 稳步发展期（2018年至今）：千磨万击还坚劲

经历了几年投资热潮，石墨烯产业发展的投资逐步回归理性，中国石墨烯产业在2018年以来进入了稳步发展阶段。

（1）政策支持向应用端倾斜。

2018年之后，国际上对石墨烯的重点支持方向逐渐从基础研究、前沿技术转向石墨烯的商业化应用，如欧盟石墨烯旗舰计划2019年之后着力推进石墨烯商业化，并推出旨在推动石墨烯和二维材料在目标市场的工业应用的"先锋项目"，积极向电子信息、生物医药等高端应用领域布局。

我国政府重点支持石墨烯产业化应用：

① 工业和信息化部发布《2019年工业强基工程重点产品、工艺"一条龙"应用计划示范企业、示范项目名单》，石墨烯位列其中。

② 陕西、江苏、广东等多地建立石墨烯产业创新中心，2022年工业和信息化部正式批复组建国内石墨烯领域唯一的国家制造业创新中心。

③ 团体标准《工程机械用石墨烯增强极压锂基润滑脂》等多项石墨烯应用标准发布。

④ 2018年，全球首家独立第三方石墨烯产品认证机构——国际石墨烯产品认证中心（IGCC）正式成立。

⑤ 2019年起，石墨烯联盟陆续与终端应用企业发起汽车、节能环保、农业、纺织、医疗等应用推广平台，并组织多场"商务会客室"等企业需求对接活动，着力构建政产学研用金一体化协同发展的生态圈。

（2）前沿技术取得突破性进展。

① 中国科学院上海微系统与信息技术研究所成功制备8英寸（1英寸=2.54 cm）无褶皱高质量石墨烯单晶晶圆，并实现小批量生产。

② 天津大学团队成功制备全球首个石墨烯半导体，攻克了长期以来阻碍石墨烯电子学发展的关键技术难题，打开了石墨烯带隙，实现了石墨烯半导体从零到一的突破。

③ 北京石墨烯研究院首创在玻璃上的高质量石墨烯生长（超级石墨烯玻璃）。

④ 清华大学集成电路学院研发出全球首个可穿戴石墨烯人工喉。

⑤ 杭州高烯科技有限公司（以下简称高烯科技）发布新一代高导热碳纤维——石墨烯基碳纤维，开创全新技术路线。

（3）产业化应用迈向新阶段。

这一阶段我国石墨烯材料产能进一步扩大，2021年国内石墨烯粉体产能超过1万t，2023年超过2万t；石墨烯产业化应用进入了全新发展阶段，越来越多的石墨烯应用产品进入市场；石墨烯市场化成果开启新一轮投资热潮，中国石墨烯商业化应用正领跑全球。

① 自2018年华为技术有限公司首次在其旗舰手机华为Mete20X上应用了石墨烯散热解决方案以来，石墨烯散热逐渐成为智能手机等高端电子产品的主流热管理方案之一。据不完全统计，目前华为、荣耀、小米、OPPO、联想等30余款手机产品采用了石墨烯散热方案，特别是在旗舰机和游戏机上，大幅提升了产品性能和用户体验，且已拓展应用到平板电脑、移动存储等产品中。

② 在新能源汽车领域，石墨烯导电浆料已在比亚迪股份有限公司、国轩高科股份有限公司等国内知名动力锂电池生产商中规模化应用；石墨烯在三元电极材料、固态电池等方面取得进展；石墨烯导电银浆在太阳能电池中开始产业化应用。

③ 石墨烯防腐涂料、石墨烯金属复材等成功应用于海工装备、港口岛礁、高铁、跨海大桥、国产大飞机等重大工程和装备中，如舟山基地380 m世界最高输电塔采用石墨烯防腐涂料。

④ 石墨烯净化剂、石墨烯过滤膜、石墨烯光催化网等净化材料和石墨烯导热材料已成为节能环保领域技术突破的新契机，在LED照明、污水处理等领域已实现批量应用。

⑤ 基于石墨烯薄膜、石墨烯功能纤维的服装保健产品，如理疗护具、智能家纺、发热服饰等，在理疗保健甚至医疗方面发挥了重要作用。

⑥ 石墨烯在2022年北京冬奥会上大放异彩，从石墨烯服装服饰、暖手宝、加热座椅、地毯到赛场专业设备低温保护，石墨烯低温柔性发热保障功能实现了多方面应用，为"科技冬奥""低碳冬奥"贡献了力量。

（4）着力营造健康可持续发展氛围。

① 2019年，石墨烯联盟与高烯科技等全球百余家石墨烯产学研单位联合倡议将6月6日设立为国际石墨烯日（International Graphene Day），旨在营造有利于石墨烯产业创新发展的环境，崇尚科学，倡导行业自律。

② 石墨烯联盟联合国内外知名石墨烯行业专家，共同发起成立"国际石墨烯颁奖典礼"，打造属于全球石墨烯行业的"奥斯卡"盛典，支持在石墨烯行业中奋起拼搏的人和企业，树立行业标杆。

③ 石墨烯联盟联合多位业界杰出企业家代表共同发起《石墨烯企业家责任倡议书》，倡议业界坚守战略定力，大力弘扬企业家精神，积极践行企业社会责任。

④ 2020年，石墨烯联盟理事长李义春等牵头发起成立西安市追梦硬科技创业基金会（以下简称基金会），通过组织实施"青少年筑梦科学计划""硬科技创业追梦

计划"和"硬科技创业圆梦计划"等公益项目，对以公益慈善力量来推动中国硬科技发展进行了有益的探索和实践。

⑤2020年，基金会联合石墨烯联盟等单位率先开展了"神奇的石墨烯改变世界"青少年科普公益活动，引发了社会对石墨烯等硬科技的广泛关注，并对引导青少年树立科学梦想，实现从追"星"到追"梦"的转变起到了积极作用。

⑥2023年，中国石墨烯产业发展10周年之际，石墨烯联盟组织举办了"创业十年 石墨烯中国梦"庆典活动，传承创业奋斗薪火，弘扬企业家精神，致敬石墨烯追梦人。

（二）产业发展态势——乘风破浪扬帆起，"一片石墨"立潮头

目前，中国石墨烯产业已经发展了10余年，正在从技术研发阶段向市场应用阶段过渡，发展态势稳中向好，主要体现在以下几方面。

1. 创新成果数量居于前列

从全球石墨烯论文和专利等创新成果产出来看，全球开展石墨烯研究布局的国家和地区主要集中于中国、美国、印度、韩国、日本、欧洲等，中国论文、专利等创新成果数量居于世界前列（图2、图3）。2012年，中国石墨烯相关论文发表数量成为全球第一，之后稳居全球首位。据CGIA Research统计，截至2023年6月26日，全球共发表石墨烯相关论文约35万篇，其中排名前三的国家是中国约26.1万篇，美国约4.8万篇，印度约2.7万篇。中国石墨烯相关论文发表数量超过全球石墨烯论文发表总数的70%，远远超过美国等其他国家。

从专利申请量的角度来看，中国是石墨烯专利大国。据CGIA Research统计，截

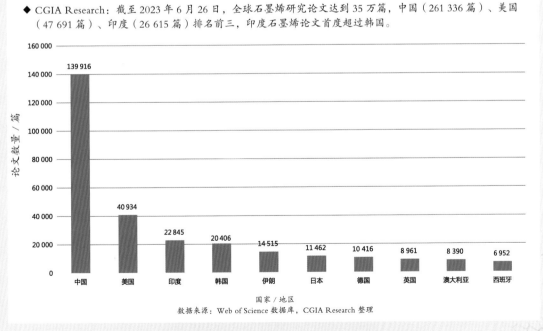

◆ CGIA Research：截至2023年6月26日，全球石墨烯研究论文达到35万篇，中国（261 336篇）、美国（47 691篇）、印度（26 615篇）排名前三，印度石墨烯论文首度超过韩国。

数据来源：Web of Science数据库，CGIA Research整理

图2 全球石墨烯研究论文产出TOP10国家/地区

◆ **专利申请量全球第一，专利质量不断提升。**我国石墨烯专利申请量全球占比从2016年的46%，**上升到2023年的73.6%**(到2023年6月我国石墨烯专利申请量累计**达到92 366件**)。

数据来源：智慧芽，CGIA Research 整理　　　　　　　单位：件

图 3　全球石墨烯专利申请量 TOP20 国家／地区

至 2023 年 6 月，中国共申请石墨烯相关专利 92 366 件，申请量位居全球第一，大幅领先于位列第二和第三的美国和韩国；中国石墨烯专利申请量全球占比从 2016 年的 46%、2019 年的 69.4% 上升到 2023 年的 73.6%。

2. 产业化进程领跑全球

中国是石墨烯材料生产大国，也是石墨烯产业化应用大国。中国石墨烯材料的规模化制备生产能力突出。据 CGIA Research 统计，中国石墨烯粉体的产能从 2015 年的 600 t 增长到 2023 年的 2.2 万多 t，已有数家企业具备了年产千吨以上的生产能力，如常州第六元素材料科技股份有限公司、山东利特纳米技术有限公司等；石墨烯薄膜的产能从 2015 年的 150 万 m^2 增长到 2023 年的 260 多万 m^2，主要集中在宁波柔碳电子科技有限公司、北京石墨烯研究院、常州二维碳素科技股份有限公司、无锡格菲电子薄膜科技有限公司等企业。

同时，石墨烯相关单位数量急剧增加。据 CGIA Research 统计，截至 2023 年 9 月底，国内在工商部门注册涉及石墨烯相关业务的存续企业数量达到 4.9 万家，其中，拥有石墨烯专利的企业数量 11 521 家，高新技术企业 5 474 家，有融资的 871 家，专精特新企业 30 余家。

此外，中国拥有世界上最大的石墨烯应用市场，石墨烯在新能源、大健康、石油化工、节能环保等领域实现产业化应用。从半导体芯片，到电池、涂料、润滑油，再到纺织纤维、手机散热，石墨烯产品可谓上天入地，从遥不可及的贵族应用，逐渐走进普通老百姓的日常生活。近年来，中国石墨烯应用领域不断拓展，市场规模稳步上升。据 CGIA Research 统计，石墨烯应用市场规模从 2015 年的 6 亿元、2020 年的 140 亿元，到 2023 年近 200 亿元，预计 2025 年我国相关市场规模有望达到 600 亿元。

3. 区域产业集聚初步成型

各地政府在石墨烯产业发展领域力度不断增加，特别是中西部地区投入力度明显加大。当前，中国石墨烯产业呈现出多点开花、集聚初现的特点，已经基本形成以长三角、珠三角和京津冀鲁（环渤海）3个区域为聚合区，多地分布式发展的"3+N"石墨烯区域产业格局，多个具有石墨烯特色的产业创新中心已具雏形，东部沿海企业聚集效应明显，集中了70%以上的企业。其中"3+N"是指已经形成产业聚合区的环渤海经济圈、长三角经济圈、珠三角经济圈以及N个正在发展的产业区域（如川渝、广西、陕西、东北等）。

此外，各地政府大力投入创新平台建设，在地方政府的支持下，各类石墨烯相关的产业园区、创新中心及研究院等平台建设如火如荼。据 CGIA Research 统计，目前中国各地已成立石墨烯产业园60余家，石墨烯研究院110余家，石墨烯产业创新中心17家。

4. 积极探索标准认证工作新模式

石墨烯作为一种前沿新材料，行业标准是引领其创新发展的重要前提，国内外均高度重视。在国际层面，国际标准化组织和国际电工委员会（ISO/IEC）成立了石墨烯标准委员会的相关组织，包括英国标准协会（BSI）、德国标准化学会（DIN）、欧洲标准化委员会（CEN）和欧洲电信标准协会（ETSI）等。中国国家标准化管理委员会牵头成立了石墨烯标准化工作推进组，并于2017年成立全国纳米技术标准化技术委员会低维纳米结构与性能工作组。这一工作组与全国纳米技术标准化技术委员会及纳米材料分会一道，共同承担了石墨烯领域标准的制定任务。国内石墨烯标准体系涵盖了国家标准、行业标准、团体标准和地方标准，据石墨烯联盟标准委员会统计，目前国内制定有效的石墨烯标准共计133项，其中包括国家标准12项，行业标准2项，团体标准84项，地方标准35项。

石墨烯联盟组建了标准化委员会，提出"从优不从众"标准化理念，践行"技术专利化、专利标准化、标准市场化"的标准化新方法、新模式。目前，石墨烯联盟标准委员会正在研究制定的石墨烯团体标准有35项，已完成18项团体标准的制定，并积极主持、参与了4项国际标准的制定工作。石墨烯联盟标准委员会现已成为国内石墨烯领域开展标准化工作最早、参与人数最多、最具行业影响力、标准现产出最多的团体标准组织。

此外，石墨烯联盟积极支持产品认证工作，为行业正本清源。国际石墨烯产品认证中心（IGCC）是全球石墨烯行业率先开展石墨烯原材料和应用产品认证的独立第三方机构，石墨烯联盟作为 IGCC 石墨烯产品认证结果的认可方，大力支持 IGCC 在不同行业、不同区域开展石墨烯材料及产品认证工作。

5. 石墨烯联盟国际影响力彰显

石墨烯联盟10年来与石墨烯产业共同成长，在促进石墨烯国际交流与合作和推动石墨烯产业化进程中发挥了重要作用，得到业界及国际石墨烯同人的一致认同。海外权威期刊 *Nature Materials*、*Nature* 两度专文报道石墨烯联盟在推动中国及全球石墨烯产业高质量发展方面所做出的贡献。这是国外权威机构专门大篇幅介绍中国一个非政府行业组织在产业发展中所起到的作用，体现了国际上对石墨烯联盟工作的充分肯定，彰显了石墨烯联盟在推动石墨烯产业化方面的国际影响力。

三、产业突出贡献人物——群星璀璨耀"烯"世

在历史发展的长河里，人类文明不断进步，各行各业的风流人物不断涌现。中国石墨烯产业化发展的10年，是一批又一批石墨烯人成长的10年，也是那些不忘初心，始终坚守在石墨烯行业，对实现石墨烯中国梦做出突出贡献的追梦人创业奋斗的10年。2023年11月10日，中国石墨烯人的盛典——石墨烯联盟组织举办的"创业十年 石墨烯中国梦"庆典活动于2023（第十届）中国国际石墨烯创新大会期间隆重举行。该庆典活动对10年来为中国石墨烯产业发展做出突出贡献的石墨烯产业风云人物及石墨烯创业功勋人物做出表彰，诚挚感谢他们为中国石墨烯产业谱写的多彩乐章。纸短情长，这里仅以简单的文字向他们致敬。

（一）中国石墨烯产业风云人物

1. 中国石墨烯产业奠基人——清华大学教授、深圳烯旺新材料科技股份有限公司董事长冯冠平

冯冠平（图4）教授是中国科技创投届的风云人物，更是一位敢为人先的实业家。他退休后，又毅然进行"第101次创业"，只希望为国家再孵化出在世界产业领域最领先的高科技项目。当很多人还不知道石墨烯为何物时，他带领深圳力合天使创业投资管理有限公司等创投机构勇闯"无人区"，探索石墨烯产业化的新机制，从太湖畔到清华园，再从清华园到深圳湾，投资孵化出的企业现在已成为中国石墨烯产业的半壁江山，为中国的石墨烯产业化奠定了坚实基础。

图4 中国石墨烯产业奠基人——冯冠平教授

2. 中国石墨烯产业领航人——中国科学院院士、北京石墨烯研究院院长刘忠范

刘忠范（图5）院士深耕石墨烯研究14载，肩负着时代赋予的重任，立志做石墨烯产业的开拓者和领航人。他在已届花甲之年，以担当的勇气，发起创建北京石墨烯研究院（BGI），开启了人生的第二次创业。5年时间，BGI已经成为全球最大的石墨烯研发机构。矢志不渝家国梦，敢凭烯碳赌人生，满怀着对石墨烯未来的憧憬和

图5 中国石墨烯产业领航人——刘忠范院士

梦想，前路漫漫，荆棘密布，但他一往无前。

3 中国石墨烯产业护航人——国家新材料产业发展专家咨询委员会委员、石墨烯联盟理事长李义春

作为石墨烯在全球范围内的推动者和护航者，李义春（图6）以卓越的领导力和远见卓识，发起建立石墨烯联盟这一产业服务平台。10年来，初心不改，不断聚合发展要素，为产业赋能，为发展护航。石墨烯联盟现已成为创新要素聚集"主阵地"，产业发展"助推器"。10年来他不仅在学术界和产业界之间架起一座协同创新的桥梁，还积极促进国际合作，提升中国石墨烯产业的全球影响力和竞争力。

图6　中国石墨烯产业护航人——李义春理事长

（二）中国石墨烯创业功勋人物

10年风雷激荡，10年岁月峥嵘。他们是"无人区"里的"拓荒者"，他们坚守初心、守正创新，无畏艰难险阻，不畏前路未知，以坚韧的意志和不懈的努力，积极推动石墨烯的应用和产业化，为中国石墨烯产业的发展开辟出一片新的天地。奋进新时代，建功新征程。他们的故事将激励着更多的石墨烯人，勇敢地面对挑战、追求梦想，他们的创新精神也将成为我们宝贵的财富。他们就是中国石墨烯创业功勋人物（图7）。

作为21世纪热度最高的前沿技术和新质生产力之一，石墨烯材料从2004年被发现至2010年短短6年便斩获诺贝尔物理学奖，可谓"出道即巅峰"。然而，作为一种新材料，石墨烯产业发展的道路并非一帆风顺。

10年磨一剑，2013—2023年中国石墨烯产业化经历了风风雨雨的第一个10年，中国石墨烯产业在曲折中前进，在变化中发展。重点方向从材料制备等基础研究逐渐转向应用研究，从实验室制备逐渐转向产业化生产，从单一学科研究到多学科跨界创新；产品从工业"味精"到"杀手锏"级应用，从概念到实实在在的产品，从书架到货架，从追求规模到追求品质；投资从一哄而上到平淡冷静……可以说"变化"是石墨烯产业发展永远的主旋律。

整体来看，中国石墨烯产业发展开始进入深水区，产业发展渐趋沉稳，投资逐步回归理性，市场竞争日趋激烈，行业进入调整洗牌阶段。大浪淘沙勇者胜，缺乏核心技术、产品的企业将被淘汰；那些一直在坚守着自己的战略定力和初心、踏踏实实做事、勇于探索和创新的企业在多年的沉淀后渐入佳境。

未来，石墨烯作为国际高科技产业竞争的热点，其发展将主要从制备技术和产业化应用层面进行全面提升。在基础科学上，将进一步发掘石墨烯的优异特性，以石墨烯为窗口拓宽二维材料研究范畴；在制备技术上，将进一步发展高质量石墨烯粉体和石墨烯薄膜的可控、绿色、低成本、大规模工业化制备技术；在产业化应用上，将探

瞿研：常州第六元素材料科技股份有限公司董事长、江南石墨烯研究院副院长

刘兆平：中国科学院宁波材料技术与工程研究所研究员、国家石墨烯创新中心主任

侯士峰：山东农业大学教授、山东利特纳米技术有限公司董事长

高超：浙江大学求是特聘教授、杭州高烯科技有限公司首席科学家

潘东晓：华高控股集团有限公司董事长

陈利军：北京创新爱尚家科技股份有限公司董事长

丁古巧：中国科学院上海微系统与信息技术研究所研究员、中科悦达（上海）材料科技有限公司总经理

方崇卿：厦门凯纳石墨烯技术股份有限公司总经理

图 7 中国石墨烯创业功勋人物

索广泛应用领域的发展潜力，努力发展石墨烯"杀手锏"和高性价比应用。

"路漫漫其修远兮，吾将上下而求索。"石墨烯产业化前景可期，但需要保持四心：静心、良心、耐心和信心。只有耐得住寂寞，才能守得住繁华；经历风雨之后，才能见到彩虹。

"守得云开见月明"，相信在石墨烯人的不懈坚持和各方共同努力下，中国石墨烯产业终将收获丰硕的成果，石墨烯产业中国梦一定会实现！

捧回未来科技材料之星火
开创石墨烯产业化应用之先河

——记中国石墨烯产业奠基人冯冠平

> **人物介绍**
>
> 冯冠平 清华大学科技处原处长、清华大学原校长助理、深圳清华大学研究院创始院长,我国石墨烯产业先行者、奠基人,科技成果转化和风险投资的领军人物。他曾是中国最年轻的传感技术专家,在"柔性转子控制系统"领域中第一个解决了"振动中的主动控制问题";他是当年清华大学最年轻的教授、博士生导师,为国家培养了众多专家,也影响了一代代科技创新学者和专家;他是改革开放以来科技成果转化的领军人物,他在担任深圳清华大学研究院创始院长期间,创立了100多家企业,孵化和培育了1 000多家企业;作为中国石墨烯产业的奠基人,他高瞻远瞩,率先将石墨烯材料引入中国展开布局,让这一材料的发展与世界站在同一起跑线;他率先实现了石墨烯单层晶体材料的宏量制备及其柔性电热应用,开辟了石墨烯从实验室走向应用化道路的先河。他笃定、实干,在科技成果转化方面不遗余力;他突破、冒险,在开拓创新的道路上披荆斩棘;他奉献,坚守,举起石墨烯产业大旗高歌猛进。

敢想敢干,满怀激情。他的人生跨度之大,历程之精彩,让人称奇。

他胸中有丘壑,眼里存山河,致力于科技报国。他不仅是国内科技创新、科技孵化及产学研机制创新领域的践行者,更是奠定了中国石墨烯产业在世界的先锋地位的开拓者、推动者和引领者。

早在20世纪90年代,他就已经荣获了3项国家发明奖。

他的3项科研成果达到国际领先水平,荣获1983年度的日内瓦国际发明银奖。

他在任职深圳清华大学研究院创始院长的20年时间里，孵化了600多家国家高新技术企业。

他亲自创办的企业超过100家，他作为第一任董事长上市的企业超过20家。

在天使投资领域，他连续多年被评为"中国投资界十大风云人物"。

他荣誉等身，在中华人民共和国成立70周年时，获得中共中央、国务院、中央军委颁发的"庆祝中华人民共和国成立70周年"纪念章（图1）。

图1　冯冠平教授获得中共中央、国务院、中央军委颁发的"庆祝中华人民共和国成立70周年"纪念章

在深圳经济特区建立四十周年庆祝大会上，冯冠平教授被评为深圳经济特区建立四十周年40位创新创业人物和先进模范人物之一。

这位年过七旬的长者用自己的全部心血，实现了一个中国知识分子以知识报国、科技报国、产业报国的美好梦想。

一、追梦少年，一路走向中国最顶尖的科技殿堂

（一）立志高远，开启学霸生涯

冯冠平出生于1946年，江苏武进人。由于中学入学考试失利，他只能去一所借办在庙里的中学读书，山上的日子清苦，有时还能看见狼。

青山、寺庙、蝉鸣；读书、砍柴、做饭，这是冯冠平简单而充实的少年时光。也正因如此，年纪轻轻的他，便已养成了吃苦、勇敢、不怕挑战的性格。他天资聪颖，且志向远大。在江苏省前黄高级中学，他奋发学习，开启了学霸生涯。

1964年，冯冠平考上了清华大学，从此开启了他与清华大学的不解之缘。

从小就对科技产生浓厚兴趣并立志报国的冯冠平选择就读精密仪器与机械学专业，一个更为广阔的世界向他敞开了怀抱。1970年，年仅24岁的冯冠平硕士毕业，由于成绩优异被留校从事精密仪器领域的研究工作。

1983年，37岁的他在第14届日内瓦国际发明展上夺得银奖，成为中国最年轻的传感技术专家。他研究的"柔性转子控制系统"在世界上首次解决了"振动中的主动控制问题"。联合国知识产权副主席对冯冠平竖起了大拇指："中国人，了不起！

了不起！"

1987年，经清华大学副校长张维教授推荐，冯冠平到德国做访问学者，两年期间获得了6项德国国家专利，引起了业内轰动（图2）。对于冯冠平来说，正是1987年的德国之行，让他找到了人生另一扇大门的钥匙，隐藏在骨子与天性之中的另一个他开始慢慢苏醒。

在德国时，他获得的每一项德国国家专利都给他带来了巨额的回报，这让他

图2　冯冠平到德国做访问学者，两年获德国6项国家专利引起轰动

第一次对"知识产权"有了实质性的概念——知识不仅是力量，更是财富！也正是这次经历，使他一生执着、孜孜不倦致力于"知识转化为第一生产力"理念的传播与落地。

1989年，回国后他被清华大学破格提拔为最年轻的正教授。1992年年初，邓小平同志做了著名的"南方谈话"，扫清了发展生产力上的思想障碍。1993年，从德国归来的冯冠平被任命为清华大学科技处处长和校长助理。

（二）心怀家国，思考科技转化

自1993年担任清华大学科技处处长以来，冯冠平教授一直为国内科技体制机制所存在的种种弊端而感到痛心。纵使清华大学每年能够有数百项科技成果得到国家专利局认可并受到嘉奖，但这些科研成果的产业化水平却非常低。

"清华大学科技成果真正实现产业化的确实不多，但这个问题不是清华一家的问题，而是国内整体性问题。"时任清华大学校长的王大中看出了冯冠平的心思。"学校任命你为科技处处长，就是想让你打通科技和产业之间的断层，在高校和企业之间架起一座桥梁，让这座桥梁成为科技成果转化的一条阳光大道！"

听闻此言，冯冠平的心中顿时燃起了百分之一百二十的热情，立刻向校长表明了自己的心意——"我愿做一个架桥的人，就算桥断了我摔了个粉身碎骨，只要能为后来者带来一点经验教训，那就是值得的！"

万事开头难，冯冠平的第一次尝试并未成功，甚至给他留下了无比尴尬的深刻记忆。

1995年，冯冠平带着自己10年心血研发出的"新型石英晶体力敏传感器"来到广东省召开的发布会上，希望将其作为科技成果转化的排头兵，打响建设"阳光大道"的第一炮。然而，世事难料。在介绍和演示完该技术的应用后，现场竟然没有一个人想要购买这一技术。冯冠平甚至不惜将传感器的定价从原本的20万元降到了5万元，也没有一个人愿意举牌。让冯冠平想不到的是，在国际上处于领先地位、价值500万元的成果，在国内降到5万元都没有人要。

面对这般结果，冯冠平无奈地离去，但在他心中，渴望成功的火焰从未熄灭。

在主管清华大学科研工作期间，冯冠平教授深刻感受到一个让科技工作者痛心的问题：我们国家不缺科研成果，但遗憾的是这其中的绝大部分科研成果都停留在纸面上无法转化。冯冠平一直思考，如何才能促进科研成果转化为生产力，为民生发挥价值。

冯冠平毕竟不是一个轻易言败的人。

1995年，深圳确立了发展高科技的战略目标，决定吸引一批科研人员来弥补本地科研实力的不足。清华大学决定在深圳建立一所研究院。冯冠平主动请缨："我要到深圳清华大学研究院去，到那里实现我的、清华大学的甚至是全国科研人员的成果转化梦想！"他立下誓言："三年不完成科技成果转化的任务，自动辞职。"

图3　冯冠平教授担任深圳清华大学研究院院长期间

就这样，在知天命之年，冯冠平开始了人生的又一次探险（图3）。

二、从清华园到深圳湾，为科技成果转化开天辟地

（一）创立深圳清华大学研究院，使其成为全国标杆

在冯冠平眼中，他的一生大体可以分成两个阶段，一是50岁前在清华大学的学习、教学和从事管理工作；二是50岁后远赴深圳所从事的产学研结合工作。

1995年，冯冠平跳出了自己过去几十年的生活与工作圈，踏上了一条充满迷雾但又光明无限的道路。深圳清华大学研究院成立仪式如图4所示。

1998年，深圳清华大学研究院大楼封顶。但当时除了这幢大楼本身外，一无所有。面对着一座空楼，事情比想象中更难。深圳市领导要求深圳清华大学研究院创新体制机制，不吃"皇粮"，政府财政补贴3年后便要全面推向市场。而从事科技成果转化需

图4　深圳清华大学研究院成立仪式

要大量资金支撑,深圳清华大学研究院除了一栋每年光维修维护费就要300多万元的大楼外,无任何资产。到哪里去找钱?焦虑之中,冯冠平突然想起早年在美国、德国留学时看到的"孵化器"。

冯冠平充满信心:"大楼是死的,人是活的。既然只有大楼,那就把它活了,我们可以建立一个为企业提供各种信息、技术、资金等多方面增值服务的孵化器,这样我们的起点就高了……很多著名企业都是从车库里诞生的,这是因为一个企业在起步阶段最大的困难是付不起房租。我们有办公场地,还有人才、技术和信息,完全具备了孵化器的条件,可以用这些优势,把想创业投资的中小科技企业吸纳进来,帮助他们做大做强。"

尽管当时有不少人反对和质疑,但在广泛调研之后,冯冠平转变传统观念和旧有模式,在"立足办学"的基础上,利用深圳清华大学研究院大楼建立科技企业孵化器,使深圳清华大学研究院成为科技成果转化的平台。

(二)国内首个孵化器诞生

根据深圳当时的发展状况,冯冠平带领深圳清华大学研究院开启了建设孵化器的历程,他们围绕深圳当时高新技术产业发展的几大重点产业,着手建设自己的实验室,目的就是招揽电子、新材料、生物医药、光电一体化等领域的企业,为他们提供技术上的支持。同时,冯冠平还设立了投资风险基金,帮助深圳清华大学研究院和进驻企业更好地管理资产。

(三)致力于科技成果转化,效果显著

冯冠平亲自走访深圳市的各个大学,为那些初具雏形的项目或者刚刚起步的公司提供帮助。

恰逢当时深圳大学有几位教师正在开发手机短信服务的业务,但苦于没有平台和资源,他们的成果只在科研界有所流传,并未激起什么水花。得知他们的研究方向,冯冠平觉得十分有探索空间,因为手机会逐渐普及,于是他立即前往深圳大学拜访这几位教师。

面对冯冠平教授的来访,这几位教师十分热情,但他们都没想到冯冠平前来并非简单地拜访探望,而是要和他们合作,要帮他们把科研成果转化为产品,毕竟这种事情在当时对于学术界来说几乎等同于天方夜谭。谁不知道这些科研成果意义重大,但谁又知道怎么才能让它们转化成产品?所以当冯冠平说明自己的意图时,在场的所有教师在短暂的惊讶之余都表现出了前所未有的兴奋。

"你们来我的研究院吧,我给你们提供 2 000 m² 的场地,场地租金就当我入股你们公司的资金了,怎么样?我觉得你们的项目很好,未来一定会有广阔的发展前景。

"我从北京来深圳,的确想做出一些成绩。我从小在太湖边长大,水性好,非常擅长游泳。而且深圳市政府也给了我们一个'游泳圈',给了我们3年的时间去学'游

泳'，这要是还学不会，那我们真是太笨了。"

面对冯冠平的热烈游说和鼓励，深圳大学的教师们决定跳出舒适圈，"下海"试一试。尽管他们深知创业会面临不可预测的风险，但面对冯冠平教授诚恳的态度和清华大学深圳研究院如此优渥的资源，他们还是决定试一试，"这么好的条件，还能'游'不了不成？"

就这样，这几位教师正式将他们在家里、研究室里的设备都搬到了清华大学深圳研究院的大楼中，而他们也顺势成为深圳清华大学研究院"孵化器"的第一个"鸡蛋"。1995年，他们注册成立了深圳市深讯电子有限公司，正式进驻深圳清华大学研究院，成为深圳清华大学研究院的第一家企业。凭借着深圳清华大学研究院所提供的场地和优渥的信息资源，这家公司快速发展，并于1998年被认证为"深圳市高新技术企业"；2000年通过了深圳市质量认证中心 ISO9001 软件企业质量认证；2001年，该公司通过股份制改革成为深讯信息科技发展股份有限公司，深圳清华大学研究院这些年的租金也正式转换为股权。2003年，深圳市深讯信息科技发展股份有限公司以2 000万美元的价格被出售给了美国微软，深圳清华大学研究院也凭借"租金换股权"的方式获得了几十倍的回报。该公司2006年开始与摩托罗拉公司建立战略合作关系，开始了国际范围内的平台、技术和应用合作，真正走向了国际市场。

在深讯信息科技发展股份有限公司之后，深圳清华大学研究院持续孵化了更多高新企业，并在2001年正式与珠海市建立了深圳清华大学研究院的首家创新基地——清华科技园（珠海），为珠海市的高新企业发展提供帮扶工作。与此同时，深圳清华大学研究院并未停止自身发展的脚步，于2002年获批博士后科研工作站，正式成为深圳市第一家设博士后工作站的单位，3年后站内博士人数达到50名，他们后来成为深圳市清华大学研究院乃至整个深圳市的一批中坚科研力量。

自深圳清华大学研究院的成果不断出现以来，冯冠平便成为学术界和投资界学习的榜样。他先后培育了600多家高新技术企业，发展速度达到了同行6倍，16家企业先后上市。冯冠平曾经连续两年被评为"中国投资界十大风云人物"。然而，对于这些外界的赞美，冯冠平从未得意，因为在他心里，科研才是立身之本。

1999年年底，原本空无一物的深圳清华大学研究院里灯火通明，整个大楼入住率高达90%，60家企业处在"孵化"阶段。而对于这样的成果，冯冠平教授并不满意，尽管他的行动得到了外界的支持和同行的认可，但他深知这场"长征路"才刚刚开始。他明白，一家企业的成长势必会面临各种各样的风险，而这些风险深圳清华大学研究院要和这些企业一起承担。

"是我把他们带到这里来的，也应该由我把他们带到外面去。"冯冠平在心里暗暗下定决心，既然自己当初的选择是正确的，那么就应该更加脚踏实地地走下去，而既然已经答应了要帮这些企业走向市场，就一定要想方设法去实现。因此，在1998年年底的院务会上，他提出了自己对于孵化器的支撑体系和资本运作体系的设想，并给出了完整的方案，他还提出了成立投资公司的想法。

因此，此次院务会结束之后，深圳市清华科技开发有限公司成立，这是我国第一家新型科研机构的创业投资公司，致力于为高新科技企业进行风险投资，以解决成果转化的资金问题。有这家公司作为保障，深圳清华大学研究院的孵化器正式启动，各大高新企业只需要继续将工作重心放在科研和产品化上，而投资、引流和发行的所有事项都由这家投资公司全权操办。

2000年，深圳市清华科技开发有限公司收购了上市公司珠海华电股份有限公司15%的股份，正式在资本市场进行了一次大跨越。紧接着它又通过售让深圳华冠电容器有限公司30%的股份议案而实现了资本退出。经过这样的运作，这家投资公司的规模日益扩大，也在投资市场上积累了不小的名气。2004年，深圳市清华科技开发有限公司从外部引入了产业资本，共同开始对各大高新技术企业进行大规模的投资活动。

或许正是有了这家投资公司的支持和帮扶，深圳清华大学研究院大楼中那么多家高新企业才得以真正走入市场，将他们的科研成果产业化。值得注意的是，在深圳清华大学研究院蓬勃发展的同时，深圳清华信息港、珠海清华科技园和设在无锡市的江苏数字信息产业园等系列园区纷纷建立起来，深圳清华大学研究院的科技孵化园地规模越来越大，从成立之初的8 000万元，发展到现在的数百亿元的资产，增长了数百倍，孵化了高科技企业千余家，促进了数百项科技成果产业化。

然而冯冠平的脚步从未停止，他将自己"下半生"的心血都奉献给了"知识报国"的梦想，也努力实现着自己当年立下的"科研成果产业化"的目标。

大胆创新是冯冠平的信条，也是他前行路上的目标，深圳清华大学研究院就是他大胆创新的最好结果，因为这是一个"四不像"——既是大学又不完全像大学，既是科研院所又不完全像科研院所，既是企业又不完全像企业，既是事业单位又不完全像事业单位。

截至2012年，深圳清华大学研究院共获得国家技术发明奖二等奖1项、国家科学进步奖二等奖2项、广东省科学技术进步奖特等奖1项；申请专利近200项，其中70%以上是发明专利；承担了多项国家和广东省重大科研项目，与200多家企业签订技术合同300多项，组织实施了数字电视与多媒体、石英晶体力敏传感器、高性能安全路由器、纳米材料等150多项科技成果转化，技术创新产值100多亿元。

短短20多年，他带领深圳清华大学研究院创造了惊人的巨大财富：从成立之初的8 000万元，发展到现在的数百亿元的资产，增长了数百倍，孵化高科技企业千余家，促进了数百项科技成果产业化。他用自己的全部心血，实现了一个中国知识分子以知识报国的美好梦想。

如今，冯冠平无论走到哪里，都会被当成能带来财富的人。他不仅使深圳清华大学研究院不受"身份"和"名号"的约束，在资本、科研、教学、制造、风投等看似风马牛不相及的领域里纵横驰骋，还帮助成百上千个科技工作者成为千万富翁，就连深圳清华大学研究院的普通员工、司机都"身价不菲"。

冯冠平坦言，自己成功的奥秘就是大胆创新。2010年，中央领导到深圳清华大学研究院视察。冯冠平风趣地说："2003年中央领导来视察时，我们还在'上中学'，很多事情还在探索之中，现在我们该'大学毕业'了，毕业论文的题目是《产学研相结合：从中国制造到中国创造》，欢迎领导参加'答辩'，看看我们能否'毕业'。"

中央领导兴致勃勃地听完汇报后，动情地说："你们已经'博士毕业'了，不过，这个'博士学位'不是我授予的，而是深圳人民授予的。"不管从哪个角度看，身兼教授、院长和投资家等多种头衔的冯冠平，现在的人生都已经很圆满了。作为国际传感器领域的知名学者，冯冠平先后获国家级奖励5项，取得了省部级科技成果14项，获得日内瓦国际发明奖1项，发表论文100多篇，获国家专利22项，先后获"全国高等学校先进科技工作者""突出贡献的回国留学人员"称号，获深圳市"市长奖"等荣誉，并享受国务院特殊津贴。

三、高瞻远瞩，率先为中国引进石墨烯材料并快速布局

对于冯冠平教授来说，如果在2009年之前是他正式走入深圳湾的10年，那么从2009年起，就是他正式迈入石墨烯领域的起点，也是我国石墨烯产业布局的起点。因此，对于"中国石墨烯产业奠基人"这样的称号，冯冠平教授当之无愧，如果没有他当年敏锐的眼光和敢为人先的魄力，我国的石墨烯产业或许不会有如此快的发展速度，更不用说我国能在全球石墨烯行业占据前沿位置了。

（一）初遇石墨烯，高瞻远瞩

2009年，冯冠平在美国硅谷（深圳清华大学研究院在美国硅谷有一个派出机构）会见了一批中国留学生团队，第一次接触到"石墨烯"这种新型碳材料，他就被深深吸引。冯冠平教授对前沿战略科技非常敏感，他认为这个材料前景广阔，但要想让它发挥价值，就一定不能停留在实验室里，当务之急，就是要想办法在工厂实现规模化量产。

石墨烯是迄今为止世界上最薄、强度最高的材料之一，其特性深深吸引了冯冠平。直觉告诉他，一定不能错过这个材料的研究，其潜力巨大，将关乎我国未来科技产业的发展。冯冠平决定将其带回中国，填补我国在这一领域的空白，抢占新材料发展机遇。

访美结束后，冯冠平第一时间带着一小瓶石墨烯材料回到深圳清华大学研究院，将其交给实验室进行分析和研究。在各个试验中，石墨烯展示出来的优越性让所有研究人员都叹为观止，冯冠平当机立断决定进一步开发这一材料，探索它更多的可能性。这种神奇的材料，让嗅觉敏锐的他看到了巨大的市场机会。冯冠平在心里定下一个坚定的目标——推动中国石墨烯产业化发展，为国家打造一个石墨烯高科技项目。

（二）获诺贝尔物理学奖材料：石墨烯

2004年，英国曼彻斯特大学的两位科学家安德烈·盖姆和康斯坦丁·诺沃肖洛夫发现，他们可以通过一种非常简单的方法使石墨片越来越薄。他们将石墨片从高定向热解石墨上剥离，然后将石墨片的两面粘在一种特殊的胶带上，撕开胶带，石墨片就可以一分为二了。一直这样做，石墨片会越来越薄。最后，他们得到一个只有一层碳原子的薄片，这就是石墨烯。要知道，在石墨烯被发现之前，大多数物理学家认为热力学涨落不允许任何二维晶体在有限温度下存在。石墨烯的出现，彻底打破了这一物理学标准。

因此，石墨烯的出现立即震惊了凝聚态物理学界。虽然理论界和实验界都认为完美的二维结构不可能在非绝对零度下稳定存在，但实验上可以制备单层石墨烯。石墨烯具有优异的光学、电学和力学性能。实际上石墨烯在自然界已经存在，只是很难剥离单层结构。1 mm厚的石墨约含300万层石墨烯。铅笔在纸上轻轻一刷，留下的痕迹可能是好几层石墨烯的厚度。

这种材料特性惊人，自带优异的导热性、电导性、透光性以及高强度、超轻薄、超大比表面积等突出性能。它的出现，不仅打破了传统半导体材料面临的瓶颈，还打开了许多领域的创新空间，其在材料科学、微纳米加工、能源、生物医学和药物输送等领域具有重要的应用前景。

正是凭借石墨烯新材料如此卓越的特性和广阔的前景，2010年诺贝尔物理学奖授予了英国曼彻斯特大学科学家安德烈·盖姆和康斯坦丁·诺沃肖洛夫，以表彰他们在石墨烯材料方面的卓越研究。

安德烈·盖姆和康斯坦丁·诺沃肖洛夫通过实验表明石墨烯具备非凡的特质，这些特质来自不同寻常的量子物理学世界。

至此，石墨烯新材料不再是世界材料界的秘辛，而是21世纪材料学发展的新方向，也为无数领域带来了启发与推动。自此之后，石墨烯材料正式进入大众视野。石墨烯材料获得诺贝尔物理学奖证实了冯冠平两年前独到的洞察力，说明他即使年近古稀，依旧拥有超出常人的创新精神。

（三）着手布局中国石墨烯产业

从2009年开始，冯冠平就从海外陆陆续续引进了30多个石墨烯研究团队。冯冠平认为，这个刚刚面世的材料有着巨大的探索空间，而毫无市场背景也意味着它能够成为公司乃至我国的一大优势。

也是在同一年，在冯冠平召回的研究团队中，有一个他的学生想要创办石墨烯产业，这在中国乃至全球都是首创之事。冯冠平十分重视此事，深圳清华大学研究院的清华科技开发有限公司对其进行了投资。

这位创业者是毕业于美国德州大学的瞿研博士，他用化学方法制备石墨烯的生产工艺被冯冠平率先看中，并被引导回国转化。落户常州后，又得到了当地政府的鼎力支持，加速了创业成功。

对于石墨烯材料在力学、电学、热学和光学上所具备的超级性能，冯冠平一直十分认可，并且坚信这个新材料是能够引起材料界革命性改变的"超级材料"，如何将石墨烯运用到更广的商用、民用领域，一直都是冯冠平思考的方向。

2011年，常州第六元素材料科技股份有限公司正式成立，公司坐落于江苏省常州市武进区西太湖国际智慧园（图5）。之后不断回国的石墨烯研究团队也先后于江苏、深圳和青岛等地建立了自己的产业园区，冯冠平用"搬家公司"的思维将来自全球的研究人员汇聚到了一起，再通过"项目经理人"的全新模式开辟科技体制改革的"试验田"。冯冠平和创业者们合影如图6所示。

在冯冠平退休之前的2011年，他推动成立了国内首家面向石墨烯应用领域的应用技术研发及产业孵化的平台——江南石墨烯研究院。退休后他成为"空中飞人"，奔波于各地全力推进石墨烯的产业化。得益于江南石墨烯研究院的核心地位，常州不断吸引着石墨烯领域的人才团队进驻，"东方碳谷"初见规模。

冯冠平希望江南石墨烯研究院能够集成产学研的优势，进一步推动我国整体的石墨烯产业布局，让石墨烯运用到更加广阔的商用、民用领域。

从那时起，冯冠平便不断从美国带回一批又一批石墨烯技术人才，助力祖国石墨烯事业。回深圳后，他还亲自着手组建科研和创业团队，以种子基金的形式投资美国归来的创业团队，帮助这些涉世未深的石墨烯研究团队获得资金和技术支持。

如今，这些企业已经成为中国石墨烯产业的半壁江山，而这些国内主要的石墨烯企业和科研机构都是在冯冠平的推动下发展起来的。对于各大研究团队来说，冯冠平的帮扶是他们前进的巨大动力，但鼓舞他们坚持奋斗的，是冯冠平的赤子之心，他"不报国不罢休"的态度让每个科研人都备受激励，在石墨烯产业化的道路上不断前行。

2011年，冯冠平正式从深圳清华大学研究院退休，或许对于一般的退休人员来说，安享晚年才是人生真谛，但对于冯冠平来说，正式退休意味着

图5　常州第六元素材料科技股份有限公司大楼

图6　冯冠平和创业者们合影

他得以将全部精力投入石墨烯产业。他认为，虽然在2011年我国的石墨烯产业已经小有成就，但是我国究竟能否占据石墨烯材料的世界前沿位置，归根结底还是取决于我国在石墨烯材料的产学研结合上是否能够有所建树。

我国首个石墨烯产业孵化平台"江南石墨烯研究院"的创立，凝聚着冯冠平的无数心血。首先，江南石墨烯研究院的首批入驻企业均是冯冠平投资的石墨烯产业，包括常州第六元素材料科技股份有限公司，其诞生和发展与冯冠平有着密不可分的关系。其次，在劝说了大量研究团队落地常州后，为了帮助这些高新人才更好地在常州市生根，他还主动拜访了当时常州市委书记范燕青，向其讲述了石墨烯产业的优势和重要战略地位。他提出："政府来投资公共平台，我来投资企业，让我们一起把石墨烯产业做起来。"

精诚所至，常州市政府采纳了冯冠平的建议，于2011年5月25日正式建立了我国首家面向石墨烯应用领域的应用技术研发及产业孵化平台——江南石墨烯研究院。2011年10月，冯冠平担任江南石墨烯研究院名誉理事长，带领创办的"深圳力合天使股权投资基金"投资了常州第六元素材料科技股份有限公司、常州二维碳素科技有限公司、无锡格菲电子薄膜科技有限公司等石墨烯高科技企业。

在江南石墨烯研究院成立之后，武进区经济开发区逐渐汇聚了来自全国各地的石墨烯研究团队24个，孵化出21家企业。

在建立了江南石墨烯研究院之后，为了刺激新兴产业从"休眠态"转变为"激活态"，合力形成催化剂效应，常州西太湖科技产业园与石墨烯专利拥有"大户"清华大学合作组建了未来石墨烯兴趣团队；与东南大学、中国科学院苏州纳米技术与纳米仿生研究所、哈尔滨工业大学、南京工业大学、常州大学等16家大学及科研院所建立起稳定的合作关系。做到"纵向有链、横向有群"，精准地找出"子链"，把石墨烯这一"材料之王"的特性发挥出来。

让人才家底转化成产业优势，需要科技金融的精准滴灌。常州西太湖科技产业园拥有由政府引导的投资、创业基金3只，其中江苏省新材料产业创业投资基金总规模达5亿元；企业自主设立的石墨烯创业投资基金1只，总规模20亿元。国内外知名创业投资机构纷纷伸出橄榄枝，碳元科技股份有限公司与君联资本管理股份有限公司、北京金沙江科技投资管理有限公司，常州第六元素材料科技股份有限公司与力合科创集团有限公司、赛伯乐投资集团有限公司、赛富投资基金等，都创下了产业佳话。

受到这一成果案例的鼓舞，冯冠平在自己的退休之年开启了他人生中的"第101次创业"。

退休之后的冯冠平教授奔波于全国各地推广石墨烯技术和相关产品，帮助那些回到国内的研究团队迅速在我国的科研土壤中生根发芽，与此同时，他的研究步伐也并未停止。

"学术界关注的是石墨烯的性能，而产业界关注的是石墨烯的性价比。所以，产业化过程中寻找石墨烯性价比合适的应用成为关键，石墨烯有望从'工业味精'成为无所不在的'工业维生素'。"谈到科研与产业的区别，冯冠平如是说。石墨烯如何才能实现民用及产业化，一直都是石墨烯行业的难题，而为了更好地探索这个难题的解决方案，冯冠平在2011年正式成立深圳力合天使股权投资基金合伙企业（有限合伙），并在2015年创办了烯旺新材料科技股份有限公司（以下简称烯旺科技），横跨石墨烯研发、投资、应用3个领域。

对于冯冠平教授来说，烯旺科技不光是他的"第101次创业"，还是我国石墨烯行业对实现石墨烯材料民用的尝试和努力。

当时，石墨烯产业化包括两条路径，一是批量生产石墨烯原料，二是大规模投入应用领域。"现在业界已经初步具备大批量生产石墨烯原料的能力，石墨烯的应用在某一两个领域中也已经比较清楚了。"据冯冠平介绍，目前主流的石墨烯制造方法主要有气相沉积法、机械剥离法、氧化还原法等。气相沉积法制成的石墨烯呈大片透明薄膜状，可以用来代替ITO（氧化铟锡）导电玻璃作为手机屏幕，具有成本优势和环保效益，预计一两年之内就可以大批量生产石墨烯屏幕的手机。而氧化还原法制成的石墨烯是黑色的小片，将来可用在能源领域。

实际上，石墨烯还有着许多亟待开发的潜能，而烯旺科技的成立，就是冯冠平在石墨烯民用方向上的有力探索。

对于一个年过七旬的老人来说，冯冠平称得上是功成名就，他获得无数专利许可权和专利成果，不仅是深圳市力合创业投资有限公司的董事长，还是江南石墨烯研究院的名誉理事长。但对于自己所取得的这些成就，冯冠平似乎并不满足，因为他的"科研成果产业化"的目标仍未实现。

尽管起步困难，但冯冠平用结果证明了自己选择的道路的正确性，而烯旺科技在石墨烯行业中起到的重要作用，也的确为"科研成果产业化"提供了新的方向。

2014年12月，习近平总书记到江苏省进行实地考察。在常州市的江南石墨烯研究院，习近平总书记聆听了江南石墨烯研究院的工作报告。

冯冠平在短短3 min内介绍了石墨烯材料的用途和应用。

冯冠平最后总结道："石墨烯是一种颠覆性的新材料，有极其优秀的性能，对我国材料的升级换代及创造出很多新兴产业有重要意义。"对于石墨烯这一新材料，习近平总书记非常感兴趣，在他看来，这一新材料将成为科研成果产业化的新方向。"你能不能用它开发出军民两用的产品？"习近平总书记一边拿着小小的石墨烯膜仔细端详，一边向冯冠平提出了这个问题。

冯冠平教授慎重地回答了一个"行"字，便接下了这个担子。

得益于冯冠平教授早在2009年便开始向国内引进石墨烯材料，当时我国的石墨烯产业已经有了雏形：常州市碳索新材料科技有限公司研发出全球首款石墨烯粉末涂料，成为石墨烯领域全国唯一的铁路应用供应商；常州二维碳素科技有限公司成为全国领先的石墨烯薄膜供应商；国成仪器（常州）有限公司转型成为高端石墨烯研发和检测装备供应商……石墨烯龙头企业正在从产业利用向专业化细分领域的高质量应用渗透，在电子信息材料、半导体材料、生物医药材料等领域攀登。富烯科技投入数亿元研发石墨烯散热膜，成功应用于华为手机，并获华为旗下的哈勃科技创业投资有限公司投资。冯冠平投资布局科研团队，充分发挥了石墨烯材料的潜力，不仅创造出了世界上第一款石墨烯手机电容触摸屏，还制造出了世界上最早的平米级石墨烯透明导电膜、导热膜和石墨烯重防腐涂料。

在常州市政府强而有力的政策支持下，美国休斯敦大学于庆凯团队、德州大学瞿研团队、荷兰莱顿大学刘遵峰团队等国际一流的研发创新团队相继到常州市创业。在冯冠平及新一代材料人的努力下，我国在全球石墨烯产业综合发展实力排名中位列前三。冯冠平带领的石墨烯团队，已经率先用石墨烯粉料在工业领域（如防腐、散热方面）打开了商业应用的大门。

让百姓使用石墨烯材料，感受21世纪"新材料之王"的独特魅力，这不仅是习近平总书记的殷切期望，也是当时石墨烯行业亟待突破的方向。因此，冯冠平退休之后回到一线，他决定像1998年那样"自己干"，这是属于他的"第101次创业"。

考虑到深圳市有着全国数量最多的高新技术产业，而自己的"老家"深圳清华大学研究院也坐落于深圳，冯冠平毫不犹豫地决定将这次的创业项目投放到深圳，命名为"烯旺"。

烯旺科技是冯冠平的又一个"试验田"。冯冠平认为，石墨烯材料不能仅停留在科研层面，要想将石墨烯材料完全实现产业化，最重要的就是拓展它的应用场景，只有产品革新中添加了石墨烯材料，它才有可能得到消费者的认可和市场的承认。

在这样的目标驱使下，烯旺科技在2015年4月正式成立，而"石墨烯+"的B2C时代也正式来临。

四、让中国石墨烯技术领先世界，成功突破应用瓶颈

（一）将石墨烯实现规模化制备

石墨烯材料只有一层碳原子厚度，大约0.335 nm，1 mm的石墨大约包含了300万层石墨烯。其制备技术要求门槛高，当很多人认为石墨烯的规模化制备还将长期停留在实验室阶段，无法规模化量产的时候，烯旺科技的研究团队早已对此进行了技术攻关，并在2015年成功突破了这一难题。

在冯冠平的带领下，烯旺科技团队发明了纯石墨烯发热膜技术（图7），突破了传统制备方法的限制，实现了石墨烯的高效、可控、规模化制备。这在

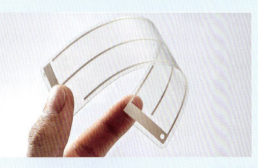

图7　烯旺科技制备的纯石墨烯发热膜

石墨烯领域迈出了重要一步，成功解决了石墨烯制备的难题，并实现了规模化制备。烯旺科技石墨烯发热膜制备工厂如图8所示。

烯旺科技研发的石墨烯发热膜技术首次将石墨烯应用于发热领域，不仅实现了规模化生产，还可以根据需求制订不同解决方案，让石墨烯有了不同的商业应用契机。

该技术将为多个行业带来革命性的变革，并为我国石墨烯应用开启新的浪潮。

图8 烯旺科技石墨烯发热膜制备工厂

目前，烯旺科技已拥有年产40万 m^2 石墨烯发热膜的规模化生产线，可生产世界上尺寸最大的卷对卷石墨烯发热膜（可达290 mm×330 mm）。

（二）石墨烯发热膜应用技术优势

（1）热传导快，热导率高，升温速度快。石墨烯中碳原子间强共价键的存在，使得墨烯中声子导热占主导，声子导热主要受声子间碰撞散射和缺陷散射影响，因此薄膜质量决定了热传导率。

（2）薄膜热分布均匀。薄膜质量高，结构均一，界面密度少，热传导快，温度分布更均匀。

（3）纯石墨烯发热膜为柔性透明薄膜，可视化程度高，相较其他石墨烯发热膜应用范围更加广泛。

相对于传统的发热膜材料，纯石墨烯发热膜具有更高的能量转化效率、更快的响应速度和更均匀的温度分布，这为多个领域的应用提供了可能性。

同时，这项创新技术具有广泛的行业意义和发展前景。其规模化制备将为各个领域带来革命性的创新，使人们的生活和工作更加便捷、高效，促进产业应用走向前沿化、深入化、广泛化。

（三）开启石墨烯商业应用时代

烯旺科技基于掌握的纯石墨烯发热膜技术，研制开发的首款商业应用产品——石墨烯穿戴产品在北京人民大会堂发布。

这一创举开辟了石墨烯产业应用的先河。在这之后，基于石墨烯发热的应用如雨后春笋，掀起了产业应用的热潮。发热膜这种形式，成为各企业纷纷效仿的对象。纯石墨烯发热膜与市面上的发热膜片相比具有绝对优势：它透明无色，为100%纯石墨烯；发热速度快，3 s即热。该技术成为石墨烯行业的核心专利技术，2019年获得国家知识产权局颁发的"中国专利优秀奖"。

正是有了纯石墨烯发热膜，石墨烯得以为各行业进行产业赋能，将材料拓展向更多未来领域，以科技材料的变革为产业提供助推力。

2015年9月，在一场石墨烯生活应用发布会上，石墨烯马甲与人们见面了。在这场名为"走进烯时代"的盛会上，冯冠平身着一件灰色的马甲侃侃而谈（图9）。

马甲看上去普通极了，不过奥秘藏身于它的夹层中——加入了石墨烯发热膜。它与传统的棉花、鹅绒保暖方式不同，发热膜的温度可以通过手机控制。它的热量由一块轻便的锂电池提供，可供热四五个小时，而且加热速度很快，只需一两秒。这件薄薄的保暖马甲使人们在寒冷的冬天不用再裹上臃肿的羽绒服。

后来，烯旺科技又研发了新型的保暖护腰等保暖用品，制成的产品拥有迅速升温、发热均匀、轻薄贴身的性能，并集远红外、发热、保健、理疗功能于一体。石墨烯独特的晶粒

图9　冯冠平在石墨烯新品发布会上

特性，让护腰产品有着发热均匀的优良性能，可均匀地温暖每一寸肌肤，改善腰部寒凉的问题。这款石墨烯护腰产品由3层结构组成：内衬层、石墨烯发热膜层和外敷层，为腰部提供进一步的保护，同时低电压也确保了使用的安全性。另外，石墨烯材料能够发出与人体频谱相近的远红外光波，可以有效激活身体细胞中的核酸、蛋白质等生物分子，从而达到改善血液循环、消炎和镇痛的功效。

石墨烯目前已知的运用价值主要体现在5个领域：储能技术、柔性显示器、高精度传感器、快速导热导电技术及阻隔渗透技术。石墨烯产品的开发带动了常州市及武进区斥资20亿元打造常州石墨烯科技产业园，已实现了在可穿戴电子设备触控屏、发热散热产品、重防腐涂料、压力传感器件、油水分离等领域的应用。

石墨烯已经逐渐走出实验室，走入老百姓的生活。目前，石墨烯除了在国防工业领域有着广泛的应用前景外，在能源、通信、医疗等领域也有着巨大的潜力。

"未来电动车开过铺满石墨烯的地面就可以充满电，充电时间将大大缩短。"关于石墨烯的应用，冯冠平介绍，它的应用前景广阔，可以做成超级电容、锂离子交换电池、石墨烯传感器等，在环保领域也大有用处，比如可以迅速吸纳海里的油污。

冯冠平表示，深圳的锂电池、电动汽车、触摸屏、手机等企业众多，石墨烯有着极为广阔的应用市场。深圳是市场化程度很高的城市，我国的电池、智能穿戴和手机制造的基地都在深圳。而江苏对一些前瞻性、高投入的产业先期出台了政策支持，江

南石墨烯研究院就是由政府建立的。因此，在江苏做研究和开发，再回到应用最大的市场——深圳，这是借用了两个地方优势的战略考虑。

中国石墨烯产业能够有今天的成绩，冯冠平起到了至关重要的作用。他最先嗅到了石墨烯的巨大潜力并把它介绍到国内。为了让石墨烯产业早日独立发展，冯冠平不仅自己投资，而且努力让更多的投资人加入进来，为石墨烯产业化发展提供产、学、研、政、资各方面的有利条件。

2013 年，许多人认为石墨烯产业化还需要 8~10 年时间，而冯冠平则用事实证明只需 2~3 年。大批石墨烯企业如雨后春笋在江苏、深圳安家落户，由冯冠平支持创建的常州二维碳素科技有限公司、常州第六元素材料科技股份有限公司、烯旺科技等企业都取得了不俗的成绩。

其中，烯旺科技在石墨烯生活应用领域获得了快速发展，已经率先实现了石墨烯的商业化应用。石墨烯可谓是"材料界"的"全能冠军"，其绝佳的导热性能打得过同素异形体的"同类"，连钻石都只能靠边站，也斗得过银、铜等"老牌竞争对手"。冯冠平教授曾预言："石墨烯导电导热性的应用这两三年内将会崛起。"而烯旺科技产品研发、上市的成功印证了冯冠平此前的看法。事实上，正是有了冯冠平的运筹帷幄，使石墨烯的时代提前 10 年来临了。

目前，烯旺科技已经利用石墨烯发热膜的优异性能在服装、保健、理疗等多领域取得了较大的进展，其研发、生产的保暖西服马甲，远红外护腰、护膝、护肩，以及发热坐垫、室内采暖画、厨房家电等都是直接面对普通消费者的产品。在 2015 中国国际石墨烯创新大会上，全新推出了 20 余种石墨烯产品。石墨烯理疗、保暖产品、LED 用高导热石墨烯复合材料、石墨烯防弹材料等，使这种新材料以更"接地气"的方式受到人们的欢迎。

江苏省已设立石墨烯专项，常州、无锡均宣布加大投入，打造石墨烯产业。2013 年 5 月 18 日，中国首条年产 3 万 m^2 石墨烯薄膜生产线投产暨石墨烯手机触摸屏新品发布会在常州市江南石墨烯研究院举行，这标志着中国在石墨烯产业化应用方面迈出了关键性的一步。

冯冠平认为，要想将"碎片化"的支持拧成合力，就要发动社会力量，紧盯大型国企和知名民企的需求，重点围绕光伏、散热、导电油墨、轨道交通、涂料等领域开展应用研发，在技术上有实实在在的突破，在全国形成石墨烯的领先、标杆地位，掌握颠覆性的世界级技术，聚集优秀团队，打造创新策源地。

解决下游应用的问题，需要下游企业和石墨烯企业紧密合作。常州二维碳素科技有限公司与深圳贝特莱电子科技股份有限公司合作，联合发布了全球首款应用石墨烯应变感应原理的 3D 触控解决方案，将石墨烯应变感应传感器应用到压力触控领域，改变了石墨烯一度只是简单替代传统材料的局面。联想集团也与常州二维碳素科技有限公司签署合作协议，共同推动智能可穿戴设备的应用开发。

冯冠平说："我们是完全按市场化做的，强调品牌和自有知识产权，目前已经申报了80多项专利。"与较多企业在工业上应用石墨烯不同,烯旺科技是直接针对用户,即将石墨烯应用于消费品。"我的理念是,创世纪的材料,必须是老百姓能用的,要让大家接触,看得见、摸得着,而不是让老百姓觉得跟自己没什么关系。"

烯旺科技的天使投资达2 500万元,首批生产了多种石墨烯产品,包括理疗养护护膝、护肩、智能发热服等。在成立不到一年时再融资,估值达到2.5亿元,融到6 000万元。从销售额上看,成立半年时是500万元,2023年年底已超1亿元,带动相关产业链预估5亿元。例如,烯旺科技给了某商务男装一个核心技术,加入石墨烯材料后,其产品马上销售了上万件。

五、主导迈向医疗产业,推动全球新兴医疗方式革新

(一)发现石墨烯巨大的医疗价值

2015年以来,我国的人口老龄化加速发展,老年人口占比超过15%,总数超2亿。随之而来的还有慢性疾病的日益加重。除此之外,生活水平的提升促使人们对健康产品和健康服务的需求不断增加。种种因素交织在一起,使大健康成为市场热点。我国在营养保健和生态养生方面极大的市场空白为大健康提供了巨大的发展空间。

冯冠平显然也意识到了这一点,加上石墨烯材料本身优异的特性,烯旺科技的主营业务逐渐明确在了"石墨烯医疗"方面。

"石墨烯发热膜"是烯旺科技的专利,并且他们所使用的"化学气相沉积法"制备石墨烯透明电发热膜也是全球首创,这意味着在这一领域,他们唯一的对手只有他们自己。这块小小的、透明的发热膜,其性能之强劲,恐怕连冯冠平也未能预测,它的诞生开启了石墨烯用于发热领域的先河,也是石墨烯材料正式从实验室走向民用的开端。

作为二维碳纳米材料,石墨烯非常薄,通常只有一层,大概是头发丝的20万分之一厚,这意味着其自身的电阻值极低,因此只要提供微弱的电压便可以供电,这也代表着它的使用场景广泛到日常生活中的方方面面,只要有电,就可以使用石墨烯发热膜。同时,单层石墨烯发热膜的导热系数高达5 000 W/(m·K),热转化效率高达96.13%~99.22%,并且面状均匀发热,这意味着石墨烯发热膜可以极大程度地提高能源利用效率,为各行各业的使用提供机会。另外,因为石墨烯发热膜低电压供电便可使用,这意味着它的安全系数极高,并且发热和导热的效率极高,可以在1~3 s快速升温。

为什么冯冠平教授会将小小的发热膜用在医疗领域呢?这主要得益于石墨烯材料的远红外特性。

早在2015年研发单层石墨烯发热膜的时候,冯冠平教授与团队的研究人员便

开始探索石墨烯材料在医疗行业的用途。因为石墨烯具有极强的导热性,冯冠平便主张将其与传统的加热材料进行对比,探索其在"热传导"上的高超性能。

经过对比发现,石墨烯发热膜不同于传统的电热丝和各种碳纤维,因为它不仅低电压运作十分安全,而且得益于其极薄的厚度,它几乎可以被塑造成各种形状,并且都具有极强的稳定性;其极长的使用寿命也意味着使用成本极低,这说明石墨烯材料具有极高的性价比,值得大范围推广。因此,市场上开始出现越来越多的石墨烯发热产品。

后来,研究团队又开始探索石墨烯的"热"有何与众不同。众所周知,所有物体在发出热量时都会发出远红外光波,就连人体也不例外。烯旺科技独创的石墨烯透明导电发热膜通电发热后辐射的远红外线波长的范围集中在 $6\sim14\mu m$(该区间的远红外被誉为"生命光波"),这与人体自身所产生的远红外线波长的范围十分接近,这样更容易产生同频共振现象,使得石墨烯电热膜产生的能量(远红外线)更易被人体吸收。

"既然石墨烯材料有这么好的功效,它是不是具有理疗效果呢?我们能不能用石墨烯发热膜做出一些可以穿戴的理疗产品呢?"看到石墨烯材料有如此好的远红外效应,冯冠平教授脑海中出现了一个巨大的蓝图,"石墨烯医疗"就此诞生。

他希望石墨烯发热膜能实现医疗技术的下放下沉,也就是让所有用户都能随心所欲地使用石墨烯医疗相关产品,不仅可以帮助他们获得辅助治疗和健康保健,还可以让他们在日常生活中便可以享受到高新科技带来的巨大帮助。

按照冯冠平的设想,烯旺科技的研发团队就此开展了石墨烯穿戴设备的研究。2015年9月,烯旺科技在人民大会堂召开了发布会,正式推出了首款石墨烯智能温控穿戴新品。一个月之后,冯冠平教授向诺贝尔奖获得者安德烈·盖姆赠送了全球首款石墨烯理疗护腰。烯旺科技在石墨烯民用的道路上开辟了新的方向,"石墨烯医疗"顺应大健康时代的需求应运而生。

虽然在研发阶段石墨烯材料的远红外效应就得到了验证,但临床上是否具备功效还是有待验证的。因此,冯冠平在坚持"科研第一"的前提下,积极推动烯旺科技的研究团队与各大医院开展了相关的临床研究,为的就是不断证明石墨烯材料对于医疗保健的重大价值,并且在临床试验中不断发现石墨烯材料的不足,进而促使产品不断进步。

2016年,烯旺科技与美国东方康复中心姜新生博士合作,采用石墨烯护腰、护膝展开了针对慢性腰腿痛的医疗研究。2016年3~8月,对132位慢性腰腿痛患者进行使用观察,将其分为实验组和对照组。实验组有74位患者,佩戴纯石墨烯发热护腰(护膝)配合针刺治疗;对照组有58位患者,单独使用针刺治疗。研究结果表明:纯石墨烯发热护腰(护膝)针对慢性腰腿痛疗效确切,效果明显。

2019年,烯旺科技的石墨烯医疗已经有了一个雏形,尽管产品品类尚不完善,但通过不断革新,已经针对不同的身体疾病推出了不同的产品,这些产品均在医疗研究和临床中证明具有不俗的功效。

2019年4月28日,烯旺科技在江苏省无锡市召开了医疗战略研讨会暨新品发布会(图10),对外宣布了烯旺

图10 2019年烯旺科技医疗战略研讨会暨新品发布会

科技的石墨烯医疗及医疗成果,并且宣布了最新的医疗成果——石墨烯热疗对甲状腺结节具有显著疗效。据悉,此次的临床试验主要收纳了保定市第一中心医院体检科检出的97例甲状腺结节患者,并将其随机分为对照组和治疗组,对比查看使用石墨烯护颈带的辅助治疗效果。研究结果显示,在120天的治疗观察后,石墨烯热疗法有效缩小了良性甲状腺结节的最大直径和最大横截面积,但对甲状腺功能本身没有任何明显影响,因而具有良好的应用前景。

(二)布局石墨烯医疗产业,造福于民

随着烯旺科技越来越多的医疗研究完成,石墨烯医疗的巨大潜力被越来越多的人发现。尤其是石墨烯特有的远红外同频和非热效应,通过将远红外热能深层渗透到肌体内部,不仅可以促进血液循环和新陈代谢,还对免疫系统激发和慢性疾病防治具有重要效果。与传统的药物或手术治疗相比,石墨烯热疗法不仅没有副作用,并且可以避免传统疗法的许多弊端,在无创口的前提下保证治疗见效速度。

在医疗战略研讨会暨新品发布会上,烯旺科技宣布了石墨烯热疗法对寒湿凝滞型痛经同样具有缓解效果,研究成果已发表在国内外的医学杂志上。由此可以看出,烯旺科技在医疗方面的突破得到了全世界医学界和学术界的认可。凭借在石墨烯医疗方面取得的重要突破,烯旺科技在2019年5月入围了《科技日报》"2018创新中国企业"TOP100榜单,并且上榜第十六届"深圳知名品牌"和第一届国货精品推广节"十佳创新品牌"。

随着烯旺科技在石墨烯医疗的方向不断前进,冯冠平所设想的"石墨烯可穿戴理

疗护具"体系正在逐渐搭建，医疗研究成果不断面世，让越来越多的人享受到石墨烯医疗的优越之处。

对于烯旺科技来说，2019年是难以忘怀的一年；对于冯冠平来说，2019年是丰收的一年。与当年的深圳清华大学研究院获得成功一样，他所带领的烯旺科技再次在自己的领域收获了成功，也证明他的"第101次创业"成功了。

2019年9月25日，烯旺科技在北京发布石墨烯医疗成果，正式宣布其自主研发的热垫式治疗仪获得国家级二类医疗器械认证，此消息一出，引发了行业内外的震动。

二类医疗器械注册成功意味着烯旺科技正式引领医疗行业走进了石墨烯产业化时代，也意味着石墨烯行业正式打开了石墨烯医疗的大门。烯旺科技的产品不再是简单的民用健康护具，而是受到政府认可的医疗器械，其在辅助治疗关节炎方面的疗效得到了确认和保障，得到了权威评审专家和质监部门对石墨烯医疗成果的认可。烯旺科技成为国内首家也是目前唯一一家获得国家医疗认证的石墨烯企业，这是烯旺科技历史上的大事件，也是石墨烯远红外全新应用领域发展的重要里程碑。石墨烯医疗的价值得到了市场和群众的认可。

在冯冠平的引领下，石墨烯行业不仅攻克了"产业化"的难题，还逐渐朝着更加惠民的大健康方向发展。石墨烯远红外温热疗法的纯物理治疗法为未来的整体医疗领域带来了新的启迪。

众所周知，我国对于医疗器械产品的认证规定非常严格，需要对整个产品研发及临床试验过程进行严格审查和测试，同时对申请企业的医疗资质、产品质量、医疗标准及生产环境等也有严格的规范要求。对于那些从事医疗器械生产的企业来说，需要投入大量的时间和资源，来确保生产的每一个环节都符合严格的质量标准和要求，并通过各项认证测试。此外，在产品试制、注册检验、临床试验、注册申报等环节，都有更为严格的标准和管理规定。在技术要求方面，医疗器械产品涉及医学、生物力学、医用材料学、机械制造等多种学科的高新技术，研发和生产需要具备专门的技术积累和科研开发能力，一般企业在短期内难以迅速形成。因此，只有通过长期的技术积累、经验积累和资金投入，企业才能在医疗器械市场上占有一席之地。

作为一种全新的材料，石墨烯在医疗器械领域的应用越来越广泛，其应用价值也得到了广泛的认可。然而，石墨烯医疗器械产品的审核却更加严格和漫长，对于产品的安全性、有效性、舒适性等方面都有着极高的要求。烯旺科技作为一家致力于石墨烯技术研究和开发的企业，凭借深厚的行业基础、强大的石墨烯医疗科研团队和卓越的产品研发实力，经过多年的努力、无数次的临床实验及反复验证，终于实现了石墨烯医疗领域的突破，并成功获得了国家医疗认证。

烯旺科技自主研发的热垫式治疗仪，是将石墨烯的远红外特性和医学科技相结合，将远红外医疗成果应用于腰部、膝部、肩部3处重要关节部位的医疗器械产品。这些产品采用医学级和人体工学独立设计，以最大限度地降低石墨烯远红外的阻隔，使其能够更有效地抵达关节部位。通过石墨烯远红外线的效应，这些产品能够促进局部血管扩张，使血流加快，改善局部组织的代谢和营养供给，具有镇痛、抗炎消肿、缓解痉挛、增强免疫力等多种功效。这些产品能够有效预防和治疗肩周炎、腰肌劳损、膝骨性关节炎等疾病引起的疼痛及不适，为患者带来更加舒适和有效的治疗体验。

2019年10月和12月，烯旺科技先后上榜"深圳创新企业70强"和"未来医疗100强——中国创新器械榜TOP100"。成绩的取得离不开烯旺科技所有人的齐心协力，也与冯冠平教授"敢闯敢试，兼容并蓄"的精神关系密切，正是因为冯冠平教授一直秉持的"科研是第一生产力"的准则，烯旺科技才得以在科学研究和产业化的方向上永保初心，潜心进行石墨烯医疗方向上的科研探索，与国内各大医疗机构紧密合作，在不断的临床试验中推进石墨烯行业和医疗行业的现代化发展。

2020年3月，烯旺科技与南京医科大学肿瘤实验室的合作项目取得了令人瞩目的成果——一种石墨烯无创治疗肿瘤新疗法被发现可有效治疗三阴性乳腺癌。这一重要的研究成果以封面形式发表在美国前沿医疗学术期刊 Advanced Therapeutics 上，烯旺科技在2020年7月30日的线上云发布会上对外宣布了这一突破性的实验成果。

在发布会上，作为整个试验的全程参与者与成果发现者，南京医科大学胡克博士对无创治疗肿瘤试验的背景、内容和成果进行了详细解读，冯冠平对烯旺科技的石墨烯医疗做了详细的介绍。

实验证明，烯旺科技的石墨烯发热膜具有迅速、均匀地传递远红外光波的能力，可将 $6\sim14\mu m$ 的远红外光波传递至肿瘤组织，具有非常强大的生物活性。这种远红外光波在发热过程中可产生显著的温热效应和共振效应，有助于加速肿瘤细胞的凋亡，有效降低肿瘤细胞的迁移和增殖能力。石墨烯发热膜通过吸收人体发射的远红外光波，将其转化为自身的发热能量，从而实现对人体的保健和治疗作用。这种治疗方法具有非常高的安全性和可靠性，不会对人体造成任何伤害。

此外，药物化疗与石墨烯远红外联合治疗方案的协同增强作用已得到验证。与传统的肿瘤治疗方法相比，石墨烯的远红外无创治疗具有许多显著优势：首先，它无须进行手术或穿刺操作，降低了患者的痛苦和风险；其次，由于石墨烯材料的远红外热疗更为高效和精确，可缩短治疗时间，提高治疗效果；最后，石墨烯热疗所释放的远红外光波与人体远红外频谱接近，有助于降低患者的不适感和治疗副作用。

（三）组建团队，开展石墨烯医疗研究

2020年，烯旺科技率先在行业内组建了石墨烯医疗研究中心、石墨烯未来产

品研究院，并与深圳清华大学研究院、南京医科大学、中国人民解放军总医院、广东省中医院、四川大学等医疗及科研机构深度合作，开展了 50 多项医学实验，在甲状腺结节、宫寒痛经、慢性腰腿痛、膝关节骨性关节炎、胃脘痛等领域取得了很好的临床效果验证，30 多篇医学论文先后发表在国内外著名医学杂志，如 Medicinal Plant、《中国医学物理学杂志》、《中华针灸电子杂志》等。

美国伊利诺大学教授、原美国芝加哥自然康复信息中心主任陈厚琦博士在 2020 烯旺科技石墨烯医疗研究暨品牌战略发布会的祝福视频中表示："石墨烯所带有的远红外能量对于肿瘤的治疗产生的效果代表能量医学将要进入医疗领域。相信石墨烯材料的远红外特征能够被充分应用，并且能更多地和能量医学、功能医学进行整合，产生越来越多的效果。"

2020 烯旺科技石墨烯医疗研究暨品牌战略发布会之后，烯旺科技的"石墨烯医疗"引起了更为广泛的关注，更多的医疗研究都提上了日程，其中包括在石墨烯+热敏灸方面的研究，如烯旺科技与我国热敏灸创始人、国家中医药管理局热敏灸重点研究室主任、江西中医药大学首席教授、世界针联热敏灸专业委员会会长陈日新教授开始了石墨烯与热敏灸结合的探索。

（四）热敏灸合作，促进中医现代化

2021 年 1 月 8 日，烯旺科技召开了一场新闻发布会，宣布了一个重磅消息——烯旺科技"石墨烯——灸法新材料与应用"项目正式聘请我国的热敏灸创始人陈日新教授为项目首席科学家。

早在 2020 年的新闻发布会上，石墨烯无创治疗肿瘤的报道便吸引了陈日新的注意。作为我国热敏灸的创始人，陈日新一直致力于推广中医疗法，尤其是中医中的艾灸。由于传统艾灸疗法需要燃烧艾草，并且需要医生进行长时间的操作，因此对艾灸的推广一直不算顺利。尽管近些年来我国对于传统中医越发重视，各年龄层也对中医养生有了越来越浓厚的兴趣，但是艾灸伴随而生的烟雾、废料和高昂的人力成本使其无法像其他医学疗法一样得到大范围的普及。

自烯旺科技涉足石墨烯医疗领域开始，一直在与全国各地的专业医疗机构开展着基于石墨烯远红外的基础和临床医学研究。2020 年发布的石墨烯无创治疗肿瘤研究成果中强调的"远红外共振效应"，与陈日新一直坚持的"热敏灸"和"艾灸得气"理论不谋而合。中医艾灸讲究"火足气到"，陈日新的艾灸新理论强调"灸之要，气至而有效"，其中"气至"即为"得气"。

陈日新认为，"得气"才是艾灸的核心，灸不得气就是"火烤"，"火烤"不能激发艾灸的潜能，"得气"与"共振"有异曲同工之妙。

陈日新敏锐的科研嗅觉告诉他，石墨烯材料或许可以被用于"热敏灸"疗法。在与冯冠平教授及烯旺科技取得联系之后，双方关于医疗健康和中医现代化的观点不谋而合，而石墨烯的"远红外效应"也得到证实的确可以取代传统的艾灸疗法。对于陈日新来说，石墨烯材料优越的远红外性能能为艾灸的现代化提供解决方案；而对于冯冠平来说，将石墨烯与传统中医疗法相结合，不仅可以为石墨烯医疗带来新突破，还可以帮助传统中医现代化发展，进而让更多人受益。

2021年10月20日，烯旺科技在深圳清华大学研究院召开了石墨烯热敏灸学术研讨会。研讨会上烯旺科技针对未来医疗战略及石墨烯如何促进中医现代化发展进行了深入研讨，并且发布了石墨烯热敏灸的全新研发成果，以及"石墨烯在循经传导的生物医学效应"方面的研究成果。

双方合作推出的重磅产品是基于热敏灸理论的石墨烯悬灸仪。这款产品是陈日新团队和烯旺科技团队历时9个月的心血，凝聚了陈日新教授和冯冠平教授的无数心血。它使用了首个玻璃基底的石墨烯发热膜，通过石墨烯发热膜发热时的"远红外共振效应"来模拟传统艾灸的"光热刺激"，加上现代化的智能传感和运动控制等技术手段，完全用石墨烯材料代替了传统艾草。

这款产品所发出的远红外光波与艾草高温燃烧时散发的光波十分接近，不仅方便人体吸收，还具有极强的治疗效果。这款产品无烟无害，在任何场景都能轻松使用。得益于现代化的运动控制手段，它还能够任意变化角度和高度，通过机器内置的控制模块来模拟中医学艾灸中的循经往返灸、雀啄灸和温和灸等不同灸法。所有用户都能随时随地使用，安全性、简便性高。

以"探感定位，辨敏施灸，量因人异、敏消量足"的热敏灸技术结合石墨烯热灸，将对石墨烯医疗应用进行更加深入化、精细化、数据化的背景支撑。烯旺科技的智能石墨烯悬灸仪的发布也将为传统中医注入新的活力，为用户提供更加安全、高效和舒适的疗效体验。

这款产品证实了冯冠平一直坚持的"石墨烯医疗"取得了全新进展，也明确了烯旺科技科研团队未来的发展方向——深入结合中医理论，成就石墨烯医疗深度发展的同时助力中医现代化。

对于冯冠平来说，成功的原因或许有无数个，但成功的秘诀永远只有一个，那就是"自强不息，厚德载物"。如果没有坚定的拼搏精神和一往无前的斗志，恐怕1998年的深圳清华大学研究院无法顺利建成，我国历史上首个远红外体温检测仪也不会诞生，更不用说如今在石墨烯行业的"领头羊"烯旺科技了。在石墨烯医疗方面锐意革新的诸多努力，不过是他内在精神的外化表现而已。对科研的敏锐嗅觉和对社会责任的积极承担，才是他历经20余年还能站在行业前沿，不断为同行、为后辈指明方向的原因。2021年启动的"石墨烯助推中医现代化"就是最好的例子，正如陈日新所说："要让中医在开放中前进，不结合现代科技，就不能在更广阔的国际舞台上产生共同的语言。没有现代科技的加入，中医学就无法实现证实。"

（五）开创石墨烯"无创治疗肿瘤"成果

2020 年，烯旺科技联合南京医科大学俞婷婷博士、胡克博士团队共同开展的石墨烯柔性器件进行治疗肿瘤研究成果发表，结论显示：采用石墨烯器件发射的远红外波具有明显的诱导肿瘤细胞凋亡的能力，可显著抑制三阴性乳腺癌细胞在裸鼠体内的恶性增殖及转移。该论文成果《基于石墨烯柔性器件的非侵入式特殊远红外肿瘤治疗新方法》已发表在美国 *Advanced Therapeutics* 前沿医疗学术期刊上，并被选为封面。

2022 年 4 月，烯旺科技联合南京医科大学进行的石墨烯无创光热疗 + 药物协同治疗肿瘤成果，被生物材料领域国际刊物 *Macromolecular Bioscience* 以封面论文形式发布。这意味着石墨烯热疗的辅助治疗功效得到了更广泛的认可，甚至对肿瘤等疑难杂症也有重要应用价值，也意味着冯冠平一直坚持的方向正确。

肿瘤治疗一直以来都是医学界的难题，这次在动物身上的实验突破，不仅为将来人类无创肿瘤治疗开辟了新的途径，也为石墨烯在乳腺癌领域的应用奠定了基础，同时为配合传统治疗方式进行联合治疗策略提供了新的契机。

（六）荣誉等身，冯冠平教授实至名归

2021 年 11 月 13 日，2021 第二届国际石墨烯颁奖典礼（IGA 2021）于上海隆重举行，来自全球 30 个国家和地区近 100 个席位的评审委员会一致评出，冯冠平教授荣获该年度石墨烯行业的"终身荣誉奖"。IGA 国际评审委员会主席 Dusan Losic 先生为冯冠平教授提颁奖词：

"他是一位立足科研的知本家，也是中国科技创投界的风云人物，更是一位敢为人先的实业家。他退休后，又毅然进行'第 101 次创业'，只希望为国家再孵化出在世界产业领域最领先的高科技项目，他就是中国石墨烯行业的奠基人——冯冠平。"

2022 年 9 月，烯旺科技入选中华慈善总会"医疗科技助力健康"项目，并且捐赠了 3 000 台频谱光波治疗房，该产品同样为国家二级认证医疗器械，已被证实对 23 种慢性病有着积极的治疗效果。同时，烯旺科技连续 3 年上榜"深圳行业领袖企业 100 强"，在 2022 中国国际石墨烯创新大会上获得"2022 年度行业工

匠奖""2022年度产业投资潜力奖""石墨烯标准创制先进单位"3项荣誉，成为工业和信息化部"国家石墨烯创新中心"核心成员企业。

2022年10月，山东中医药大学成立石墨烯医学研究院，冯冠平被邀请出任名誉院长。

在2023年11月10日召开的2023中国国际石墨烯创新大会上，冯冠平教授被授予"中国石墨烯产业奠基人"荣誉称号，并由2010年诺贝尔物理学奖获得者安德烈·盖姆亲自上台为其颁奖（图11）。在我国石墨烯行业，冯冠平是当之无愧的奠基人，尤其在由他开创的"石墨烯医疗"领域，如果没有冯冠平崇高的社会责任感和敢为人先的开拓精神，或许"石墨烯"和"医疗"不会这么快联系在一起，而也正是因为冯冠平教授的坚持，才为中医现代化和整个医疗行业的突破带来了新的进展。冯冠平在2023中国国际石墨烯创新大会上发表演讲如图12所示。

自2015年从事石墨烯医疗研究，到如今石墨烯医疗产品的推出，冯冠平教授和烯旺科技的步伐从未停止。尤其在从"以治疗为中心"向"以健康为中心"转变的医疗大背景下，石墨烯医疗备受重视，各地纷纷布局。石墨烯医疗的不断发展，不仅可以助力中医进行科技化的探索，还可以推动中医的科学化检测，通过药物的搭配

图11 诺贝尔物理学奖获得者安德烈·盖姆亲自为冯冠平教授颁发奖杯

图12 冯冠平在2023中国国际石墨烯创新大会上发表演讲

使用来促进中医药效果的提升。

石墨烯与热敏灸的合作对于传统中医疗法的推广和发展具有重要意义，也为整体医疗行业的创新发展带来了新的方向。

未来石墨烯医疗会如何发展？或许没有人能给出一个准确的答案，毕竟过去8年里它的迅猛发展让所有人都始料未及。但我们可以确定的是，在冯冠平的引领下，烯旺科技一定会在未来取得越来越多的突破性进展，而冯冠平也一定会继续站在石墨烯发展的第一线，为大家指引方向！

六、践行初心，让中国石墨烯产业助力民族伟大复兴

（一）不忘初心，始终以科技报国为己任

回望中国过去十余年的石墨烯产业，尽管历经磨难，但在各方人士的奋力拼搏下，依旧取得了亮眼的成果，使我国的石墨烯产业布局时刻站在世界前沿。作为公认的21世纪"新材料之王"，石墨烯凭借其广阔的发展前景早已在世界各国的新材料研究领域炙手可热。

之所以能取得如此耀眼的成绩，首先当然要归功于石墨烯材料自身优异的性能，使其有机会在各行各业发挥作用，达成使命。同时，冯冠平也做出了巨大的贡献。作为深圳清华大学研究院创始院长，冯冠平一直凭借着自己敏锐的科研嗅觉和敢闯敢拼的精神引领着科研不断前进，而石墨烯作为冯冠平亲自引进国内的材料，也是因为他才得以被各行各业所看到。因此，冯冠平荣获"中国石墨烯产业奠基人"的名誉当之无愧，如果说2010年诺贝尔物理学奖获得者安德烈·盖姆教授是"世界石墨烯第一人"，那么冯冠平教授就是"中国石墨烯第一人"。

从石墨烯引进中国开始，冯冠平便将"科研成果产业化"的目标放在了这个新材料上，而他也早早预言，"利用石墨烯的导电性和导热性的应用一定会在未来迅速崛起"。他所创办的烯旺科技，利用石墨烯材料的优异性能在医疗健康、热管理和改性涂料3个板块，获得了100多项奖项，申请了500多项专利，成为我国石墨烯领域获得最多荣誉和专利授权的企业。2023年，烯旺科技被认定为工业和信息化部专精特新"小巨人"企业，成为未来医疗企业的100强企业。

冯冠平为整个石墨烯行业树立了一个标杆，起到了一个示范作用。从走进烯时代2015石墨烯生活应用新闻发布会上的石墨烯发热马甲到2023年推出的"石墨烯智能悬灸仪"，烯旺科技在冯冠平的引领下走得越来越远，而可以预见的是，

烯旺科技的未来、石墨烯行业的未来，也必将越来越好。

（二）从实践出发，为人民所用

究竟什么才是真正的"产业报国"？或许对各行各业的人来说，拿出一个合格的产品，为国家的经济发展做出贡献，就是产业报国。但在冯冠平心中，"产业报国"不是简单地做出一个产品，而是要将"科研成果产业化"，让科学研究真正为百姓所用，为国家所用。

对于北方地区来说，近年来随着能源和环保问题日益突出，多个省、市、区积极响应国家号召开始推进清洁采暖，烯旺科技的石墨烯供暖设备发挥了至关重要的作用。2023年1月，烯旺科技的"石墨烯供暖改造项目"在黑龙江省哈尔滨市呼兰区参美饮品加工厂落地完工并测试成功，对800 m^2 的办公区域供暖设施进行了全方位的改造升级。烯旺科技将石墨烯材料运用在供暖领域效果优异。此外，烯旺科技与哈尔滨市政府联合考察后签订了供暖改造合作框架协议，利用烯旺科技所研发的"空气源热泵设备"对哈尔滨市内的23个单位进行供暖改造。

在冯冠平的带领下，烯旺科技不仅在南方地区建立了宏伟版图，也在北方地区打开了石墨烯产业的市场。可以预见的是，随着国家层面大力地推进清洁采暖的综合配套政策，市场对于高效、清洁、安全环保和多模式兼容的供暖新方式有越来越大的需求。石墨烯供暖技术的应用使我国北方地区的清洁供暖工程得以落实。烯旺科技所研发的石墨烯水暖热源设备不仅可以在"煤改电"时代为供暖产业的格局调整带来新的启发，还可以为北方地区带来更高效、更环保的供暖体验。

2023年3月2日，在烯旺科技总部，全球知名医疗品牌、家庭健康产品和服务提供商、欧洲三大家用医疗器械供应商之一的Medisana（马德保康）正式与烯旺科技签署战略合作协议，这代表双方在未来的石墨烯医疗与大健康产品领域将携手共进，加速推进石墨烯医疗服务市场发展。这次合作的达成，意味着石墨烯材料的优越性得到了医疗大健康行业权威的认可，佐证了石墨烯材料在医疗大健康行业具备极高的发展潜力。

Medisana一直秉持着"创新源于传统的理念"的观点，致力于开发和生产供家庭使用的专业化、简便易用和高品质的健康护理产品，这与烯旺科技"推动医疗科技进步，让更多人享受到石墨烯产业带来的高质量、便捷的产品服务和医疗服务"的观点不谋而合。在石墨烯医疗方面，烯旺科技在与我国热敏灸创始人陈日新开展合作之后，一直致力于将现代科技融入中医疗法，对传统中医进行现代化创新，朝着"希望全人类去医院的次数减少一半，希望慢性病患者数量减少一半"的目标不断努力。因此，烯旺科技与 Medisana 的合作势必将互利互惠，使烯旺科技在无创治疗肿瘤、甲状腺结节、鼻炎、膝关节炎、慢性腰腿痛等领域的 50 多项研究成果更好地运用到产品开发中去，为更多的用户带来专业、方便和高质量的健康护理产品。

2023 年 3 月 28 日，烯旺科技在深圳清华大学研究院举行了最新的科研成果春季发布会，发布了石墨烯在协同治疗肿瘤领域、耳鼻喉科治疗领域、乳腺结节增生及美容等领域的全新研究成果。

除此之外，烯旺科技还在发布会上与金风科技股份有限公司全资子公司天润新能签署了有关新能源项目配套石墨烯清洁供暖、新能源项目配套石墨烯防腐涂料的深度合作项目，在石墨烯电采暖领域，双方将通过新能源项目配套石墨烯清洁供暖等开展合作，拟订在黑龙江省推进具体合作项目落地实施。同时，双方将在创新新能源应用场景、清洁供暖与新能源产业前沿发展研究及培训等方面开展合作。

（三）坚定科技创新之路

冯冠平所提倡的"科技创新"观点永远是烯旺科技秉持的原则，与越来越多的企业合作，将石墨烯推广到了更广的领域和更深的层次。未来烯旺科技将继续加大研发投入和创新力度，加强石墨烯技术发展和应用研发，不断推出更加优质、高效的医疗科技产品和服务。

2023 年 9 月 15 日，2023 年"科创中国"试点城市建设服务推介会暨深圳高促会三周年会员大会在深圳召开，烯旺科技凭借在石墨烯领域的核心研发技术、卓越的科研实力以及突出的石墨烯新材料应用转化能力，尤其是在医疗大健康领域的前沿性和开创性贡献，入选"深圳市高科技企业协同创新促进会"（以下简称高促会）副会长单位，冯冠平教授被高促会聘为高级顾问。

这一荣誉标志着烯旺科技在新材料技术领域的创新实力和引导推动石墨烯产业发展方面的能力获得认可。同时，也多了一份责任，肩负起推动石墨烯产业应用发展的重任。

作为副会长单位，烯旺科技将与高促会的其他成员单位一起，共同致力于新材料技术的研发合作、创新成果的推广和应用落地，进一步推动整个新材料行业的发展和进步。在未来，烯旺科技将继续秉持"科技创新、优质高效、顾客满意"的企业理念，坚持创新驱动，加大研发投入，不断推动新材料技术的突破和应用。

烯旺科技将以更高的标准和更广阔的视野，为社会经济发展做出更大的贡献，助力中国新材料产业迈向更高水平。

正如 2023 中国国际石墨烯创新大会所制定的主题"走进生活，赋能未来"一样，石墨烯产业如冯冠平曾经预言的那般，离人们的生活越来越近了。在 2023 年"科创中国"试点城市建设服务推介会暨深圳高促会三周年会员大会上，我们不仅感受到石墨烯在中国所建立起来的产业版图，也可以窥见石墨烯未来更加广阔的生活场景运用。参展的行业专家、企业代表、技术专家等深入交流，推动石墨烯领域的产学研交流合作，充分展示石墨烯产业发展成果，共同探讨石墨烯行业发展现状、趋势，深度解析石墨烯新技术产业化未来路径。

从过往的扶持政策来看，国家主要对石墨烯产业的中上游产业链进行扶持和鼓励，主要集中于石墨烯材料的基础研究和高端应用开发上。得益于石墨烯材料近些年在普通民用层面上的深度发展，未来我国将对石墨烯下游应用提供更多的政策支持，为石墨烯的"科研成果产业化"提供更大的帮助。

2023 年是冯冠平将石墨烯材料引入中国的第 15 个年头，中国石墨烯产业能够有今天的成绩，冯冠平起到了至关重要的作用。他最先认识到了石墨烯的巨大潜力并将其引入国内。除此之外，冯冠平不仅自己投资了很多石墨烯企业，而且努力引入更多的社会资本，为石墨烯产业化发展提供产、学、研、政、资各方面的有利条件。

2013 年，许多人认为石墨烯的产业化还需要 10 年时间，而冯冠平仅用 2 年时间就实现了，向全球石墨烯行业展示了中国速度，见证到了中国科研的巨大力量。

（四）展望未来，石墨烯材料必将成为科技新引擎

未来石墨烯会如何发展呢？我们难以预料，但是可以明确的是，在未来，石墨烯一定会被应用到更广阔的领域和行业中去。既然石墨烯能在无创治疗肿瘤方面发挥显著的辅助治疗功效，那么石墨烯未来能否被运用到更具体的疾病治疗中呢？既然石墨烯能取代传统煤炭在北方地区实现清洁供暖，那么石墨烯能否在未来的供暖领域发挥更大的价值呢？既然石墨烯所构成的改性涂料能帮助建筑物降低腐蚀负面影响，那么石墨烯能否在未来实现基础工程建设全覆盖呢？让我们拭目以待。

随着国家产业政策和行业监管体系的不断完善，石墨烯行业势必会不断地健康发展。我们相信，在未来石墨烯一定会更加深入展现其价值，走进人们的生活场景。让我们携手努力，助力我国石墨烯产业科技布局，帮助我国站在国际石墨烯行业前沿发展的第一线，为实现中华民族伟大复兴贡献力量！

过去我们为石墨烯产业化的目标如何实现而一筹莫展,而现在我们却在思考如何在石墨烯行业上保持领先,这一切离不开冯冠平前瞻性的洞察力和锐意革新的执行力。从太湖畔到清华园,冯冠平教授证明了自己脚踏实地的拼搏精神;从清华园到深圳湾,冯冠平教授证实了自己勇往直前的顽强决心。过去的他是清华大学最年轻的教授,是深圳湾"科研创业"的代表人物,而现在的他则被誉为"中国石墨烯产业奠基人",是我国石墨烯行业当之无愧的领军人物。

尽管冯冠平教授已不再年轻,但他依旧在"科研成果产业化"的道路上一往无前,践行着"不忘初心""产业报国"!

矢志不渝家国梦　敢凭烯碳赌人生

——记中国石墨烯产业领航人刘忠范

> **人物介绍**
>
> **刘忠范**　中国科学院院士，发展中国家科学院院士，北京大学博雅讲席教授，北京石墨烯研究院院长，中国国际科技促进会副会长；《物理化学学报》主编，《科学通报》执行主编；九三学社中央副主席，北京市委主委，全国政协常委，北京市政协副主席。
>
> 1983年毕业于长春工业大学，1984年留学日本，1990年获东京大学博士学位，1991—1993年在东京大学和国立分子科学研究所做博士后。1993年6月回北京大学任教，同年晋升教授。1993年获首批国家教委跨世纪优秀人才基金资助，1994年获得国家自然科学基金委杰出青年科学基金资助，2004年当选英国物理学会会士，2011年当选中国科学院院士，2014年当选英国皇家化学会会士，2015年当选发展中国家科学院院士，2016年当选中国微米纳米技术学会会士，2020年当选中国化工学会会士和中国化学会会士。
>
> 主要从事纳米碳材料、二维原子晶体材料和纳米化学研究，发表学术论文700余篇，申请中国发明专利150余项，主编出版专著、译著、科普著作、个人文集、丛书、行业研究报告12部。现任国家自然科学基金"石墨烯制备基础科学中心"学术带头人，曾任国家攀登计划（B）、国家重点基础研究发展计划（973计划）、科技部纳米重大研究计划项目首席科学家，国家自然科学基金"表界面纳米工程学"创新研究群体学术带头人。
>
> 2008年、2017年获国家自然科学二等奖，2012年获中国化学会－阿克苏诺贝尔化学奖、宝钢优秀教师特等奖，2016年获日本化学会胶体与界面化学年会杰出报告奖和北京大学方正教师特别奖，2017年获"北京市优秀教师"称号，2018年获ACS NANO杰出报告奖，2020年获北京大学国华杰出学者奖，2021年获第八届纳米研究奖和兴证全球基金奖教金师德优秀奖，2022年获首届"北京大学参政议政

服务发展同心奖"、中国化学会京博科技卓越奖、国际石墨烯联盟石墨烯行业终身荣誉奖，2023年获石墨烯联盟"中国石墨烯产业领航人"奖等奖励。

为推动石墨烯材料产业化发展，刘忠范2016年创建北京石墨烯研究院（BGI），2018年10月25日正式揭牌运营。他长期从事碳材料生长方法研究，在石墨烯材料的CVD生长方法、应用探索及产业化核心技术研发方面做出了一系列原创性和引领性工作；开拓了超洁净石墨烯、超级石墨烯玻璃、烯碳光纤、蒙烯玻纤等全新的研究方向，使石墨烯薄膜材料的宏量制备技术和装备研发走在世界前列。

刘忠范回国31年，从研究LB膜到碳纳米管再到石墨烯，从一个小小的实验室到光电智能材料研究室、纳米化学研究中心再到北京石墨烯研究院，从当初几个人的小团队到现在400多人的大团队，他致力于高端材料的研究，是世界碳纳米材料领域的著名专家。

一、勇攀高峰立潮头

（一）学成归来，追寻纳米家国梦

在刘忠范的人生中，20世纪90年代初是一个重要转折。日本留学多年的他，在科研方面颇有建树。1992年，年仅30岁的刘忠范就创造性地把世界光学记录存贮技术提高到当时的世界最高水平，在全球引起了强烈反响。与此同时，他萌生了回国的念头，要将所学知识贡献给祖国。他说："在国外是做研究，在国内才是做事业，会有更大的天地、更大的舞台。"

1992年，北京大学化学系教授蔡生民应邀赴东京大学藤岛昭教授课题组进行访学及合作研究，此时刘忠范的博士研究生导师正是藤岛昭。在此之前，刘忠范在日本取得的科研成就已经让蔡生民十分欣赏，借访问机会，他希望刘忠范能回国效力。最终，在蔡生民的邀请下，刘忠范决定回国。刘忠范与蔡生民如图1所示。

刘忠范的两位日本导师井口洋夫和藤岛昭为支持这位得意门生回国"创业"，赠送给他60余箱仪器设备。刘忠范与导师藤岛昭、井口洋夫合影如图2、图3所示。

1993年6月，刘忠范带着仪器

图1　刘忠范与蔡生民

设备回到祖国,进入北京大学执教。从1984年10月5日远赴日本留学到1993年回国,刘忠范将自己最美好的青春年华留在了日本,那里有他众多过往的回忆。

他接受媒体采访时曾说,那时候中国留学生很少,他和同事都在实验室里埋头工作,偶尔见到中国人就打招呼,为的是说上几句中国话,如果能遇到家乡人听到家乡话则更让他兴奋不已。不仅如此,刘忠范对日本的生活也记忆犹新:第一次吃生鱼片,难以下咽,只好点了蛋炒饭,让请客的导师一脸无奈。

凭借过硬的本领,刘忠范回国当年就成为北京大学的教授,并在学校及化学系的大力支持下,建立了当时国内一流的实验室——光电智能材料研究室(图4)。

创业是个艰辛的过程。俗话说"工欲善其事,必先利其器",好的实验条件是科研工作顺利开展的基础。在当时建立一个实验室并非易事,虽然学校和化学系最大限度地创造了条件,刘忠范也从日本带回来了大量仪器设备,但实验室的创建仍然困难重

图2　刘忠范与导师藤岛昭合影

图3　刘忠范与导师井口洋夫合影

图4　1993年6月,成立光电智能材料研究室(一排中间为刘忠范)

重。首先遇到的问题是实验场所，当时北京大学将新化学楼北区 1 层东侧的 3 间闲置房分给刘忠范，那 3 个房间里堆放了大量落满尘土的杂物，光清理房间就用了好几天。那段时间他天天灰头土脸，一点没有了刚回国时学生心中"港客"的影子。

之所以称刘忠范是"港客"，是因为他回国时烫了卷发。当时这种发型只有在香港电影和电视剧中才能看到，且他的穿着也很"港式"。于是，刘忠范的学生暗地里给他起了个外号——"港客"。

实验室设计和布置，刘忠范亲力亲为，监督施工过程，购买桌椅板凳，小至每个电源插口的位置都是他亲自设计的。创建实验室的第二大困难是缺少人员。创建实验室的第一年，人员极度匮乏。为开展纳米研究，刘忠范省吃俭用，花 50 多万元买了一台用于看原子和分子的 STM 仪器（扫描隧道显微镜）。仪器需要配置防震台，但因资金紧张，刘忠范只能带着学生到学校附近的工地上找沙子和锯末代替。

实验室建成后，刘忠范开始马不停蹄地工作。那段时间，每天最早进化学楼的是他，最晚走出实验室的还是他，被人称为"拼命三郎"。虽然他不要求学生和他一样废寝忘食，但在他的感染下，实验室里的学生都不自觉地比以往更勤奋，甚至也早出晚归、戴月披星。

1994 年，刘忠范申请了科技部"攀登计划"项目，经费 500 万元。当时，这是一笔庞大的资金。他成为该项目的首席科学家，也是当时科技部最年轻的首席科学家。从此，他正式踏上了纳米攀登之旅。

为推动纳米技术发展，1997 年 9 月 27 日，刘忠范和吴全德院士一起推动成立了北京大学纳米科学与技术研究中心，这是国内最早成立的跨院系、跨学科的纳米研究机构，比时任美国总统克林顿提出纳米科技推进计划早了近 3 年时间。随后，刘忠范又创立了中国化学会纳米化学专业委员会并担任首任主任。同时，他还是亚洲纳米科学和纳米技术系列会议"AsiaNANO-X"的发起人之一。

对知识的浓厚兴趣始终牵引着他的研究。1998 年的一天，刘忠范突发奇想：能不能把碳纳米管也像分子那样一个个排起来呢？有了这个想法后，他立刻着手尝试。经过反复试验，他的想法成功落地，碳纳米管首次整齐地矗立在表面上。2000 年，他以开拓者的身份发表了国际相关领域的第一篇文章。

此后，刘忠范致力于发展纳米碳材料和纳米化学新学科，努力将基础研究与国家需求相结合。作为首席科学家的他承担了一系列国家级攻关项目，包括攀登计划、国家重点基础研究发展计划（973 计划）、国家纳米重大科学研究计划等。他带领的研究团队在碳纳米管和石墨烯的控制生长以及能带工程研究方面取得一系列突破，成为国际上该领域具有代表性的研究团队之一。

研究团队课题组在他的带领下攻克了诸多难题，发展了低维碳材料的CVD生长方法学，建立了精确调控碳纳米管、石墨烯等低维碳材料结构的系列生长方法，发明了碳基催化剂、二元合金催化剂等新型生长催化剂，提出了新的碳纳米管"气–固"生长模型，首次将有机小分子的自组装概念拓展到准一维碳纳米管领域，建立了多种化学自组装方法，实现了碳纳米管在各种固体表面的有序组装，并开拓了碳纳米管电化学和基于扫描探针显微技术的针尖化学研究方法。

2006年，刘忠范带领的"表界面纳米工程学"研究团队获批为国家自然科学基金委的创新研究群体。通过刘忠范及其团队多年的共同努力，北京大学的纳米材料研究取得了较大发展，一大批具有竞争力的产品走向产业化、走向市场，为我国基础材料发展做出了重要贡献。

（二）转投烯界，开启人生新征程

如果说纳米碳材料研究是刘忠范从事科研的起点，石墨烯新材料的研究则是他开启人生规划的另一个新征程。

2004年，英国曼彻斯特大学教授安德烈·盖姆和康斯坦丁·诺沃肖洛夫在美国《科学》期刊上发表《石墨烯的奇妙性能》一文，阐述了石墨烯的神奇功能，在世界上产生了巨大反响，全球掀起了石墨烯材料研究热潮。

"多才多艺"的性质使得石墨烯有着广阔的应用前景。运用在计算机芯片上可以大幅提高计算速度，用石墨烯做导电添加剂，可以显著提高锂电池的充电速度和综合性能等。所以，人们将石墨烯视为"能改变世界"的材料。此前，一直从事碳纳米管材料研究的刘忠范经过深入调研，决定"跳槽"到该领域进行深入研究，助力我国的石墨烯产业发展。

石墨烯的研究方法与碳纳米管类似，这让刘忠范可以轻车熟路地进入石墨烯领域。刘忠范认为，在石墨烯的神奇功能被发现后，社会上对石墨烯的宣传出现了过热现象，很多有关石墨烯的说法并不准确。与其去拨乱反正，不如尝试一下他认为正确的做法，只做石墨烯，别的一概不做，做有用和实用的石墨烯材料。正是这一决定使刘忠范正式开启了石墨烯应用研究的新征程。

刘忠范之所以选择研究石墨烯，是因为石墨烯和碳纳米管从制备方法、表征技术到物理性能都非常相似。为了更好地了解石墨烯的发展前景，刘忠范从2004年到2008年一直在关注其发展趋势。2008年，他用大半年时间到世界各地参加相关学术会议并做深入调研。经过一番思考，刘忠范最终下定决心从事石墨烯研究工作。时至今日，他仍然认为当时的决策非常正确，因为从产业化角度看，石墨烯比碳纳米管更能为我国新材料领域带来革命性发展。

主动作为、勇于担当是刘忠范的做事风格。他身上拥有着留学经历的中国知识分子的典型性格：家国情怀，责任天下。他做科研是为了国富民强和民族兴旺。

（三）求真务实，助力成果产业化

"做点真正有用的东西，或者上书架，或者上货架"一直是刘忠范坚持的科研发展道路。"上书架"并非简单地发表学术论文，而是真正对科学有用，是能够在教科书里找到的；"上货架"并非简单地申请几项专利，而是真正对国计民生有用，是能够在百姓生活里找到的。

以石墨为例，我国拥有最丰富的石墨矿资源，天然石墨矿占世界探明储量的75%，石墨原材料供应也占全球市场的70%以上。

为推动我国石墨烯研究，将理论变成看得见、摸得着的产品，从2013年开始，刘忠范的研究侧重点发生了重大变化，由前期主要从事石墨烯基础研究，发展高品质石墨烯材料的生长方法和化学修饰方法，探索石墨烯材料的应用领域，向石墨烯产业化方向转变。

此前，刘忠范发表了很多不错的文章，在国际上已经小有名气，但缺少真正的成就感。经过短暂思考，他决定在石墨烯材料的产业化推进方面做点事情。

刘忠范常跟学生讲，只是为了发表文章，可以有100个主意，发100篇文章；当考虑产业化时，就只剩下10个主意，难度大幅提升。即便是10个主意，到最后可能只有一两个行得通，甚至一个都行不通，这才是真正有挑战性的工作。

刘忠范认为，真正对科学有用的东西，是能够留到科学史上，写进教科书里，让理论的东西经过千锤百炼后变成实用性技术，以及能够促进产业化发展的产品。用他的话来讲，再好的科研成果停留在纸上、止步于实验室，也称不上有价值，只有走向社会、造福于人类才算实现了价值。

刘忠范接受媒体采访时曾说："有一天我问自己，如果石墨烯产业发展的路子走偏了，10年后我会安于做一个评论者吗？我觉得我必须做点什么，对中国未来的石墨烯产业有所担当。"于是，他承担了中国科学院"石墨烯产业化战略咨询"项目，并投入大量精力从事石墨烯研究和产业发展宣传工作，到相关部委、科技论坛、干部研修班办讲座，邀请中央政策研究室、国务院参事室、国家发展改革委等部门交流石墨烯产业化问题。

2016年，刘忠范挂职北京市科委副主任。他主动请缨负责石墨烯材料的产业化布局工作，参与推动"北京市石墨烯科技发展专项（2016—2025）"的启动，并任专家组组长。同时，刘忠范还是北京石墨烯产业创新中心的重要发起人和中关村石墨烯产业联盟理事长。

刘忠范肩负数个重量级头衔，既是责任也是机遇，为他在石墨烯领域大展拳脚提供了帮助，同时为北京市石墨烯产业的健康与快速发展奠定了基础，也对全国石墨烯产业起到了引领作用。

（四）筑梦"烯"望，全力创建BGI

石墨烯从2004年被发现后，国内从事石墨烯研究的企业、机构出现了井喷式增长。在此后的十多年时间里，我国在工商部门注册的营业范围包含石墨烯相关业务的企业数量达到几万家，全国各地成立的石墨烯产业园、创新中心、研究院及产业联盟也有几十家，在对石墨烯过度追捧的背后，是技术与产品质量的参差不齐。

喧闹中，刘忠范发出冷静的声音："石墨烯这样做下去没有前途。石墨烯是一种战略材料，如果我们对它仍持'淘金运动'的态度，不改变当前的产业发展方式，未来石墨烯领域的核心产业有可能会被国外占领。我们现在的成果很多还徘徊在低端产业链上。"在刘忠范看来，任何一个新材料或新技术产业发展都没有那么简单，石墨烯材料刚刚走出实验室，尚处于产业化初期，还不成熟，且今天的石墨烯不等于未来的石墨烯。面向未来的石墨烯，国外很多是大型企业在布局石墨烯材料的研发与产业化，而我国基本上都是一些小型的初创企业，不改变现状，未来很难有竞争力。

在刘忠范积极推动和牵头下，BGI于2016年10月注册，经过1年多的筹备建设，2018年10月25日正式揭牌运营（图5），刘忠范担任创始院长。他给BGI的定位是引领石墨烯产业的核心技术策源地、政产学研协同创新机制和创新

图5　2018年10月25日，BGI揭牌仪式

文化建设示范区、全球高端人才汇聚地和创业基地。自此，刘忠范带领团队开启了石墨烯产业化发展之路。

BGI 是由北京市批准、北京大学牵头建设的新型研发机构，坐落于海淀区中关村科学城翠湖科技园，占地面积近 2 万 m^2。BGI 成立后，得到了北京市委市政府和各级主管部门的全力支持。北京市科学技术委员会是 BGI 的奠基者和"催产婆"，全程参与推动了 BGI 的成立和建设发展过程，并提供了稳定的经费支持。同时，对 BGI 的体制机制建设、发展规划、科研团队建设等都给予了指导。北京市人才工作局为 BGI 送上了"人才服务包"，给予北京海外人才集聚工程人才评选、职称评定等自主权，还以最快速度批准成立博士后工作站，在人才落户等方面也给予了大力支持；海淀区为 BGI 提供了包括房租补贴、人才政策、从属地配套政策等支持。这些强有力的支持措施为 BGI 发展壮大和腾飞奠定了坚实的基础。

刘忠范深知，BGI 要实现快速发展，人才是首位，因此在启动之初就邀请石墨烯发现者、诺贝尔物理学奖获得者康斯坦丁·诺沃肖洛夫担任名誉院长，为 BGI 的科研发展提供指导。

材料是现代科技与工业发展的基石，因此研制出具有世界先进水平的石墨烯材料，是刘忠范的梦想和 BGI 的使命。他认为，成立 BGI 代表着对石墨烯新材料产业的信心，要坚定信念全力推动石墨烯产业发展，让中国的新材料在世界上更有竞争力。

2018 年年初，西班牙巴塞罗那的世界移动通信大会专门设置了石墨烯展厅，展出了国际上的最新研发产品，包括石墨烯调制器和光探测器、柔性逻辑电路、太赫兹传感器、柔性 NFC 天线、石墨烯汽车、石墨烯海水淡化技术等。虽然这些高端的技术暂时还带不来实际利益，但体现了石墨烯材料的真正价值所在，也必将成为未来石墨烯产业发展的关键技术，这也是刘忠范坚定信心的原因所在。

为提升我国石墨烯材料的竞争力，刘忠范带领团队不断突破。对他而言，从大学实验室到 BGI，是一个勇敢的跳跃，而从 BGI 走向未来将是一次腾飞。根据刘忠范的布局规划，未来 10 年 BGI 将达到千人规模，大家可以在这个开放式的研发平台上实现知识共享、技术专有。

知识共享是指研究人员要不断学习，在石墨烯领域里不断探索新知，成为真正的石墨烯专家，而这些专家在 BGI 这个开放的平台上实现信息互通、共同进步，从而激发无限潜能，形成规模化的专家队伍；技术专有是 BGI 核心竞争力的集中体现，通过探索产学研融合发展新模式，直接对接企业的产业需求，开展定制化的技术研发。

对于石墨烯行业的发展，刘忠范充满信心，他坚信通过扎扎实实的研发工作，将有力带动产业发展，让"中国制造"的石墨烯产品在世界舞台上真正有竞争力、有影响力。他在多个场合提到，BGI 作为北京国际科技创新中心的一部分，愿意和科创中心一起成长，做一个有实力、有担当的新型研发机构，共同推进我国高精尖产业的发展。BGI全景图如图6所示。

图6　BGI全景图

二、潜心制备结硕果

（一）带领团队，攻关"卡脖子"技术

石墨烯作为一种新型材料，其发展现状是"理想很丰满，现实很骨感"。刘忠范认为，目前市场上很多石墨烯材料都不是很靠谱。

2018年，康斯坦丁·诺沃肖洛夫同新加坡国立大学的一位教授在《先进材料》期刊上发表了一篇文章，他们检验了全世界60多家企业的粉体石墨烯材料，发现绝大多数企业提供的样品中，石墨烯含量不足10%。

石墨烯作为纯碳材料，碳含量为100%，但现在绝大多数石墨烯材料的碳含量不超过60%。显然，这样的材料无法支撑起石墨烯产业发展，若不在材料源头上下功夫，未来很容易被国外"卡脖子"。刘忠范曾在接受媒体采访时表示，我国很多被"卡脖子"技术，如光刻机、芯片、碳纤维等起步并不晚，尽管投入很大，但没有坚持。

"制备决定未来。"是刘忠范经常讲的一句话。对于新材料而言，能否从科学家手中的实验样品，变成工程师手里的实用材料，取决于在规模化制备上能否取得真正的突破。

石墨烯材料的制备看似简单，实际上真正做好很难。目前石墨烯行业存在的一些问题说到底是因为材料制备环节没有过关，存在着质量不高、工艺不稳定、重复性差等问题。刘忠范团队从2008年开始从事石墨烯薄膜材料的化学气相沉积生长研究，最初是实验室级别的生长方法研究，在催化剂设计、层数控制及畴区尺寸控制方面做了很多基础性探索。但是，从厘米尺寸的单个样品制备到规模化的批量生产存在着巨大的鸿沟，需要研制新的装备、发展新的工艺。

从实用角度讲，还必须考虑成本问题、环保问题等。这些问题的解决，一方面需要扎扎实实的基础研究，深刻认识石墨烯薄膜生长过程中的诸多理论问题；另一方面要纳入工程思维、产业思维和市场思维，显然这不是大学中的课题组能够单独完成的。从北京大学的基础研究团队到BGI，这是一个创新机制上的重要突破。通过十余年的努力和坚持，刘忠范团队在石墨烯薄膜材料生长方面获得的成果已经居于世界领先地位。2019年年底，BGI石墨烯薄膜生产示范中心正式建成，高质量石墨烯薄膜材料实现了批量生产，并走向市场。

对于技术创新，刘忠范坦言，创新不是搞花样，不仅需要踏踏实实的积累，更需要有突破传统思维的勇气。他的团队研制的超洁净石墨烯生长技术就是一个典型例子。此前，利用化学气相沉积方法制备的石墨烯薄膜一般很脏，污染面积甚至达到50%以上，很多人认为这是化学剥离过程中带来的污染物。为弄清原因，刘忠范带领团队经过深入研究，颠覆了这种传统的解释——这些"脏东西"是高温生长过程中的本征污染物。发现问题是解决问题的一半，进而刘忠范带领团队发明了没有这种本征污染物的超洁净石墨烯薄膜生长方法，而且基于自行研制的装备，实现了超洁净石墨烯薄膜的规模化生产。这是创新机制上的重要突破。

刘忠范团队的另外一个创新尝试是研究超级石墨烯光纤。光纤产业非常庞大，它可用于光纤通信，可以做光纤传感器、内窥镜等。团队通过努力让光纤表面生长出了石墨烯，而且可以控制生长的层数。

传统光纤电信号、光信号来回转换控制时，用的是铌酸锂，需要上千伏的电压做开关，而石墨烯光纤制作的电光调制器，只需要3V电压，相当于两节电池的电压。石墨烯还可以做超快激光、超快激光器，用于制作集成电路。如果用石墨烯制作特种防腐光纤，里面走光、外面走电，可以做电缆，将来可以把电缆和光缆集成。

此外，刘忠范带领的团队还承担了特种领域与石墨烯相关的项目。利用石墨烯导热性，制作蒙烯玻璃纤维，可以让尖端装备更先进。这些技术的突破是刘忠范带领团队夜以继日坚持攻关的结果。

他曾开玩笑地讲，"在石墨烯行业，不知道我这个团队的话，可能是因为他自己没做好，不是我们没有做好……"

（二）匠心铸造，打造"产业化"基石

基础决定实力，工艺决定质量，装备决定胜负。材料是产业的基石，如果发扬工匠精神，把制备做到炉火纯青、做出高质量的材料，石墨烯的未来会无限美好。因此，新材料能否从科学家手中的实验样品，变成工程师手里的实用材料，取决于规模化制备上能否取得真正的突破。纵观与人类生活息息相关的新材料发展历

史，无论是早年的塑料产业，还是近年来快速崛起的碳纤维产业，概莫如是。

石墨烯材料的制备看似简单，但要真正做好却很难。"制备决定未来"是刘忠范团队过去10多年一直坚持的理念，石墨烯材料是石墨烯产业的基石，原材料做不好，产业也做不好。

对新材料产业来说，竞争的是装备和工艺。石墨烯新材料产业发展到最后拼的就是装备。刘忠范从一开始就有一个信念：一定要做装备，同时做批量化生产装备，只有好的装备才能做出好的石墨烯材料，才能立于不败之地。

把最好的材料制备技术和制备工艺掌握在自己手里，就掌握了核心竞争力。材料生产水平不仅体现在技术和工艺上，还体现在装备制造能力上。因此，BGI成立了装备研发中心，吸引了多位资深装备制造专家加入，并于2021年成立孵烯装备事业部（图7），目前正在筹建京区产业示范基地。

图7 孵烯装备事业部

规模化制备水平的提高是推动石墨烯产业发展的关键要素。刘忠范深知，石墨烯产业正处于发展的初级阶段，该阶段需要让规模化制备成为可能，产品要想从实验室走向规模化发展，需要具有稳定的质量和极强的一致性、稳定性，但要实现这一点却不容易。例如，石墨烯薄膜的生长，一般是在1 000 ℃的高温加热炉里用铜箔做催化剂，就可以在铜箔上长一个个原子层的石墨烯。不过，薄膜石墨烯虽然能长出来，但缺陷多、质量差，这些问题是石墨烯薄膜材料产业化的主要瓶颈。刘忠范及其团队凭借在该领域多年的积累，很快取得突破，在石墨烯新材料的高温生长方法研究方面做出了一系列开拓性和引领性工作。

过去10年，刘忠范团队在装备上钻研很深，研制出多套石墨烯制备装备，为BGI石墨烯材料产业之路奠定基础；为拓展应用、将石墨烯薄膜从铜箔衬底上转移下来，刘忠范团队开发了绿色转移技术，通过基础研究解决工艺问题，成功生产出了导电和导热性都很优异的单层石墨烯。

刘忠范团队还关注可以用在电子学器件、集成电路等领域的高品质石墨烯材料，团队开发的4英寸单晶石墨烯晶圆制备技术，是BGI的核心产品之一。这种单晶石墨烯晶圆制备技术从蓝宝石单晶入手，在上面做铜111的单晶，然后再在铜上面长一个无褶皱的石墨烯单晶薄膜，而后把石墨烯单晶薄膜转移至蓝宝石表面，形成一张一张的单晶石墨烯。由于这种产品性能优异，引得欧洲国家的公司求购，用于生产研发第一代 LED。

不难看出，这些成绩的获得与刘忠范及其团队的长期努力密不可分。正因为在石墨烯薄膜制备上下了极大功夫，再加上多年的积累，所以 BGI 能够快速地在石墨烯应用上取得突破。

从材料发展和使用角度看，没有一种材料是万能的，石墨烯亦是如此。刘忠范认为，没人能够预测石墨烯产业的未来。石墨烯从发现至今仅过去十几年，还有很多可以提升和努力的空间。制备决定未来，只有在石墨烯制备上不断进取，我国才会迎来石墨烯产业的朝阳时代。

（三）探奥索隐，寻找"杀手锏"级应用

目前，国内市场上最热的石墨烯产品主要有"三大件"（新能源、大健康、涂料），占据了当前石墨烯产品的半壁江山，属于石墨烯材料的第一代产品。表面上看石墨烯的门槛很低，但要做好比较困难。刘忠范认为，人们对石墨烯的关注点应该放在离开石墨烯不行的"杀手锏"级用途上。

"有它行，没它也行"，这不是刘忠范心中"杀手锏"级的应用。在他看来，"杀手锏"级的应用应当可以让传统产业升级换代，创造出新的产业。因此，他始终致力于探索更多方向，提供最好的材料与装备。

新材料从出现到大规模应用，需要一代人甚至几代人不懈的努力和坚持，除了需要工匠精神，更需要持续的经费投入，不能搞"短平快"，也不能只争朝夕。当年的碳纤维最初只能做钓鱼竿，历经半个世纪，碳纤维已成为航空航天和国防领域的"杀手锏"级材料。

因此，刘忠范多次提到今天的石墨烯不等同于未来的石墨烯，它尚无法支撑起石墨烯产业的大厦，石墨烯的产业化道路还很长，需要耐心和坚持。尽管摸着石头过河，但刘忠范团队在石墨烯领域已经取得一系列在国际上领先的应用成果，其团队不仅在世界上率先开发出了"超级石墨烯玻璃"，还研制出了石墨烯家族的新成员——超级蒙烯材料。

超级蒙烯材料是刘忠范团队提出的新概念，为破解连续态石墨烯薄膜应用的剥离转移瓶颈提供了全新的解决方案。这种材料通过高温生长过程和巧妙的工艺设计，能够在传统材料表面沉积连续态石墨烯薄膜。借助高性能石墨烯"蒙皮"，赋予传统材料全新的功能，让原子级厚度的石墨烯薄膜搭乘传统材料载体走进市场。不同于石墨烯涂料在材料表面的物理涂敷，这种直接生长的连续态石墨烯"蒙皮"最大限度地保存了石墨烯的本征特性，是普通石墨烯微片材料无法比拟的。

超级蒙烯材料体现了连续态石墨烯薄膜应用的新理念，借助传统材料衬底，

解决了石墨烯薄膜无法自支撑的问题，同时回避了金属衬底上薄膜生长的剥离转移难题，这是它被冠以"超级"的原因所在。

随着高性能复合材料大量用于空天飞行器、武器装备、风电叶片等领域，刘忠范团队发明的蒙烯玻璃纤维（图8）作为这种复合材料中重要的构成单元，如今已经具备成熟的复材加工和成型工艺，为走向市场打下了重要基础。

近年来，国家陆续出台了多项政策，鼓励风力发电行业发展与技术创新。然而，如何有效解决风电叶片结冰问题，是困扰业界多年的难题。蒙烯玻璃纤维凭借优异特性，在风电叶片除冰方面有着与生俱来的优势，它具备加热迅速、功率密度可调、除冰效果好、能耗低、施工工艺简单等优点，是目前极具潜力的解决方案。解决风电叶片结冰问题，可以增加冬季风电的出力，减少因结冰而带来的机组运行安全隐患，助力各地风能提质增效。

图8　蒙烯玻璃纤维

2019年，刘忠范成立石墨烯玻纤课题组，布局材料的基础研发和应用拓展。2021年年底，蒙烯玻璃纤维实现了石墨烯在特种领域的第一个"杀手锏"级应用。为进一步推进蒙烯玻璃纤维材料的产业化，2022年6月，BGI公司成立事业部，着力开拓蒙烯玻璃纤维材料的市场应用与宏量制备。

2023年3月14日，全球首台蒙烯玻璃纤维风电除冰叶片样机在湖南某地吊装成功（图9）。蒙烯玻璃纤维的研究开始于2017年，在2021年以独特的性能在特种领域成功应用，如今又在新能源领域首次落地试验。

BGI石墨烯材料不断地在各应用场景上崭露头角，并充分体现了石墨烯材料的优异性能，但这仍不是刘忠范心目中真正的"杀手锏"级应用。那么石墨烯真

图9　2023年3月14日，全球首台蒙烯玻璃纤维风电除冰叶片样机吊装成功

正的"杀手锏"级应用究竟是什么？刘忠范心里也没有确切答案，这也是科学家正在研究的内容。纵观材料的发展历史，我们会发现有些应用很简单，却占领了市场，走进了千家万户，这或许才是刘忠范心中想要的"杀手锏"级应用。

（四）共赢共生，用创新思维扎实推进石墨烯产业

企业要重视研发，刘忠范着重强调。众所周知，石墨烯材料的历史很短，相当一部分的应用还在研发中，远谈不上成熟。从如何做材料、做好材料以及如何把材料从实验室变成工程化、规模化的成品，其方方面面都需要研究和开发。

BGI尽管只有五年多的历史，但已成为全球知名的石墨烯新材料研发和产业孵化高地。矢志创新和体制机制改革是BGI快速发展的金钥匙，打造出BGI和BGI公司"一对一孵化"机制，以及与北京大学石墨烯产业技术研究院构成的"三位一体"产学研协同创新机制。全新的体制机制推动了从基础研究、规模化制备到产业落地的飞速发展。

加强合作交流，取长补短，达到互惠互利，刘忠范深知其重要性。近年来，依托强大的研发实力，BGI先后与中国航发北京航空材料研究院、中国航空制造技术研究院、中国航天科工集团有限公司、中蓝晨光化工研究设计院有限公司、京东方科技集团股份有限公司、中国华能集团清洁能源技术研究院有限公司、北京空间机电研究所等行业重点企业建成多个联合实验室，明确需求牵引，绑定龙头企业，石墨烯材料才有可能搭载"高速列车"迅速实现产业化。BGI与中国科学院苏州纳米技术与仿生研究所、苏州大学、中国石油大学（北京）、长春工业大学、中北大学等高校科研院所建成协同创新中心，充分发挥资源优势，共同推进石墨烯研发工作，从而实现双赢。北京石墨烯论坛2023揭牌仪式如图10所示。

图10　北京石墨烯论坛2023揭牌仪式

此外，得益于BGI的快速发展和研发实力，2021年9~11月，国家自然科学基金委员会"石墨烯制备科学基础科学中心"、国家石墨烯材料产业计量测试中心、国家市场监管技术创新中心（石墨烯计量与标准技术）、京津冀国家技术创新中心石墨烯产业技术研究所等相继落地BGI。这些都对BGI的发展起到了重要作用，也是外界对刘忠范领导BGI发展的重要认可。

（五）做石墨烯产业的追梦人

2023年11月10日，在上海举办的2023（第十届）中国国际石墨烯创新大会上，组委会授予刘忠范"中国石墨烯产业领航人"奖（图11），以表彰他对中国石墨烯产业发展做出的突出贡献。

刘忠范在石墨烯领域的发展道路上做出了巨大努力和贡献。近年来，虽然石墨烯产业在中国发展较快，基础研究和产业化在国际上位列"第一方队"，石墨烯材料制备等也走在世界前

图11　刘忠范院士获"中国石墨烯产业领航人"奖

列，但国内石墨烯产业发展存在亟待解决的问题也比较明显：一方面，产业公司以小微、初创型企业为主，可持续发展能力有限；另一方面，面向市场的产品质量和性能参差不齐，对核心竞争力技术关注不够，对未来的重视程度也不高。

BGI致力于研发高品质的石墨烯材料，同时找到应用方向和应用场景，推动科研成果产业化。"一体两翼"的布局，在统一的目标和意志下布局石墨烯新材料与装备的研发、生产、市场开拓。二者依靠各自优势，互相配合、各有侧重，积极利用市场和资本力量，全方位推进石墨烯新材料的产业化落地工作。在刘忠范的定位中，与传统研发机构孵化多个公司不同，在"一体两翼"模式下，BGI公司是BGI唯一的成果转化平台，也是BGI的利益代言人。

在"一体两翼"创新机制的推动下BGI快速发展，在科研和产业方面取得较大突破，不仅拥有国际上最大规模的石墨烯研发团队，国际顶尖的石墨烯材料、器件和应用研发实验室，还先后推出了4英寸单晶石墨烯晶圆、6英寸单晶石墨

烯晶圆、A3尺寸石墨烯薄膜（图12）、卷对卷石墨烯薄膜、蒙烯玻璃纤维等明星产品，实现了从实验室样品到规模化产品再到市场化商品的连续跨越，为推动石墨烯产业发展做出了重要贡献。

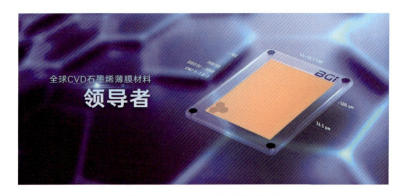

图12　A3尺寸石墨烯薄膜

不仅如此，刘忠范以石墨烯材料为基准，带领团队推出了一系列全球领先的石墨烯材料规模化制备装备与工艺包。蒙烯玻璃纤维作为一款轻质、柔性、长效稳定的新型纤维材料，在尖端领域实现重大应用突破。

2023年10月，BGI发布了3款集研发实力与创新能力于一身的产品——石墨烯冷冻电镜载网、蒙烯玻璃纤维织物、全球首台蒙烯玻璃纤维织物卷对卷制备系统，3款新产品的研制成功是BGI石墨烯材料及装备走向产业化的又一里程碑（图13）。

图13　2023年10月25日，BGI产品发布会

依托BGI前期技术攻关与积累、公司专业化市场运营，BGI石墨烯材料产品已相继进入华为、中国中车股份有限公司、金风科技股份有限公司等多家行业龙头企业。2022年，公司实现全年营收超6 000万元，已经驶入产业化高质量发展的"快车道"。

BGI一路走来，硕果累累，成绩斐然，除了刘忠范的坚强领导与团队的持之以恒外，还与他怀揣梦想、矢志报国、勇攀高峰、甘于奉献的精神，以及始终如一的坚守密不可分。未来，我们有理由相信BGI在他的继续带领下，其产业化之路会发展得越来越好。

三、建言献策谋发展

（一）我国石墨烯产业发展的关键问题

石墨烯是引领新一轮全球高科技竞争和产业变革的战略新兴材料，得到了世界各国的高度重视。2013年，欧盟启动为期10年的石墨烯旗舰计划，英国先后成立国家石墨烯研究院和国家石墨烯工程创新中心，全力打造石墨烯产业"领头羊"地位。美国、日本、韩国和新加坡等制订专门计划，争夺下一个万亿级石墨烯新兴产业。中国拥有全球最大规模的石墨烯基础研究和产业大军并走在世界前列，但面临诸多挑战。石墨烯新材料产业是一个重大历史机遇，目前正处在承上启下的关键阶段。因此，我们建议尽快做好顶层设计，体现国家意志，充分发挥我国谋划长远、集中力量办大事的制度优势。

1. 全球石墨烯产业发展态势和我国所处的位置

石墨烯新材料产业处于迅猛发展阶段，大量基础研究成果走出实验室，走向规模化和产业化探索阶段，示范性石墨烯产品已经走进市场。欧洲是石墨烯的诞生地，也最早布局石墨烯产业，通过石墨烯旗舰计划整合产学研资源，在石墨烯前沿技术研发方面处于国际领先地位。紧随其后的是美国和韩国，美国宇航局、IBM、三星公司等大企业的深度参与是其特色和优势所在。日本、澳大利亚、新加坡等也很早就布局石墨烯前沿技术研发工作。

中国是石墨烯新材料研究和应用开发最为活跃的国家。在基础研究方面起步很早，基本上与世界同步。从2011年起，中国学者发表的学术论文稳居全球榜首。在 Nature 及其子刊、Science 等顶级学术期刊上频频发表独创性研究成果。高品质石墨烯材料制备居国际领先地位。代表性工作有单晶石墨烯晶圆规模化制备技术、无褶皱超平整石墨烯薄膜生长技术、超洁净石墨烯、超级石墨烯玻璃等。应用基础研究也不断取得突破，代表性成果有烯碳光纤、石墨烯复合纳滤膜、氧化石墨烯海水淡化膜、声表面波类石墨烯微结构材料等。

中国对石墨烯产业的关注完全与世界同步，并拥有全球最大规模的石墨烯企业。截至2024年5月，与石墨烯相关的企业超过7万家。在石墨烯材料规模化生产方面居全球领先地位。经过十多年的快速发展，中国的石墨烯产业已遍及全国众多省市和地区，初步形成了"一核两带多点"的空间分布格局。作为"一核"的北京集聚了石墨烯核心技术研发力量；作为"两带"的东部沿海地区和黑龙江-内蒙古地区，前者拥有先发优势以及人才和市场优势，后者致力于发挥石墨矿资源优势；"多点"是指重庆、四川、陕西等呈分散状态，但具有一定特色和优势的地区。

总体上看，中国石墨烯产业发展与欧美日等发达国家或地区不一样，我们关注的是今天的石墨烯产品市场，而国外更多关注的是面向未来市场的高端应用研发。

2. 我国石墨烯产业存在的关键问题

（1）低水平同质化竞争严重，缺乏整体布局和顶层设计。

截至2023年，据不完全统计，全国现有60个石墨烯产业园，113个石墨烯研究院，17个石墨烯创新中心，还有17个石墨烯产业联盟。受制于技术、市场等因素，"近八成下游产品集中在石墨烯加热器、石墨烯理疗产品、石墨烯可穿戴产品、石墨烯涂料、石墨烯导电添加剂等领域，技术门槛相对较低，同质化现象严重，产品附加值偏低，再加上石墨烯制备成本相比传统材料仍然偏高，目前的应用产品并没有市场竞争力，而且可替代性和同质性明显。"①

（2）龙头牵引不足，小微企业居多，可持续发展能力有限。

由于国内从事石墨烯生产和应用开发的企业多为初创期的小微企业，其综合实力弱，只能关注一些投入小、产出快的短期应用产品，资金短缺和研发能力不足导致核心竞争力和可持续发展能力严重匮乏。我国有实力的大企业，尤其国企和央企对石墨烯产业的实质参与度非常低。同时，由于目前我国高技术产业基础总体上还不够强，尤其是技术分工和产业配套还不够完善，制约了一些小微企业自身特色的发挥和可持续发展能力。

（3）创新体系分散，产学研深度融合不足。

我国拥有全球最庞大的石墨烯基础研究队伍，同时拥有最活跃的产业大军，但两者之间尚未形成良好的协同效应。按现行评价机制，高校和科研院所往往以发表论文为导向，研究成果很难与市场结合。另外，大多数企业急功近利，不重视核心技术研发，缺少核心竞争力。作为明星级新材料，石墨烯越来越受到资本市场的关注，不少上市公司、投资机构跃跃欲试，涉足石墨烯行业，但这些创新要素基本上各自为战，尚未形成合力，产学研协同创新机制有待进一步完善。

3. 对策建议

（1）迅速推进国家石墨烯产业创新中心建设，整合全国创新资源。

组建国家石墨烯产业创新中心的时机已经成熟，建设统领全国、服务全国的石墨烯产业国家队势在必行。该创新中心应集成代表中国石墨烯基础研究、高技术研发以及产业化应用最高水准的骨干企业和研究团队，同时吸纳社会资本和具有产业引领能力的大型央企、国企和私企参与，共同打造中国石墨烯产业的旗舰。

（2）成立国家石墨烯产业联盟，统筹石墨烯标准体系建设。

截至2023年，我国各地石墨烯产业联盟多达17个，一些石墨烯产业联盟严重缺少权威性和专业性，事实上进一步加剧了我国石墨烯产业的乱象，也影响了

---

① 宋显珠，肖劲松：《我国石墨烯产业发展的喜与忧——全国石墨烯产业发展战略调研的思考》，《经济杂志》，https://baijiahao.baidu.com/s?id=1680342357869017354&wfr=spider&for=pc，访问日期：2020年10月12日。

我们在石墨烯领域的国际声誉。成立经权威部门授权的"国家石墨烯产业联盟"，可真正代表国家发声，结束当前的混乱局面。

由国家石墨烯产业联盟统筹布局，加快石墨烯材料和产品的国家标准、行业标准和团体标准建设。尤其对下游应用快速发展的电加热和大健康产品、防腐涂料、电池导电添加剂，以及石墨烯复合材料等应用领域，应尽快完善相关产品定义、检测和使用标准。同时，加快研究制定石墨烯行业准入标准，从产业布局、生产工艺与装备、环境保护、质量管理等方面加以规范，使石墨烯的应用及其产品有标准可依，有规范可循。

此外，加强国际交流合作，积极参与国际标准制定，确保石墨烯标准体系与国际接轨。

（3）聚焦"卡脖子"技术，加大支持力度，培育核心竞争力。

石墨烯材料是未来石墨烯产业的基石，也是制约石墨烯产业健康发展的"卡脖子"问题。就石墨烯材料的产能来说，中国已经高居全球榜首，但由于技术尚未过关，工艺稳定性差，因此必须整合资源，加大投入力度，久久为功，突破石墨烯材料生产的核心技术。

与此同时，布局未来，探索石墨烯材料的"杀手锏"级应用，我们不能只关注立竿见影的"味精"角色的石墨烯应用产品。

新兴材料有两种表现形式：或者创造全新的产业，或者给现有产业带来变革性的飞跃，石墨烯材料有望兼而有之。建议国家设立石墨烯专项，由国家石墨烯产业创新中心统筹布局，充分体现国家意志，打造未来石墨烯产业核心竞争力。

（4）发挥制度优势，加强顶层设计。

石墨烯新材料的特点决定了发展石墨烯产业的长期性和艰巨性，因此需要做好战略性、全局性的规划设计，这一点正是我们的制度优势所在。一方面，从时间维度上，制定石墨烯产业发展路线图，通过5年规划、10年规划、20年规划，稳步推进石墨烯产业可持续发展，将石墨烯重点攻关方向与制造业强国战略相统一，围绕新一代信息技术、节能新能源汽车、生物医药等重点领域的发展需求布局；另一方面，从空间维度上，科学合理地规划全国石墨烯产业布局，推进差异化、特色化、集群化发展，避免低水平重复建设和恶性竞争。

（5）释放政策红利，培育创新生态。

石墨烯产业是处在迅速发展阶段的高科技产业，需要及时有效的政策引导，最大限度地释放政策红利，打造创新性的文化环境和高科技研发生态。高科技产业发展的核心要素是具有创新能力、掌握核心技术的专业人才，如何最大限度地调动这些专业人才的主观能动性、激发他们的创造力，决定着未来石墨烯产业的核心竞争力。国家已陆续出台新的人才和科技评价政策，相信"唯论文、唯职称、唯学历、唯奖项"的"破四唯"改革,会给石墨烯产业带来新的发展动力。建议加大力度支持产学研协同创新机制探索。目前,各省市地区已进行了大量的探索实践,需要交流和总结经验,尽快建立适合我国国情的产学研协同创新体系。

(二)新材料产业发展的底层逻辑:石墨烯的创新实践[①]

材料是产业的先导。我们现在常说的"卡脖子"技术其实深层次的根源是材料,材料是我国高科技产业发展的瓶颈之一。

回顾材料科学和材料产业发展史,发现一个很重要的现象。钢铁材料我国现在遥遥领先,年产量10亿t以上。18世纪末,英国最早突破了规模化炼钢技术,从某种意义上推动其成为第一个世界级强国。信息化社会的基石是硅材料,没有硅材料就没有集成电路和芯片产业,单晶硅制备技术的突破可以追溯到20世纪50年代末60年代初,尽管单晶硅的规模化制备技术是欧洲人发明的,但开花结果在美国,美国发挥了硅材料的优势,一跃成为超级大国。再看碳纤维材料,作为当今时代引领性的战略新材料,其影响力与日俱增,20世纪60年代,日本开始布局碳纤维材料的研发,经过近半个世纪的努力,打造出今天的碳纤维帝国。

这是材料的力量。抓住新材料,就抓住了新的发展机遇。发展新材料、开辟新赛道,是解决诸多"卡脖子"难题、实现跨越发展的关键抓手。

1. 来自碳纤维产业的启示

碳纤维是一种非常重要的新材料,具有轻质高强等诸多优异性质。早年的碳纤维做钓鱼竿、高尔夫球杆,现在已成为石油化工、风电叶片等领域不可或缺的存在。全球碳纤维市场需求已达20万t,并且仍在迅速增长。碳纤维主要生产厂家前5家企业产能占全球的62%,其中日本占3家——东丽、三菱丽阳和日本东邦,比例达47.3%,接近一半,另外2家是德国西格里和美国赫氏。

作为碳纤维产业的"拓荒者"和"领头羊",日本东丽公司创造了近半个世纪的碳纤维材料研发历史。1961年日本东丽公司成立碳纤维研发部,1971年实现T300(1t/月)的规模化生产,这个过程历时10年。早年的碳纤维材料只能用在高尔夫球杆和钓鱼竿上,这些初级应用带动了碳纤维产业的早期发展。

从20世纪90年代开始,碳纤维开始在飞机上使用,如波音777的尾翼等。真正的突破是在波音787上,2003年东丽公司赢得了波音787客机的合同。新一代的大飞机通常从新材料入手,波音公司最终选择了碳纤维。通过材料生产厂商和应用客户的共同努力,使得碳纤维新材料找到了其"杀手锏"级的用途。日本

[①] 本部分内容来源于《演讲实录 | 刘忠范:新材料产业发展的底层逻辑:石墨烯的创新实践》,《深圳创新发展研究院》,https://mp.weixin.qq.com/s/PTnWZ0-OUQOe_grSyTPP8g,访问日期:2024年5月13日。

东丽公司前后历时50年，花费1 400多亿日元从事碳纤维新材料研发，扭亏为盈，这是长达半个世纪的坚持，实属不易，值得我们学习和深思。

中国碳纤维发展史可以概括为八个字"起个大早，赶个晚集"。我们早在20世纪60年代中期就开始了PAN基碳纤维研究，与日本几乎同步。20世纪70年代初，实验室已经突破连续化工艺。1974年山西煤化所开始设计我国第一条碳纤维生产线，1976年建成中试生产线，1978年获全国科技大会奖，后来这条中试线整体搬迁到吉林石化。当时，有关部门高度重视这种新兴材料，时任中国人民解放军国防科学技术委员会主任张爱萍主持召开了"7511"会议，先后组织了20多家科研和企事业单位联合公关。由于知识产权归属的问题，各部门难以协调，最后不了了之。

进入21世纪，师昌绪先生呼吁要大力发展碳纤维产业，引起政府有关部门的重视并采取了有力措施。2005年我国碳纤维企业仅10家左右，产能占全球的1%，到2017年从事碳纤维复合材料研制及生产的企业近百家，产能达到2.6万t，仅次于美国和日本，占比18%。但整体碳纤维产品仍处于低端领域，普遍处于亏损状态。

碳纤维材料的发展史与新材料产业乃至高科技产业的发展历程相似，值得借鉴。碳纤维产业给我们的启示：

（1）耐心和坚持。东丽公司半个世纪的坚持成就了其碳纤维产业的龙头地位。

（2）企业主导和领军企业。任何科技创新成果最后必须通过企业才能落地，没有企业主导，无法落地；而没有领军企业，产业很难发展起来。

（3）绑定头部企业和"杀手锏"级的应用场景。假如没有波音公司，碳纤维产业的大规模快速发展很难想象。要绑定龙头企业，找到"杀手锏"级的应用场景，借力发力。

（4）领头人和"工匠"群体。没有东丽公司，碳纤维产业可能还处于起步阶段。所以一个领头人、一个领头组织、一个"工匠"群体极其重要。

以上4点就是新材料产业发展的共性的底层逻辑，对石墨烯新材料产业也适用。

2. 与国外相比，中国石墨烯行业的关注点不一样

石墨烯是由单层碳原子构成的蜂窝状的纯碳材料，是最薄、最轻、最强和最坚硬的材料，也是最好的导热材料和最好的导电材料。集这么多的优点于一身，可以说在元素周期表里只有碳元素的石墨烯。

如果说硅和碳纤维是20世纪的战略新兴材料，那么石墨烯可以称之为21世纪的战略新兴材料。回顾人类文明的发展史，会发现碳材料家族"多子多孙"，石墨烯、碳纳米管、富勒烯、石墨等都属于碳材料大家族的成员。碳材料家族从

诞生至今有着数千年的历史，并且一直在创生着新的产业，如金刚石产业、石墨产业、炭黑产业、活性炭产业、碳纤维产业等。那么碳材料家族的下一个产业是什么呢？遵循历史和规律，刘忠范相信是石墨烯。

石墨烯是怎么来的？2004年，英国两位学者安德烈·盖姆和康斯坦丁·诺沃肖洛夫通过撕胶带的办法发现了石墨烯材料，2010年，两位发现者荣获诺贝尔物理学奖，石墨烯从此引起了全球范围的关注。2013年欧盟启动"石墨烯旗舰计划"，10年投资10亿欧元。2014年石墨烯列入国家发展改革委、工业和信息化部等部委发布的《关键材料更新换代工程实施方案》。2015年曼彻斯特大学成立国家石墨烯研究院（NGI），半年之后习近平总书记到访NGI。2018年年底，曼彻斯特大学又成立了石墨烯工程创新中心（NEIC）；同年10月，BGI揭牌启动。2020年年底，欧盟正式批准"欧洲地平线计划"，石墨烯为首批支持项目。2021年，BGI研发的超级蒙烯材料在我国尖端武器上正式使用，这是石墨烯材料在军工领域的第一个"杀手锏"级应用。石墨烯材料的发展简史，才刚刚开始。

纵观全球，中国对石墨烯材料的关注点与欧洲、美国、日本和韩国等不一样。国外更多关注真正体现石墨烯新材料特性的未来型技术研发，而我国石墨烯行业的关注点更多在实用性产品的研发上。

韩国在石墨烯领域是一匹黑马，其以三星公司为核心，形成了一个石墨烯网络，大学、科研院所都围绕三星公司开展石墨烯新材料研发工作，很多石墨烯器件相关的核心专利都在三星公司，他们早在20年前就开始布局。

回到底层逻辑上，龙头企业很重要，任何一个产业要想走得远，龙头企业是关键。中国的石墨烯新材料产业存在诸多挑战，小作坊式石墨烯企业占90%以上，缺少龙头企业，同质化现象严重，低水平恶性竞争导致有限资源高度分散和浪费。

究其原因，刘忠范认为，"国家意志"和"市场意志"的有效协同，应该是我国石墨烯产业健康发展的关键，没有国家意志就没有长远布局，没有市场意志就会背离市场规律，导致市场无序竞争的乱象。事实上，"国家意志"和"市场意志"是两只无形的大手，在高科技产业发展过程中发挥着至关重要的作用。2024年的政府工作报告提出要"促进有效市场和有为政府更好结合"，这一点极为重要。"有效市场"也来自"有为政府"，希望尽快落到实处。

3.一个新材料要想站住脚，必须找到一个离开它不行的用途

一个新的材料、新的技术走进市场，通常经历技术萌芽期、期望顶峰、泡沫谷底期、爬坡期、稳定应用期等5个阶段。从实验室里的样品到规模化的产品，再到市场化的商品，这条路很长，也是大浪淘沙的过程。

石墨烯新材料不足20年的历史，尚处于产业发展初级阶段，至多处于期望顶峰稍后一点。对于石墨烯新材料产业发展，刘忠范总结为8个字：前途无量，任

重道远。这个产业还存在很多"卡脖子"的问题需要解决。

以研发为例,存在石墨烯薄膜材料如何剥离和转移、石墨烯晶圆材料如何实现从单层晶圆材料到实用宏观材料的过渡和性能传递、粉体石墨烯材料如何均匀分散到高分子等复合基体之中等问题,技术问题不解决,就会变成一个个"卡脖子"问题。整体来看,石墨烯产业之路还很长,切勿操之过急。

刘忠范一直认为,"卡脖子"技术是熬出来的,需要数十年如一日的不懈努力和持续的资源投入,同时还需要改变急功近利的做法以及传统思维方式。比尔·盖茨曾说,我们总是高估今后一两年内将要发生的变革,总是低估未来10年将要发生的变革。很多人对石墨烯就是这种态度。

石墨烯新材料产业是硬科技产业,需要解决"硬"问题,制备决定未来。材料是石墨烯产业的基石,没有规模化制备技术的突破,就不可能有石墨烯产业,这是个循序渐进的过程。

2022年,我国石墨烯粉体的产能2.2万t,薄膜产能540万m^2。粉体的利用率约7%,薄膜的利用率约0.23%,处于产能过剩状态。刘忠范表示:"石墨烯材料制造业尚有巨大的提升空间,今天的石墨烯还不能支撑起石墨烯产业的大厦。""中国石墨烯新材料产业需要像东丽公司那样的领军企业,需要舍我其谁、志存高远的担当者,需要一大批追求极致的'匠人'。"

4. 如何破解科技和经济"两张皮"难题

刘忠范2008年进入石墨烯领域,2018年创建BGI,开启了石墨烯产业化之梦。刘忠范带领团队一路走来,历时5年多,BGI取得了飞速发展。作为北京市政府支持下成立的首批新型研发机构之一,以探索产学研协同创新,推动石墨烯材料研发与产业落地为目标,BGI"一体两翼"的布局,在统一的目标和意志下布局石墨烯新材料与装备的研发、生产、市场开拓。二者依靠各自优势,互相配合、各有侧重,积极利用市场和资本力量,全方位推进石墨烯新材料的产业化落地工作。

BGI的追求目标:向全球市场提供最具竞争力的石墨烯材料,向市场提供最好的石墨烯制备装备和规模化生产线。一手抓材料,一手抓装备,是BGI的核心发展战略和核心竞争力。BGI的愿景:打造全球石墨烯领军企业,向客户提供最佳材料解决方案。

BGI的研发布局以材料为核心,包括通用石墨烯材料、新型石墨烯材料及专用石墨烯材料三大板块。通用石墨烯材料包括石墨烯单晶晶圆、连续态石墨烯薄膜及粉体石墨烯材料,参与全球市场的竞争;新型石墨烯材料致力于发展独创性的石墨烯材料,如超级蒙烯材料、石墨烯高分子复合纤维及柔性石墨材料;专用石墨烯材料重点布局石墨烯电热转换材料、导热散热材料和电磁功能材料。

5年来,BGI已经形成了一个从基础研发、中试示范到产业落地的一体化布局,并拥有 4 个国家级创新平台、6 个与知名高校共建的产学研协同创新中心、7 个与客户共建的联合实验室及 2 个企业研发代工中心。

石墨烯制备科学基础科学中心于 2021 年 11 月获批成立，是石墨烯领域唯一的基础科学中心。基础研究是新材料、新技术、新工艺、新装备的源头，BGI 重点布局目标导向性的基础研究，致力于发展石墨烯材料制备的新方法、新工艺、新装备，以及石墨烯材料应用的新思路和"卡脖子"问题。从基础研究出发，扎实推进产业化核心技术研发。

技术创新链条，从实验室阶段到中试阶段再到产业化阶段，一般分为 9 级。BGI 重点布局链接基础研究阶段和产业化阶段的中间环节，即材料工程化和规模化中试环节，这也是技术创新链条中的"卡脖子"问题所在。基于此，BGI 重视中试示范中心建设，重点布局石墨烯材料的规模化中试环节，研究将实验室的样品做成中试规模的产品。

一代材料，一代装备。BGI 设有孵烯装备事业部，装备是材料制造工艺的"固化"，也是做出具有竞争力的材料的根本，做好装备研发和装备制造就拥有了石墨烯材料市场的核心竞争力。

BGI 的优势在于拥有基础研究团队、工艺研发团队和装备制造团队，协同联动，缺一不可。5 年来，BGI 有 11 种材料实现了规模化中试生产、11 台 / 套的自研装备投放市场，BGI 独创的蒙烯玻璃纤维材料实现了规模化产业落地，石墨烯 TOC 分离膜、石墨烯电镜载网陆续推向市场。

BGI 从石墨烯制备方法学研究出发，到石墨烯材料规模化制备工艺和装备研发，再到石墨烯应用技术研发和市场落地，走出了产学研协同创新之路。从实验室样品到规模化产品，BGI 扎扎实实地推进石墨烯材料的规模化制造和产业落地工作。

5. 探索"杀手锏"级应用——超级蒙烯材料

超级蒙烯材料是 BGI 首创的新概念材料。通过高温生长过程，在传统工程材料表面沉积连续态石墨烯薄膜。借助高性能石墨烯"蒙皮"，赋予传统工程材料全新的功能，让原子级厚度的石墨烯搭乘传统材料载体走进市场。这是一条连续态石墨烯薄膜走向实际应用的全新思路，并得到了有效的验证。

BGI 在很短的时间内，陆续推出了蒙烯玻璃纤维、蒙烯氧化铝纤维、蒙烯碳化硅纤维等系列材料。其中蒙烯玻璃纤维材料已经实现了规模化量产和产业落地，同时完成了两代规模化装备研制。

刘忠范认为，石墨烯产业将建立在其"杀手锏"级应用的基础上，而不是作为"万金油"式的添加剂。为了探索石墨烯材料的"杀手锏"级用途，BGI 建立了"未来实验室"，架起链接"材料"与"市场"的桥梁。BGI 未来实验室有三大板块：电热技术实验室、散热技术实验室和电磁技术实验室。

第一，石墨烯是优异的新型电热转换材料，拥有电热转换效率高、升温速度快、柔性、透明等诸多优势；第二，石墨烯拥有已知最高的热导率，是非常好的导热散热材料，石墨烯导热散热技术拥有巨大的市场潜力；第三，石墨烯也是优良的电磁功能材料，在轻量化导线、电磁屏蔽等诸多方面有着广阔的应用前景。

基于上述原因，BGI 未来实验室重点布局这 3 个方向，以客户需求为导向，逆向进行材料研发。BGI 重视绑定用户，共同研发，实践证明这是行之有效的好办法。

以蒙烯玻璃纤维为例，作为 BGI 自主研发的第一款超级蒙烯材料，凭借其隐身兼容、轻质、长寿命、加热均匀、电热转换效率高等诸多无与伦比的优势，已经成功地用在国防尖端武器上，成为某些领域不可替代的"杀手锏"级材料。在风电叶片除冰解决方案中，2023 年 3 月，第一台蒙烯玻璃纤维除冰叶片样机吊装成功。无人机拍摄的现场红外照片显示，加热均匀，除冰效果非常好。目前这项新技术已经通过了严苛的实验，包括耐久性实验、防雷击实验、高压实验等，大规模的市场应用指日可待。蒙烯玻璃纤维凭借其优异的导热性先后在地铁座椅加热、工业设备烘干、卫星热管理等领域广泛开展应用。

6. 政府不能离科学前沿太近，否则会带来巨大的决策风险

刘忠范表示："我们不能满足于建立一堆研发平台。没有企业的介入和市场化机制，这些研发平台只能产生一大堆文章和专利、无数的'自嗨式'创新突破以及众多小作坊式的公司。不经过市场竞争的洗礼，任何创新性成果都无法真正转化落地和创造市场价值。"

BGI 与 BGI 公司"一体两翼，一对一孵化"是体制机制创新的重要探索。2023 年，北京大学石墨烯产业技术研究院挂牌，充分利用北京大学团队的基础研究优势并有效解决了北京大学教师和学生的兼职身份问题。通过"三位一体"的体制机制设计，实现从基础研究到工程化再到产业化的全链条布局。BGI 的战略目标是打造一颗千亿级石墨烯产业树，形成以我为主、布局全国、联通世界的石墨烯产业生态。

石墨烯材料的产业化需要科学家、工程师和企业家三者精诚合作，协同创新。科学家的研究思维、工程师的工程思维、企业家的市场思维有机地结合，将无往而不胜。

针对产学研协同创新模式，刘忠范总结出两种不同的模式：一台机器运转的模式和多台机器协调运转的模式。一台机器运转的模式就是通常的企业模式。例如华为，有自己的科学家、工程师和企业家，这些人拥有完全一致的追求目标和利益导向。多台机器协调运转的模式常见于政府主导的各种协同创新平台，大学和科研院所的众多科学家、企业家和投资机构等不同的利益主体共建共享一个创新平台，以期实现产学研协同创新。比较而言，后者需要一个强有力的协调机制，

让众多的机器协同运转起来,难度可想而知。而一台机器运转的模式是最高效的产学研协同创新模式。

企业是产学研协同创新的最佳载体,科学家、工程师和企业家在明确的市场目标牵引下协同创新,拥有完全一致的目标。所以,弘扬"企业家精神",充分尊重和信任企业家,培育公平竞争的市场文化,让千千万万个企业成长起来,是推动高科技成果转化和繁荣市场经济的不二法宝。

另外,原始创新、技术创新和产品创新也不能混淆。例如,手机、特斯拉、星链都是产品创新,是已有技术的集大成者,这些创新性产品通常始于一个大胆疯狂的想法,只有马斯克、乔布斯这样的技术"偏执狂"才能创造出来,需要的是追求极致的工匠精神,并非从零到一的原始创新。从原始创新到产品创新存在着巨大的鸿沟,时间跨度长达数十年甚至是上百年,"直通车"没有成功的先例,也不符合市场和产业发展规律。相对论是爱因斯坦一百多年前创立的,现在的GPS定位都需要相对论理论,如果从那个时候就开始抓起,自然不现实。刘忠范认为,技术创新链不能布局太长,否则很难走下去。

我国过去30年的科技发展成就得益于国家和社会对科学家的尊重与投入,刘忠范坚信未来30年的高科技产业竞争将依赖于企业家和中小企业创新创业人才的创新活力。科学家间接创造生产力,企业家直接创造生产力,应该像尊重和重视科学家那样对待企业家,企业家应该勇敢肩负起创新主体的重任。

四、责任担当守初心

(一)主动作为,培养人才担重任

刘忠范的人生很简单,小时候是读书和学习,现在是读书和研究。在他心里,学者应该专注于学问。他认为,院士是一个崇高的称号,选上是水到渠成的事情,而不应是追求的功利目标。虽然如今已经是院士,但他还是最初的那个"自己",做好学问,在推动学术发展的同时把年轻一代带起来。正因如此,对于奋战在科研一线的刘忠范来说,三尺讲台是他的另一个阵地。

如今,虽然他是BGI的院长,但仍然是北京大学的教授。他认为,科研与教书育人并不矛盾,作为一位教师,他有义务承担起培育新人的重任。

刘忠范倡导的理念是"不要给自己设置天花板",面对科研生涯中的种种困难,要勇敢地迎上去,要勇于尝试,去发现、去造就一个全新的自己。他认为,带学生是一门艺术,要给他们足够的空间去发挥、去发展。BGI就是一个大舞台,有着远超出一个课题组和实验室的发展空间。在BGI大家可以从事基础研究,也可以从事实用性的技术和产品研发,在产业化方面也大有可为,学生有着广阔的空间去发现自己、展示才华。

刘忠范回国31年，身为教师，他最大的骄傲是培养的教授/研究员已经超过60人，加上副教授，已经超过100人，其中不乏院士、杰青、优青，还有十多位企业高管，他们都在各自的领域为科学研究和国家发展贡献力量。

"培养百名教授"是刘忠范多年前的目标，现在看来这个目标已经达成。不过，数字指标并非他的终极目的，成为一位教育家，让更多的人成才、成功，成为对国家、对人类有贡献的人才是刘忠范的心愿。

（二）培养兴趣，照亮科学研究路

"搞研究，兴趣是第一推动力，至少我自己是这样走过来的。我一直对低维碳材料感兴趣，做了10年的碳纳米管，现在又在做石墨烯，石墨烯之后做什么，一直在思考中。选题是个人的兴趣所致，也是一个人的见识问题，这两者决定了能走多远，能飞多高。"这是刘忠范接受媒体采访时说的一段话。

1984年，刘忠范初到日本，被安排到横滨国立大学读硕士。那时，他还没有真正喜欢上科学研究。后来，他投奔日本东京大学著名教授藤岛昭。从横滨国立大学到东京大学，在研究上算是一个转折点，他在藤岛昭教授那里读博期间，开始对科研感兴趣。因此，刘忠范寄语年轻人，一定要找到自己感兴趣的东西，并持之以恒地坚持做下去，定会有收获、出成绩。

虽然兴趣很重要，但找到自己所擅长的同样重要，将两者结合起来，成功的机会就比较大。他认为，每个人的精力是有限的，把有限的精力集中于科学问题上不懈努力，才会有所突破。在某一领域做出让同行们认可的工作，并不是一件轻而易举的事情，需要修炼内功，准确把握所在领域的发展方向，并有持之以恒的精神。科学研究并不是哗众取宠，真正的超一流学者做出的成果未必在当时就被世人所接受，往往经过时间的积淀才发现其价值。

虽然我们常说，兴趣是最好的老师，但人的兴趣并非单一、一成不变的。对此，刘忠范有自己的看法，他认为对科研工作者而言要避免两种极端做法。其一，墨守成规，永不求变。这样的人已经丧失了对新生事物的好奇心，也失去了接受新事物的能力，是科研工作的大忌。其二，感兴趣的点太多，什么都想做，最终导致什么都做不深、做不透。在两者之间找到平衡，能够体现一个人的科研素质。

正如他书桌上泛黄白纸上的文字："研究的乐趣在于过程，而不在于结果本身，因为过程当中隐藏着新的发现、新的发明和新的目标，这也是科学家乐此不疲之奥秘。"刘忠范的学生很多，发现学生的兴趣，把学生培养成具有独立精神的科研工作者是他在北京大学执教一以贯之的培养原则。

科研是件苦差事，只有耐得住寂寞，不受干扰，保持一颗安静、平和、积极向上的心才有可能成功。"只要认准目标，不懈地努力追求，积极面对困难和挑战，终会得到回报。"是他常说的一句话。

很多刘忠范早期的学生几乎都是他的同龄人，那些年他们在一起披星戴月、攻克难关；一起同场竞技、一决高下；一起谈天说地、畅想未来。刘忠范怀念那些时光。如今的他获得诸多成就，学生无形中对他多了些尊重和敬畏，但他仍然愿意常常和学生在一起，而学生也因他出色的研究成果和幽默的性格而纷纷选择进入他的课题组。

如今，不仅刘忠范带着兴趣做科研，他的学生亦如是。言传身教，身教胜于言传，他一直在以身作则，点燃学生对科研的兴趣，激发他们的斗志。在他培养的数百名毕业生中，90%以上都在国内外大学和科研院所从事科研工作，并且已经有数十人成为教授或研究员。

他最自豪的事情，不是发表的700多篇学术论文，不是探索出了新领域，而是培养了一批热爱科学、热爱纳米和石墨烯的学生。

"师者，所以传道授业解惑也。"这是刘忠范一直践行的为师之道。

（三）家国情怀，做好文化传播者

"人才决定潜力，机制决定效率，文化决定高度"，这是刘忠范一贯的信条。刘忠范认为，科学的发展和进步需要的不仅是硬件设施上的重视和投入，更需要文化层面的建设，需要科学精神，而科学精神的融入和驻扎本身是科学家从事长期严肃的、艰苦的科学创造工作的自然结果，这种融入又可以带动整个社会尊重这种科学精神，为民族提供科学创新的土壤。

在刘忠范看来，"科学根植于文化土壤之中，文化是人类思维活动的积分，而创新则是人类思维活动的微分。科技创新需要培育一种创新性的文化土壤。历史告诉我们，没有一个科学发现是规划出来的，也很少有发明创造是用钱堆出来的，很多重要的发现发明都是'闲'出来的。"[1]因此，刘忠范在繁忙的科研工作之余，利用担任的多个社会职务，积极在文化领域建言献策。

2017年7月，他当选为九三学社北京市委员会主委后，积极将自己的专长、兴趣与党派工作结合起来。同年8月，九三学社北京市委员会启动了"文化北京专项行动"，他建议要高度重视"分散模式"的街巷文化、公园文化、社区文化、校园文化、机关文化乃至路标文化等，把历史文化积淀展示在大街小巷。

此后，他又在2018年全国两会上提交的《加强"街巷文化"建设 彰显文化自信》提案中指出，形成"街巷文化"是北京文化建设的基础，建议把"街巷文化"建设纳入城市规划，深入挖掘一座城市、一条街道、一个胡同的历史，以雕塑、牌匾、碑刻等多种形式展示到城市的大街小巷、广场和公园里，让整座城市变成一个开放性博物馆。

---

[1] 彭青龙：《从石墨烯研究看科学文化与学术评价——访谈刘忠范院士》，《文摘报》，https://epaper.gmw.cn/wzb/html/2022-01/01/nw.D110000wzb_20220101_1-08.htm，访问日期：2022年1月1日。

刘忠范认为："建议提出来了，还要不断推动它落地，我们做事要有效果，否则就是在浪费时间。"①

在刘忠范身上我们看到了他对传播文化和工作认真负责的态度以及对做事情要讲方式方法的倡导。同时，我们也看到了刘忠范身上有中国知识分子的典型性格：家国情怀，责任天下。他从事科研工作认真务实、兢兢业业，以工匠精神贯穿始终。

（四）传道授业，"接地气"的科普达人

科技创新不仅需要肥沃的科技创新土壤，更需要扎实的基础和庞大的基数，以及适应创新的社会文化氛围。

刘忠范在推动科普基地建设、编写科普著作、开展科普讲座、参与科普活动等方面下了很大功夫，目的是为广大群众解读和普及科学知识，展现科学之美、科学之奇、科学之趣、科学之用。

2019年，BGI被批准成为中国科学技术协会"科普中国共建基地"，目的是通过其优势资源、科研技术、专家团队，积极响应及配合中国科学技术协会重大科普活动，在石墨烯领域的热点问题上发出科学解读的声音。北京石墨烯论坛自2018年启动以来，石墨烯科普讲座成为每届的必备板块，广受观众好评（图14）。2021年，他在《中国经济大讲堂》科普石墨烯材料的研发与产业（图15）。2021年，BGI成为"九三学社北京市委科普基地"。2023年7月，刘忠范回到家乡母校卢家中心学校进行科普讲座（图16）。

图14　2020年10月，北京石墨烯论坛－石墨烯科普讲座

除此之外，刘忠范还积极编写科普著作，让广大青少年了解神奇的纳米技术和材料。他先后主导编写了《有问必答：石墨烯的魅力》《1小时漫话纳米世界》"畅游纳米世界

图15　2021年7月刘忠范在《中国经济大讲堂》科普石墨烯材料的研发与产业

---

① 孔瑶竹，靳贤锋，刘丽：《刘忠范：匠心打造未来石墨烯产业基石》，《中国统一战线》，https://www.chem.pku.edu.cn/cnc/cn/docs/20190115134632165087.pdf#:~:text=%E5%88%98%E5%BF%A0%E8%8C%83%EF%BC%9A%20%E5%8C%A0%E5%BF%83%E6%89%93%E9%80%A0%E6%9C%AA，访问日期：2019年6月12日。

绘本系列"《爱上数理化》《纳米技术就在我们身边》《漫画新科技》等多套科普图书（图17）。

图16　2023年7月，刘忠范回到家乡母校卢家中心学校进行科普讲座

图17　刘忠范主导编写的科普图书

（五）心系家国，不拘一格用人才

面对世界百年未有之大变局，人才是强国之本、竞争之基、转型之要。国与国之间在各种领域的竞争，最后都是人才的竞争。

刘忠范作为中国科学院院士和北京大学教授，非常清楚人才在国家方方面面发挥的巨大作用。因此，他多次呼吁重视人才建设，要不拘一格用人才；要创造新的沃土，让更多的人行动起来想做事，让更多的人安静下来能做事；要营造一个大环境，打造无数小舞台，释放出人才的巨大创造力。

2023年3月9日，刘忠范代表九三学社中央在全国政协十四届一次会议视频会议上作大会发言时说，一件件让中国人骄傲的国之重器，承载着中华民族伟大复兴的中国梦，凝聚着一批批顶尖科学家的卓越智慧，也倾注了无数工程师的心血和汗水。应尽快推进卓越工程师培养模式变革，打造一支新时代卓越工程师队伍，构建世界一流工程科技战略人才培养体系。在他看来，卓越工程师是我国实施科教兴国战略、人才强国战略和创新驱动发展战略的重要力量。

刘忠范提到，党的二十大报告强调要努力培养造就更多卓越工程师。加快建设制造强国，让"中国制造"加快迈向"中国创造"，应尽快推进卓越工程师培养模式变革，构建世界一流工程科技战略人才培养体系。刘忠范提出以下建议：

首先，主动布局未来战略所需工程科技人才培养，研究工程教育专项立法。聚焦科技自立自强和关键核心领域，制订"卓越工程教育十年行动计划"。围绕战略性新兴产业、重大基础设施建设和绿色低碳等，从工程专业三年级本科生中遴选优秀学生，加入卓越工程师硕博士培养课程学习。

其次，强化工程科技人才实践创新能力建设。构建卓越工程人才培养"共同体"，推动企业与高校共同制订卓越工程师培养方案、课程体系、教学内容与教学方法。对纳入产教融合培育范围的企业给予一定政策支持，引导社会各界力量支持工程领域实践创新，激发工程科技人才创新热情，为培养卓越工程科技人才搭建平台。

再次，着力培育跨学科复合型工程科技人才，引导高校加快布局跨学科、跨领域的学科建设新方向。鼓励高校组建跨学科教学团队,在高端制造、智能技术等领域实施跨学科"双导师"制度。鼓励支持企业工程技术人员和工程制造、信息技术等专业学生进行跨学科攻读硕博士学位。

最后,加快打造培育卓越工程人才一流师资队伍,构建工程教育教师队伍建设政策体系。打通校企师资流动通道,引导高校打破学历、职称限制。推广企业导师制,鼓励企业高层次专家到高校兼职。工科教师绩效评价和职称晋升以工程实践能力、工程设计能力、工程创新能力为核心。

刘忠范认为,人才政策要顺应时代发展。改革开放以来,我国高等教育和科技领域获得了举世瞩目的飞速发展,已经进入了从量变到质变的关键阶段。应坚决摒弃"数字化"评价机制和"运动式"人才激励模式,这是创新型国家建设所必需的,也是创新型文化土壤的特征。

除了上述提到的培养卓越工程师人才的建议外,刘忠范还提出了"要进行兴趣导向,分类支持"方式,基础研究和应用研发不能混为一谈:基础研究需要的是自由宽松的创新性文化环境和文化土壤;应用研究和高技术研发需要明确的应用目标牵引。要创造一个宽松自由、公平公正的创新环境,将千百万人才个体的创造力汇聚成推动民族复兴的洪流。

五、墨烯天地,诗绘人生

科研、教育、科普、参政议政、建言献策,诸多的标签集于一身,让刘忠范在世人眼中的形象愈加多元立体,但少有人知,从小酷爱读书的他也喜欢唐诗宋词,《纳兰性德全集》、王国维的《人间词话》等各种古典诗集成了生活必备。他在惊叹于古人诗词中流淌的韵律和深藏的意境之余,也摩拳擦掌尝试吟诗作赋,用喜欢的文字抒情达意,记录生活中的点滴乐趣与感悟,久而久之便养成了每日创作诗词的习惯,后集结成文集《岁月如歌》(图18),收录了240余首诗词作品。

许多科学家都喜欢诗词歌赋,科学家和诗人之间似乎有着共通之处。唐代诗人贾岛的"僧敲月下门"之"推"和"敲"之异便是典型的例证,勤于观察,善于思考,是共同的文学之道。刘忠范十分认同诺贝尔生理学或医学奖得主罗纳德·罗斯的说法:科学是心灵的微分,诗是心灵的积分。微分与积分分开时各有美丽的涟漪,但合起来后尤能展现壮阔的波澜。

吟诗作赋是刘忠范的兴趣,也是几十年间的习惯。翻阅《岁月如歌》文集,能够感受到他充盈丰富的生活。诗词为刘忠范所爱,石墨烯亦为刘忠范倾其所有的追求。当诗词遇上石墨烯,会发生什么化学反应?《岁月如歌》文集中,有数首诗词写到了石墨烯,有对材料性能美的赞誉,有全力以赴的决心与勇气。篇头《烯缘》中一句"矢志不渝家国梦,敢凭烯碳赌人生"大有诗圣杜甫"会当凌绝顶,一览众山小"的豪迈大气。刘忠范题写的《烯缘》如图19所示。

烯缘
业兼科企向新征,赤胆匠心老更诚。
矢志不渝家国梦,敢凭烯碳赌人生。

石墨烯作为碳材料家族的新成员之一，是继往开来的新材料。通过十几年对石墨烯材料的深入研究、对行业的洞悉及对碳材料发展历史的全面剖析，刘忠范对石墨烯充满了期待。

一首《石墨烯赞》，以诗抒情，更是将石墨烯拟人化，其集美貌与才艺于一身，很难不让人艳羡和期待。在刘忠范的诗集中，对石墨烯的钟爱、对全身心投入的不悔、对带领 BGI 一路走来的坚持的诗词多有记载。

图 18　刘忠范文集《岁月如歌》

> 石墨烯赞
> 芳容初露化黑金，万千宠爱集一身。
> 赓续碳族红血脉，老树新枝惠黎民。

BGI 展厅墙上的一幅字展示了刘忠范和所有 BGI 人坚定石墨烯产业之路的信心和决心：

> 发展石墨烯新材料产业没有捷径可走，需要不屈不挠的坚持和敢为人先的气魄，BGI 人要勇敢担当，肩负起时代赋予的重任，做石墨烯产业的铺路石和开拓者。

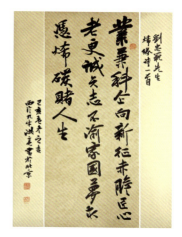

图 19　刘忠范题写的《烯缘》

（本篇文章的部分内容来源于：深圳创新发展研究院 2024 年 5 月 13 日发布的《演讲实录｜刘忠范：新材料产业发展的底层逻辑：石墨烯的创新实践》，网址为 https://mp.weixin.qq.com/s/PTnWZ0-OUQOe_grSyTPP8g；新华社 2023 年 3 月 10 日发布的《刘忠范委员代表九三学社中央发言："制造强国"呼唤新时代卓越工程师》，网址为 https://www.gov.cn/xinwen/2023-03/10/content_5745670.htm；《经济杂志》2020 年 10 月 12 日发布的《我国石墨烯产业发展的喜与忧——全国石墨烯产业发展战略调研的思考》，网址为 https://baijiahao.baidu.com/s?id=1680342357869017354&wfr=spider&for=pc，作者：宋显珠，肖劲松；《文摘报》2022 年 1 月 1 日发布的《从石墨烯研究看科学文化与学术评价——访谈刘忠范院士》，网址为 https://epaper.gmw.cn/wzb/html/2022-01/01/nw.D110000wzb_20220101_1-08.htm，作者：彭青龙；《中国统一战线》2019 年第 1 期 |P.64-66| 刊登的《刘忠范：匠心打造未来石墨烯产业基石》网址：https://www.chem.pku.edu.cn/cnc/cn/docs/20190115134632165087.pdf#:~:text=%E5%88%98%E5%BF%A0%E8%8C%83%EF%BC%9A%20%E5%8C%A0%E5%BF%83%E6%89%93%E9%80%A0%E6%9C%AA，作者：孔瑶竹，靳贤锋，刘丽。有删改。如有侵权，请联系我们）

10 年磨砺　亮剑出鞘

——记中国石墨烯产业护航人李义春

> **人物介绍**
>
> **李义春**　国家新材料产业发展专家咨询委员会委员，石墨烯联盟理事长，西安市追梦硬科技创业基金会理事长。1983 年本科毕业于西北工业大学，1997 年获哈尔滨工业大学工学博士学位。荣获"中国石墨烯产业护航人""共和国 70 周年——陕西经济十大功勋人物"等荣誉称号；2019 年被认定为中关村高端领军人才，并被聘为"山东'十强'产业智库首批专家""鸡西市人民政府石墨产业顾问"。李义春博士是中国材料界著名的产学研活动组织者，近年来主要从事新材料尤其是石墨烯的发展战略、产业与区域经济等方面的研究工作，特别是在产业集聚地区建立创新服务平台、科技企业孵化器等方面进行了有益的探索，是"中国材料网"创始人，担任国家科技支撑计划、国家 863 计划、国家火炬计划、国家中小型科技型企业创新基金、国家重点新产品等项目评审专家，并担任多个地区政府科技顾问。

一、石墨烯联盟成立前后回顾

（一）石墨烯投资热悄然而至

北京时间 2010 年 10 月 5 日下午 5 点 45 分，2010 年诺贝尔物理学奖揭晓，英国曼彻斯特大学的两位科学家安德烈·盖姆和康斯坦丁·诺沃肖洛夫（图 1）因在二维空间材料石墨烯(graphene)方面的开创性实验而获奖。

只有一个原子厚度，看似普通的一层薄薄的碳，缔造诞生了 2010 年度的诺贝尔物理学奖。安德烈·盖姆和康斯坦丁·诺沃肖洛夫向世人展现了形状如此平整的碳元素在量子物理学的神奇世界中所具有的杰出性能。

作为由碳组成的一种结构，石墨烯是一种全新的材料——其厚度前所未有的薄，其强度也非常高。同时，它具有和铜一样的良好导电性，在导热方面更是超越了目前已知的其他所有材料。石墨烯近乎完全透明，但其原子排列之紧密，就连具有最小气体分子结构的氦都无法穿透它。碳——地球生命的基本组成元素之一，再一次为世人带来了前所未有的惊喜。

安德烈·盖姆和康斯坦丁·诺沃肖洛夫是从一块普通得不能再普通的石墨中发现石墨烯的。他们使用普通胶带获得了只有一个原子厚度的一小片碳。而在当时，很多人都认为如此薄的结晶材料是非常不稳定的。然而，石墨烯的出现为人类打开了二维材料的大门，也促使量子物理学研究实验发生了新的转折。同时，包括新材料的发明、新型电子器件的制造在内的许多实际应用也变得可行。科学家们预测，石墨烯制成的晶体管将大大超越现今的硅晶体管，从而有助于生产出更高性能的计算机。李义春与两位石墨烯的发现者合影如图2所示。

一石激起千层浪，石墨烯的投资热在中国国内兴起。

2012年4月11日，中国科学院宁波材料技术与工程研究所与上海南江（集团）有限公司签约合资成立了宁波墨西科技有限公司，共同投资2亿元在宁波慈东滨海区规划建设全球首条年产1 000 t石墨烯生产线项目，一期年产300 t的石墨烯生产线已于2013年12月20日正式运行投产（图3）。

2013年2月26日，中国科学院重

图1 石墨烯的发现者：安德烈·盖姆（左）和康斯坦丁·诺沃肖洛夫（右）

图2 李义春与两位石墨烯的发现者合影

图3 宁波墨西科技有限公司年产300 t的石墨烯生产线投产

庆绿色智能技术研究院与上海南江（集团）有限公司签约共同推进"大面积单层石墨烯产业化项目"，前期投资达2.67亿元。石墨烯产业基地落户重庆高新区，在一年内建成首条生产线并投产，并形成年产1 000万片石墨烯的产能。

图4 常州石墨烯科技产业园开园

2011年9月，由江苏省常州市和常州市下属武进区两级政府共同出资5 000万元组建了江南石墨烯研究院，这是国内第一家专业从事石墨烯研发和产业化的新型研发机构。同时，常州石墨烯科技产业园同步启动建设，并于2015年5月正式开园（图4）。

深圳清华大学研究院创始院长冯冠平领衔的深圳力合天使股权投资基金合伙企业（有限合伙）从美国成功引进了一批石墨烯技术人才，以种子基金形式先后投资了常州第六元素科技有限公司、常州二维碳素科技股份有限公司、无锡格菲电子薄膜科技有限公司等石墨烯高科技企业。2013年5月，常州二维碳素科技股份有限公司投资建设的中国第一条年产3万 m^2 的石墨烯透明导电薄膜生产线投产。2013年11月，常州第六元素科技股份有限公司100 t氧化石墨（烯）、石墨烯粉体生产线正式投产。

国内产业界对石墨烯项目的关注和投资引起了国务院相关部委的高度重视。2013年3月，受国家发展改革委、科技部、工业和信息化部等相关部委的委托，国家现代材料科技信息网络中心主任李义春博士牵头就国内外石墨烯研发及产业化状况进行了广泛、深入、系统的调研，并于2013年7月13~14日在北京香山饭店召开了首次"石墨烯产业发展趋势及投资论坛"，此次论坛标志着我国正式开启了石墨烯产业化发展10年的序幕。

此后10年间，李义春博士初心不改、矢志不渝，"咬定青山不放松"，不断聚合发展要素，为石墨烯产业赋能，为石墨烯产业创新创业发展护航。10年来，他在学术界和产业界之间搭建起一座协同创新创业的桥梁，同时，放眼海外，积极促进国际合作，不断提升中国石墨烯产业的全球影响力和竞争力。

在2023年11月召开的"创业十年 石墨烯中国梦"庆典活动上，李义春荣获"中国石墨烯产业护航人"这一殊荣，中国科学院院士刘忠范为李义春颁发了这一奖项（图5）。

图5 李义春荣获"中国石墨烯产业护航人"荣誉称号

李义春 1963 年 1 月 5 日出生于河北省涿鹿县，1979 年 9 月考入西北工业大学材料科学与工程系，由此开启了他与材料科学的不解之缘。1983 年本科毕业后被分配到航空部 155 厂工作，1988 年考入哈尔滨工业大学材料科学与工程系攻读硕士研究生，1991 年毕业后被分配到北京有色金属研究总院工作，1997 年获得哈尔滨工业大学工学博士学位，1998 年作为引进人才担任清华大学国家现代材料科技信息网络中心主任，2002 年由清华大学推荐到青海大学担任校长助理（挂职），2005 年任北京现代华清材料科技发展中心主任。

1994 年，李义春发起成立中国材料研究学会青年工作委员会并担任秘书长，积极组织促进新材料领域的学术交流和产学研合作活动。1995 年 10 月，他成功策划并组织召开了首届海内外中华青年学者材料科学技术研讨及交流会。该项活动得到了科技部、教育部、国防科学技术工业委员会、中国航空工业集团有限公司、国家自然科学基金委员会等五部委的联合支持。同年 10 月 12 日，时任国家主席江泽民在人民大会堂亲切接见了参会的部分海内外代表并做了重要讲话。这次大会的成功召开，开启了材料领域海内外青年科学家直接交流与合作的大门。为加强国内外材料领域的交流与合作，1997 年科技部批准成立国家现代材料科技信息网络中心（挂靠在清华大学），李义春博士负责组建并担任该中心主任。

2001 年，美国国家纳米技术计划 (NNI) 公布后，引起了我国政府的高度重视，为了推动我国纳米科技健康有序地发展，受科技部的委托，由国家现代材料科技信息网络中心在北京组织召开了国际纳米材料高层论坛与技术应用研讨会，邀请了国内外著名的纳米技术专家，就各国的纳米科技规划和发展情况进行了交流。2001 年 7 月 3 日，时任国家主席江泽民同志在人民大会堂亲切接见了部分与会专家，并做了重要讲话。此次会议的成功召开积极推动了我国纳米科技的发展，之后，科技部启动了纳米技术专项研究计划，中国科学院成立了国家纳米科学中心。

（二）石墨烯联盟应运而生

李义春在接受国务院有关部委委托的"国内外石墨烯研发及产业化现状调研"任务之后，带领团队分别从调研科技部研发资助项目、国家自然科学基金委员会资助项目、网络上搜集到的各种渠道投资信息等方面入手，逐渐梳理出我国在石墨烯研发、产业投资方面的基本情况。

在调研中，他偶遇清华大学的同事、老朋友萧小月博士。萧小月在美国留学后回国创业，成立了南京科孚纳米技术有限公司，从事石墨烯的制备及产业化工作。萧小月在向李义春介绍了美国、欧洲石墨烯研发情况之后，双方达成共识，一致认为在推动石墨烯产业化方面中国处于国际领跑地位。把握好这个势头，引导产业健康、有序发展，成为中国发展石墨烯产业的重中之重。双方经过深入讨论之后，一致认为应组建一个石墨烯的产业组织，来制订规划、协调发展。

2008 年，科技部为鼓励各行业加快建立以企业为主体、市场为导向、产学研相结合的技术创新体系，引导和支持创新要素向企业集聚，促进科技成果向现实生产力转化，联合财政部、教育部、国务院国资委、中华全国总工会、国家开发银行等六部门发布了《关于推动产业技术创新战略联盟构建的指导意见》（国科发政〔2008〕770号）文件。在此背景下，李义春和萧小月协商，决定联合国内石墨烯产学研优势单位，共同携手组建国内石墨烯产业技术创新战略联盟，整合协调产业资源，以提升产业技术创新能力，提高行业整体竞争力。基本思路明确之后，李义春先后向科技部原副部长马颂德，国务院参事、中国产学研合作促进会常务副会长石定环，工业和信息化部原材料司副司长高云虎，科技部高技术研究发展中心副主任王琦安，国家发展改革委高技术司战略性新兴产业处处长付求舟，就国内外石墨烯发展情况及组建石墨烯产业技术创新战略联盟的构想做了汇报，得到了国务院各个有关部委领导的一致支持。

2013年7月13日，石墨烯产业发展趋势及投资论坛在北京香山饭店隆重举行（图6）。开幕式由国家现代材料科技信息网络中心主任李义春主持，他概述了我国石墨烯产业发展的基本情况。为了推动我国石墨烯产业健康发展，加强技术创新和产学研协作，李义春在会上正式提出成立石墨烯联盟的倡议。根据科技部等六部门《关于推动产业技术创新战略联盟构建的指导意见》的文件要求，李义春详细介绍了石墨烯联盟前期的组建情况：

图6　石墨烯联盟成立大会（石墨烯产业发展趋势及投资论坛）会场

由清华大学、中国科学院金属研究所、南京科孚纳米技术有限公司、中国科学院宁波材料技术与工程研究所和北京现代华清材料科技发展中心作为主发起单位，联合浙江大学、同济大学、吉林大学、上海交通大学、青岛大学、中国科学院上海微系统与信息技术研究所、中国科学院山西煤炭化学研究所、上海朗亿功能材料有限公司、厦门凯纳石墨烯技术股份有限公司、上海新池能源科技有限公司、浙江伟星新型建材股份有限公司、丰域科技（北京）有限公司、济宁利特纳米技术有限责任公司、贵州新碳高科有限责任公司、四川新金路集团股份有限公司（曾用名：四川金路集团股份有限公司）、深圳市贝特瑞新能源材料股份有限公司、新世纪检验认证有限责任公司、长春墨特石墨烯科技有限公司、青岛赛瑞达电子装备股份有限公司、北京万源工业有限公司、青岛乾运高科新材料有限公司、江苏杰宜环保材料研究院有限公司等国内从事石墨烯研发、产业化的22家法人机构，在中国产学研合作促进会的支持下，发起成立石墨烯联盟。石墨烯联盟成员包括高校 6 家、中国科学院研究所 4 家、企业 17 家，基本囊括了当时国内石墨烯研发及产业化的主流单位。

中国产学研合作促进会副会长兼秘书长王建华先生宣读了中国产学研合作促进会《关于成立中国石墨烯产业技术创新战略联盟的批复》（图 7）；中国技术创业协会会长、科技部原副部长马颂德先生，国务院参事、中国产学研合作促进会常务副会长、科技部原秘书长石定环先生为石墨烯联盟授牌（图 8）。工业和信息化部原材料司副司长高云虎、科技部高技术研究发展中心副主任王琦安、中国技术创业协会副会长兼秘书长裴夏生、国家半导体照明工程研发及产业联盟理事长吴玲分别致辞，对石墨烯联盟的成立表示热烈祝贺并提出殷切的期望和要求。石定环做了总结讲话。

图 7 中国产学研合作促进会"关于成立中国石墨烯产业技术创新战略联盟的批复"

石墨烯联盟成立大会结束之后，工业和信息化部原材料司副司长高云虎、科技部高技术研究发展中心材料处处长史冬梅、国家自然科学基金委员会工程与材料科学部处长陈克新、清华大学教授朱宏伟、中国科学院宁波材料技术与工程研究所研究员刘兆平、中国科学院金属研究所研究员任文才、浙江大学教授高超、南京科孚纳米技术有限公司董事长萧小月、上海交通大学教授郭守武、中国科学院上海微系统与信息技术研究所副研究员丁古巧等领导和专家就国家新材料相关政策、资助项目、石墨烯研发及产业化进展等方面做了报告。本次论坛取得了圆满成功。

2013 年 7 月 14 日，石墨烯联盟第一次工作会议在香山饭店举行（图 9）。推举清华大学、中国科学院金属研究所、南京科孚纳米技术有限公司、中国科学院宁波材料技术与工程研究所和北京现代华清材料科技发展中心为石墨烯联盟常务理事单位，北京现代华清材料科技发展中心为石墨烯联盟秘书处单位。在讨论石墨烯联盟的组织架构时，考虑到目前石墨烯研发和产业化工作

图 8 中国技术创业协会会长、科技部原副部长马颂德先生，科技部原秘书长石定环先生为石墨烯联盟授牌

刚刚起步，没有形成一个金字塔形态，大家一致同意不设立理事长，采用核心发起单位作为常务理事，推举秘书长来负责石墨烯联盟的日常工作，待以后产业逐步成熟再进一步完善组织机构。据此，石墨烯联盟发起协议书专门约定，石墨烯联盟组织机构为常务理事会领导下的秘书长负责制，授权秘书长单位北京现代华清材料科技发展中心作为石墨烯联盟的法人单位，行使对外合作签约的权利；石墨烯联盟常务理事为康飞宇、任文才、萧小月、刘兆平和李义春；石墨烯联盟秘书长为李义春。石墨烯联盟下设技术、标准、专利、国际合作和产业促进5个工作委员会，分别由康飞宇、任文才、刘兆平、萧小月和李义春担任主任。石墨烯联盟理事单位可以推荐人员参与这5个工作委员会的工作。之后，与会代表就这5方面的工作进行了交流。石墨烯联盟专业工作委员会合影如图10所示。

图9　石墨烯联盟第一次工作会议

图10　石墨烯联盟专业工作委员会合影

石墨烯联盟成立引起各界媒体的广泛关注，包括CCTV-2、《京华时报》、《中国证券报》、《上海证券报》、《中国化工报》、大智慧阿思达克通讯社（上市公司上海大智慧股份有限公司旗下媒体）、《中国工业报》、《中国电力报》电气周刊、《中国高新技术产业导报》、《新材料产业》期刊、《新经济导刊》期刊、《电子元件与材料》期刊、《科技与企业》期刊等都做了广泛的报道。业内专家表示，石墨烯联盟的成立，有利于鼓励石墨烯相关的研发机构、生产企业加强国内外合作，建立长效合作机制，展现石墨烯材料的神奇性能和在多个领域的应用潜力；有利于实现创新资源的高度凝聚力，持续不断地改进制备技术和装备，快速提升我国石墨烯企业的自主创新能力，尽快实现规模化生产，并实现在下游领域如锂离子电池、复合材料等方向的产业应用；有利于整合协调产业资源，规范行规，建立上中下游、产学研信息、知识产权等资源共享机制，建立与政府沟通的渠道及人才培养、国际合作的平台；有利于推动标准、评价、质量检测体系的建立，促进成员单位的自身发展，从而提升我国石墨烯产品在全球的整体竞争力。

二、石墨烯成为国家新材料战略前沿

（一）三部委文件出台

石墨烯联盟成立后，先后承担了国家发展改革委，科技部、工业和信息化部多项委托任务。其中，国家发展改革委委托的任务集中在科技创新重大工程项目方面，科技部集中在重点研发项目方面，工业和信息化部集中在产业政策方面。

长期以来，新材料方面的工作主要由科技部来推动，工业和信息化部原材料工业司主要负责传统原材料的经济运行工作，但伴随着中国经济转向高质量发展，新材料也逐步成为材料产业的支撑，2012年，工业和信息化部原材料工业司高云虎副司长亲自带队，组织专家力量对我国新材料产业进行了深入的调研，并在2013年7月13日的石墨烯联盟成立大会上做了我国新材料产业发展现状、问题与政策的报告，提出了加快制定石墨烯相关产业政策的建议。2014年4月10日，由石墨烯联盟组织，高云虎副司长亲自主持在北京召开了石墨烯产业发展专题座谈会（图11），在听取了国内从事石墨烯研究和产业化的高校研究院所、企业，相关地方政府的汇报后，他明确指出原材料工业司将紧密结合我国新材料产业发展实际，跟踪石墨烯发展趋势，加强政策引导，推动石墨烯产业健康发展。

图11 2014年高云虎副司长主持召开石墨烯产业发展专题座谈会

石墨烯来源于石墨，属于无机非金属材料范畴，在工业和信息化部原材料工业司的职能划分上属于该司建材处负责。时任原材料工业司建材处陈恺民处长多次听取石墨烯联盟的工作汇报，并到各地石墨烯研发单位和企业进行调研。2015年5月9日，由石墨烯联盟组织，陈恺民处长主持在青岛召开了石墨烯产业发展座谈会（图12）。陈恺民处长听取了与会专家和代表的汇报后，明确了下一步原材料工业司将开展制订产业发展行动计划

图12 2015年陈恺民处长主持召开石墨烯产业发展座谈会

的工作，推进创新平台建设，强化行业信息服务，积极构建产业链并推动链上各环节协同联动和良性互动，激活潜在消费市场，发掘石墨烯材料性能和应用价值，促进产业健康、快速、规范发展，着力规避低水平重复和盲目建设。

本次座谈会召开后，石墨烯联盟技术委员会主任康飞宇组织专家团队，积极响应，不到一个月的时间就拿出了建议初稿，后经工业和信息化部会同国家发展改革委、科技部反复修改。2015年11月30日，由工业和信息化部、国家发展改革委、科技部联合签发的《关于加快石墨烯产业创新发展的若干意见》（工信部联原〔2015〕435号）文件正式公布。

《关于加快石墨烯产业创新发展的若干意见》的出台，规范了行业的准入门槛，明确了发展思路，坚定了企业、地方政府的信心和决心。《关于加快石墨烯产业创新发展的若干意见》要求各地应根据当地实际情况发展石墨烯产业，结合地方特色，强化统筹协调和督促落实，因地制宜研究制定相关政策措施，激发市场主体创新活力，积极引导、协助上下游企业打通产业链，指导开展知识产权建设、保护和运用工作。《关于加快石墨烯产业创新发展的若干意见》有力地促进了石墨烯产业持续健康发展，该意见的发布是中国石墨烯产业发展的里程碑事件。自此之后，每年在石墨烯联盟组织召开中国国际石墨烯创新大会期间，工业和信息化部都要主持召开石墨烯产业发展座谈会，这已成为凝聚中国石墨烯人的核心平台。

（二）石墨烯列入"十三五"规划国家重大工程项目

2015年是石墨烯产业发展的政策年。2016年7月27日，国家发展改革委印发《关于加快推进国家"十三五"规划〈纲要〉重大工程项目实施工作的意见》的通知（发改规划〔2016〕1641号），石墨烯成功入选165项重大工程项目名单。

2015年9月25日，李义春接到参加国家发展改革委会议的通知。事先他不知道会议内容，也没有做什么准备。本次会议一共邀请了10位专家，其中有中国月球探测工程首席科学家、中国科学院院士欧阳自远，上海生命科学研究院生物医学大数据中心首席科学家、中国科学院院士赵国屏，中国工程物理研究院副院长、中国科学院院士张维岩，中国人民解放军信息工程大学校长、中国工程院院士邬江兴，国家重大科研装备研制项目"深紫外固态激光源前沿装备研制"项目首席科学家彭钦军，石墨烯联盟秘书长李义春，北京大学数字视频编解码技术国家工程实验室副主任黄铁军，清华大学教授翁端，中国农业大学教授彭友良和国家快速制造工程研究中心副主任、西安交通大学教授王永信。此外，国家发展改革委规划司和高技术司、科技部创新发展司、工业和信息化部规划司、国家知识产权局规划司负责同志也参加了会议。

会议由国家发展改革委胡祖才副主任主持，首先介绍了国家正在制订的"十三五"规划情况，希望各位专家围绕"十三五"时期我国有望实现重大突破的重大前沿技术和重大基础研究领域，对未来我国经济社会发展至关重要、国家必须采取措施、有所作为的科技领域，对未来产业发展产生重大影响的科技领域等进行讨论。每位专家发言限时 5 min。"既然受邀在这样高层次的座谈会上发言，肯定是国家关注到了石墨烯的未来，如何用精练的语言表达出石墨烯的重要性是发言的关键。"经过深思熟虑后，李义春凝练出了 3 句话，重点指出了石墨烯在培育高技术产业新的增长点、推动传统产业转型升级，以及促进大众创业、万众创新活动方面所起到的重要作用（图13）。会后，国家发展改革委规划司领导称赞李义春的发言切中了要害。为了趁热打铁，李义春紧急向国家发展改革委提交了一份《石墨烯科技创新重大工程项目建议》书面材料。

图 13　2015 年 9 月 29 日李义春在国家发展改革委座谈会上发言

李义春被邀请参加高层次的座谈会，说明石墨烯得到了国家相关部委的高度重视，同时石墨烯联盟的工作也得到了国家相关部委的高度认可。特别是石墨烯最终入选"十三五"165 项科技创新重大工程项目，无疑对我国石墨烯产业的发展具有里程碑意义。

（三）入选国家新材料产业专家咨询委员会委员

国务院于 2016 年 12 月 23 日成立了国家新材料产业发展领导小组（图14），其具体职责是审议推动新材料产业发展的总体部署、重要规划，统筹研究重大政策、重大工程和重要工作安排，协调解决重点难点问题，指导督促各地区、各部门扎实开展工作。

在领导小组的建议下，2017 年 2 月 28 日，国务院组建了由 48 位专家组成的

图 14　2016 年国务院成立国家新材料产业发展领导小组

国家新材料产业发展专家咨询委员会。鉴于石墨烯对未来新材料发展的重要性，李义春也被推选为委员之一，并由时任国务院副总理马凯亲自颁发聘书（图15）。

国家新材料产业发展专家咨询委员会将石墨烯定位于前沿新材料，为满足未来10年国家战略新兴产业发展及制造业全面迈进中高端进行产业准备；形成一批潜在市场规模在百亿至千亿级别的细分产业，为拉动制造业转型升级和实体经济持续发展提供长久动力。

图15　李义春受聘为国家新材料产业发展专家咨询委员会委员

三、探索建立石墨烯产业示范基地

（一）无锡

石墨烯联盟成立以后，尽快打开局面，是李义春思考和面临的首要工作。由于石墨烯的未来应用和市场对于地方政府发展高技术产业的迫切需求相吻合，各地已经呈现出大干快上的趋势，因此如何正确引导、科学发展是石墨烯联盟首先要解决的问题。由于石墨烯联盟的成员汇聚了全国主要的石墨烯研发机构和企业，国务院各部委高度重视，这对于指导关注石墨烯产业发展的地方政府来说，无疑是一个非常好的抓手。在全国有条件的区域布局石墨烯产业集聚区和示范基地无疑是推动、促进石墨烯产业发展的有效方式，这种模式也是地方政府需要的。

石墨烯联盟成立之初，萧小月告诉李义春，江苏省无锡市惠山区人民政府希望石墨烯联盟组织专家为无锡市惠山区石墨烯产业发展做规划，指导无锡市石墨烯产业的科学发展。事情原委是无锡市人民政府于2013年7月16日召开了《无锡石墨烯产业发展规划纲要》编制会议，致力于整合无锡市石墨烯产业及相关下游产业链，建立无锡石墨烯产业技术创新平台和产业发展基地；推动无锡市石墨烯产业的健康发展，确保无锡市在新一轮材料产业发展机遇中的领先地位。无锡市人民政府已决定由无锡市惠山经济开发区具体承接无锡市石墨烯产业的规划发展。双方的理念不谋而合，很快达成协议，随即，石墨烯联盟成立以李义春为组长，以康飞宇、萧小月、任文才、丁古巧为成员的专家组，2013年8月1日到无锡市进行实地考察，拉开了石墨烯联盟服务地方的序幕。

2013年8月2日下午，石墨烯联盟与无锡惠山经济开发区管委会合作共建无锡（惠山）石墨烯技术研发及产业应用创新示范基地（无锡石墨烯产业园）座谈会在无锡艾迪花园酒店举行（图16）。石墨烯联盟秘书长李义春与时任无锡惠山经济开发区管委会副主任沈伟良代表合作双方签约。

2013年9月16日，无锡石墨烯技术研发及产业应用创新发展规划论证会在无锡艾迪花园酒店召开。石墨烯联盟秘书长李义春，科技部高技术研究发展中心副主任卞曙光，中国社会科学院工业经济研究所黄如金研究员，惠山区委常委、惠山经济开发区管委会主任杨建平，无锡市发展改革委副主任许可，无锡惠山经济开发区管委会

图16 石墨烯联盟与无锡惠山经济开发区管委会合作共建无锡（惠山）石墨烯技术研发及产业应用创新示范基地（无锡石墨烯产业园）座谈会

副主任沈伟良，以及无锡市和惠山区两级发展改革委、科技局、经信委、质监局、规划局、国土局、环保局等各职能部门的代表，无锡石墨烯代表企业常州第六元素材料科技股份有限公司、苏州力合光电薄膜科技有限公司、无锡格菲电子薄膜科技有限公司的负责人等出席。

2013年9月24日，由无锡市惠山区人民政府主办、江苏省无锡惠山经济开发区管委会承办、石墨烯联盟协办的2013年无锡石墨烯产业创新发展推介会在惠山开发区创业中心隆重举行。李义春在推介会上致辞，希望石墨烯联盟能为无锡石墨烯产业的发展贡献力量，共同推进无锡乃至全国石墨烯产业的重大跨越，同时表达了依托无锡坚实的产业基础发展石墨烯产业的信心。本次推介会石墨烯联盟组织了20多家研发团队和企业与无锡当地对接。

2013年12月18日，无锡市加快推进石墨烯产业发展新闻发布会在惠山经济开发区举行（图17）。会上，无锡市人民政府发布了《无锡石墨烯产业发展规划纲要》，提出在惠山经济开发区建设无锡石墨烯产业发展核心区"一区二中心"（无锡石墨烯产业发展示范区、无锡石墨烯技术及应用研发中心、国家石墨烯产品质量监督中心），力争用5~7年的时间，打造国际一流、国内领先、具有鲜明特色的无锡石墨烯产业集群。无锡市委常委、常务副市长黄钦，江苏省质监局副巡视员蒋南清，石墨烯联盟秘书长李义春，无锡

图17 无锡市加快推进石墨烯产业发展新闻发布会

石墨烯产业发展专家顾问委员会名誉主任冯冠平等出席发布会,并共同为"无锡石墨烯产业发展示范区""无锡石墨烯技术及应用研发中心""江苏省石墨烯检测技术重点实验室"揭牌。

从2013年开始,无锡市惠山区全力聚焦石墨烯前沿技术,扎实推进产业化应用,打造"一区二中心"格局,建设具有核心竞争力的研发创新技术平台,初步形成区域性石墨烯应用产业集群,其2015年被科技部火炬中心授予国家火炬石墨烯新材料特色产业基地,2016年获批筹建国内首家国家石墨烯产品质量监督检验中心。

石墨烯联盟的基地建设模式"规划+实施"通过与无锡市惠山区人民政府的合作充分显现。首先通过规划摸清脉络,厘清思路,找准切入点;然后通过项目推介、创新大赛、论坛、出访等多种形式实施规划。石墨烯联盟和惠山区人民政府每年都联合举办各种活动,10年来不因领导、人员、环境的变化而中断,实属石墨烯联盟和地方合作的典范。

(二)青岛

2013年9月29日,石墨烯联盟与青岛高新技术产业开发区管理委员会、青岛赛瑞达电子装备股份有限公司三方合作共建青岛石墨烯产业创新示范基地在北京市西郊宾馆正式签约(图18)。这是继无锡之后,石墨烯联盟在国内建立的第二个石墨烯产业示范基地。

青岛市委常委、青岛高新区党工委书记、管委会主任陈飞的工作作风给李义春留下了深刻的印象。陈飞不到40岁,是青岛最年轻的市委常委,他朝气蓬勃、雷厉风行、思维敏捷、敢想敢干,是典型的想干事、能干事、能干成事的实干家。当时出席签约仪式的还有青岛高新区管委会副主任褚晓明、青岛赛瑞达电子装备股份有限公司董事长宋立禄、青岛高新区科技创新局局长肖焰恒等。

青岛市作为全国石墨资源三大主要产地之一,占全国石墨矿产储量的22%,石墨烯产业在青岛有着得天独厚的优势,具有良好的发展前景。青岛石墨烯产业创新示范基地的具体运作思路是高新区委托石墨烯联盟制订青岛高新区石墨烯产业发展战略和实施方案,确定高新区石墨烯产业的发展思路、重点领域和政策措施,制定研发、孵化、规模化生产等阶段的鼓励扶持政策。同时,联合石墨烯联盟相关的上下游企业,以青岛赛瑞达电子科技有限公司为依托,启动建设"青岛国家石墨烯产业创新示范基地",主要包括工程

图18 青岛石墨烯产业创新示范基地签约仪式

研发中心、孵化器、石墨烯工艺和产品检测技术中心,并着手引进和培育一批高端强劲的石墨烯企业,计划用4~5年时间建设成为具有国际影响力、突出海洋特色的石墨烯产业园,确保青岛市在新一轮材料产业发展机遇中的领先地位。

2014年10月18日,青岛国际石墨烯创新中心、青岛国家石墨烯产业创新示范基地揭牌仪式在青岛国家高新区举行,来自国内外知名石墨烯研发机构的专家和相关企业领导30多人出席了揭牌仪式。

青岛石墨烯产业创新示范基地的运作模式与无锡有所不同,青岛高新区支持石墨烯联盟在青岛组建一支专业服务团队,负责石墨烯产业创新示范基地的人才引进、项目孵化、活动策划、产业基金建立、产学研促进、国际合作、产业战略研究等多方面工作。这是石墨烯联盟整合行业资源,服务地方经济,共建创新平台和产业示范基地的大胆尝试,也是青岛国家高新区"政府引导,行业组织",联合共建发展石墨烯产业的创新模式。

事实证明,这个创新模式是成功的。青岛石墨烯产业创新示范基地从规划到实施,在两年多的时间里,石墨烯联盟在青岛组织了十多场各种石墨烯应用研讨会,两场大型的石墨烯创业大赛;先后接待国务委员孟建柱,十三届全国政协副主席、中国科学技术协会主席万钢等国家和省部级领导人十余位(图19);召开了第二届中国国际石墨烯创新大会;石墨烯的发现者、诺贝尔物理学奖得主安德烈·盖姆教授两次亲临青岛,并出任青岛国际石墨烯创新中心顾问;100多个石墨烯项目落户青岛;青岛昊鑫新能源科技有限公司被上市公司收购,青岛华高墨烯科技股份有限公司在新三板上市。青岛已成为全国著名的石墨烯产业基地,2016年获批"国家火炬石墨烯及先进碳材料特色产业基地"。

图19 十三届全国政协副主席、中国科学技术协会主席万钢等领导考察青岛石墨烯产业创新示范基地

(三)西安

2017年西安成为全国关注的热点城市,这是因为新任市委书记王永康推行了一系列改革措施,使这座城市重新焕发了活力。他致力于发展西安经济,尤其是高科技领域的发展,为西安的经济发展做出了巨大贡献。虽然在位时间仅两年多,却享有"一

个人点亮一座城"的美誉。

受王永康书记邀请，2017年2月17日李义春率石墨烯产业考察团赴西安考察。考察团成员包括东旭集团有限公司副总裁王忠辉，北京创新爱尚家科技股份有限公司（三板上市企业）CEO陈利军，深圳紫荆天使创投基金合伙人代淑香，北京清创科技孵化器有限公司CEO丁华民，法国国家科研中心主任研究员、巴黎中央理工大学教授白晋波等，考察的目的是借助当时西安良好的创新创业投资环境，探讨在西安建立国家石墨烯产业示范基地的可行性，包括产业创新中心（制造业创新中心）、产业基金、创业投资基金、石墨烯众创空间等内容。

考察团受到了时任西安市委书记王永康，市委常委、高新区党工委书记李毅，副市长方光华以及科技局、西咸新区管委会、高新区管委会等部门的热情接待。在考察了西咸新区西部科技创新港、高新区众创空间之后，就西安市发展石墨烯产业进行了专题研讨。西北工业大学、西安电子科技大学、西北大学和中国船舶集团有限公司第七〇五研究所、中国航天科技集团公司第四研究院第四十一研究所、延长油田股份有限公司、陕西煤业化工集团有限责任公司、西安点云生物科技有限公司等当地高校、科研院所和企业代表等50多人参加了座谈会。李义春做了题为《石墨烯在中国》的报告，介绍了石墨烯产业在中国发展的实际情况，提出了西安发展石墨烯的建议，以及第一批拟在西安落户的项目。西安电子科技大学副校长、中国科学院院士郝跃，西安市委常委、西安高新区党工委书记李毅，西安市副市长方光华、西安文理学院院长徐可为，西安市科技局局长间向荣以及参会的相关企业、高校代表先后发言，对石墨烯联盟代表团来西安考察表示欢迎，并介绍了西安投资环境、石墨烯产业发展的具体情况。石墨烯联盟组织的企业代表分别对各自公司情况和期望合作的方式进行了介绍，各方人员进行了深入的探讨交流。考察活动取得了圆满成功，并达成了多项石墨烯项目合作意向。陕西省委常委、西安市委书记王永康会见了石墨烯联盟考察团一行（图20），王永康书记表示目前是西安发展的最好机遇期，西安各级领导努力做好"店小二"，为来西安发展的"客人"提供最好的服务，期望大家来西安投资，共同创业、共同发展。

图20　王永康书记会见石墨烯联盟考察团

考察结束之后，随即启动了西安石墨烯产业规划，经多次考察、反复沟通，最终于2018年1月28日同西安高新区签订了石墨烯联盟在西安投资建设"丝路石墨烯创新中心"的协议书，内容包括西安高新区连续3年免费提供约4 000 m^{2}场地，支持石墨烯联盟活动，石墨烯联盟负责引进项目。伴随着石墨烯联盟在西安工作的开展，特别是 2018 中国国际石墨烯创新大会在西安的成功召开，高新区同石墨烯联盟协商，建议启动西安石墨烯"五个一"工程，即在西安高新区设立"中国国际石墨烯创新大会秘书处"，该秘书处作为"中国国际石墨烯创新大会"的永久秘书处，对接全球石墨烯创新要素，吸引全球创新资源智汇西安，打造石墨烯"丝路国际合作示范区"；组建由国内外及西安本地石墨烯领域相关战略、管理及技术专家组成的西安石墨烯产业发展专家委员会；成立由产业链上下游单位组成的西安石墨烯产业技术创新战略联盟，联盟秘书处设在西安丝路石墨烯创新中心；依托石墨烯联盟的平台和资源优势，建立西安石墨烯产业创新基地，着力打造石墨烯应用技术研究院及产业化应用平台；由西安市政府、石墨烯联盟、投资机构等共同投资设立西安丝路石墨烯新材料产业基金。2019 年 3 月 12 日，石墨烯联盟和西安高新区签订了投资协议书，正式启动"五个一"工程。西安高新区提供场地约 3 000 m²（免 3 年租金）。

2019 年 1 月 19 日下午，西安丝路石墨烯创新中心开业仪式在西安高新区国家数字出版基地隆重举行。陕西省委常委、西安市委书记王永康出席，西安市委常委、高新区党工委书记、航天基地党工委书记钟洪江主持本次活动，国务院原参事、科技部原党组成员、原秘书长石定寰，国家新材料产业发展专家咨询委员会委员、石墨烯联盟秘书长李义春，西安市委常委、市委秘书长杨晓东，西安市政府副市长王勇，西安市科技局、市工信委、市财政局、市投资委、高新区等部门代表，以及西安石墨烯产业发展专家委员会、石墨烯联盟军工应用专家组、其他区域石墨烯创新中心等有关领导、专家学者、科研院校、行业协会及企业代表等 100 余位嘉宾出席了本次活动，共同见证了这一历史性的时刻。王永康、石定寰、李义春参观丝路展厅如图 21 所示。

图 21　王永康、石定寰、李义春参观丝路展厅

本次活动包含了西安石墨烯产业技术创新战略联盟揭牌、诺贝尔奖项目签约仪式、西安石墨烯产业示范基地项目签约、西安石墨烯军工应用产业示范基地项目签约、西安丝路石墨烯创新中心入驻企业签约、区域创新中心战略合作启动仪式（图 22）及西安石墨烯产业发展专家委员会增补委员受聘仪式等内容，全面展示了西安丝路石墨烯创新中心自 2018 年 1 月 28 日成立以来的丰硕成果。本次活动是继 2018 中国国际石墨烯创新大会之后，西安石墨烯产业发展历程中的又一个重要里程碑，标志着西安丝路石墨烯创新中心发展建设迈入了新阶段，即将开启新征程。

石墨烯联盟在建设产业示范基地模式的探索中，从无锡模式，到青岛模式，最后到西安模式，从配角逐渐到主角。西安为石墨烯联盟营造了一个充分发挥的舞台和空间。在推动产业发展的征程中，伴随着石墨烯在各领域的应用，李义春开始考虑如何利用石墨烯联盟的优势，尝试投资运作一些项目，一方面在石墨烯应用领域打开一些突破口；另一方面也给石墨

图22　西安丝路石墨烯创新中心与区域创新中心战略合作启动仪式

烯联盟团队带来新的发展机遇，实现"同创业、共成功"，共同实现人生价值。

华清海康（西安）石墨烯医疗科技有限公司是石墨烯在医疗应用的服务平台。中国肿瘤微创治疗产业技术创新战略联盟是李义春参与创建的，该联盟由200多家国内著名的医院组成，石墨烯联盟与该联盟联合成立研究院，目的一方面是建立石墨烯团队同医疗团队的合作平台，另一方面是推动石墨烯医疗产品在医院应用。

西安华清墨烯装备应用有限公司是针对石墨烯在军工领域的应用建立的服务平台。通过西安的活动，李义春认识了关注石墨烯应用的黄德民大校，黄德民是海军驻西安872厂军事代表室原总代表，2018年自主择业。李义春一直在考虑石墨烯如何应用在军工领域，同黄德民协商达成共识后，黄德民负责组建由海、陆、空等兵种8名军代表组成的服务团队，石墨烯联盟提供产品支持，双方共同出资联合成立研究院，以市场化的机制运作。

西安华清烯能石墨烯科技有限公司是针对石墨烯在电加热方面的应用建立起来的项目公司。石墨烯在加热方面的应用主要集中在做成加热膜用在房屋、服装、健康用品等领域，但在工业领域的应用不多。李义春成立这个公司的目的是开发在工业领域应用的产品。

西安唐朝华清石墨烯科技有限公司是石墨烯在润滑油方面应用的项目公司。石墨烯在润滑油的应用主要集中在汽车方面，虽然表面上看市场大，但实际上市场开拓的难度很大，不是市场的痛点。李义春认为市场的痛点应该在工业领域，我国每

年都在进口工业润滑油，石墨烯应该在工业润滑、耐磨领域发挥作用。这时，有一个曾经在延长石油工作过的企业家找到了李义春，希望和石墨烯联盟合作，成立产业化公司，共同开拓在工业领域的应用市场。

西安华清烯纺新材料合伙企业（有限合伙）是针对石墨烯在纺织领域的应用，与西安工程大学纺织科学与工程学院教授王进美团队联合成立的项目公司，目的是通过石墨烯纺织后整理技术，实现低成本石墨烯纺织品的开发与销售。

陕西金澧科技有限公司是石墨烯联盟投资的一家石墨烯在纺织应用的项目公司。在西安项目交流会上，李义春接触了在咸阳创业的金党波。李义春分析了石墨烯在纺织领域应用的状况，认为石墨烯的应用必须切入市场痛点，解决其他技术不能解决的问题，且性价比具有优势。金党波领导的公司在袜子和棉方面具有竞争优势。李义春带领团队到金党波的公司调研，了解到他由于投资人撤资，公司处于停顿状态，经协商，李义春决定投资他的项目。了解到石墨烯的神奇功效之后，金党波便投身于石墨烯在纺织方面的应用，开发了石墨烯纺织纤维，做了一系列纺织服装产品，还开发了石墨烯纤维棉，其在保暖的前提下可以实现防静电、远红外等多功能，特别是他开发的石墨烯袜子，确实起到了抗菌消臭的作用。

在西安，李义春实现了他人生中的一个重要梦想——科技慈善梦想：2020年，李义春等牵头发起成立西安市追梦硬科技创业基金会。

2018年，满怀着对公益事业的渴望和热情，李义春报名加入了国际慈善管理EMP2018秋季班，开启了公益慈善之旅。2019年6月6日，首届国际石墨烯日的庆祝活动在高烯科技举办，正是在这一天，一群有家国情怀、有复兴梦想、有战略眼光、有慈善爱心的追梦人聚在一起，畅想烯碳新材之远景，回忆科技转化之艰辛，分享科技慈善理念。大家在交流时谈到在实现中华民族科技强国梦的征程中，颠覆性技术、原始性创新的重要性。结合在国际公益学院学到的知识，李义春理事长萌发了"借助公益捐赠支持怀揣科技强国梦的创业者实现梦想"的初步想法，得到了在场人员的一致认同，大家共同推举李义春负责筹备成立一家支持原创科技创新创业的公益基金会，探索通过公益慈善的力量来推动中国硬科技发展的新路径。这一天成为西安市追梦硬科技创业基金会科技慈善梦想开启的日子。

经过众人半年多时间的不懈努力，终于在硬科技的发源地、正在打造"全球硬科技之都"的西安得到了西安国家高新区管委会的支持，同意做业务主管单位（图23）。李义春邀请了深圳国际公益学院特聘教授黄浩明，浙江大学求是特聘教授、高烯科技首席科学家高超，原国家自然科学基金委员会《中国科学基金》副主编汤锡芳，中国"硬科技"理念提出者、中科创星科技投资有限公司创始合伙人米磊博士等作为西安市追梦硬科技创业基金会的理事。西安市追梦硬科技创业基金会的原始资金由李义春捐赠200万元人民币，高超教授捐赠20万元人民币。

公益花开季春月,最美人间四月天。2020年4月2日,在这个特殊而美好的春日里,我国第一家聚焦硬科技创业的民间公益基金会、承载着李义春等人公益初心和慈善梦想的基金会——西安市追梦硬科技创业基金会在西安市民政局正式注册成立(图24)。

图23 西安高新区管委会对成立西安市追梦硬科技创业基金会的批复文件

西安市追梦硬科技创业基金会成立以来,紧密围绕"科技造福人类"这一愿景,坚持"客观、无私、奉献"等理念,肩负"为中华民族的伟大复兴贡献力量"这一使命,通过组织实施"青少年筑梦科学计划"及"硬科技创业追梦计划""硬科技创业圆梦计划"等公益项目,对以公益慈善的力量来推动中国硬科技创新发展进行了有益的探索和实践,在引导青少年树立科学梦想、弘扬科学家精神、打造良好创新创业生态等方面发挥了积极作用,为实现中华民族伟大复兴和我国科技强国建设提供有力支撑。西安市追梦硬科技创业基金会主办的2021(第二届)筑梦科学青少年科普高峰论坛如图25所示。

图24 西安市追梦硬科技创业基金会法人登记证书

2018年,在西安市委市政府的支持下,由石墨烯联盟投资设立的西安丝路石墨烯创新中心落户西安高新区(图26)。西安丝路石墨烯创新中心立足西安,服务陕西,辐射西北,旨在对接西北地区汽车、电子、石油化工、军工、油服、节能环保等优势产业,以石墨烯市场开发为导

图25 西安市追梦硬科技创业基金会主办的2021(第二届)筑梦科学青少年科普高峰论坛

图 26　西安丝路石墨烯创新中心建设

向，对接全球创新资源，围绕产业链配置创新链、集聚创新要素，促成一批重大创新成果在西安落户，在西安实施一批具有影响力的应用示范工程。截至目前，先后引进石墨烯相关企业 35 家，实现销售累计超过 2 亿元。组织各种论坛、项目对接、沙龙等活动 50 余场，接待了 4 000 多人次的企业家、专家、学者、项目团队等前来参观交流。围绕石墨烯在不同领域的应用，分别成立了石墨烯融军、医疗、电加热、汽车、建筑、节能环保、纺织、农业八大产业化服务平台。通过了国家高新技术企业认证、高新区优秀雏鹰认定，获批首批西安市国际科技合作基地，获得 2020 年石墨烯产业促进奖、2019 年陕西重点推广品牌等荣誉。李义春博士获得"共和国 70 周年——陕西经济十大功勋人物"称号。

西安丝路石墨烯创新中心的成立使西安石墨烯产业从无到有、从弱到强，两年多的时间，初步在西安高新区形成了石墨烯产业集群，这是石墨烯联盟和西安高新区管委会联合打造西安石墨烯产业集群创新模式的积极探索。

四、国际化竞争与合作

（一）欧盟启动旗舰计划

2013 年 10 月，欧盟委员会将石墨烯列为"未来新兴技术旗舰项目"之一，并为其提供 10 年共计 10 亿欧元的资金支持。该项目是欧盟有史以来最大的研究资助类项目，共有来自 23 个国家的 142 家机构参与。

欧盟将石墨烯产业发展列入了国家战略层面，从技术实现到资金投入，政府、大学、科研院所及跨国企业通力合作，整体的产业布局涉及材料的制备、光电产品、传感器、医疗器件、柔性电子产品、储能器件、集成电路等。

特别是英国，由于石墨烯的发现者、诺贝尔物理学奖得主来自曼彻斯特大学，一时间曼彻斯特大学成为全球石墨烯的研发创新高地,汇聚了全世界的数千位石墨烯研究人员。

2011年10月,英国财政大臣乔治·奥斯本(George Osborne)宣布划拨5 000万英镑用于石墨烯前沿研究,其中3 800万英镑用于在曼彻斯特大学建立国家石墨烯研究院。此外,曼彻斯特大学还向欧洲研发基金申请了2 300万英镑的资助。国家石墨烯研究院将采用"中心辐射"的模式与其他英国机构展开合作。2012年末,英国财政部将剩余的1 200万英镑以及工程与自然科学研究理事会的1 000万英镑即共计2 200万英镑投入石墨烯商业化研究。

英国的石墨烯研发热潮,也引起了中国领导人的注意。2015年10月23日,国家主席习近平在访问英国期间,专程到英国曼彻斯特大学参观了国家石墨烯研究院。参观过程中,习近平主席肯定了曼彻斯特大学国家石墨烯研究院在石墨烯领域的研究实力和国际影响力。同时指出,"在当前新一轮产业升级和科技革命大背景下,新材料产业必将成为未来高新技术产业发展的基石和先导,对全球经济、科技、环境等各个领域发展产生深刻影响"。习近平主席特别强调,"中国是石墨资源大国,也是石墨烯研究和应用开发最活跃的国家之一。中英在石墨烯研究领域完全可以实现'强强联合'。相信双方交流合作将推动相关研究和开发进程,令双方受益"。在参观期间,华为公司和英国石墨烯研究院还签订了合作协议。

(二)石墨烯联盟的国际化发展探索

基于欧洲在石墨烯方面的整体布局及支持力度,石墨烯联盟成立后的首要任务是及时了解国际上特别是欧洲在石墨烯研发及产业化方面的实际情况,加强石墨烯领域的国际合作。因此,从2014年开始,在李义春的组织安排下,由石墨烯联盟组织的中国石墨烯代表团基本上都参与了欧洲重要的石墨烯会议,并在会议上做特装展览,介绍中国石墨烯的研发情况和企业。会议之后安排顺访了一些石墨烯著名研发机构和企业,足迹遍及欧洲和其他地区几十个城市,如法国科学院(法兰西学会下属5个学院之一)、英国曼彻斯特大学国家石墨烯研究院、剑桥大学、牛津大学、伦敦英国国家物理实验室、西班牙加泰罗尼亚纳米技术研究所(ICN2)、意大利技术研究院(IIT)、瑞典哥德堡查尔姆斯理工大学、波兰科学院低温与结构研究所、俄罗斯Graphene Materials公司、比利时微电子研究中心(IMEC)、印度塔塔钢铁集团(TATA Steel)欧洲总部(位于荷兰)、德国德累斯顿工业大学、希腊雅典国家石墨烯研究中心、马来西亚科学技术和创新部下属的纳米技术和先进解决方案商业化机构ManoMalaysia Bhd(NMB)、澳大利亚阿德莱德石墨烯研究中心、墨尔本大学(图27)。

图 27　石墨烯联盟历年组织的海外出访

密集的出访交流，形成了石墨烯联盟的石墨烯国际"朋友圈"，不仅为石墨烯联盟在国际舞台上持续发挥影响力和领导力，也为奠定"技术全球并购，产业中国整合"的中国石墨烯产业发展战略打下了坚实的基础。2014年5月5~15日，李义春理事长率团赴法国图卢兹市第一次参加"Graphene 2014"期间，同会议主办方幻影基金会（Phantoms Foundation）负责人讨论在中国联合举办中国国际石墨烯创新大会。李义春表示，中国企业非常关注石墨烯在各领域的应用，迫切需要一些适合企业投资的项目。

2014年9月1~3日，首届中国国际石墨烯创新大会在宁波举行，这是全球首次以石墨烯产业化为主题的国际会议。本次大会以推动石墨烯产业化为目的，吸引了来自世界近30个国家、400多家单位的1 200多人参会以及30多家展商参展。参会人群主要包括从事石墨烯研究的科研人员，相关企业（其中有30余家上市公司）、产业园区、投资机构负责人及媒体代表。石墨烯联盟根据石墨烯在各领域的应用设立了30场分会，分会场场爆满、讨论热烈，让国外专家羡慕不已，从那时他们就感觉到了石墨烯未来的产业希望在中国。

值得一提的是，在2014中国国际石墨烯创新大会期间，与会各国代表共同签署发布了《宁波宣言》（图28），倡议联合发起成立全球石墨烯创新联盟，该联盟总部设在中国。

3年后，随着石墨烯产业的快速发展，中国处于全球石墨烯产业领跑位置，英国剑桥大学石墨烯研究中心主任安德里亚·法拉利教授主动提出希望与中国合作，并推荐了他的一些研究成果。中国自然而然地成为全球石墨烯创新联盟的秘书处。2016年，石墨烯发现者、2010年度诺贝尔物理学奖得主安德烈·盖姆教授

图28　2014中国国际石墨烯创新大会各国代表签署《宁波宣言》

在接受《科技日报》记者的专访中，亲笔写下了"中国正引领石墨烯商业化，石墨烯与你们同在"的题词（图29）。

2016年7月，英国 Nature Materials 杂志发表《石墨烯的商业化》一文，介绍了石墨烯联盟对推动中国石墨烯产业发展所做的贡献，认为中国成为全球石墨烯产业的领导者同石墨烯联盟的作用密不可分图（图30）。时隔3年，2019年3月，Nature 杂志在《新材料正助力中国向高新科技经济体转型》一文中再次着重介绍了石墨烯联盟在规范中国石墨烯产业及开拓下游应用市场方面的贡献，这是国外权威杂志首次连续两度报道同一个国内新材料行业组织在推动新材料产业发展中发挥的重要作用，彰显了石墨烯联盟在推动全球石墨烯产业发展中的国际影响力。

图29　2016年安德烈·盖姆教授接受《科技日报》专访题词

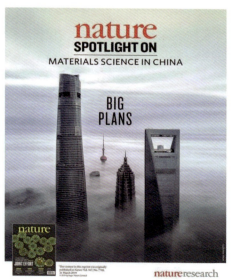 

图30　2016年7月，英国 Nature Materials 杂志首次介绍石墨烯联盟工作

（三）"技术全球并购，产业中国整合"石墨烯国际化战略的形成

从 2014 年开始走出去见世面，进而请进来促交流，石墨烯联盟的国际化发展逐渐如鱼得水、运用自如，形成了自己的国际"朋友圈"。这个"朋友圈"里大部分是科学家，也有一些企业、投资人，以及政府官员，主要以欧洲为主。这也可以理解，因为欧洲在石墨烯方面的投入最多。美国主要以工业部门和企业为主，但没有形成战略。马来西亚政府设立了一个 8 000 万美元的石墨烯专项，这也是不多见的。韩国以三星为代表的电子产业更关注石墨烯在电子方面的应用。但整体来说，各国都把石墨烯产业作为最终目标，换句话说，以实现工业化应用作为政府支持的前提。

理想很丰满，现实很骨感。欧盟石墨烯旗舰计划没有达到工业化目标，李义春认为核心问题是欧洲已经没有工业化的土壤了。虽然当时欧盟石墨烯旗舰计划制定的目标是通过石墨烯技术的创新，带来欧洲制造业的回归，但技术的创新首先要依靠制造业的基础来实现其价值。每一项技术的创新首先要寻找制造业的支持，中国完整的制造业产业链、雄厚的工业化基础铸就了石墨烯的产业基础。这就是"技术全球并购，产业中国整合"石墨烯国际化战略的形成机理。

当然，石墨烯联盟在践行"技术全球并购，产业中国整合"的石墨烯国际化的征程中也经历了各种艰难的探索。2015 年深圳贝特瑞新材料集团股份有限公司董事长贺雪琴和总经理黄友元随石墨烯联盟代表团到瑞典哥德堡查尔姆斯理工大学考察时，参观了刘建影教授的实验室。刘建影教授介绍了他在石墨烯芯片散热方面的研究工作，引起了贝特瑞新材料集团股份有限公司的关注，随后他们向刘建影教授要了样品，带回国进行了测试，并同下游客户进行了沟通，在得到了肯定的答复之后，贝特瑞新材料集团股份有限公司和刘建影教授达成项目合作。贝特瑞新材料集团股份有限公司出资支持刘建影教授团队和本公司研发人员在大学建立石墨烯芯片散热膜的中试线，2017 年在福建永安建立了石墨烯散热膜产业化基地。随着芯片集成化程度越来越高，对散热材料提出了更高的要求，2018 年华为在高端手机首先采用了石墨烯液冷散热器件，引发了石墨烯散热技术的投资热潮。目前贝特瑞新材料集团股份有限公司的石墨烯散热材料已经成功应用于 OPPO 手机，企业发展势头良好。

2015 年出访同行的还有浙江正泰电器股份有限公司的副总裁王国荣。李义春在会议期间同西班牙石墨烯公司 CEO 交流中（图 31），他们称开发出"充电 8 min，行驶 1 000 km"的石墨烯改性动力电池。之后浙江正泰电器股份有限公司对该项目进行了跟踪，带回样品在德国进行了第三方测试，测试结果基本上达到了预期。经过反复谈判，2016 年浙江正泰电器股份有限公司同西班牙石墨烯公司就石墨烯改性动力电池达成投资合作协议。前期在西班牙建立石墨烯电池示范线，之后在中国建立产业化基地。

图 31　2015 年石墨烯联盟组团出访西班牙

（四）全球石墨烯产业峰会——中国国际石墨烯创新大会

石墨烯联盟成立后，青岛市委常委、高新区书记陈飞专程到北京拜访李义春。石墨烯联盟同青岛高新区就共建青岛石墨烯产业创新示范基地达成战略协议，同时就举办中国国际石墨烯创新大会进行了初步的讨论。之后，李义春在宁波参加宁波墨西科技有限公司"300 吨 / 年石墨烯生产线投产"仪式时同宁波市副市长陈仲朝谈起筹备中国国际石墨烯创新大会的事情，引起了陈副市长的高度重视，要求宁波高新区密切跟踪，希望在宁波高新区召开第一届中国国际石墨烯创新大会，以此推动宁波石墨烯产业进一步发展。

经过时任宁波国家高新区管委会副主任崔秀良的不懈努力，石墨烯联盟同宁波高新区就联合举办 2014 中国国际石墨烯创新大会达成了合作协议。中国国际石墨烯创新大会以推动中国石墨烯产业化为核心，要吸引一批欧洲的石墨烯专家来与国内的企业进行交流，因此 2014 年 5 月 5~15 日李义春率中国石墨烯代表团专程赴法国图卢兹市参加"Graphene 2014"会议，并举办了介绍中国石墨烯情况的展览。

Graphene 年度系列会议是欧洲幻影基金会从 2011 年开始举办的石墨烯年度学术会议，人数规模在 1 000 人左右，基本上囊括了全球石墨烯重要的科学家和研发人员，是全球石墨烯最高学术水平的交流大会。与会期间，李义春同幻影基金会总裁安东尼奥·科雷亚就在中国联合举办中国国际石墨烯创新大会进行了交流，达成了合作。

2015 年 9 月 22~24 日，2015 中国国际石墨烯创新大会在青岛国际会展中心举行。诺贝尔物理学奖获得者、英国曼彻斯特大学教授安德烈·盖姆出席大会并作报告。本次大会设立了 36 场专题分会和 6 场双边合作论坛，70 多家展商参展，吸引了来自全球 23 个国家和地区的 2 200 多名代表参加，针对石墨烯在不同领域的产业化应用成果，首发了 20 余种石墨烯应用产品。

2014年首届中国国际石墨烯创新大会的成功召开，让国际同行看到了中国石墨烯产业发展的前景，展现了中国企业对石墨烯项目的投资热情，因此来自美国、瑞典、意大利、韩国的科研院所或机构分别与石墨烯联盟签订了建立"中美石墨烯合作中心""中瑞石墨烯合作中心""中意石墨烯合作中心""中韩石墨烯合作中心"的战略合作协议。历届中国国际石墨烯创新大会国际合作相关活动现场如图32所示。

图32　历届中国国际石墨烯创新大会国际合作相关活动现场

从2015中国国际石墨烯创新大会开始，为了加强国际化纽带，石墨烯联盟陆续聘请了首批共27位国内外著名专家为顾问（图33），名单如下。

Andre Geim：诺贝尔物理学奖得主，英国曼彻斯特大学教授。

Luigi Colombo：欧盟旗舰计划战略委员会成员，美国德州仪器公司科研人员。

Andrea Ferrari：欧盟旗舰计划执委会主席，英国剑桥大学石墨烯研究中心主任。

Vittorio Pellegrini：欧盟旗舰计划执委会主席，意大利技术研究院石墨烯中心主任。

Francesco Bonaccorso：欧盟石墨烯旗舰计划执委会成员，意大利技术研究院石墨烯中心教授。

Stephan Roche：欧盟旗舰计划专题负责人，西班牙纳米技术研究所石墨烯中心主任。

Frank Koppens：欧盟旗舰计划执行秘书，西班牙光子研究所石墨烯中心主任。

Xinliang Feng：欧盟旗舰计划专题负责人，德国马普微结构研究所所长。

Vladimir Falko：英国曼彻斯特大学国家石墨烯研究院院长。

Norbert Fabricius：欧盟旗舰计划标准负责人，德国卡尔斯鲁厄理工学院教授。

Antonio H. Castro Neto：新加坡国立大学先进二维材料石墨烯研究中心主任。

Antonio Correia：西班牙幻影基金会主席。

E.A. Thoroh de Souza：巴西石墨烯研究中心主任。

Jun Lou：美国莱斯大学材料与纳米工程系副主任，美国ATOMIC技术中心副主任。

Joshua Robinson：美国宾州大学教授，美国ATOMIC技术中心副主任。

Dusan Losic：澳大利亚阿德莱德大学石墨烯中心主任。

Rodney S. Ruoff：韩国蔚山国家科学技术研究所（UNIST）教授。

图 33　石墨烯联盟聘请顾问

Rezal Khairi Ahmad：马来西亚国家石墨烯行动计划总执行人，纳米马来西亚公司CEO。

Jianbin Xu：香港中文大学材料研究中心主任。

干勇：国家新材料产业专家咨询委员会主任，中国工程院院士，中国工程院原副院长。

石定寰：国务院参事，科技部原党组成员、原秘书长。
徐锭明：国务院原参事，国家发展改革委能源局原局长。
薛群基：中国工程院院士，中国科学院宁波材料技术与工程研究所科学技术委员会主任。
屠海令：中国工程院院士，北京有色金属研究总院名誉院长。
刘忠范：中国科学院院士，北京大学教授。
成会明：中国科学院院士，中国科学院沈阳金属研究所研究员。
冯冠平：清华大学教授，烯旺科技董事长。

其中 Ander Geim、干勇、薛群基、冯冠平被聘为石墨烯联盟的名誉理事长。

石墨烯联盟的国际化发展工作也得到了中国科协国际部的大力支持。中国科协批复了石墨烯联盟申请召开中国国际石墨烯创新大会的请示，同时为了推动国际组织在中国建立秘书处，中国科协国际部积极推动石墨烯联盟发起成立"全球石墨烯联盟"的国际合作组织，在时任中国科协书记处书记宋军的指导下，石墨烯联盟联合了美国、英国、德国、意大利、澳大利亚、西班牙、韩国、马来西亚、瑞典等23个国家和地区的石墨烯研发机构、企业向中国科协提出了申请，随后中国科协协调外交部，得到了外交部的支持，但最终在民政部注册时遇到了谁做主管单位的难题，虽然最后没有实现"全球石墨烯联盟"的正式注册，但中国实际上已经成为全球石墨烯联盟的牵头单位。

截至2023年，中国国际石墨烯创新大会已连续举办了10届，其旺盛的生命力代表着中国石墨烯产业一直在砥砺前行，不断进取，引领着全球石墨烯产业的发展。2017中国国际石墨烯创新大会上各国代表签署《南京宣言》如图34所示。2019中国国际石墨烯创新大会上各国代表签署《西安宣言》如图35所示。2019中国国际石墨烯创新大会期间工业和信息化部原材料工业司副司长邢涛接见安德烈·盖姆教授及李义春理事长如图36所示。

图34 2017中国国际石墨烯创新大会上各国代表签署《南京宣言》

图35　2019中国国际石墨烯创新大会上各国代表签署《西安宣言》

图36　2019中国国际石墨烯创新大会期间工业和信息化部原材料工业司副司长邢涛接见安德烈·盖姆教授及李义春理事长

（五）抢占制高点，争夺话语权

1. 制定标准

石墨烯联盟成立之后，成立了标准委员会，石墨烯联盟常务理事、中国科学院金属研究所研究员任文才自告奋勇担任标准委员会主任。北京中关村管委会为了鼓励企业联合创新专门批准成立以联盟形式的社会团体法人，按照中关村管委会的要求，2017年9月，石墨烯联盟联合北京的石墨烯相关企业在中关村管委会注册成立了中关村华清石墨烯产业技术创新联盟社会团体（图37），李义春担任法人和理事长职务。中关村华清石墨烯产业技术创新联盟正式成为石墨烯联盟的标准服务平台，这样石墨烯联盟制定团体标准就具有了法律地位和平台。之后，长期做纳米材料标准的冶金工业信息标准研究院的高级工程师戴石峰辞职加入石墨烯联盟，担任中关村华清石墨烯产业技术创新联盟秘书长，组建了标准化服务团队，使石墨烯联盟的标准化工作有

图37　中关村华清石墨烯产业技术创新联盟法人登记证书

了长足的进步，被授予"北京标准化工作先进单位"称号。

2. 建立国际认证体系

随着中国石墨烯产业的快速推进，各地政府支持建立了一批石墨烯生产线，特别是粉体生产线，但是石墨烯概念产品充斥着方方面面，真假难辨，社会上的打假呼声不断。中国科学院院士成会明找到李义春，建议石墨烯联盟建立国际性的认证机构，评价石墨烯及相关应用产品。因此，李义春就支持建立国际性的独立第三方认证机构——国际石墨烯产品认证中心（International Graphene Product Certificate Centre，IGCC）先后同欧盟石墨烯旗舰计划标准委员会、幻影基金会美国石墨烯协会、澳大利亚阿莱德莱大学石墨烯研究中心等国际机构进行了沟通。2018年1月18日，在北京举办的2017年度中国石墨烯产业杰出贡献奖颁奖典礼暨中国石墨烯产业技术创新战略联盟年会上，IGCC宣告成立，国际电工标准委员会（IEC/TC113）秘书长、欧盟石墨烯旗舰计划标准负责人诺伯特·法布里修斯博士担任IGCC专家委员会主任，国际电工标准委员会副秘书长维尔纳·伯格霍尔茨博士担任IGCC专家委员会副主任（图38）。

图38　国际石墨烯产品认证中心（IGCC）在北京正式成立

IGCC 成立后，先后对山东利特纳米技术有限公司、七台河宝泰隆石墨烯新材料有限公司、北京创新爱尚家科技股份有限公司、杭州高烯科技有限公司等公司的石墨烯产品进行了认证，并颁发了石墨烯产品认证证书。

IGCC 是全球首家开展石墨烯产品认证的独立第三方认证机构，其一方面规范石墨烯上下游产品市场，推动石墨烯行业健康发展；另一方面联合相关国际组织，抢占国际标准检测认证战略制高点，掌握国际话语权，对实施"技术全球并购、产业中国整合"的石墨烯国际化战略具有重要意义。

3. 发起石墨烯产业奥斯卡国际奖评审暨颁奖活动

2020 年，根据全球石墨烯产业的发展势头，石墨烯联盟秘书处对如何提升我国在石墨烯产业的软实力和话语权进行了讨论。负责石墨烯联盟国际合作工作的付韵桥提出建议，设置一个石墨烯奥斯卡产业金像奖，这个建议获得一致通过。

于是，石墨烯联盟制订了石墨烯国际奖的评选方案：推举 10 名提名委员会成员、100 名投票委员会成员。提名委员会负责提名，不参与投票，这些委员组成中国占 20%。奖项主要集中在产业界，可以空缺。包括终身荣誉奖、最佳产品奖、产业促进奖和最佳企业奖。石墨烯联盟的提议得到了国际石墨烯界的拥护和支持，从 2020 年开始，每年的中国国际石墨烯创新大会增加了一个特色项目——国际石墨烯颁奖典礼（图 39），设立了走红毯、背板签名、音乐伴奏、嘉宾颁奖、获奖感言等环节。

图 39　国际石墨烯颁奖典礼

五、国家石墨烯制造业创新中心花落宁波

2015 年工业和信息化部提出建立国家制造业创新中心的建议。制造业是立国之本、强国之基。作为制造强国战略五大工程之首，国家制造业创新中心面向制造业转型升级和培育发展新动能的重大需求，通过聚焦产业薄弱环节，整合各类

创新资源，开展关键共性技术攻关，打通从技术开发、技术转移扩散到商业化应用的创新链条，致力于全面提升制造业竞争力。

2015年，工业和信息化部、发展改革委、科技部联合发布《关于加快石墨烯产业创新发展的若干意见》（工信部联原〔2015〕435号）正式文件，全国各省区市掀起了发展石墨烯产业的热潮。2017年，工业和信息化部开始谋划在石墨烯领域布局建立国家创新中心，各省区市闻风而动，纷纷加入申办行列。按照工业和信息化部的要求，国家制造业创新中心的运行模式采用"公司+联盟"的形式，因此石墨烯联盟参与了浙江、广东、山东创新中心的建设工作。2018年，工业和信息化部启动了石墨烯国家制造业创新中心的招标，石墨烯联盟由于种种原因，优势企业分散在各中心，没有形成合力，最后以流标收尾。

经过几年的历练，省区市创新中心只有北京和浙江运行良好。2022年，组建国家石墨烯创新中心的议题重新提出。针对上次招标暴露的问题，石墨烯联盟召开常务理事会，认真讨论，统一思想，从当地政府支持力度、产业氛围、团队建设等多方面考虑，认为刘兆平牵头的浙江石墨烯创新中心更具备申报优势。在李义春的说服之下，一批石墨烯优势企业入股宁波石墨烯创新中心有限公司，形成了全国石墨烯优势企业的整体合力，为成功申报国家石墨烯创新中心打下了坚实的基础。

2022年11月，工业和信息化部正式发文确定宁波石墨烯创新中心有限公司获批建设国家石墨烯创新中心，这是浙江省第一家国家制造业创新中心。国家石墨烯创新中心专家聘任仪式如图40所示。截至2022年年底，工业和信息化部围绕新一代信息技术、机器人等36个重点建设领域，已在全国批复认定26家国家制造业创新中心（其中两家属于地方共建）。其中，北京（3家）、广东（3家）、上海（2家）、江苏（2家）、山东（2家）、安徽（2家）、湖北（2家）相对领先，浙江、天津、陕西、辽宁、湖南、河南、江西、内蒙古、四川、重庆各有1家。

国家石墨烯创新中心是国内石墨烯领域唯一的国家制造业创新中心，借力宁波石墨烯创新中心有限公司、石墨烯联盟，该中心采用"公司+联盟"模式运营。国家石墨烯创新中心的成立是中国石墨烯产业发展的里程碑，展现了一代石墨烯人团结奋斗、共创辉煌的历程，也让有家国情怀的石墨烯企业家吃上"定心丸"，为石墨烯产业高质量发展注入"强心剂"。

图 40　国家石墨烯创新中心专家聘任仪式

石墨烯领域的奋斗者与创新者

——记中国石墨烯创业功勋人物瞿研

> **人物介绍**
>
> **瞿 研** 男，1978年生，江苏省先进碳材料产业链首席专家，常州第六元素材料科技股份有限公司（简称第六元素）董事长兼总经理。2006年毕业于美国德克萨斯州大学奥斯汀分校机械系，获博士学位。美国电气电子工程师协会（IEEE）会员，美国机械工程师协会（ASME）会员，美国航空航天学会（AIAA）会员，美国Sigma Xi 科学研究荣誉学会会员，Phi Kappa Phi 荣誉学会会员。现担任全国钢标准化技术委员会炭素材料分技术委员会薄层石墨材料工作组委员、江苏省石墨烯产业技术创新战略联盟理事长、江南石墨烯研究院副院长、东南大学博士研究生校外指导教师、南京大学现代工程与应用科学学院产业教授等职务。曾经担任世界第二大芯片厂商、世界500强企业之一美国超威半导体公司（AMD）的高级工程师及技术专家组成员多年，参与了第一代4核芯片的研发，主持了世界第一款6核及12核CPU的研发工作，并获得AMD聚光灯奖。

由于突出的社会及行业贡献，瞿研（图1）入选2011年常州市"龙城英才计划"领军人才、2011年江苏省高层次创新创业人才（A类）、2011年江苏省"333高层次人才培养工程"培养对象、2013年江苏省高层次"六大人才高峰"高层次人才、2019年常州市武进区科学技术协会科技智库专家、2021年"典赞·2020科技江苏"年度十大创新创业人物等；荣获2012年常州市武进区领军人才奖、2014年常州企业先锋人物评选之十大改革创新人物提名奖、2014年度明星企业家、2015年常州市武进区创新创业优秀人才奖、2016年石墨烯联盟设立的"石墨烯产业杰出贡献奖"（图2）、2018年优秀企业家奖、2021年第二十二届中国专利优秀奖、2022年江苏省科学技术奖三等奖（第一完成人）、2022年常州市工业和信息化局项目评审专家库入库专家、2023年中国腐蚀与防护学会科学技术奖一等奖、2023年中国电子科技集团科技进步奖一等奖、2024年国防科学技术进步奖三等奖等荣誉学术奖励。

图1 董事长瞿研

瞿研带领第六元素承担并主持了2011年江苏省科技支撑计划（工业）"纳米石墨烯超级电容器电极材料"、2013年江苏省科技支撑计划"智能终端用高性能石墨烯复合锂离子电池负极材料的开发"、2013年江苏省科技支撑计划"高性能石墨烯超级电容器的研发"、2013年常州市科技计划［科技支撑计划（工业）］、2015年江苏省科技成果转化专项资金项目"百吨级薄层高质量石墨烯清洁化连续生产关键技术研发及产业化"、2016年"常州市薄层高质量

图2 瞿研荣获石墨烯联盟设立的"石墨烯产业杰出贡献奖"

石墨烯粉体工程技术研究中心"、2017年常州市科技计划［重点研发计划（工业、农业、社会发展）］、2019年工业强基工程重点产品、2019年工艺"一条龙"应用计划示范企业、2019年常州市科技支撑计划（工业）项目（前资助）、2020年"科技助力经济2020"重点专项项目、2020年国家级先进制造业集群竞赛项目、2021年江苏省战略性新兴产业和服务业标准化试点项目、2021年江苏省重点研发计划（产业前瞻与关键核心技术）重点项目"基于石墨烯的室温太赫兹通信接收芯片技术研究"、2021年江苏省重点研发计划（产业前瞻与关键核心技术）重点项目"适用于太赫兹器件的CVD石墨烯制备及转移技术研发"、2023年江苏省重点研发计划（产业前瞻与关键核心技术）重点项目"晶圆级石墨烯类二维半导体材料及其逻辑和光源器件关键技术研发"、2023年江苏省重点研发计划（产业前瞻与关键核心技术）重点项目"石墨烯类二维半导体晶圆无损转移关键技术研发"等重大研发项目。

瞿研带领研发团队进行了石墨烯材料的宏量制造的技术开发、高导热高导电石墨烯材料的制备开发，以及石墨烯重防腐涂料、石墨烯增强及导电塑胶材料、石墨烯导热膜等若干石墨烯材料的开发，不仅将石墨烯从科研界带入了产业界，更是将石墨烯材料带入了涂料、塑胶、电子电器等产业链。在国际上率先建成百吨级氧化石墨烯生产线；在石墨烯防腐涂料领域，研发出首款石墨烯重防腐涂料，起草制定了国内第一个石墨烯防腐涂料行业标准《石墨烯锌粉涂料》（HG/T 5573—2019）。《一种富锌环氧防腐涂料及其制备方法》（ZL201310069144.8）荣获第22届中国专利优秀奖；"基于薄层石墨烯的重防腐涂料体系产业化关键技术与工程应用"项目荣获2022年江苏省科学技术项目奖三等奖（第一完成人）。在电子散热领域，组织研发的石墨烯导热膜打破国外垄断，全面替代高定向聚酰亚胺导热膜，已在上亿部华为、荣耀等品牌手机中应用；在新能源电池领域，研发的导电导热石墨烯，实现了高质量、高导电导热的石墨烯粉体的宏量制备及连续化工业化生产；在石墨烯复合管材领域，联合开发的石墨烯矿用管材解决了传统管材强度低、壁较厚的问题，实现了管材的高强度化、轻量化的目标，以及对传统管材的升级换代。

一、早年生活及教育经历

瞿研出生于1978年，他的早年生活在科技的浪潮中缓缓展开。他在求学的道路上始终怀揣着对科学的浓厚兴趣和对技术创新的渴望。出生于一个普通家庭的瞿研，并没有让平凡的起点限制了他对知识的追求，自幼展现出的对电子和计算机的热爱，引领他走进了科学的殿堂，开始了一段不平凡的学术旅程。

通过勤奋的学习和不懈的努力，瞿研在早期教育阶段就崭露了头角，他的智慧和勇气使他在众多竞争者中脱颖而出。在本科和研究生学习期间，瞿研深入探索了计算机科学和电子工程领域的知识，这一时期的学习和研究不仅为他日后的职业生涯奠定了坚实的基础，也为他后来在AMD的成功铺平了道路。

2006年，瞿研毕业于美国德克萨斯州大学奥斯汀分校机械系，获得博士学位，之后加入了AMD。瞿研凭借扎实的专业知识和对技术的深刻理解，在半导体和计算机芯片设计领域取得了显著的成就。在AMD，他贡献了自己的智慧和热情，参与了多项创新项目，推动了技术的进步和发展。瞿研取得的工作业绩不仅体现了他对科技创新的贡献，也反映了他将理论知识转化为实际应用的能力。

在AMD的岁月里，瞿研的才华得以充分发挥，他在技术创新和团队领导方面取得了显著成就。他对半导体技术的深入理解，以及在这一领域的持续研究，为AMD的多个重要项目贡献了关键技术和解决方案。瞿研的工作不仅推动了AMD技术的进步，也为整个半导体行业的发展做出了贡献。

瞿研在AMD的经历不仅是他个人职业生涯的重要篇章，也是他深入半导体行业，掌握先进技术和理念的关键阶段。作为AMD的高级工程师，瞿研对半导体加工技术的现状和未来发展趋势有着深刻的洞察力和独到的见解。他强调，随着半导体制程技术的进步，特别是在纳米尺度下，传统的物理定律逐渐变得不再适用，而量子物理的特性开始显现，这对半导体加工技术的发展提出了新的挑战。

在谈及未来半导体加工技术的突破方向时，瞿研特别提到了碳纳米管和机械芯片两个方向。碳纳米管由于其优越的机械和电子特性，被视为硅基半导体材料的有力竞争者，有望在未来引领半导体产业的新革命。而机械芯片作为一种新型的微机电系统（MEMS），其独特的工作原理和制造技术，为半导体设备的多样化应用提供了更多可能性。

面对我国半导体产业的发展现状，瞿研认为，虽然我国半导体产业发展速度快，但起步较晚，尤其是在核心技术和专利方面的积累尚不足。他指出，半导体产业的竞争极其激烈，技术创新是企业生存和发展的关键。因此，我国半导体企业需要加大研发投入，加快技术创新和专利积累，以提高自主创新能力和国际竞争力。

同时，瞿研也看到了经济全球化背景下我国半导体产业面临的机遇和挑战。随着全球产业链的调整，半导体产业向我国倾斜成为一种趋势，这为我国半导体产业的发展提供了前所未有的机遇。为了抓住这一机遇，我国半导体产业需要进一步优化产业结构，提升产品技术水平和产业链的整体竞争力。同时，还需要加强知识产权保护，为技术交流和国际合作创造良好的环境。

在 AMD 工作的过程中，瞿研不仅深化了对半导体技术的理解和应用，也培养了面对行业挑战时的决策能力和前瞻力。这段经历为他后来回国创业，推动我国石墨烯材料研发和产业化进程奠定了坚实的基础，也使他成为连接我国半导体产业与国际先进技术的重要桥梁。瞿研在 AMD 的经历，不仅是他职业生涯中的宝贵财富，也为我国半导体及新材料产业的发展贡献了重要智慧。

在半导体产业全球化的背景下，瞿研认为随着全球产业转移和市场需求的增长，我国已经成为全球半导体产业不可忽视的力量。瞿研强调，我国半导体产业的快速发展得益于国家的政策支持和市场需求的拉动，同时也面临着技术创新和自主知识产权积累的挑战。

在 AMD 期间，瞿研积极参与国际学术交流和技术讨论，其在日本京都举行的电气电子工程师协会组织的第 14 届半导体先进热加工国际会议（The 14th IEEE International Conference on Advanced Thermal Processing of Semiconductors，RTP 2006）上做的报告，就是关于半导体加工过程中温度测量误差的研究成果，这一研究成果不仅引起了学术界的广泛关注，也得到了工业界的高度评价，体现了瞿研在半导体加工技术研究方面取得的研究成果的前瞻性和实用性。

瞿研在 AMD 的工作经历奠定了他在科研和创业之路上的坚实基础。值得一提的是，他在 AMD 任职期间，便对人工智能技术产生了浓厚的兴趣。恰逢其时，瞿研的好友吕楠博士在英国利物浦大学攻读博士学位期间深入研究了基于人工智能的视频分析技术。瞿研认识到这一领域的巨大潜力和其作为创业方向的潜力，于是邀请吕楠共同创业，并组建了一个团队，毅然决然地来到无锡开启了他们的创业旅程。2009 年，瞿研与他的团队在无锡市政府的邀请下，展示了他们在智能视频分析与识别系统领域的开创性成果。这些成果在当时属于人工智能前沿技术，领先世界10余年。该技术在智能监控行业的应用极大提升了监控的效率与安全性，同时突显了瞿研团队在人工智能及图像处理技术应用方面的领导地位，也展示了瞿研团队技术创新的前瞻性和成果应用的灵活性。

2006年，无锡启动引进领军型海外留学归国创业人才计划（简称"530"计划），瞿研及其团队的加盟极大地促进了无锡乃至全国物联网与传感网络技术的进步。他们不仅是技术革新的力量，也是海外高科技人才回国、促进地方经济繁荣的杰出典范。瞿研在 AMD 的经历，以及他与吕楠共同创业的故事，不仅展示了他在半导体及相关高科技领域深厚的专业知识和广泛的影响，也彰显了他在技术前沿领域的探索和为我国半导体产业发展做出的重要贡献，体现了科技工作者对社会的高度责任感和崇高使命。

二、石墨烯的探索

在科技飞速发展的时代，新材料的研究和应用成为推动社会进步的重要力量。作为目前已知最薄、强度最高、导电性最好的纳米材料，石墨烯的发现和研究无疑引领着科技革命的浪潮。在这场科技革命中，有一位杰出的科学家和企业家——瞿研博士，他凭借着对石墨烯的深入研究和卓越贡献，成为推动我国石墨烯产业化的领军人物之一。

瞿研的石墨烯探索之旅是一段充满挑战与创新的历程。自从2004年石墨烯被曼彻斯特大学物理学家安德烈·盖姆和康斯坦丁·诺沃肖洛夫首次发现以来，这种被称为"黑金"的材料就以其超常的物理和化学特性吸引了全球科研人员和企业的广泛关注。石墨烯不仅是已知最薄、最强和导电性最好的材料，而且它的独特结构和性能为多个领域，包括信息技术、新能源、生物医学等领域的技术革新提供了可能性。当时，瞿研还在国外留学，他深为石墨烯的无限潜能和广阔的应用前景所吸引，深知这种神奇的材料将会在科技领域掀起一场革命。诺贝尔物理学奖对石墨烯的认可激发了他的归国创业热情。于是，他毅然决定回国，投身于石墨烯的研究和应用探索中。

在深圳清华大学研究院院长冯冠平的鼓励下，瞿研决定将先进的石墨烯制备技术带回中国，助力国内石墨烯产业的发展。他选择江苏省常州市武进经济开发区作为企业落户之地，是基于对该地区新材料产业发展环境的深入考察和政策支持的充分评估。

回到祖国后，瞿研带领团队开始了艰苦的石墨烯研究工作。作为第六元素的董事长，他深知石墨烯的巨大潜力和研究面临的挑战。石墨烯的规模化制备、高效纯化和功能化处理一直是制约其广泛应用的关键技术难题。瞿研和他的团队通过不懈的努力攻克了这些技术难关，特别是在石墨的深度插层、高解离率的制备技术，以及石墨烯微片的比表面积可控技术方面取得了重要进展。这些突破不仅提高了石墨烯的生产效率和产品质量，也为石墨烯的应用开发奠定了坚实的基础。

在瞿研的引领下，团队还开发出了石墨烯微片的缺陷修复技术和回收/循环氧化技术，进一步拓展了石墨烯的应用范围。通过复杂的化学体系的自动化控制，实现了石墨烯材料生产过程的精准管理和高效率操作，确保了产品的高稳定性和可靠性。

瞿研对石墨烯未来应用前景的洞察，特别着眼于储能器件和超级电容器领域。他认为，利用石墨烯在电极材料中的应用优势，可以极大提高电池和超级电容器的性能，从而推动电动汽车和可再生能源存储技术的发展。事实上，石墨烯基储能设备的研发已经显示出使充电时间大幅缩短的潜力，预示着将对电池产业和电动汽车产业产生深远影响。

瞿研不仅在科学研究领域取得了显著成就，更重要的是，他的努力促进了石墨烯产业的发展和应用创新。通过他的领导，第六元素成为石墨烯领域的佼佼者，拥有高技术壁垒，并在全球石墨烯产业中占据重要地位。瞿研和他带领的团队的故事是一个关于勇于探索、持续创新和克服挑战的故事，他们的工作充分展示了如何将前沿科学研究成果转化为实际的工业应用技术，对全球科技发展产生了深远的影响。

在瞿研的带领下，第六元素不仅关注石墨烯的基础研究和产业化进程，还积极探索石墨烯在未来社会的多方面应用。例如，在环保领域，利用石墨烯的高比表面积和强吸附性能可以开发高效的水处理和空气净化技术。在医疗健康领域，利用石墨烯的独特生物相容性和导电性，可以研发新型生物传感器和药物输送系统，为疾病诊断和治疗提供新的解决方案。

此外，瞿研还非常重视石墨烯在新能源领域的应用。石墨烯的优异电导性和机械性使其成为制造更轻薄、效率更高的太阳能电池的理想材料。这些太阳能电池不仅可以更有效地转换太阳能，还有望大幅降低太阳能发电成本，推动可再生能源的广泛应用。

瞿研对石墨烯未来的愿景未局限于科学研究或单一产业的进步，他更看重的是石墨烯技术为社会带来全面的变革和提升人类生活质量的可能性。正是这种前瞻性的思维，推动了瞿研及其团队不断在石墨烯研究和应用领域探索新的边界。

三、创建第六元素——引领石墨烯时代

2011 年，在冯冠平的引荐和支持下，瞿研创立了第六元素，其迅速成为国内石墨烯产业的领头羊。2013 年 11 月 18 日，公司与江南石墨烯研究院联合举办"年产 100 t 氧化石墨（烯）/石墨烯粉体生产线投产仪式（图 3）暨石墨烯新品应用发布会"，不仅标志着公司在石墨烯生产上的重大突破，也象征着我国石墨烯产业的大步前进。此举彰显了常州作为先进碳材料产业基地的战略视角，以及对创新型企业的大力支持。

2014 年 11 月，公司在新三板挂牌（图 4），成为我国首家主营业务为石墨烯

的上市公司，还通过技术创新和产业链整合，推动了石墨烯在多个领域的应用和产业化进程。

通过重组收购无锡格菲电子薄膜科技有限公司，第六元素进一步扩大了其在石墨烯粉体和薄膜制备领域的技术优势和市场影响力。这一战略举措不仅加强了公司的核心竞争力，也为消费电子、医疗、航空航天等多个行业提供了创新材料的解决方案。

第六元素积极与下游公司合作，形成了以石墨烯为核心的产业链布局，促进了相关产品的研发、生产和销售。公司的石墨烯重防腐涂料等创新产品，不仅填补了国内外市场空白，也打破了国际品牌的市场垄断，展示了中国企业在高新技术领域的竞争力和创新能力。

图3　年产100 t氧化石墨（烯）/石墨烯粉体生产线投产仪式

图4　第六元素在新三板挂牌

随着石墨烯产业的不断成熟和壮大，公司迎来了国家的关注和支持。2016年9月，时任中共中央政治局委员、国务院副总理马凯一行的考察，不仅是对公司及其产品的高度认可，也是对常州乃至中国石墨烯产业发展的重要支持。这次考察进一步增强了公司在石墨烯产业内外的影响力，提升了企业品牌的知名度和信誉度。

此外，第六元素在石墨烯领域的持续创新和应用拓展，也为其赢得了国际认可。公司不断参与国际展会和技术交流，与全球商业伙伴共同探讨石墨烯技术的最新发展和应用前景。通过这些活动，公司不仅展示了自身的技术实力和产品优势，也推动了国际技术交流和合作，为我国石墨烯产业的国际化发展打下了坚实的基础。

在瞿研的领导下，第六元素坚持"以高质量的石墨烯，创碳时代的领导者"的企业愿景，致力于推动石墨烯的产业化进程和应用创新。公司不仅在石墨烯材料的生产、研发和应用方面取得了显著成就，也通过积极参与国家级项目、国际合作和产业链整合等多方面的工作，为石墨烯产业发展做出了重要贡献。

随着石墨烯在能源、环保、生物医疗、新材料等领域的应用日益广泛，公司的未来布局和发展战略将继续聚焦于技术创新和市场拓展，不断探索石墨烯更深层次的应用潜能，推动公司和行业向更高目标迈进。通过不懈努力，公司期望成为全球石墨烯领域的引领者，为推动科技进步和社会发展做出更大贡献。

随着不断发展，第六元素不仅在国内石墨烯产业中占据了领先地位，也在国际舞台上展现了其实力和影响力。在瞿研的引领下，公司成功打造出一系列创新的产品，通过战略合作和技术突破，推动了石墨烯材料的广泛应用和产业化进程。

2016年，第六元素与江苏道蓬科技有限公司携手亮相"第二十一届中国国际涂料展"，共同展示了石墨烯重防腐涂料的新成果。这款石墨烯重防腐底漆不仅通过了国家新产品鉴定，获得了国家发明专利，还被列入工业和信息化部鼓励推广的技术和产品目录中。这一成就标志着第六元素在石墨烯应用领域的深度开发和创新能力，同时也展现了公司在新材料产业中的领导地位。

2017年，第六元素在2017中国国际石墨烯创新大会上大放异彩。作为国内领先的石墨烯原料制备企业，公司联合4家下游合作企业，全面展示了石墨烯在涂料、尼龙、散热膜、水处理、触控屏等领域的应用前景。特别是子公司无锡格菲电子薄膜科技有限公司展出的石墨烯心电智能手表受到了广泛关注，成为此次大会的一大亮点。这不仅证明了第六元素在石墨烯应用研发上的实力，也体现了其产品在市场上的吸引力和竞争力。

瞿研凭借战略眼光和坚持不懈，使公司在短短3年内成功建立起年产100 t氧化石墨（烯）的现代化生产线，其产能在国内同类企业中遥遥领先。这一成就不仅展现了公司在技术创新和产业化进程中的实力，也为公司及整个石墨烯产业的未来发展奠定了坚实的基础。

在国家一系列支持新材料产业发展的政策背景下，第六元素积极响应，将石墨烯材料的研发和应用推向了新的高度。公司紧密结合国家战略，深耕石墨烯原材料研发，成功开发出3大系列20多个型号的产品，广泛应用于各个领域，实现了销售收入的突破性增长。这一切都证明了公司在瞿研的带领下，不仅走在了科技创新的前沿，也在推动石墨烯产业链的持续发展和升级中发挥了关键作用。

面对新材料领域的激烈竞争和不断变化的市场需求，第六元素没有停止脚步，而是继续加大研发投入，致力于开发更多高性能、高价值的石墨烯应用产品。通过持续的技术创新和优化产品结构，公司不仅提升了自身的竞争力，也为客户提供了更多高质量的产品，推动了石墨烯在更广阔领域的应用。

在推动石墨烯产业化进程的同时，第六元素积极探索与国内外科研机构、企业的合作，通过共享资源、优势互补、共同研发，形成了一条从原材料到终端应用的完整的石墨烯产业链。这种开放合作的模式，不仅加速了石墨烯的产业化步伐，创造了社会效益，也为合作伙伴创造了更大的经济价值。

通过参与国际大会、展览和技术交流，公司不仅展示了强大的研发实力和丰富的产品线，也向世界证明了中国企业在新材料领域的创新能力和发展潜力。

2021年，瞿研作为大会报告人参与2021中国国际石墨烯创新大会（图5）。2023年，瞿研参与2023中国国际石墨烯创新大会诺奖对话会（图6）。

图5　瞿研作为大会报告人参与2021中国国际石墨烯创新大会　　图6　瞿研参与2023中国国际石墨烯创新大会诺奖对话会

站在新的起点上，第六元素将继续秉承"以高质量的石墨烯，创碳时代的领导者"的企业愿景，紧跟国家战略，深化技术创新，扩大产业合作，不断探索和实践石墨烯在新能源、生物医疗、环境保护等领域的更多应用。在瞿研的领导下，公司将继续为推动全球石墨烯产业的发展和科技进步贡献力量，致力于成为全球石墨烯产业的领航者，为实现绿色、可持续的未来做出更大的贡献。

四、石墨烯技术创新与应用

瞿研带领的团队与江苏道森新材料有限公司紧密合作，开发出了一种石墨烯重防腐涂料，这不仅在技术上填补了国内外的空白，而且在市场上打破了国外品牌对我国风电涂料市场的长期垄断。这种石墨烯基涂料利用石墨烯优异的物理和化学性质，如极高的抗腐蚀性、优良的导电性和机械强度，为风力发电塔架等提供了更高效、更持久的防护解决方案。通过在国内外多个风电场的应用验证，该涂料展现出了比传统涂料更长的使用寿命和更强的环境适应性，受到了业界的广泛关注和认可。

无锡格菲电子薄膜科技有限公司作为国内领先的石墨烯透明导电薄膜研发和生产企业，其采用化学气相沉积（CVD）方法生产的石墨烯薄膜，不仅品质达到国际领先水平，而且在触屏、新能源、散热等领域展现出了巨大的应用潜力。这种薄膜以其超薄、高透明度、极佳的导电性能和机械强度，被广泛应用于智能手机、平板电脑、可穿戴设备等的触控屏幕的生产中，显著提升了产品的性能和改善了用户的体验；同时，其在散热材料领域的应用，也为电子设备提供了更高效的散热解决方案，延长了设备的使用寿命。

瞿研带领的团队深入研究了石墨烯在储能领域的应用，特别是在超级电容器和快速充电技术方面取得了显著进展。他们开发的石墨烯基储能设备，利用石墨烯独特的电化学性质，实现了充电时间的大幅缩短，从数小时缩短到不到一分钟。这一技术的成功应用，不仅可能彻底改变电池产业，尤其是电动汽车的充电模式，而且还标志着储能技术的一次重大突破。此外，公司研发的石墨烯超级电容器，通过提高能量存储密度和充电速度，为大型发电设备的能量储存提供了新的可能性，有望在未来取代传统的铅酸电池。瞿研带领的团队致力于利用石墨烯的独特性质，将其应用于储能器件和超级电容器，极大地提升了这些设备的性能。他们开发的石墨烯基储能设备利用了石墨烯表面快速传输锂离子的特性，实现了充电时间的大幅缩短。

在 2016 中国国际石墨烯创新大会上，第六元素展示了其在石墨烯领域的最新研发成果和产品，包括瞿研带领的石墨烯智能团队与江苏道森新材料有限公司共同研发的石墨烯重防腐涂料，其标志着石墨烯技术在防腐领域的重大突破。这种涂料在国内外首次实现了石墨烯的防腐应用，其利用石墨烯的超高强度和优异的化学稳定性，可以提供比传统涂料更长久、更有效的防护效果，尤其适用于海上风电塔架等极端环境下的设备的防腐蚀保护。

2017 年 5 月 19 日，瞿研与国内可发性聚苯乙烯树脂（EPS）产业的巨头——无锡兴达泡塑新材料股份有限公司签署了在石墨烯应用史上具有里程碑意义的战略合作协议。这一合作不仅催生了具有国际领先水平的石墨烯 EPS 新材料，而且打破了长期由外国企业垄断的技术壁垒，为我国 EPS 材料行业的升级提供了强有力的技术支撑。瞿研在此过程中发挥的领导和创新能力，极大地推动了石墨烯材料的产业化进程。

瞿研带领的团队在电子散热领域也取得了显著成就。2018 年，他们研发的石墨烯散热膜首次被应用于华为 Mate 系列旗舰级别智能手机中，显著提升了产品的散热效率，打破了依赖进口散热材料的局面。石墨烯散热膜的成功应用，不仅提升了智能手机的性能，也为石墨烯材料在高科技领域的应用开辟了新天地。

在新能源电池领域，瞿研带领的团队通过高效的工艺技术，实现了高导电性石墨烯粉体的大规模制备。这种石墨烯材料的应用，显著提升了电池的充电效率和能量密度，为新能源汽车提供了更加优质的电池解决方案。他们在这一领域的开拓性工作，不仅推进了石墨烯材料的实际应用，也为新能源产业的发展贡献了重要力量。

在石墨烯复合管材的研发上，瞿研带领的团队利用先进的氧化还原技术，成功将石墨烯应用于塑料管材制造中，大幅提高了产品的力学性能和耐用性。这项技术的成功应用，不仅提升了管材产品的性能，也为传统材料行业的技术升级提供了新的方向。

瞿研带领的团队对石墨烯领域的杰出贡献，体现了他们对科学研究和技术创新的无限热情和执着追求。作为一位在材料科学领域具有深远影响的科学家，瞿研对技术的探索从未停止。他相信，石墨烯作为一种具有革命性的新材料，其应用领域将不断拓展，将为人类社会的发展带来更多的可能性。他的工作不仅推动了石墨烯从实验室研究到实际应用的转化，也为后续研究者提供了宝贵的经验和启示。未来，瞿研带领的团队将继续在石墨烯及其他先进材料领域探索新的科学奥秘，创造更多科技创新的可能。

五、产业影响与社会贡献

从 2011 年公司成立到 2013 年，瞿研带领的科研团队在短短两年间取得了令人瞩目的成就。他们不仅建立了日产 2 kg 的石墨烯中试生产线，而且于 2013 年建成了全球一流水平的生产 100 t 氧化石墨（烯）/石墨烯粉体生产线，实现了石墨烯的大规模宏量制备和全自动控制。这一生产线的成功运行，标志着我国在石墨烯粉体产业化方面迈出了具有全球意义的一大步。瞿研在此过程中展现出的创新精神和领导能力，极大地推动了石墨烯技术的发展和应用。

在瞿研的带领下，石墨烯粉体的产业化生产不仅极大降低了应用成本，也为石墨烯产品的广泛应用铺平了道路。从电子产品到新能源汽车，从智能材料到环保产品，石墨烯的应用范围被极大拓展，为相关产业的技术革新和升级提供了强有力的支撑。

瞿研所领导的第六元素推出的一系列石墨烯新产品，如防腐涂料、导电涂料、增强型碳纤维羽毛球拍、导热塑料等，不仅展示了公司在石墨烯应用研发方面的强大实力，也预示了石墨烯在多个领域广泛应用的潜力。这些创新产品的成功应用，进一步加速了石墨烯从实验室走向市场的过程，推动了整个产业链的发展。

瞿研凭借深刻的科研见解和卓越的领导力，不仅推动了石墨烯从实验室研究到工业化应用的转变，也为相关产业的发展开辟了新天地。他的工作不仅对科学界做出了巨大贡献，更是促进了社会经济发展。

瞿研所领导的第六元素在石墨烯领域深耕细作，多次在国内外石墨烯创新大会上展示其领先的技术成果和石墨烯的应用前景。在 2016 中国国际石墨烯创新大会上，瞿研团队的成果引起了广泛关注，其中石墨烯智能暖贴的发布为智能可穿戴设备领域提供了创新方向。这不仅体现了公司在石墨烯基础研究和应用研发方面的强大实力，也预示了石墨烯材料在未来科技发展中的重要地位。

瞿研对石墨烯应用的深入研究，特别是在防腐涂料、电子散热材料、新能源电池和复合材料等领域的突破，不仅填补了国内外相关领域的技术空白，还破除了多个领域的技术壁垒。瞿研带领团队开发的石墨烯重防腐涂料，打破了风电涂料市场的国际垄断，具有里程碑意义。他在节目《走近科学——神秘黑金》中介绍并展现了石墨烯材料的独特性能及其在实际应用中的巨大潜力。

瞿研不仅在石墨烯材料的研发与应用上取得了显著成就，还积极推动产学研合作，为石墨烯领域的发展献计献策。2016 年，在广西南宁举办的石墨烯产业技术高峰论坛聚集了国内外石墨烯领域的顶尖专家，他们围绕石墨烯及其应用进行了深入讨论，促进了石墨烯领域的知识分享和技术交流，为第六元素乃至整个行业的未来发展明确了方向。

瞿研多次参与国内外各类展会，如中国国际涂料展览会和中国国际石墨烯创新大会，积极推动石墨烯在防腐涂料、电子散热材料、新能源电池等领域的应用，推动了石墨烯材料的应用，特别是促进了石墨烯重防腐涂料的成功应用和相关标准的制定。

2017年，瞿研带领团队承担了行业标准《石墨烯锌粉涂料》（HG/T 5573—2019）的制定工作，这一标准经工业和信息化部批准，于2019年12月正式发布。这是全球第一个有关石墨烯防腐涂料的标准，为整个行业提供了统一的质量标准，推动了石墨烯防腐涂料的进一步应用与发展。

在电子散热领域，瞿研带领团队攻克了多项关键技术，打破了进口产品的垄断。这些技术成功应用在电子领域并获得了巨大的市场份额。

瞿研带领团队以氧化还原技术为基础，成功将石墨烯应用到塑料管材中，通过精心控制石墨烯的性质，制备了高强度、轻量化的石墨烯管材。这一技术创新解决了传统管材的强度低、壁厚的问题，具有巨大的市场潜力和环保优势。

瞿研在石墨烯领域已经申请了180余项专利（其中发明专利120余项），并获得了90余项授权专利（其中发明专利78项）。他还主导和参与起草了10余项标准，为石墨烯产业的规范发展贡献了重要力量。2021年，瞿研受聘为石墨烯联盟副理事长（图7）。

图7　瞿研受聘为石墨烯联盟副理事长

瞿研在石墨烯领域的持续创新与发挥的领导作用，不仅使其在产业发展中取得了巨大成功，还为我国的科技革命和产业升级做出了卓越贡献。他的研究不仅提高了我国在石墨烯研究领域的国际地位，还为环境保护、新能源和电子产品等领域带来了创新的解决方案，为未来的科技发展和社会进步做出了重要贡献。2019年，瞿研受聘为上海石墨烯产业技术功能型平台产业发展顾问（图8）。

图8　瞿研受聘为上海石墨烯产业技术功能型平台产业发展顾问

2023年11月10日,"创业10年,石墨烯中国梦"庆典活动上,瞿研(图9)等8位坚守创业初心、致力于石墨烯科技成果转化、为推进石墨烯产业化进程做出杰出贡献的企业家荣获"中国石墨烯创业功勋人物"荣誉称号。

图9　瞿研荣获"中国石墨烯创业功勋人物"荣誉称号

六、未来展望

在瞿研过往的职业生涯中,他在半导体技术、石墨烯材料研发,以及智能视频分析等领域取得了显著的成就。他的工作不仅对科技进步有着深远的影响,而且对推动我国在全球高科技产业中的地位提升做出了不可磨灭的贡献。然而,对于瞿研而言,现有的成就只是开始,未来的科技探索和创新之路还远远没有结束。

瞿研对科技的发展趋势有着深刻的见解。半导体技术作为现代科技发展的基石,其重要性不言而喻。瞿研认为,随着物联网、人工智能、5G通信等技术的快速发展,对半导体芯片的需求将更加多样化和精细化。未来,他计划继续深入半导体材料和加工技术的研究,特别是志在纳米技术和量子计算方面寻找突破,以研发具有更高效能、更低功耗的半导体器件。通过不断的技术创新,瞿研希望能够为我国乃至全球半导体产业的发展贡献力量。

瞿研对石墨烯材料的研发和应用充满热情。他相信,石墨烯作为一种具有特性的新材料,未来在新能源、电子产品、生物医药等领域将有更广泛的应用。瞿研计划继续推动石墨烯材料的产业化进程,尤其是在石墨烯基新能源设备和生物医疗器械方面的应用。他期望通过团队的努力,能够解决石墨烯材料大规模生产和应用中的关键技术问题,为社会带来更多创新的产品和解决方案。

瞿研带领的研究团队一直在探索石墨烯在多个领域的应用,致力于将石墨烯的优势转化为实际的产业应用。瞿研始终坚持"以高质量的石墨烯,创碳时代的领导者",不断推动石墨烯技术的创新和进步。他相信,通过科学家的不懈努力和创新,未来石墨烯将在能源存储和电池等领域发挥重要作用,为社会带来更多环保、高效、可持续的解决方案。

面向未来,瞿研不仅关注科技创新本身,更注重科技创新在解决社会问题、提升人类生活质量方面的作用。

　　总之，瞿研和他带领的团队在石墨烯领域的研究和创新为我们描绘了一个充满希望的未来。随着石墨烯技术的不断发展和其应用范围的拓展，我们可以期待看到更多令人惊叹的成果，石墨烯将继续推动新能源、电池、电子产品等的革命性变革，为人类社会的可持续发展贡献更多力量。瞿研和他带领的团队将继续努力，为实现这一愿景而不懈奋斗，用科技造福社会，开创碳时代的新篇章。

甬江奔腾逐"烯"梦

——记中国石墨烯创业功勋人物刘兆平

> **人物介绍**
>
> **刘兆平** 男,中国科学院宁波材料技术与工程研究所研究员、国家石墨烯创新中心主任,入选国家高层次人才特殊支持计划,荣获全国五一劳动奖章,享受国务院政府特殊津贴,获评为中国石墨烯创业功勋人物。他2008年归国之时,就立志开展石墨烯技术攻关,要勇闯新材料领域的"无人区"。他摒弃传统、大胆创新,带领团队率先突破石墨烯微片低成本规模化制备技术和石墨烯薄膜卷对卷规模化制备技术,让中国石墨烯材料制备技术处于世界领先地位。他是中国石墨烯创业先锋,带领团队坚持走"产研合作"之路,践行"把论文写在产品上"的科研价值观,率先建成全球最大的石墨烯材料生产线,培育孵化石墨烯企业十余家,推动石墨烯应用技术落地开花。他勇于攀登、积极开拓,深耕石墨烯技术创新十余载,担负起"让石墨烯走进生活"的光荣使命。他带领团队,不辱使命、历尽艰辛,熬成石墨烯领域的"国家队",助力中国石墨烯产业创新发展。

一、情定终身,山盟海誓

为加快国家和区域创新体系建设,发挥中国科学院作为科技国家队的支撑和引领作用,中国科学院、浙江省人民政府、宁波市人民政府三方领导高瞻远瞩、运筹帷幄,于2004年4月20日共同签署了共建中国科学院宁波材料技术与工程研究所(以下简称宁波材料所)协议书。

由此，实现了在浙江省的科研版图内，中国科学院所属系统研究所"零"的突破，也拉开了宁波材料所建设的序幕。

2005年8月18日，在宁波材料所筹备工作汇报会上，全国人大常委会副委员长、中国科学院院长路甬祥在莅临现场时指出，中国科学院选择在浙江宁波共建材料研究所，是因为浙江省和宁波市是市场经济发育和发展最好的地区之一，也是制造业发育与发展最强的地区之一，而且浙江省委、省政府和宁波市委、市政府对科教兴省和科教兴市、提升自主创新能力非常重视，走在了全国前列。而之所以选择建设材料研究所，则是根据浙江省和宁波市领导的要求，与地方企业不断交换意见、进行调查研究以后得出的基本结论。

路甬祥强调，宁波材料所的建设要放在全国的创新体系中考虑，放在浙江省区域创新体系大局中考虑，少做一些重复性的建设，多做一些有特色的建设，使其真正在国家创新体系、区域创新体系中能够发挥独特的、不可替代的作用，才能够有生命力、竞争力，有大的影响力。

宁波材料所进入筹建的第二年，开始大力招聘和引进海内外高层次人才。2005年10月，时任宁波材料所（筹）党委书记、副所长的严庆到刘兆平所在的日本物质材料研究机构（NIMS），介绍了筹建中的宁波材料所的总体情况及新理念等。

但当时刘兆平回国工作的时机还不成熟，想展翅高飞的他此时羽翼未丰。

2004年在中国科学技术大学获得无机化学博士学位后，刘兆平旋即到日本做博士后，2007年刘兆平又转到纽约州立大学宾汉姆顿大学做博士后，师从华人科学家James Fang教授。

到2007年秋季，刘兆平先后在日本和美国做博士后已经满3年，羽毛渐丰的刘兆平准备回国工作。

"2007年教师节那天，我与我当年的博士生导师、中国科学技术大学钱逸泰院士通电话时，顺便说了我回国的想法，钱先生就对我说，此时归国效力正是大好时机。我有3个选择，第一是回到中国科学技术大学，到他领导的实验室工作，做他的得力助手；第二和第三个选择，是选择两个中国科学院在江苏和浙江新成立的研究所，即中国科学院苏州纳米与纳米仿生研究所和宁波材料所，他说这两个新建的研究所都比较有特色，也比较符合我的科研专长。"刘兆平这样回忆。

刘兆平因两年前严庆到日本招揽人才，而对宁波材料所有了初步了解，所以他毫不犹豫选择到宁波材料所工作。值得一提的是，3年后，钱逸泰院士因推荐刘兆平到宁波材料所工作，成为宁波材料所首届"最佳伯乐奖"获得者。宁波材料所党委书记兼副所长严庆宣读了颁奖词："有伯乐，次有甬之才俊；甬才聚，再有材料所之兴。置'伯乐奖'，以彰社会各界人士倾力荐才之德。授卓著者，以昭其撷英举贤之绩。"

2008年4月中旬，刘兆平回国，到宁波材料所以"团队行动"的人才引进名义，顺利完成了应聘答辩（图1）。

刘兆平对崔平所长直截了当地提出，他入职宁波材料所后，除了研究锂电池，还想做石墨烯的研究，希望崔平所长能够支持他的设想。

崔平说，宁波材料所作为中国科学院在宁波成立的研究所，本来就有把科技转化为生产力的使命，与刘兆平的工作设想完全合拍。她本人虽然对石墨烯不是非常了解，但也同意刘兆平未来组建一支精锐的团队大胆地探索，积极地先行先试。

图1　2008年4月，刘兆平在宁波材料所应聘答辩时留影

于是，2008年9月，刘兆平结束了他在美国的博士后生涯，不舍地告别妻子，毫不犹豫地到宁波材料所报到。

2010年6月，获得博士学位、学业有成的徐丹，结束了和丈夫聚少离多的日子，归国到宁波和刘兆平团聚。

徐丹先是到宁波市江北区发展和改革局工作。2017年9月至2022年3月，她在宁波诺丁汉大学工作，任科研发展办高级主管。2022年过年期间，在刘兆平的多次劝说下，徐丹下定决心与刘兆平并肩作战。2022年4月1日，徐丹满怀热爱和期待，正式加入石墨烯创新中心，成为刘兆平在工作中的一位得力助手。

二、石墨烯情缘，诺贝尔"地气"

2004年10月的某天晚上，刘兆平在日本筑波科学城的实验室读到了美国《科学》杂志上刚发表的一篇十分有趣的关于石墨烯的科学论文，这是一篇足以颠覆人们对物质世界认知的一篇科学论文。

石墨烯源于石墨。石墨是一种结晶形的碳，属六方晶系，为灰黑色、不透明固体。

众所周知，碳是世界上最重要的元素之一，它有着极为独特的材料性质，是地球物质和生命的重要基础。纯碳能以截然不同的形式存在，既可以是坚硬的钻石，也可以是柔软的石墨。

2004年，英国曼彻斯特大学的安德烈·盖姆教授和他的博士后助手康斯坦丁·诺沃肖洛夫一起，用一些再普通不过的胶带，完成了他们神奇的石墨烯"魔术"，在世界权威的《科学》杂志上发表了一篇重磅的科学论文，在世界物理科学界如洪钟大吕，石破天惊。

石墨烯是二维的碳，是人类已知的最轻薄的材料，是一种正为世界物理学特别是材料科学带来许多新发现的神奇"黑金"。

2001—2004年，虽然刘兆平在中国科学技术大学化学系经过3年的寒窗苦读，获得了理学博士学位，但姑且不说对石墨烯的研究刘兆平闻所未闻，甚至连"石墨烯"英文单词（graphene），他也觉得有些陌生。

反复阅读和琢磨《科学》杂志的原文，不时进行一些相关资料的检索，在这个秋风送爽的夜晚，刘兆平不禁浮想联翩。

刘兆平想：石墨烯从石墨中制取，而且包含烯类物质的基本特征——碳原子之间的双键，所以才称为石墨烯。实际上石墨烯本来就存在于自然界，只是难以剥离出单层结构。既然石墨烯一层层叠起来就是石墨，厚度为1 mm的石墨，大约包含300万层石墨烯吧？那么，石墨烯在层与层之间就附着得很松散，容易滑动，使得石墨非常软，极容易剥落。就像铅笔在纸上轻轻地划过，可能就有一层甚至几层石墨烯。

刘兆平在从实验室回公寓的路上，边走边想：虽然英国两位科学家在《科学》杂志所发表的论文无疑是石墨烯研究的划时代重大文献，但似乎也需要锦上添花，自己在日本的博士后研究工作能否就此围绕石墨烯开展呢？

在经过几天的反复思忖后，刘兆平找到实验室负责人、自己的博士后导师佐佐木高义，陈述了自己想结合原定氧化物纳米片化学剥离研究，借鉴刚在《科学》杂志发表的权威论文，做石墨烯纳米片化学剥离研究的设想。

佐佐木先生当即给刘兆平泼了一盆冷水："我们实验室只研究层状氧化物材料，我们日本科学家做科研是非常聚焦的，搞科研千万不要跟风，你还是做好你的本职工作吧！"

刘兆平说服导师无果，只能把对石墨烯的研究兴趣暂时埋藏在心里。

日本的研究工作结束后，刘兆平又于2007年年初奔赴纽约州立大学宾汉顿分校化学系做博士后，其间他也曾试图委婉地向美国的导师提出开展石墨烯研究的想法，但导师做出的课题安排以及当时实验室的条件，显然让刘兆平不得不打消这一念头。

2010年10月5日，瑞典皇家科学院在瑞典宣布，将2010年度的诺贝尔物理学奖授予英国曼彻斯特大学的科学家安德烈·盖姆和康斯坦丁·诺沃肖洛夫，以表彰他们几年来在石墨烯材料方面的卓越研究。

2010年诺贝尔物理学奖所明确指向的是碳材料的另一张奇妙脸孔，也是对石墨烯未来应用的一个深层次解读。

早在20世纪40年代，科学家就对类似石墨烯的结构进行过一些理论研究，但在此后很长的一段时间里，制取单层石墨烯的努力一直没有成功，有许多人认为像石墨烯这样的二维材料不太可能在常温下稳定存在。1960年，1954年诺贝尔化学奖得主莱纳斯·卡尔·鲍林曾质疑过石墨烯的导电性。1966年，美国著名物理学家David Mermin和Herbert Wagner指出表面起伏会破坏二维晶体的长程有序。对大多数科研人员而言，世界学术权威质疑了的研究意味着基本再无出头之日，这也意味着真心真意搞科研，的确要在"冷板凳"上坐一坐，有时甚至需要数十年的"寂寞"。

两位敢于挑战权威的"勇士"，用胶带从石墨上粘下薄片，反复粘上许多次之后，薄片就变得越来越薄，最终幸运地获得了一些单层薄片，这就是石墨烯。

这个看上去非常简单、貌似一点也不"高大上"的石墨烯制备方法，实际上并不是他们两位的首创，在此之前就曾经有别的科学家试过，但没能辨识出单层石墨烯。

安德烈·盖姆和康斯坦丁·诺沃肖洛夫在探索实验中，把剥离下来的石墨薄片放置在石英基板上，利用光的干涉效应，使石墨薄片在显微镜下呈现彩色的条纹，就像油膜在水面上产生的效果。

利用这种效应，他们观察到了单层石墨烯。这样的科学发现带来了技术上的重大突破，世间第一种二维的单原子层晶体材料正式出现。在此之后的若干年，人们又举一反三，制备出其他二维材料，如氮化硼、二硫化钼、二硫化钨的二维晶体。

石墨烯特性的发现，对物理学基础研究有着特殊意义，它使一些此前只能纸上谈兵的量子效应，可以通过实验来反复验证。但更令诸多科学家和企业家感兴趣的是石墨烯那许多"极端"性质的应用前景。

石墨烯既是最薄的材料，也是最强韧的材料，其强度比性能最好的钢材还要高出上百倍。同时它又有很好的弹性，其拉伸幅度能达到自身尺寸的20%。

举一个浅显的例子：用一块面积为 $1\ m^2$ 的石墨烯材料做成的吊床，可以承受一只猫咪的重量，但吊床本身的重量却不足 $1\ mg$，只相当于猫咪一根纤细的胡须。

而且，石墨烯的导电性能比铜更好，其导热性远超一切其他材料。它几乎完全透明，只吸收2.3%的光。另外，它的结构致密，即使是氦原子——最小的气体原子也无法将其穿透。

刘兆平知道，凭借石墨烯以上这些科学发现的基础，还可以研制出薄而轻、拉伸性能良好、超强韧的新型材料，可用于制造汽车、飞机和卫星。由于具备完美的结构，石墨烯还能用于制造超灵敏的感应器，即使是最轻微的空气等污染，它也能够明察秋毫。

回顾诺贝尔物理学奖最近10年的评奖和获奖规律，刘兆平发现，诺贝尔奖已和技术应用挂钩，乃至于接了产品及商品开发的"地气"。而它之所以能够很好地接上"地气"，是因为重大科学发现的十足"底气"。

当时，已然回国工作两年的刘兆平，似乎与远在万里之外的两位折桂者有强烈的心灵感应，他为两位著名科学家获得诺贝尔物理学奖的消息而高兴，乃至于相当兴奋,就像 2004 年 10 月他刚看到著名《科学》杂志上的那篇石墨烯论文那样兴奋。

刘兆平在短暂的兴奋过后,联想到自己和团队所走的石墨烯研究之路,不由地感到了几分沉重的压力。

刘兆平思考:要让石墨烯接上"地气",首先必须突破石墨烯的低成本规模化制备技术难题,让石墨烯材料便宜可得,并尽快应用到锂电池和生活用品中。

刘兆平坚定了信念,要加快推进石墨烯的化学剥离制备技术研发,并决定着手建设批次 10 kg 级石墨烯材料中试线。刘兆平想做石墨烯世界第一个"吃螃蟹"的人。

三、平添"左膀",勇闯"烯"涯

物理学家认为,利用石墨烯制造晶体管,有可能最终替代现有的硅材料,成为未来超高速计算机的基础。晶体管的尺寸越小,其性能越好。硅材料在 10 nm 的尺度上已开始不稳定,而石墨烯可以将晶体管尺寸极限向下拓展到几个原子大小。安德烈·盖姆和康斯坦丁·诺沃肖洛夫联手,已于 2008 年制造出了 1 个碳原子厚、10 个碳原子宽的晶体管。

石墨烯在工业界几乎无所不在,它还可以用于制造透明的触摸显示屏、发光板和太阳能电池板。在塑料里掺入 1% 的石墨烯,就能使塑料具备良好的导电性;加 1‰ 的石墨烯,能使塑料的抗热性能提高 30℃。在此基础上可以研制出薄、轻、拉伸性好和超强韧新型材料,用于制造汽车、飞机和卫星。

周旭峰 2008 年从复旦大学博士毕业,因为他是宁波人,所以希望毕业后能够到宁波的科研院所工作。2007 年夏天,他在假期时到宁波材料所去看望在那里上班的一位同学,实际上他是"明修栈道",争取第二年"暗度陈仓",到刚刚乔迁到中官西路新园区的宁波材料所"踩点"。

周旭峰对宁波材料所"踩点"后的总体印象是,所在地的庄市基本上就是无人问津的农村,而研究所内部的环境却极好,科研大楼也是全新的,科研设备条件甚至比他就读的复旦大学还要好许多。

宁波没有特别多的高校科研资源,过去只有一所宁波大学。周旭峰入职宁波材料所做科研,可谓恰得其所。

刘兆平 2008 年 9 月 22 日刚到宁波材料所,随后就约了周旭峰面谈,他俩一见如故。

此前周旭峰并不知道石墨烯,他在复旦大学读博士时研究的是介孔材料。

刘兆平知人善任,先安排周旭峰对石墨烯做文献调研。

石墨烯是 2004 年被发现的,2008 年时并不像现在这样炙手可热,国际上发表的相关论文不多，国内只有寥寥数十篇研究论文，人们对石墨烯的关注度没有那么高。

那时，国际上只有寥寥几篇关于石墨烯制备的学术论文，诺贝尔物理学奖获得者的制备方法是拿胶带去撕石墨，显然产率极低，化学研究者肯定不会考虑这种方法。所以刘兆平和周旭峰研究的第一步就是考虑怎么制备几克、几十克石墨烯。

大家群策全力，在刘兆平的带领下，汇总所有调研结果，制订研究思路和方案。

当时普遍采用的石墨烯制备方法就是氧化还原方法，这个方法在原理上很简单，但是从实际效果来看，由于通常使用的超声手段能量很强，很容易使石墨烯破碎，因此所制备的石墨烯材料质量并不高，尤其是它的片径很小。当时他们提出一个思路，那就是采用更为温和的振荡剥离方法替代超声手段——这是刘兆平在日本做博士后时惯常采用的层状材料剥离方法，以此获得大片径和尺寸可控的石墨烯，提高石墨烯薄片的质量。

在开展石墨烯研究的同时，刘兆平还开展了动力锂电池纳米磷酸铁锂正极材料的研究，且打算用石墨烯对纳米磷酸铁锂材料进行包覆改性，以获得更高性能的磷酸铁锂正极材料。刘兆平当时敏锐地意识到，石墨烯复合磷酸铁锂产业化技术成功与否，很大程度上取决于石墨烯是否便宜而且易得，这使得团队下决心要创新石墨烯低成本规模化制备技术。

当时，他们在石墨烯制备研究上采用了传统的Hummers法，即先把石墨氧化，然后剥离成氧化石墨烯，再经还原则获得石墨烯。尽管解决了大尺寸单层石墨烯的制备难题，但他们发现，这条技术路线具有难于产业化的缺陷——制备效率低和废水处理难。

因此，刘兆平鼓励当时负责石墨烯制备研究的周旭峰博士，希望他抓紧探索新的制备方法，目标瞄准低成本规模化制备技术，争取在磷酸铁锂中试实验过程中持续稳定提供石墨烯原料。

功夫不负有心人，周旭峰博士等经过多次失败后，终于惊喜地发现，采用新的化学剥离方法，可以轻松获得石墨烯微片，但片层厚度达5 nm。刘兆平认为他们努力的方向是对的，鼓励他们将片层厚度控制在3 nm以下。

经过一段时间的研究，团队找到了更好的制备方法，所制备的多层石墨烯薄片厚度仅为2~3 nm，平均层数10层以下，且该制备方法可随意调整，百克级石墨烯转眼即可加以提供。至此，一种多层石墨烯的低成本规模化制备技术基本确立。

随后，他们申请了技术专利，以保护他们的石墨烯制备技术。

刘兆平决定建立一个石墨烯的公斤级小试线，看看该制备方法是否真的具有低成本规模化的潜质。他们根据经验，按照想象，设计搭建了一套半连续的小试线。令人欣慰的是，小试线不仅能轻松制备出千克级石墨烯材料，而且石墨烯的品质比用烧杯做更高。

2010年12月31日，在宁波材料所的网页上，他们发布了"石墨烯规模化制备技术中取得突破性进展"的内容,立即引起广泛转载和热议。

2011年春节后,刘兆平召开了一个团队内部的紧急讨论会,打算建立石墨烯的吨级中试制备实验线。当时,团队许多人认为建立中试线的意义不大,而且没有足够的科研经费和实验室的支撑。

刘兆平的看法则和他们大相径庭,他认为中试线的意义极大。只有建好了中试线,石墨烯制备技术才有可能被投资者看中,才有可能快速实现产业化。至于科研经费和实验室都好办,钱可以借,场地可以租。经过充分和反复的讨论,终于团队内部达成一致意见,努力建立中试线。

2011年7月中旬,刘兆平正式对外界宣布,石墨烯吨级中试线建成(图2)。接下来,是持续的中试实验,石墨烯攻关小组拿出了十足的韧劲和拼搏精神,不断改进和完善制备工艺。

同时,团队的锂电池小组也不断试用中试出来的石墨烯产品,探索出了其在锂电池中作为导电添加剂的可行性和先进性。

2011年9月,"石墨烯产业化技术项目"获得中国科技创业计划大赛最高奖——海外人才创业一等奖。在颁奖仪式上多家媒体云集,翌日,多家报纸和网站纷纷报道了石墨烯产业化技术项目获奖的消息,把刘兆平的团队及其石墨烯产业化项目推向了公众的视野。

经过近10年的努力,宁波材料所果然不负众望,成为我国石墨烯行业关键共性技术的策源地,也义不容辞地扛起中国石墨烯产业技术"策源地"大旗,特别是成功牵头组建国家石墨烯创新中心以后,更是在中国业界起到了引领和示范作用,就连后来诺贝尔物理学奖获得者之一的康斯坦丁·诺沃肖洛夫到石墨烯创新中心考察交流时,也禁不住为他们的技术创新喝彩。

面向需求,集智攻关。刘兆平作为博士生导师,入选国家高层次人才特殊支持计划,荣获全国五一劳动奖章,享受国务院政府特殊津贴。

刘兆平的主要研究方向为石墨烯和锂电池,已经先后在国际权威的 Nature Energy、Nature、Communications 杂志,以及其他一些著名的学术期刊上发表论文300余篇,获得他人引用1万余次,连续多年入选爱思唯尔"中国高被引学者"榜单。

但刘兆平始终认

图2 2011年7月12日,时任中国科学院副院长施尔畏、时任中国科学院沈阳分院院长包信和为刚建成的石墨烯中试线揭牌

为：发论文不是我们的终极目的，我们的终极目的是成为中国石墨烯行业关键共性技术的策源地、辐射地、集散地，并让石墨烯走进生活。

刘兆平及其团队获授权发明专利400余项（其中PCT专利30余项），实现了石墨烯粉体、石墨烯薄膜、新一代动力锂电池材料等多项材料技术成果的转移转化。

目前，国家石墨烯创新中心已突破石墨烯微片的高效分散、稳定的水性浆料制备、石墨烯浆料快速印刷及涂布等多个关键共性技术，累计支持了20余项石墨烯应用研发项目，石墨烯电热产品还广泛应用于可穿戴理疗、家居取暖器、工业加热等领域。

石墨烯在电子信息、新材料、新能源、生物医药等领域具有广阔、巨大的应用前景，正成为全球新技术新产业革命的焦点。

目前，全球已有80多个国家投入石墨烯技术的研究，美、英、韩、日等发达国家更将石墨烯研究提升至国家战略高度。在此背景下，我国各部委也相继出台多项政策，明确了石墨烯产业发展要求。

根据不久之前石墨烯联盟专利委员会所发布的报告，全球石墨烯受理专利量58%来自中国。从重要专利申请人国别看，申请数量不少于60件的共有76个申请人，其中8个来自美国、3个来自日本、16个来自韩国，而来自中国的达49个，处于遥遥领先地位。

石墨烯联盟理事长李义春认为，我国石墨烯技术专利数量虽多，但基本都是以国内申请为主，专利质量总体不高，基础核心专利数量较少，同时还存在公开过早、布局欠缺等问题。

刘兆平对此洞若观火，深感重任在肩；周旭峰对此也牢记心头，作为国家石墨烯创新中心的副主任，周旭峰和大家一起努力奋斗，协力攻关一项项关键共性技术。

四、兴国调查，甬江"烯"成

籍贯江西省兴国县的刘兆平，从小就知道毛泽东同志当年在中央苏区的时候，曾找了兴国县永丰区8个农民做过著名的兴国调查，整理并写下了《兴国调查》这篇光辉著作。

刘兆平出生在兴国县的一位烈士家庭，从小就受到红色文化的熏陶。刘兆平的爷爷刘显昆，1921年出生在兴国县鼎龙乡水头庄，那是一个崇山峻岭中的偏僻山村。

1931年9月20日，毛泽东、朱德、彭德怀等领导的红一方面军总部，在水头庄召开第三次反"围剿"战争胜利祝捷大会暨黄公略军长追悼大会，当时已参加红军的曾祖父刘时曰随部队回到村庄参会，年仅10岁的刘显昆溜进人群，好奇地注视着父亲和红军战士们，并且目睹了毛泽东既慷慨激昂又悲痛欲绝的演讲。

没过几天，刘时曰随同红三军团前往福建，后来不幸在长征途中牺牲，留下了两个未成年的孩子。那时，刘兆平的爷爷刘显昆才13岁，只好带着年仅6岁的弟弟，靠给地主家放牛为生。

现如今,刘兆平也做起了"兴国调查",带领自己的团队到相关企业去调查,到政府部门去调查,后期也到家乡兴国县去调查。

当时的调查分两个方面,一方面是查找石墨烯的原始文献,包括了解石墨烯是什么、为什么它是好的材料;另一方面是了解石墨烯是怎么做出来的。

2008年,国内几乎没有与石墨烯相关的研究论文,国外的石墨烯研究论文也非常少,所以当时的主要工作就是研究石墨烯是如何制备的,应用研究才刚刚起步,处于应用探索阶段。

在刘兆平的带领下,大家汇总所有调研的结果,并进行了几番认真的讨论,梳理出研究思路或研究方案。首先,要在实验室里把石墨烯制备出来;然后,要在实验结果能够重复的基础上,改进石墨烯的制备方法,从而制备出高质量、低成本的石墨烯。

刘兆平和周旭峰等团队成员,经过几次详细的商讨,提出了一个主要的石墨烯研究目标,作为切入点。

制备原理比较简单,国外都用超声破碎的办法,但超声波的破坏力很强,因此刘兆平的团队选择用振荡的方法,也就不需要依赖那些太先进当然也太昂贵的设备。然后,他们就买来了一台价格便宜的振荡机。

那一台简陋的振荡机,至今还存放在实验室里,这是对15年前的一个科研实物的纪念。经过两个月的实验,基本达到了刘兆平和周旭峰预想中的目的,做出了大尺寸的单层石墨烯。

当时刘兆平他们做的是氧化石墨烯,最后还原出来石墨烯,那可能是当时国际上通过化学剥离法制备的最大尺寸的单层石墨烯。传统方法可能只能做出十几微米的,他们则可以做到百微米级,有些石墨烯的尺寸甚至达 $200\,\mu m$ 以上。2009年上半年的工作仍以基础研究为主。

2009年10月,以制备大尺寸单层石墨烯的研究工作为案例,他们撰写了第一篇学术论文,按照发表论文署名的惯例,周旭峰是文章的第一作者。作为论文的通讯作者,刘兆平把论文做了重要的修改,并先后投给了好几个国际学术期刊,后来终于在英国皇家化学会旗下的 *Chemical Communications* 上发表。

2009年,刘兆平已经萌生了做产业化的意识和想法。产业化的意识来源于什么?来源于同步开展的磷酸铁锂正极材料研究,当时周旭峰用石墨烯与磷酸铁锂相复合,制备出性能优异的磷酸铁锂正极材料。因为石墨烯当时还只是一个概念,它暂时还不存在产业和产业化之说,但此时锂电池产业已经存在,所以刘兆平就想把石墨烯复合磷酸铁锂正极材料往产业化方面做,有意招聘了在电池企业工作过的两三位员工,想更好地往锂电池材料的研发和产业化方向发展。

在频繁的企业调研过程中,刘兆平逐渐与当地的诸多企业建立了良好的合作关系。例如,他和当时宁波维科电池有限公司的总经理和总工程师成了推心置腹的好朋友,还多次亲自带领员工和研究生去宁波维科电池有限公司驻厂实习,实习时间短则一星期，长则半个月。最起码要住在工厂里一个星期，跟着工人上下班，到生产第一线具体操作机器设备。

2009年和2010年，每五六个或者七八个人员，既包括工程师和科研助理，也包括与之相关的研究生，都去工厂实习和工作，由刘兆平亲自带队，就借住在公司的宿舍里，他们所干的活就是生产线上工人所干的活。

刘兆平强调了大家到工厂实习的重要性，他认为这就是团队的"兴国调查"，他对员工宣讲毛泽东的《兴国调查》，有时也动情地和大家讲起家乡兴国县的红色革命故事。

2009年，最初周旭峰做石墨烯的实验，是基于实验室里有什么装置就做什么，但是要做产业化，1 g或者10 g石墨烯的制备显然远远不够，所以当时周旭峰在刘兆平的建议下，着手设计一个批次百克量级的设备。

这就涉及专用制备设备的搭建，因为这个事情从来没人做过，没有现成的样本和依据。实验原理走得通，实验室的设备如何变成一个能够做成百克量级甚至几千克石墨烯的设备，就得大家都花心思去想。

刘兆平和周旭峰等几位科研骨干讨论了很久，初步计划在实验室搭一个小试的装备，也是最为核心的装备，周旭峰等建成装备之后，采用了剥离的工艺将石墨烯一片一片地剥离开。

当时他们采用的是超声工艺，使用的设备就是实验室里诸如烧杯等一些装备。他们因地制宜，因陋就简，脚踏实地，稳扎稳打。

2010年有一位新入学的研究生名叫秦志鸿，现在已经是刘兆平团队的科研骨干，也是石墨烯技术研发的核心人员。他最初是读宁波材料所的研究生，刘兆平便安排他跟着周旭峰实习，其中一个重要的研究方向就是石墨烯的制备。刘兆平希望他能够在周旭峰的研究的基础上，改进制备石墨烯的方法，并不断优化和精进，解决传统制备方法所存在的不足。

2011年的一天，秦志鸿高兴地对周旭峰说，他在实验室看到了点苗头，于是他不停地试配方，期待创造一个全新的方法。

实际上也是一个化学方法，也就是插层膨胀剥离的方法，即把石墨膨胀开来的一种方法。

其中的一个配方，是秦志鸿在无意中发现的，它膨胀的效果特别好，烧杯里面那一点点的原料反应完毕，之后就占满了整个烧杯，这意味着从大概率来说，这是一个制备高质量石墨烯的非常好的方法。这就是刘兆平最想要的、适合于锂电池中应用的低缺陷高导电石墨烯材料。

当时这种方法还没有任何文献报道，业界也没有任何人做过类似的学术报告，所以刘兆平及其团队都很兴奋，觉得找到了一条全新的制备更高质量石墨烯的技术路线。2010年12月，在刘兆平的指导下，周旭峰和秦志鸿首次实现百克级石墨的插层剥离如图3所示。

图 3　2010 年 12 月，在刘兆平的指导下，周旭峰和秦志鸿首次实现百克级石墨的插层剥离

刘兆平回忆说："最初多少有一点自我陶醉，似乎看到了将来一篇接着一篇的论文发表。这种科研工作的模式就是做实验、写文章，冲击顶级学术期刊，然后试图用几篇高影响力的论文，去'换取'科研基金和项目，周而复始。"

后来刘兆平才体会到：要想在石墨烯和锂电池领域取得成绩和打造影响力，必须基础和应用"两手抓"，既要重视高水平论文发表和专利申请，还要实施关键技术突破，为产业化提供可靠的工艺技术解决方案。

另外，宁波材料所是一个偏向于工程技术的研究所，如果只是做一些基础研究工作、发表几篇论文、申请几个专利，而不形成产业化技术，是无法为经济社会发展提供快速而直接的价值的。因此，刘兆平带领的团队意识到必须转变工作模式，将工作重心从一般性的基础研究转移到产业化技术研发上来，才能在这个新建的研究所里形成团队的特色和优势，才能尽快为宁波材料所的发展和浙江省区域经济的发展做出贡献。

刘兆平回国不久，就听到宁波材料所领导们多次提及"九个转变"。

刘兆平对"九个转变"感受最深的是，中国科学院鼓励和要求知识创新的科研骨干，能够组织或融入一支科技创新团队，面向国家重大战略需求和基础前沿研究等，做出具有原始性创新的实际贡献，而且是能够经受住实践和历史的检验的科研成绩，与此同时，还要特别注重成果的转移转化。

受到"九个转变"思想的鼓舞和鞭策，刘兆平带领的团队更加倾向于这样工作：从基础前沿研究出发，找出技术创新的突破点，实施中试放大研究，形成比较完整的技术方案，把技术成果转移出去，接受市场的检验和洗礼。

经过刘兆平多年持之以恒的"兴国调查"，2017 年组建的浙江省石墨烯创新中心，聚焦突破技术成熟度 4～7 级的石墨烯产业的关键共性技术和基础前沿技术，通过融合各种创新要素，实现技术转移扩散和首次商业化。

应兴国县领导的诚挚邀请，刘兆平于 2023 年的年底，在兴国县城投资建设了一个石墨烯科技馆。这个兴国石墨烯科技馆，是全国首家县域石墨烯科普教育主题科技馆，馆内充分融合科普教育、体验展销、投资促进等多种功能，致力于"让科普贴近公众，让科技馆服务公众，让公众爱上科技馆"，旨在成为推动兴国县纺织服装等传统产业的创新发展，助力科学普及和石墨烯产品推广的一个重要平台。

五、波峰浪谷，贵在坚持

"贵在处于逆境之中的坚持"是宁波材料所原所长崔平对刘兆平的一以贯之的评价，也是最准确和贴切的评价。

2008年，国内对石墨烯的研究刚起步，可谓方兴未艾，刘兆平就已经开始努力探索，希望用自己设想的办法制备出石墨烯。他和他的得力助手周旭峰博士，几乎整整一年都坚守在实验室里，就像红军长征不怕远征难，用烧杯等器皿一点点试验，进行着貌似枯燥无味的基础研究。

功夫不负有心人。2010年，刘兆平带领团队尝试的"插层剥离法"，已经能快速制备出公斤量级的石墨烯。

要真正在实际应用中使用石墨烯，吨级规模的石墨烯制备能力必不可少，"插层剥离法"究竟行不行？刘兆平不仅敢想而且也敢干，要建一条中试线来试试身手。

自己手头的科研经费实在有限，刘兆平只能硬着头皮，向时任宁波材料所所长的崔平开口说："崔所长，我想向研究所借200万元，以解目前试验中经费严重短缺的燃眉之急。"

崔平所长知人善任，当即应允了刘兆平的请求。资金一到位，刘兆平就和周旭峰立即寻租厂房、设计中试线和采购设备。

当时，刘兆平的团队吸收了七八名博士、硕士和操作工人，大家齐心协力，简易的中试线便很快搭建起来。2011年7月，刘兆平和周旭峰在石墨烯中试车间讨论工艺优化方案如图4所示。

插层剥离法需要用浓硫酸作为插层剂分离石墨烯，中试实验需要人工把上百千克的浓硫酸注入2 m高的反应釜里。浓硫酸对人体的腐蚀性危害不言而喻，但周旭峰和另一位科研人员二话不说，只穿了一件简单的防护服，就扛起20 kg重的硫酸桶往高处爬，往反应釜里倒进浓硫酸，便动手开始了实验。

"现在想来还是有一些危险，但当时我们真的没想那么多，注意力都在实验上了。"现在担任国家石墨烯创新中心副主任的周旭峰，回忆起当初自己勇敢"吃螃蟹"的情景，流露出了些许激动的神情。

经过艰难的反复中试，采用小试尝试成功的插层剥离法，他们顺利产出近吨级的石墨烯，团队的研究终于获得了成功。

"中试一旦失败，我向研究所借的200万元就得'打水漂'，我以后就无法见崔平所长，无法见研究所的'江东父老'，现在想起来我还有点后怕。那毕竟是我们石墨烯研究刚刚'开张'之时，第一次硬生生砸进去的启动经费，在当时无异于是一笔巨款呀！"刘兆平现在回想起来，仍然心有余悸。

图 4　2011 年 7 月，刘兆平和周旭峰在石墨烯中试车间讨论工艺优化方案

2012 年春节过后，上海一家颇有经济实力并且寻求转型发展的房地产企业，得知刘兆平团队掌握了石墨烯的产业化制备技术，有意出资 2 亿元寻求技术转让，其"攻关"可谓用心良苦。身在宁波的刘兆平，似乎被推到了钱塘潮的风口浪尖。

2012 年 4 月，宁波材料所以及作为科研团队代表的刘兆平与那位上海房地产开发商在宁波签署了产业化合作的协议。宁波材料所石墨烯产业化项目的这次签约，合同金额超过了 2 亿元。

仅此一项石墨烯的关键技术，就给宁波材料所带来了上百倍的回报。经过对石墨烯的基础研究和产业化的初步进程，刘兆平的团队占据了我国石墨烯产业化的先发优势，也很快被推上了舆论的风口浪尖，但此时他们的石墨烯研究及其产业化进程仍然险象丛生。

刘兆平认为，回望过去 10 年，我国石墨烯无论是技术还是具体的产品，都有一些混沌虚假和过度炒作的成分，或者掩耳盗铃，或者指鹿为马，以至于掩盖了石墨烯的真实内涵。石墨烯走在"去伪存真"的路上，可谓任重道远。

实际上，石墨烯产业的健康发展受到三方面影响：一是石墨烯材料产业化制备技术的发展，二是石墨烯材料产业化应用技术的发展，三是石墨烯商业化的各方面因素。过去几年，第三个方面的影响显然更大，而第一和第二方面所应该发挥的作用却比较小。

在 2010 年诺贝尔物理学奖花落石墨烯后，资本市场的石墨烯投资热，曾一度导致整个产业出现过度炒作、不正常的恶性发展。业界普遍出现资本"说了算"的现象，对石墨烯真假的评判和新技术的认定，已不是学界和行业在"操盘"。

"产业一旦被炒作资本绑架，就会变得无所适从。"刘兆平一吐胸中的块垒："风险资本与科技创新本应协同，但资本炒作变成一种对科技新概念的'绑架'，肯定不利于真正的科技创新。"

显然，"产学研用资"如何协同创新、联动发展，是政府部门始终需要考虑的问题，尤其是要发挥"资"的正确作用，让石墨烯技术与产业真正有效衔接。同时，政府部门、企业、科研机构一定要抱着"去伪存真"的态度，不要鼓励虚假的"泡沫"和急功近利的心态。政府领导与行业领袖还应共同努力推进我国石墨烯的有关技术标准的制定。

刘兆平从以前的纳米材料研究到后来的石墨烯和锂电池的跨界转型，从早期的基础研究到后来科技成果产业化的跨界发展，面对了无数的困难与问题，承受了许多质疑与冷落，甚至是嘲讽。

然而，刘兆平在坚持与努力中不断勇敢前行，经过中试放大实验和全面的测试评估后，他不断向外界展示团队的技术，与投资者进行充分交流，推动了石墨烯相关技术的转移转化和产业化进程。

俗话说"水滴石穿"，石墨烯这个"石"亦可"穿"。毕竟，有志者，事竟成！

回国伊始，作为一位普通研究员的刘兆平并未意识到，自己探索的新方向竟然与后来几年国家的顶层设计不谋而合，当然，他也没想到在自己前进的路上并非一马平川，而是千岩万壑。

2015年，《中国制造2025》战略规划发布，作为制造强国战略五大工程之首——国家制造业创新中心的建设，被摆在了非常重要的位置。当时在北京出席相关会议的崔平所长立即给刘兆平打电话，向刘兆平下达了新的使命和任务：要争创国家石墨烯创新中心。

接到崔平所长的电话指令之后，刘兆平带领周旭峰等，很快专门拜会了相关的各级领导、专家，听取他们的意见和建议，着手编制石墨烯创新中心的创建方案。

事实上，制造业创新中心与以往的研究机构迥然不同，其公司化运作的方式，意味着制造业创新中心既要投入研发、产出成果，还要自负盈亏、形成自我造血功能，做到可持续的健康发展。这份压力无疑是前所未有的。

刘兆平让周旭峰具体"操刀"，撰写创建石墨烯创新中心的方案。在周旭峰的电脑里，迄今还存储着自2015年以来不断更改的石墨烯创新中心创建方案，有200份之多。

周旭峰回忆说："当时谁也不清楚该怎么创建制造业创新中心，我们只能汇集各方智慧，不断地加以完善。"

一路紧锣密鼓，2017年12月，浙江省石墨烯创新中心应运而生，在当时的宁波新材料初创产业园落地，并成立了运行的公司实体。

当时，团队虽然已经谈妥了十余个投资合作方，融资额达6 500万元，但是只有镇海区海江公司等几个股东单位的3 000万元投资款如期到账，其他一些计划合作的股东单位却迟迟没有实缴注册金。

因为研发和运行工作需要同步开展，石墨烯创新中心的人数曾一度激增到百余人。仅有大约3 000万元的注册资金，已经不足以支撑起石墨烯创新中心正在推进的十几个研发项目。在2018年争创石墨烯领域国家制造业创新中心失败后，刘兆平陷入了极大的焦虑之中，他预计石墨烯创新中心的剩余资金只能支撑到2019年上半年。

2019年7月，石墨烯创新中心真的就要"断粮"了。刘兆平在确认几个发起股东的3 500万元投资款到位无望后，四处求"财"无果近乎绝望的他，忐忑地跟一位企业做得不错的老同学谈起了当前的困难,这位老同学二话不说,很快就借给他100万元。石墨烯创新中心研发人员这个月的工资总算有着落了!

刘兆平的这位高中同学到宁波的石墨烯创新中心参观,看到这么多有前景的研发项目后,他毅然决定向石墨烯创新中心投资500万元,让刘兆平渡过难关。这位高中同学就是上海联锴新材料有限公司的董事长宁海金。

"2008年兆平回国工作时,是我和另外一位同学一起,从上海把他送到宁波材料所报到的,10年间我见证了兆平的艰辛努力和快速发展。当时兆平和他领导的团队正在尽心尽力地推动着石墨烯的技术创新,他遇到了困难,我肯定要帮,正好我当时也准备开发石墨烯在化妆品等领域的新应用。"宁海金一边说,一边流露出对刘兆平的无比佩服和赞赏。

"如果没有那100万元的借款和500万元的投资款,当年石墨烯创新中心就得关门了,我真的十分感谢和感激老同学对我的无比信任和无私支持,我还要代表石墨烯创新中心全体人员感谢他。"刘兆平坦诚地说。

老同学宁海金的500万元投资款终究还是杯水车薪,石墨烯创新中心苦苦支撑到2020年的年初,刘兆平只能壮士断腕,果断停止了许多个研发项目。同时,对团队进行适度的裁员,还有一些人员看到石墨烯创新中心连工资都快发不出来了,就自行选择了辞职。石墨烯创新中心人员只剩下全盛时期的80%,难能可贵的是留下来的人员大多表示了患难与共、共渡难关的决心,自觉降薪20%。"那时,我们孵化的几个项目公司也同时陷入了资金短缺的困境,而我在宁波材料所的实验室也因多个项目申报失利而导致科研经费短缺,于是,各种冷嘲热讽不绝于耳,各种无形的压力扑面而来,可谓四面楚歌,我感到非常绝望和无助,几度怀疑自己已经进入了无法解脱的科研囧途,甚至真的产生过放弃的念头。但每当我想到崔平所长当初的嘱托,以及看到石墨烯创新中心那些坚守阵地的同志们的时候,我又咬紧了牙关继续扛下去,我觉得我们的事业绝对不能失败。"刘兆平终于还是把他最不堪回首的这段经历说了出来。

刘兆平说,那时候的心境,像极了鲁迅在《自嘲》中的诗句:"运交华盖欲何求,未敢翻身已碰头。破帽遮颜过闹市,漏船载酒泛中流。"

刘兆平还说,那时候,他常常用一段话来勉励自己,同时给团队加油鼓劲:任何团队的核心骨干,都必须学会在没有鼓励、没有认可、没有帮助、没有理解、没有宽容、没有退路,只有压力的情况下,一起和团队获得胜利。成功,只有一个定义,就是要对结果负责。

在那段艰难的日子里,刘兆平常常告诉自己,也告诉他的团队:"必须以十足的信心和意志,走出科技创新的'死亡之谷'!"

从缺钱到更加缺钱,从绝望到再次绝望,石墨烯创新中心就这样苦苦撑了3年。不畏浮云遮望眼,守得云开见月明! 2021年的初春,正在积极布局科创赛道的宁波东部新城开发投资集团有限公司看中了石墨烯的前景,经过近半年的密切交流和尽快论证,这家从事房地产的宁波市国有企业决定向石墨烯创新中心注资3 000万元入股,为宁波争创国家石墨烯创新中心注入了新动力。

虽然石墨烯创新中心最艰难的阶段总算是过去了，但刘兆平意识到，必须进一步汇聚全国石墨烯领域的主要创新资源，才能夯实创建国家石墨烯创新中心的基础。接近2021年年底，刘兆平基于自身在石墨烯行业的影响力，联合了石墨烯联盟，向全国主要的石墨烯企业发出了参与共建国家石墨烯创新中心的邀请，一时之间，有二十几家石墨烯企业纷纷同意出资，入股宁波石墨烯创新中心有限公司。接下来，国家石墨烯创新中心的创建工作正式进入快车道。

2022年7月，宁波石墨烯创新中心有限公司完成工业和信息化部石墨烯制造业创新中心创新能力建设项目投标；9月，宁波石墨烯创新中心有限公司通过了工业和信息化部科技司在宁波组织的国家石墨烯创新中心建设方案专家论证；11月，工业和信息化部正式官宣批复组建国家石墨烯创新中心。

至此，刘兆平及其团队迎来了人生的高光时刻，终于将这个几度差点夭折的石墨烯创新中心带到了国家制造业创新中心的新高度，同时实现了浙江省在国家制造业创新中心"零"的突破。

2022年，在石墨烯创新中心获得近7 000万元融资的时候，前期孵化的两家项目公司也相继获得近亿元的融资。当科技创新插上了资本的翅膀后，企业就可以快速前行，乃至腾飞。

迎来新机遇，迈向新征程。现在，刘兆平及其团队正在以无比昂扬的姿态全力推进国家石墨烯创新中心的建设，努力打造石墨烯领域的国家战略科技力量，着力推动石墨烯技术成果的转化。

千帆竞发，百舸争流。虽然已经取得了阶段性的成绩，但刘兆平觉得自己仍处于波峰浪谷，他要带领团队破浪远航，容不得有一丝一毫的懈怠。

"我们要用3年的时间，努力向国家，向浙江省和宁波市，向石墨烯行业，交出一份优秀的答卷。"刘兆平满怀激情地说。

六、再添"右臂"，剑指"烯"膜

作为刘兆平团队的重要成员之一，汪伟身兼"科学家"和"企业家"双重角色，他既是宁波材料所的副研究员，又是国家石墨烯创新中心孵化的宁波柔碳电子科技有限公司（以下简称柔碳公司）的董事长。

而柔碳公司也兼具"双重角色"——既开发制备技术难度最大、品质最好的石墨烯薄膜，服务光电器件、传感器、超级铜等高端工业领域，又布局石墨烯加热布、加热膜、加热板等民生应用领域，也将其繁茂的枝枝蔓蔓深入移植到民品家电、厨电以及可穿戴、大健康等领域。

汪伟在美国科罗拉多大学师从著名的福建省莆田籍的科学家杨荣贵，博士后出站归国，之后就入职宁波材料所。算起来，汪伟是刘兆平的"师弟"。刘兆平于2001—2004年在中国科学技术大学化学系读博士，而汪伟则是1999—2008年在中国科学技术大学物理系读大学和博士，两人在中国科学技术大学有长达3年的交集。

当时汪伟没有选择回到自己的家乡江西工作，而是选择到了江西老乡刘兆平的麾下，原因是他既感叹于刘兆平的魄力，也仰慕刘兆平前几年勇敢大胆地"试水"，不仅在石墨烯和锂电池的科研方面获得突破，而且在产业化方面的独特思路和技术创新令人耳目一新。

2012年，刘兆平以其敏锐的科学眼光抓住了一个机会，在石墨烯薄膜方面进行了战略布局。那时，石墨烯薄膜低成本规模化制备，在世界范围内都还是一个无人问津的空白点，所以刘兆平就找到汪伟深入聊了一下，希望汪伟将工作重心从原来预定的锂电池材料上转移到石墨烯薄膜板块上。

汪伟回忆说："我当时懵懵懂懂地进入了石墨烯薄膜这个领域，实际上压力很大，好在刘兆平老师给了我足够的时间和空间的支持，他说我必须敢于先做大胆的尝试，找到适合自己的切入点。我找到的切入点，就是首先要解决材料的问题。"

那么，对待材料的基本策略就像当时的宁波墨西科技有限公司一样，是要解决石墨烯粉体的低成本量产问题，把贵比黄金的石墨烯材料做到老百姓能普遍接受的价位。

汪伟向刘兆平表示，要实现石墨烯薄膜的低成本规模化制备，走卷对卷的制备技术路线才是出路。当时，一片如A4纸大小的石墨烯薄膜，得花几千块钱才能买到，还不一定能买到品质上乘的薄膜，没人能给予足够的承诺和保障。

所以，从材料的角度来说，石墨烯薄膜制备技术的发展，当时还处于一个非常前卫的研发阶段，日本索尼公司和韩国三星公司等，都已经尝试了卷对卷生产和卷对卷转移的技术路线，汪伟则独辟蹊径，从石墨烯卷对卷制备的技术路线去做。

汪伟因时、因地制宜，先从比较传统的石墨烯薄膜制备模式入手，无非就是做大一点的片材或者尝试适当卷一下。几经试验，石墨烯薄膜样品就这样做出来了，其品质虽然还算可以，但尺寸肯定很受限制，制备成本也非常高。2013年2月，汪伟在首次CVD制备石墨烯薄膜成功后与刘兆平合影留念如图5所示。

另外，做卷对卷转移非常难，因为一个原子层的石墨烯在宏观层面上没有强度。对于原子层面的转移技术，他们尝试了石墨烯薄膜所有已经报道过的成功方法，发现每个方法都有优缺点，要达到规模化量产，这些方法都不可行。

这就形成另一个比较大的挑战，要把卷对卷的石墨烯薄

图5　2013年2月，汪伟在首次CVD制备石墨烯薄膜成功后与刘兆平合影留念

膜制造分为两个大的部分，一个是卷对卷的薄膜生长，另一个是卷对卷的薄膜转移。

刘兆平一如既往，仍然给了汪伟及其研发团队以很强的鼓舞和很大的信心。第一，相信他们有能力做好；第二，肯定汪伟带领的团队的技术方向和路径；第三，让他们不用担心应有的资金配置和使用，只要专心技术攻关就行。

2013年下半年，汪伟开始全面组建研发团队，实施技术方案，终于把8 cm宽幅、100 m长级别的卷对卷制备设备先行搭建了起来，这就是第一代的卷对卷制备设备。

2014年年初，汪伟的团队制备出8 cm宽幅、百米级长度的石墨烯薄膜（图6），但品质不太好。

那时更多的是基础工艺的研发，设备是汪伟的团队自己搭的，进行工艺和技术的反复磨合。经过近一年时间的努力，到2014年年底，设备的工艺成功磨合出来了，已能交付使用，和传统的品质差不多，是卷对卷的石墨烯，但是宽幅还比较小，长度也比较短。

汪伟团队的人才和设备，在这个过程中得到了考验和成长，汪伟也找到了将单原子层石墨烯以比较高的品质转移到卷的方法，而且这个成熟的方法用较低的成本就能实现。

有了一定基础之后，汪伟就向刘兆平提出，要做一个中试实验的设备装置，因为最初的小试设备满足不了继续发展的需求。令汪伟备受鼓舞的是，刘兆平给了汪伟所带领的团队以最大的支持，投入数百万元经费做第二代中试实验设备。

2015年，汪伟和他带领的团队搭建出了中试实验线。2015年12月，汪伟的团队制备出20 cm宽幅、千米级长度的石墨烯薄膜（图7）。而且那时石墨烯薄膜转移的

图6　2014年年初，汪伟的团队制备出8 cm宽幅、百米级长度的石墨烯薄膜

图7　2015年12月，汪伟的团队制备出20 cm宽幅、千米级长度的石墨烯薄膜

设备也是他们自己做的，相当于他们已经完成了卷对卷制备技术的中试实验。工艺和设备高度吻合使他们得到了与传统静态生长法一样的上乘品质，并且由于连续规模化制备，成本也大幅下降。

2016年，汪伟带领研究团队适度聚焦，围绕20 cm宽幅的石墨烯薄膜做深入的工作，同时刘兆平也明确在团队内指出，朝着这个方向继续前进，但不能局限于在实验室做中试实验，要往产业化、规模化方向发展。因此，汪伟在2015年做中试实验的同时，筹划设立公司推进产业化。2016年3月，在刘兆平的主导和全力推动下，致力于发展石墨烯薄膜卷对卷规模化制备技术的柔碳公司就此成立。

2016年，刘兆平应中国科学院有关部门的要求，向工业和信息化部上报了石墨烯薄膜制备技术研发情况及产业化进展，柔碳公司石墨烯卷对卷薄膜生产线被列为工业和信息化部《砥砺奋进的五年》工业强基工程亮点工作。

七、创新创业，一路同行

国家石墨烯创新中心副主任周旭峰和柔碳公司总经理汪伟都有较好的国内名牌高校的学习背景和海外博士后背景，加入宁波材料所，是他们最为理想的归宿，无论是从事石墨烯的基础研究，还是从事石墨烯的产业化工作，他们都竭尽全力，发挥了举足轻重的作用。

与其说周旭峰和汪伟是刘兆平的左膀右臂，倒不如说是知人善任、如同兄长一般的刘兆平，懂得发挥周旭峰和汪伟的各自特长和作用，懂得在石墨烯的基础研究及产业化工作中审时度势、左右开弓。刘兆平与周旭峰、汪伟一起工作的场景如图8所示。

图8　刘兆平与周旭峰、汪伟一起工作的场景

作为"右臂"的汪伟，负责柔碳公司的运行。柔碳公司运作的切入点，是基于前期在宁波材料所发展出来的石墨烯薄膜卷对卷化学气相沉积（CVD）制备技术，开发出别人很难做好的石墨烯薄膜等，而且物美价廉。

"工欲善其事，必先利其器"，在石墨烯薄膜卷对卷制备技术方面，柔碳公司具有卷对卷制备优势：一是突破了长度尺寸限制；二是生长均一，良品率高；三是高速率和高效率；四是低成本且高产量。

石墨烯是一种新兴的超级碳材料，由于其具备超级物理性能，因此受到科学家和业界的广泛关注。但目前在国内外的市场上，石墨烯薄膜CVD制备面临尺寸小、转移难和成本高等问题，难以满足实际应用的需求。

石墨烯薄膜主要在管式炉中通过CVD来制备，传统的静态生长法使得石墨烯薄膜的大小受限于管式炉的尺寸，严重制约石墨烯薄膜的规模化制备。

此外，石墨烯薄膜的高质量制备，需要通过转移到柔性透明的基材上，才能发挥其透明导电的特性，现阶段已发展的转移方法，面临着成本高、污染残留和转移破损等问题，造成制备石墨烯薄膜的成本极高。

2013年，刚刚从美国回来不久的汪伟接受了刘兆平的建议，聚焦当时亟待攻克的石墨烯薄膜低成本制备技术难题，全力开展石墨烯薄膜的卷对卷制备技术攻关，旨在发展连续化制备装备的设计与制造、卷对卷生长工艺及低成本转移等关键技术。汪伟经过一年的努力，成功研制出宽幅8 cm、长度上百米的石墨烯薄膜卷对卷制备小试设备和制备工艺。

2015年，柔碳公司制作出宽幅20 cm、长度上千米的石墨烯薄膜卷对卷制备中试设备，而且全部采用的是属于自主知识产权的工艺，实现了千米级石墨烯薄膜的连续生长与转移，相关技术处于国际领先地位。采用卷对卷制造的石墨烯薄膜，比传统ITO薄膜成本更低且性能更优，具有非常广阔的应用前景。同时，他们发散思维，去广阔的市场寻找相关的应用领域，主要围绕透明导电的方向做液晶、触控，但应用推广的难度非常大。

这时，刘兆平指出，石墨烯的产业化不能只停留在获取实验室数据，在论文中自我陶醉，而要通过融汇社会各方资本，用社会的力量来锤炼自己的产品和技术，真正做到炉火纯青。

2016年，时机来了。这一年，受国家的政策激励，宁波材料所积极支持科研人员创业，柔碳公司应运而生。

柔碳公司成立后，刘兆平让汪伟主导这个项目公司，汪伟既是公司的总经理，在公司里所占的股权也比刘兆平多了很多。

谈及此事，汪伟推心置腹地说："别小看了刘兆平老师此举，这确实很有利于团队健康运行，刘兆平老师给了我重担和责任，也将压力传递给我，我必须承担起自己应有的责任和压力。"

作为公司的大股东和总经理，汪伟全身心地投入柔碳公司的运营中，考虑石墨烯薄膜的产业化未来。

"柔碳公司刚成立时，实际上还只是一个空壳，没有更多社会资本的注入和融入，正处于吸引投资的状态。我们既有做好产业化的决心，也有比较过硬的技术，但如若没有能力将社会资本吸纳进来，肯定过不了多久就会入不敷出，很难着眼于长远，将石墨烯产业化做大做好。"汪伟既有创业的激情，也和刘兆平一样具有应有的理智。

那时全国上下"大众创业、万众创新"的整体氛围相当不错，宁波材料所对柔碳公司的支持力度也比较大，在此基础上刘兆平也和汪伟一样殚精竭虑，一起争取各种各样的投资资源。他们接触了很多社会资本，当时有意向的至少有3个投资人，最终柔碳公司选择的是深圳力合天使创业投资来做自己的天使投资，其原因之一是刘兆平与创立深圳力合天使创业投资基金的冯冠平先生很熟。刘兆平就顺势邀请冯冠平到宁波，对石墨烯材料制备技术和市场开拓进行调研考察。

冯冠平是深圳清华大学研究院的创始院长，由于投资和参与创办了我国最早一批石墨烯企业，被业界誉为"中国石墨烯产业奠基人"。冯冠平先生很务实，看到柔碳公司确实能做出当时国内外还没有的产品，而他们自己投资创办的烯旺公司也的确需要用石墨烯薄膜，所以即使他已经投资了常州二维、无锡格菲这样的石墨烯薄膜产业化公司，还是愿意继续投资柔碳公司。冯冠平先生认为卷材制造技术是石墨烯薄膜材料最终能走向量产，真正有未来希望的关键技术。2023年4月，冯冠平在深圳清华大学研究院的办公室与刘兆平畅谈石墨烯产业未来如图9所示。

在确定了天使投资后，2017年，柔碳公司正式开始了商业运行，就在浙江省石墨烯创新中心提供的场地里，紧锣密鼓地开展厂房装修、中试生产线建设。

图9　2023年4月，冯冠平在深圳清华大学研究院的办公室与刘兆平畅谈石墨烯产业未来

设备从中试实验到中试生产，这时其形态已发生了很大的转变，而且定做的设备也不是立即就能使用，还需要进行认真的改造和调试，直到最终可以投入实际使用。

譬如，过去管式炉一年就得更换两次，付出的市价成本和代价都非常高，现在所用的炉子即便10年过后，也只需做一做常规的检查维修，而不需要做体积很大的、寿命很长的炉子，靠它的产能就足以把产量做得很大。石墨烯薄膜原来可以做0.2 m宽幅，现在已可以做到0.5 m宽幅，而且其连续长度稳定，能够达到1 000 m以上。

从2018年开始，设备已经能够相当稳定和顺利地运行，他们就将生产的石墨烯薄膜材料对外出售，数量比较稳定地向有需求的客户供应。

2020年之后，柔碳公司步入第4个良性发展的阶段，既拿下石墨烯薄膜生产的合格技术指标，也走向了良性发展运行之路。

"只要是创业,就难免会面临一些短期利益的诱惑。我们的职业生涯已经和石墨烯深度捆绑,不能做一锤子买卖和急功近利的事情。刘兆平老师考虑得很深远,我们也花了很多心血,致力于打造石墨烯科技创新的'巨轮'。"汪伟深有体会地说。

刘兆平和他领导的团队,通过多年来的创新实践,已经树立了这样的理念:通过科技创新,实现技术突破,形成可产业化的技术成果,并尽快把科技成果转移转化,与企业家联手。证明"科学技术是第一生产力"的伟大命题,为区域经济发展贡献力量。

2015年的年底,由宁波材料所崔平所长带队,主要围绕刘兆平和汪伟负责的两个项目,即富锂锰基正极材料和石墨烯薄膜的产业化项目,曾登门向吉利集团做展示汇报,看能否将这种新材料用在汽车上,尤其是新能源汽车上。对此,吉利集团的李书福董事长非常关心,不仅亲自饶有兴致地参观了现场展示的样品,还在现场与刘兆平和汪伟做了交流。

后来刘兆平和汪伟与吉利创新研究院进行了深入的探讨,尝试在石墨烯除雾等领域开展深层次的合作。

但那时还是项目的早期阶段,时机尚未成熟,但也为后来双方的合作埋下成熟和饱满的种子,等待种子的萌芽。

近期,柔碳公司与吉利创新研究院开始了密切的合作:第一是围绕电动汽车冷却液加热器进行深入开发;第二是对新能源车内饰的能耗进行攻关,通过新的石墨烯加热体达到节能减耗,侧面助力增加续航里程。这两个是目前合作的重点领域。

如果超级铜的中试开发以及同中车工业研究院的应用合作得到验证,柔碳公司就可以把石墨烯技术导入新能源汽车的驱动电机,通过新材料技术和加热技术,使新能源汽车大幅度地减少能耗,从而增加续航里程,并兼顾性价比的提高,创造独特的经济价值。

随着国家石墨烯创新中心技术创新的不断深入,技术难题的接连攻克,石墨烯的应用范围也在不断拓宽。相信我国在国际石墨烯舞台上会拥有更多话语权,引领未来石墨烯应用的时代潮流为期不远。

八、未来产业,奔"甬"而来

由宁波材料所牵头,国家石墨烯创新中心闪亮登场,于2022年11月正式获批组建。这是浙江省的首个国家制造业创新中心,也是我国石墨烯领域唯一的国家制造业创新中心。在全国石墨烯产业"先行一步"的宁波,由此担起了攻克石墨烯产业共性技术、突破石墨烯新产品核心技术瓶颈、加快石墨烯产业化的重任。

2023年9月,《宁波市加快培育发展未来产业行动方案》(下称《行动方案》)正式印发,将着力培塑前沿新材料、未来智能、元宇宙、未来能源、空天科技、未来海洋、量子科技、原创新药以及未来诊疗这九大未来产业赛道新优势，持续提升产业基础高级化和产业链现代化水平，率先将宁波打造成为未来产业创新引领区、场景应用示范区、融合发展先行区。如果说，由数字产业、绿色石化、高端装备三大优势产业及新型功能材料、新能源等六大重点产业构成的"3""6"是宁波产业的今天，那么，前沿新材料、未来能源、空天科技等一批新兴产业和未来产业群的"1"则构成了宁波产业的未来。根据《行动方案》，石墨烯基材料成为宁波市未来产业重点培育发展的前沿新材料之一，着力探索开展氧化石墨烯、石墨烯微片、石墨烯薄膜的规模化制备，积极推动超级铜、碳基芯片、烯碳纤维等产品应用。落子未来新赛道，加快形成新质生产力，宁波正加速释放高质量发展新潜能！

"如果说新质生产力的核心和基础，就是前沿技术的突破和颠覆性的创新，那么，我们的石墨烯创新中心就要一直走在这条道路上。"在刘兆平的心目中，国家石墨烯创新中心正在全力推进攻关的超级铜等，就是颠覆性创新最好的佐证。

技术的颠覆性创新，既激活了科学家身上的潜能，也激发了无限广阔的遐想：如果全国 1/10 的电机用上超级铜材料，一年能节省 185 亿 $kW·h$ 电，相当于葛洲坝水电站一年的发电量。

刘兆平翱翔在这片超越时空的遐想空间，超级铜具有数千亿元级的巨大市场：它可应用于导电线缆，让轨道交通、新能源汽车和无人机等更节电、更长续航，让新能源汽车充电桩拥有更高的充电效率；它可应用于芯片外延连接线，让电子元器件拥有更低信噪比和更高速率的数据传输；它可应用于无线充电、5G 天线，让前沿技术更进一步应用于衣食住行，走进千家万户。

宁波材料所与中车工业研究院有限公司等单位携手，共同承担的国家重点研发计划项目，必将推进高效能驱动电机的研发与应用，必将使超级铜应用于高铁。而由其衍生出来的轻量版超级铜，今后还可应用于新能源汽车、无人机等，极大提升汽车和无人机的续航能力。

国家石墨烯创新中心大胆创新，其诸多关键的共性技术陆续在全国各行各业登场，或亟待在技术创新的聚光灯下亮相。

由石墨烯改性后的重防腐涂料，耐腐蚀寿命提高两倍，兼具耐磨、耐冲击、防附着等特性，它能够满足海洋与临海复杂环境的严苛应用要求，已成功应用于国家电网有限公司、浙江舟山 500 kV 联网输变电工程，并喜获中国土木工程詹天佑奖的提名。

石墨烯与纳米硅进行精巧的复合，形成新一代高比容量负极材料，完全有望突破现有动力电池能量密度的瓶颈，成为新一代的主流动力电池材料。

这些处于"现在进行时"的技术突破，虽然已经初现曙光，但它相对于整个石墨烯技术蓝海，只是万里长征迈出的第一步。面对这些阶段性的成果，刘兆平的头脑无比清醒，他对团队的成员说："突破永不止步，只有在创新的道路上不断勇敢地继续前行，我们才能担当起创新中心的光荣使命。"

在国家石墨烯创新中心，十几位作为"师兄弟"的科技公司既彼此错位，又互相贯通耦合。

走进国家石墨烯创新中心大楼，就可以看到一个非常有趣的现象——"楼下"科技创新、"楼上"科技创业，国家石墨烯创新中心楼内的企业就是石墨烯产业链的上下游，它们抱团共同成长，开拓更广阔的石墨烯应用领域。

例如，宁波烯材暖科技有限公司、柔碳公司都生产石墨烯的电热膜，但其生产工艺截然不同，应用领域也不尽相同。作为两者的下游，宁波高芯热能科技有限公司对"柔碳牌"电热膜优化升级后，深耕可穿戴取暖领域，解决了低温环境下的近身取暖问题；对"烯材暖牌"电热膜进行优化设计和加工后，发力于地暖等居家及办公楼，进入了煤改电、气改电的相关领域。

2023年年底，一场由宁波市人民政府主导的技工贸合作盛会，在宁波市镇海区的国家石墨烯创新中心举行。多家"大优强"企业，以及行业内著名的相关龙头企业齐聚一堂，就石墨烯改性纺织面料、石墨烯电热元件、石墨烯散热材料、石墨烯铜基复合材料等领域，与国家石墨烯创新中心达成应用合作意向并签约，进一步发掘"石墨烯+"的创新潜能。

2023年是中国石墨烯产业发展10周年，也是石墨烯联盟成立10周年。从2013年石墨烯联盟成立，中国石墨烯产业化征途正式开启，到2023年中国石墨烯产业发展进入新阶段，中国石墨烯产业走过了10年的奋斗征程。10年来，涌现了一批又一批石墨烯追梦人，他们怀揣梦想、矢志报国、勇攀高峰、甘于奉献，始终坚守在石墨烯行业，为实现石墨烯的中国梦而披荆斩棘、砥砺奋斗，在祖国实现了人生价值，对我国石墨烯产业的发展做出了杰出贡献。因此，石墨烯联盟组织举办了"创业十年 石墨烯中国梦"庆典活动，对10年间为中国石墨烯产业发展做出突出贡献的石墨烯产业风云人物及石墨烯创业功勋人物做出表彰，诚挚感谢他们为中国石墨烯产业谱写的多彩乐章，传承创业奋斗薪火，弘扬科学家精神，致敬石墨烯追梦人。刘兆平等8位坚守创业初心、致力于石墨烯科技成果转化、为推进石墨烯产业化进程做出杰出贡献的企业家获得了"中国石墨烯创业功勋人物"称号（图10）。

全国人大常委会原副委员长、中国科学院原院长路甬祥曾多次到宁波材料所考察、指导工作。而来视察石墨烯的，按时间顺序，有时任全国政协副主席、中国工程院原院长徐匡迪；时任浙江省委书记夏宝龙（现为全国政协副主席兼秘书长）；时任浙江省长李强（现为国务院总理）；时任国家副主席李源潮；等等。

党和国家领导人多次到来，对石墨烯或视察或调研或指示，充分体现了我国高层领导对发展石墨烯产业的高度重视，同时也表征了刘兆平团队对石墨烯的技术创新，必须依托宁波材料所的强有力支持。

图 10　石墨烯联盟理事长李义春为刘兆平颁发"中国石墨烯创业功勋人物"奖牌

2024年3月12日，宁波材料所召开"抢占科技制高点"推进会，宣传贯彻实验室重组方案，即建设一流学科方向的方案。围绕"面向2030打造世界一流新材料研究机构"的目标，会议深入研讨了宁波材料所如何加强人才、平台、资源一体化配置，加快抢占科技制高点，并针对实验室的重组、打造世界一流学科方向等，进行了一系列重要工作的统筹部署。

宁波材料所提出，面向2030年，宁波材料所要一体化统筹推进实验室重组，为加快抢占科技制高点、建设世界一流新材料研究机构奠定坚实的基础。

积极抢占新材料领域科技制高点，宁波材料所要打造成为世界一流的新材料研究机构，国家石墨烯创新中心亦应当如此。刘兆平在学习后认为，只有以宁波材料所的实验室重组、相关产业化公司优化管理为抓手，才能清晰地梳理思路，找到争创世界一流的方向。

"国家石墨烯创新中心责无旁贷，将围绕重点领域，突破更多石墨烯产业关键共性技术和基础前沿技术，并通过融合各种创新要素，实现技术转移扩散和首次商业化，助推我国石墨烯产业创新发展。"刘兆平胸有成竹地表示，国家石墨烯创新中心到2030年的蓝图规划，是要建设成为具有国际影响力的国家制造业创新中心。

2024年1月，刘兆平作为市政协委员参加中国人民政治协商会议第十六届宁波市委员会第三次会议，并向会议提交《关于聚力培育宁波未来产业的建议》提案。刘兆平表示，作为浙江省首个国家级制造业创新中心，国家石墨烯创新中心会面向国家战略需求和行业发展需求，助力宁波培育发展未来产业。

投身石墨烯产业创业 13 年的脚步

——记中国石墨烯创业功勋人物侯士峰

> **人物介绍**
>
> **侯士峰** 男,博士,现任山东农业大学教授、山东利特纳米技术有限公司董事长、国家特聘专家、泰山产业领军人才、山东省智库专家、山东省新材料领域专家、济宁市"511"人才、济宁市科技领军人才。曾获山东省留学人员回国创业奖以及全国归侨侨眷先进个人、石墨烯产业领域先进个人等荣誉称号。
>
> 自 2009 年起,侯士峰在国内率先开始石墨烯产业化探索,带领团队攻坚克难,突破了数项石墨烯规模化制备的关键技术,并率先在国内设计建设自主知识产权的石墨烯绿色全闭环生产线,促进石墨烯产业链发展,从而使中国石墨烯产业在国际上持续保持制高点。
>
> 侯士峰领导的团队,申请国家专利 100 余项,先后主持、承担、参与多项国家级和省级重大项目研讨与建设工作;参与了多项国家、省市相关产业政策的编制及制定;参与了中国石墨烯产业技术创新战略联盟、山东省石墨烯产业创新战略联盟等多个产业相关组织的组建工作。

提笔写这篇文章时,正是山东利特纳米技术有限公司(以下简称利特纳米)运营最困难的时刻。

利特纳米发展的诸多问题,全在 2023 年夏天出现,面对突然而至的需求,公司产能不足、增产时需要的配套设施不全、人员承受压力而出现情绪波动、有员工因连续加班无法休假而要求离职。

但表面上看,侯士峰(图1)全无困难时可能有的焦灼、烦躁表现。

"为什么不急?"我问。

"急是解决不了问题的,既然如此,还不如寻找解决问题的办法。"他回答。

"困难时失眠吗?"我又问。

"没有,躺下就睡。"

"为什么?"

"天无绝人之路,总会找到办法的。"

"这么自信!"

图1 侯士峰

"不是自信,是需要韧性。作为董事长,我必须承担一切,不可以把紧张情绪下传;何况,峰回总能路转,总会找到解决办法的。我们做的行业是前无古人的,其他行业在产业化过程中遇到的困难我们都会遇到,其他行业产业化没遇到的困难我们也会遇到。拥有一个好心态是解决困难的前提。"

看得出,侯士峰对困难有准备。

"你做过一个名为《石墨烯的前生今世》的报告,你为何要把石墨烯作为一个产业来做?"我问。

"这个说起来话长。"

侯士峰从头开始,谈起了石墨烯的前世今生。

一、源与缘

谈到石墨烯,侯士峰说的第一句话就是"我和石墨烯有缘。"

2014年,《科学中国人》杂志编辑朱传海在杂志上发表了一篇对侯士峰的专访。在这篇文章中,开篇即介绍了石墨烯在电子器件、光学器件、柔性电子、轻型功能部件、先进电池等领域的应用前景。同时,介绍了侯士峰的产业探索,在文中,谈到侯士峰时,用了"轻描淡写""简单朴素""简约""不在乎繁文缛节""越简单的生活越轻松"等词汇。

在和他接触的十几年时间里,我感觉,这些特质一直伴随着他。

我一直对他和石墨烯的情结比较关注,但一直无从落笔,直到我在网上发现一个公益课程。

那是2020年，西安市追梦硬科技创业基金会为了支持科普，特意组织了一个针对中学生的线上系列科普课程和讲座，侯士峰科普讲座的题目是《石墨烯材料的前生今世》（图2）。

作为一个材料专家，侯士峰在讲座中展现了材料领域知识的宽度和深度。侯士峰为学生科普石墨烯相关知识：石墨烯的存在早于人类、早于恐龙、早于侏罗纪、

图2　侯士峰为中学生进行线上科普讲座

早于三叠纪，甚至早于地球，因此石墨烯不是谁发明（invent）的，而是被发现（discovery）的；保鲜膜那样厚的材料，如具备石墨烯的强度，可以包裹一头大象并提起，这是个相比的结果，不是一张石墨烯就具备这个性能；石墨烯具有非常好的光学特性，对光的透过率为97.7%，看上去几乎是透明的，但粉体材料看上去是黑色的，这是几亿张石墨烯堆积的结果。

他说，石墨烯早于人类存在，从1564年英国人在巴罗戴尔发现石墨，并用作颜色标记羊群，到后来用作铅笔原料，石墨烯已经为人类默默工作了近600年。

"我们今日认识石墨烯，不是它的幸运，而是人类的福气，是它与科学家的缘分。"

谈到与石墨烯的"缘"和可以做石墨烯产业的"源"，侯士峰提到几个他十分尊敬的人物，包括他的博士生导师、南京大学的陈洪渊院士，北京石墨烯研究院院长刘忠范院士，济宁市委时任主要领导，济宁市时任市长梅永红，济宁市科技局时任局长贺永红，济宁市金乡县时任刘书记、董县长、郑县长，济宁新材料产业园区的王主任，等等。

1991—1998年，侯士峰在陈洪渊院士和方惠群教授的指导下，完成了硕士和博士阶段的学习，具备了分析化学、纳米化学与材料基础知识和技能，为以后的发展奠定

了基础。陈院士在专业领域颇具威望,在教学领域培养了 150 余名博士和硕士、十几位国家杰出青年科学基金获得者,使侯士峰有机会在学习、工作过程中与同学深入交流,眼界得以开阔(图 3)。

"我是陈先生弟子中的另类,我的师兄弟都是分析界的精英、高校的领导,只有我悄悄

图 3　陈洪渊院士和学生在一起,左一为侯士峰

转行,在化学领域,先是研究电化学,后来研究纳米材料,再后来研究碳材料;在材料领域,先是进行基础研究,后来推进产业化。"

"实际跨界还是有点大。"

"但是,陈先生对我还是非常认可的。有一年我给陈先生拜年,年三十下午,我和陈先生在电话中谈了一个半小时。"

"2023 年秋天,我去南京大学看望陈先生,陈先生和师母留我在家吃饭。他兴致勃勃地谈起我当年的课题,虽然过去了近 30 年,但他还记得很清楚我在电极表面的层层组装修饰技术方面做出的一些成绩。"

"陈先生是我的科研引路人,赋予我广阔的思路,拓展了我的视野。在南京大学,我得到的是一个机会,一张行业通行证,一个可以根据自己喜好拓展自己职业生涯的机会。"侯士峰回忆说。

1998 年春天,在侯士峰将要博士毕业的前半年,北京大学的刘忠范院士去南京大学做了一场学术报告,这次报告让侯士峰对纳米材料和技术产生了浓厚的兴趣。于是,1998 年年底,从南京大学博士毕业后的他来到北京大学,在刘忠范院士的指导下从事博士后研究工作,开始碳纳米管在电极表面自组装研究,由此,碳纳米材料成了侯士峰的终身职业。

"现在,我们生活中处处有纳米技术的应用,最常见的就是电脑和手机,而纳米材料和技术的发展,得益于两个诺贝尔发明,即 1986 年获诺贝尔物理学奖的扫描隧道显微镜(1981 年由德国人宾尼希发明)和 1996 年的富勒烯(碳 60,1985 年由斯莫利等人偶然发现)。扫描隧道显微镜给纳米材料和技术提供了一个可以在亚纳米精度观察材料的研究工具,而碳 60 和碳纳米管的发现为纳米材料和技术提供了一个在纳

米尺度的研究对象。"

"再到2010年，石墨烯的获奖将碳材料和纳米技术推向一个更高的境界。"

"非常幸运，我在北京大学把这两件事情都做了，并成为我的终身职业。"

"先是原子力显微镜（AFM），记得当初，为了得到金单晶的AFM图像，我经常半夜做实验，因为那时夜深人静，外面汽车少，震动少、干扰小，可以得到较为清晰的照片。"

"然后，我们把碳纳米管通过巯基化，立在了金的表面，测出非常漂亮的AFM图。后来，这篇文章发表在 Langmuir，是很长一段时间内引用率极高的文章。"侯士峰说。

后来，侯士峰离开北京大学去国外工作，基本上再也没有离开这个领域。

"应该说，从北京大学离开时我带走的是职业的'金饭碗'。"侯士峰说。

侯士峰初次接触石墨烯，缘于在国外公司的一个工作。

20年前，他作为这家公司的一个先行者，独自来到一个城市，从事产业化工作。

那是一个随着传统产业转移而被空洞化的城市，其市中心有一所古老的大学，距离这所大学不远，是一个废弃已久的面粉厂，远远望去，破败的厂房高高耸立着，残缺的窗户里不时飞出不知名的鸟儿；高低不一的砖墙上，不知年代的涂鸦残缺不全，展示着当年的繁华；一个场地里青草茂密杂乱，在阳光下摇曳，独自成趣；一条废弃的铁路，带着暗红的铁锈，从远方绵延而来，穿过城市中心和厂区，又渐渐向远方缓缓而去；早晨会遇到兔子、狐狸等；晚上也许会遭遇貌似温顺实则凶猛的浣熊。这一切，显示着这里过去的辉煌，也展现了现在的破败，这是实体产业空心化的结果。

为了重振城市经济，2004年，市政府花了100万美元买下这片厂房和土地，又花费巨资，将厂房改造成新产业开发中心。然后，又以1美元的价格卖给本地的大学。于是，大学的教授和若干公司的工程师、科学家，在此联合创建了一个研发中心。这种大学、高科技公司、政府结合模式，是研发、孵化、培育的一体化。

因此，侯士峰被公司安排到这里，作为公司第一位研发人员，负责建设实验室、组建团队、开展多部门合作。

从那时起，他开始和碳纳米材料的产业化结缘。

2005年，是侯士峰在该公司工作的第二年，在公司从事碳纳米材料工作的他，向CEO提出把石墨烯加入项目。

由于该项目是合作项目，有合同等约定，公司需要一切按计划进行，而该项目开始时，石墨烯尚未面世，合同中并无石墨烯计划。

因此，CEO没有批准侯士峰的提议，"但是，我会批给你一笔经费，你可以利用每周五下午，单独做一下尝试性的工作。"

于是，他和石墨烯的缘分就从每周五下午的探索开始了。

再后来，侯士峰离开该公司，去大学任教。在申请教职最初的研究计划里和入职后的研究项目中，侯士峰研究的内容是石墨烯的电化学催化剂，后来又延伸至重金属吸附、去除领域。

2010年夏，侯士峰向当时在国外考察的济宁市委主要领导介绍了自己研究的几个项目。一开始，侯士峰回国主要想研究纳米技术及其在药物检测和输送方面的应用，之所没有以把石墨烯作为重点项目，是因为那时尚未看到明确的前景。

但当时，济宁市的领导建议他："回国创业，就不要仅围绕一个项目做，能否从更深远的角度考虑一下，建立一个研发中心？要研究有更大发展前途的项目。"

正是这句话，使侯士峰放弃了其他几个可以立即见效但未来扩展范围有限的产业项目，转而把石墨烯作为重点项目。

于是，在2010年夏，侯士峰把一个非常原始的商业计划书，通过电子邮件发送到济宁市委，随后又转至济宁市科技局。

负责审查商业计划书的是济宁市科技局贺永红局长。贺永红局长是一个办事认真、雷厉风行的人。她先是组织内部论证，然后从济宁市总体发展规划入手进行调查。2010年，真正了解石墨烯的人并不多。于是，贺永红局长派人到中国科学院有关业务局和中国科学院沈阳金属研究所认真听取了意见。

北京时间10月5日下午5点45分，2010年诺贝尔物理学奖揭晓，英国曼彻斯特大学的两位科学家安德烈·盖姆和康斯坦丁·诺沃肖洛夫因在二维空间材料石墨烯方面的开创性实验而获奖。这次诺贝尔物理学奖的评出，使济宁市相关领导感到需要加快研发速度。于是，2010年10月15～19日，侯士峰踏上回国之旅，很快，双方达成石墨烯产业化协议。

当时，济宁市科技局网站是这样报道的：应科技局邀请，侯士峰博士一行六人，于10月15～19日来我市就合作推进碳纳米材料与技术的研究、应用和成果转化进行对接交流，市委书记接见侯博士一行，就拓宽科研领域、全面深化合作达成共识。

期间，侯侯士峰一行考察了山东鲁南工程技术研究院新址，并出席由济宁市直有关部门、专家参加的建设"济宁碳纳米材料研究中心"项目可行性论证评估会。会上，与山东鲁南工程技术研究院签订共建"济宁碳纳米材料研究中心"协议。济宁市副市长出席项目论证会。那时，石墨烯还是以碳纳米材料的概念提出的。

按照济宁市委书记"一切从务实落实出发"的指示精神，济宁市科技局对侯士峰的"碳纳米材料研究项目"高度重视，成立了以贺永红局长任组长的工作领导小组。组织召开了项目可行性论证评估会，邀请陈副市长及市发展改革委、市经信委、济宁高新区、山东鲁南工程技术研究院、曲阜师范大学的领导和专家出席。大家听取了侯士峰关于碳纳米材料及石墨烯功能化材料的研发、中试、产业化、市场化前景等方面的汇报，就项目的技术可行性、环保指标、组建团队等进行答疑和评估，一致认为，该项目属于当代高端前沿课题，技术含量高、产品功能新奇，具有广泛的开发利用前景，符合产业结构调整和发展方式转变的方向。

就这样,在济宁市领导的全力支持下,山东利特纳米技术有限公司(以下简称利特纳米)正式成立。

"公司成立时一个专职人员也没有,全部是兼职。公司是由我的几个大学同事和我一块出资成立的,注册资本只有50万元。之所以叫'利特纳米',是因为www.leadernano.com 这个域名可以注册,英文 leadernano 的中文谐音就是利特纳米。"侯士峰说。

侯士峰和石墨烯产业的缘分就此开始。

2010年12月的一天,刚刚回到国内的侯士峰接到一个通知,刚刚上任的济宁市长梅永红要和他见面。

那天是梅永红市长正式上任的第三天,这次见面非常难得,很多年后,侯士峰依旧深刻记得当时梅永红市长就发展石墨烯产业的建议、对新材料产业的了解、操作企业中应该注意的问题等方面,都给出许多很好的建议。

"没有陈洪渊先生的培养,我就没有从事纳米材料和技术的资格;没有刘忠范院士的提携,我就没有从事纳米材料和技术的机会;没有济宁市委领导邀请,没有梅永红市长、贺永红局长的支持,我就没有展示自己的舞台,也就没有今天的一切。"

"任何事情的发生,都有其偶然和必然,但临门一脚很重要。"侯士峰非常感激地说。

利特纳米成立后,2012年,济宁市科技局推荐侯士峰参加国家海外人才项目的申请。这项申请从一开始就充满了曲折和美丽的误会,该项目的申报条件里有这样一个要求:申请人有在国外著名大学学习的经历。侯士峰的经历使其在资格审查时就被否定了。

侯士峰并没有国外求学的经历,只有在国外工作的经历。因此,侯士峰不符合申报条件要求。

消息反馈到济宁,从利特纳米到济宁市科技局,大家的心情都极其沮丧。

在仔细研究了上级部门的要求和侯士峰的条件后,贺永红局长发现了可以争取的方向。那就是,在国外大学学习是重要的,但在国外公司任高管、在国外大学任教的条件是否比学习、学历更具价值。这个是据理力争的方向。

在向上级部门汇报后,部门领导经过考虑,认可了济宁市科技局的说法。于是,经过一番曲折,侯士峰的资格被重新审查,并成功进入下一轮环节。

后来的答辩、评审,虽然竞争激烈,但侯士峰的经历和提出的发展方向,最终获得国家的认可。

"很感谢国家提供这样一个平台,也很感谢济宁市贺局长帮我争取到这样一个机会,她赋予我很多发展的空间。"很多年后,侯士峰还深有体会地感叹。

"没有这个平台,利特纳米可能只是一个研发平台,生产、开发都会流于形式。"

"至少在石墨烯粉体产业化领域,利特纳米和其他几个中国的企业,如常州第六元素材料科技股份有限公司、厦门凯纳石墨烯技术股份有限公司等,技术处于国际领先地位。"

"而这一切,离不开国家的支持。"

二、合与纵

2013年夏,侯士峰在国外,公司的孟总向他汇报,收到了去北京参加石墨烯联盟成立筹备会议的邀请,问利特纳米要不要参加。

"当然参加!"侯士峰没有犹豫。

于是,当年7月,孟总和研发总监孙博士赴北京西山参加石墨烯联盟的筹备和成立会议。

8月,侯士峰回到北京,结识了石墨烯联盟的李义春秘书长。

"我们一见如故,相谈甚欢。"侯士峰事后回忆。

就此,在产业领域,利特纳米和石墨烯联盟、侯士峰和李义春均结下了深厚的友谊,在以后的岁月里,十几年如一日,相互扶持、共同发展。

石墨烯联盟创建之初,即本着务实、落实的原则,以产业为方向,以国际合作为舞台,通过一系列纵横联合,逐步实现了政府、企业、大学、地方园区等的协同融合发展。利特纳米参与了几乎所有的活动。

2014年,在宁波举办的首届中国石墨烯创新大会上,侯士峰做了《产业展望及分析报告》,反响强烈。同年12月13日,侯士峰和李义春秘书长在青岛欢迎全国政协副主席、科技部部长万钢到青岛国际石墨烯创新中心视察(图4)。

2015年,利特纳米作为中国代表团成员,赴西班牙毕尔巴鄂参加2015石墨烯年度大会。同年,侯士峰为英国大使馆撰写中文版石墨烯说明,并于10月23日上午,接受中央人民广播电台半个小时的直播

图4 全国政协副主席、科技部部长万钢到青岛国际石墨烯创新中心视察

采访，向全国听众介绍石墨烯及其产业。

2016年，侯士峰和石墨烯联盟一同前往北美洲考察。

2017年，利特纳米获得石墨烯联盟旗下的第一笔天使基金支持。

2018年，病休的侯士峰，受石墨烯联盟委托，率队从桂林启程，开始了在广西的调研，途经柳州，与从防城港出发的李义春秘书长率领的考察队伍在南宁会合。同年6月28日，在德国德累斯顿举行的"Graphene 2018"全球石墨烯春季大会上，由于侯士峰不能长途旅行，利特纳米委托刘忠范院士代表公司领取了"国际石墨烯产品认证中心（IGCC）"颁发的全球首张IGCC"石墨烯材料"产品认证证书（图5）。证书由IGCC专家委员会主任、国际电工标准委员会（IEC/TC113）秘书长、欧盟石墨烯旗舰计划标准负责人Norbert亲自签发。这对利特纳米来说是极大的鼓舞。

图5　刘忠范院士代表利特纳米领取全球首张IGCC"石墨烯材料"产品认证证书

2019年，利特纳米的产能取得了突破性进展。

2020年，侯士峰参加石墨烯联盟主办的中学生科普活动；利特纳米技术攻关取得突破性进展。

2021年，侯士峰参加中国石墨烯创新大会，此时，利特纳米攻克了石墨烯产业生产的"卡脖子"技术难题。

2023年，侯士峰获得"创业十年 石墨烯中国梦"创业功勋人物称号（图6）。

"这辈子，我得过很多奖，只有这个奖让我刻骨铭心。"侯士峰感触颇深。

"坦率地讲，石墨烯联盟在石墨烯发展过

图6　刘忠范院士为侯士峰颁发创业功勋人物奖牌

程中起了很大的作用，但其作用还没有充分发挥出来，如防止恶性竞争、建立行业和国家标准等。这些对产业的良性发展至关重要，也可以保护石墨烯企业在目前的环境下健康发展。"侯士峰说。

三、直与曲

谈到石墨烯的产业化之路，侯士峰认为，这是一个螺旋式上升的过程，一个从期望到失望，从迷茫到希望的过程，一个曲折发展的过程。

利特纳米成立之初，侯士峰还在国外担任教职，作为终身教授，他需要完成学校的教学、科研任务。因此，每年回国的时间，基本上集中在假期。那段时间，他坐飞机的里程数使他成为航空公司的 K 级会员，经常有免费升级到商务舱的机会。

2011 年年初，利特纳米完成注册，团队开始运作；4 月，利特纳米招聘了 1 名山东理工大学毕业生；6 月，又招聘了 3 名研究生，分别来自浙江工业大学、曲阜师范大学和济南大学。在半年多的时间里，团队人数从 0 到 1 再到 4，可以说初具规模。

利特纳米最初的实验室，是借用大学的一个实验室。因为要跟着大学放假，所以最初团队是有寒暑假的。

但就是这样一个团队，在 2011 年年底生产出可以销售的石墨烯产品，并向到利特纳米指导工作的科技部领导汇报了石墨烯粉体的研究成果。

2012 年年初，利特纳米建立第一条中试线。

2013 年 8 月，利特纳米与金乡县政府及济宁化学工业开发区（现更名为济宁新材料产业园区）石墨烯项目签约（图 7）。

图 7　石墨烯项目签约仪式

2014 年年底，利特纳米建立第一条 20 t 的生产线（图 8）。

2019 年年底，利特纳米建立 200 t 生产线。

由于是自主设计的具有自主知识产权的生产线，虽然在设计之初把所有的因素都考虑进去了，但一运行才发现所有的生产线都存在缺陷，每个工艺、生

图 8　2014 年 12 月 26 日济宁市石墨烯首条生产线投产仪式现场

产设备之间，都存在配合的问题，流量、散热、制冷、管道、材质、法兰、阀门无一不出现相容性问题，问题此起彼伏。

一条生产线要想平稳运行，就需要解决所有问题，无论大小，都要解决。

2012年年初，经过近两年的准备后，利特纳米准备设计第一条年产2 t的中试线。

但这条中试线设计完成后，在寻找施工单位时，却遇到极大的困难。因为施工费用要按投资额收取，而利特纳米的中试线投资额才几百万，如此，服务费一分配，各个部门所获无几，所以基本没有热情。

2012年8月初，经过几个月的建设，利特纳米第一条中试线建设成功（图9）。

随即，按照实验室流程结合设计的工艺，进行投料、反应，十几个小时后，当褐黄色氧化石墨烯从压滤机里被卸出来后，大家欢呼雀跃。

那一天，利特纳米的全体员工去一个自助餐厅，饱餐了一顿牛排。

然后全体休息一天。

图9　利特纳米2012年中试线

第三天，接着干。

根据第一次的实验结果，改动了配方，微调了工艺，又一批料投进去，大家满怀希望地等待。

但是，打开压滤机，石墨烯还是石墨烯，这次出来的产品是绿色的。

大家愣在那，许久没人说话，都不知道是什么原因。

找了几天，终于找到原因了。原来是部分不锈钢管道出了问题，不锈钢里的金属镍被稀硫酸溶出来了。

由于缺乏化工经验，设计时只考虑浓硫酸的防腐问题，未考虑稀硫酸的腐蚀性。

2019年，利特纳米基于石墨烯的需求，决定建设新的生产线。

于是，在资金问题解决后，一个200 t的生产线设计成功，新线开始建设。

可是，好事多磨。一天，侯士峰在去厂区的路上接到总经理的电话："刚刚得到消息，下游厂家由于受国际形势的变化，可能没办法按原计划采购我们的产品，是否暂停设备采购？"

"等我考虑一下。"一时间，侯士峰的脑子一片空白。

十几分钟后，他给总经理打电话："一切如常，而且要加速。"

正是这条2019年的生产线，成为公司规模化量产的"台柱子"。

"当初怎么想的？"我问他。

"箭已射出，无法回头。"侯士峰说。

石墨烯在一些报道中被这样描述：在新一轮产业升级和科技革命背景下，新材料产业被视为推动未来高新技术产业发展的基石和先导，将会对全球经济、科技、环境等领域的发展产生广泛而深刻的影响。尤其是石墨烯"多才多艺"的性质使人们对其广阔的应用前景产生了无穷的想象，有的科学家认为未来技术革命最大的颠覆性事件之一，可能就是石墨烯代替硅成为信息技术的基础材料，石墨烯还可能在能源、交通、柔性电子和医疗保健等领域大放异彩。中国是石墨资源大国，也是石墨烯研究和应用开发最活跃的国家之一，有专家预测，未来石墨烯每年将撬动万亿级的产业链。

由于这些宣传，从2013年起，石墨烯在国内的热度越来越高，人们对它的期望值也越来越高，期望它能迅速带来效益。

但是，那时的石墨烯还是一个仅仅发现不到10年的新材料，其结构的复杂性甚至上升到要按层数分的境地。

这个时候是没办法带来任何效益的。

侯士峰清楚，石墨烯作为技术密集型的前沿新材料，前期产业培育以技术驱动为主，但靠石墨烯企业自行寻找和开拓市场，不利于产业的快速健康发展。

除了发展、优化制备技术之外，石墨烯还需要培育下游。

一直以来，石墨烯企业尤其是生产石墨烯的企业，都是在这种渴望式的目光的关注下成长的。由于承载了相当大的渴望，石墨烯企业也承载了极大的压力，不仅自己要发展，还要协助下游企业发展。

石墨烯在早期的拓展，不是需求驱动，也不是技术驱动，是一种不切实际的渴望驱动，很多开发出来的技术，都是想当然的技术和成果，没有实际意义。

近年来，随着石墨烯制备技术成熟化和产业应用多元化，石墨烯与各领域的融合持续深化，才逐步从技术驱动转变为应用驱动，从简单相加到深度相融，相关产业发展协同化。石墨烯属于技术、人才和资金高度密集型的前沿新材料产业，只有与下游应用深度融合，完全打开应用市场才能快速发展。

随着石墨烯产业发展逐步趋于理性，尤其是各地石墨烯制造业创新中心建设稳步推进，更注重特色化发展，有望形成定位清晰、各具特色、协同协调的区域发展格局。石墨烯不仅与纺织鞋服、功能涂料、改性橡胶等传统产业发展关系密切，与电子信息、新能源、生物医药等战略性新兴产业的发展也紧密相关，形成了"共生共融、协同发展"的产业生态。

四、投资与风险

作为材料尤其是新材料产业，最缺的是什么？

是资金。

据统计，2023年，国内新材料领域共发生566起投融资事件，涉及总金额约540.64亿元。这和2023年社会融资规模增量累计为35.59万亿元相比，只占万分之十五，少得可怜。[①][②]

新材料产业具有"三高三长"特点：高投入、高难度、高门槛，长验证周期、长研发周期、长应用周期。新材料产业广泛且分散，研发试验过程复杂，规模化、准商业化周期漫长。部分细分赛道实际需求量有限，行业天花板并不高。"做材料最起码要有15~20年以上的打算，10年做好一个材料，10年验证和应用好一个材料，这个周期非常正常。"侯士峰说。材料产业不能用"互联网思维"去做战略、管理、投资等，原有"热点和风口"的逻辑不仅不适用材料产业，还有可能导致材料产业过度地被关注、被洗牌，产生巨大的浪费和泡沫。

但是，在产业初期，没有资本愿意碰这个项目。

"很幸运，我们有令人尊敬的投资者，比如北京中建华威建设发展有限公司，他们从2014年到现在，一直支持我们的发展，从无怨言。"

"我们早期的投资者，从创业初期开始，一直默默支持我们。"

"在创业初期，济宁市政府给了我们极大的帮助。在我们中试最缺资金的时候，是济宁市政府批给我们启动资金500万元，使我们顺利完成中试，并由此奠定了产业化的基础。"

"在这个过程中，我们非常感谢政府的支持。"

"后来我们遇到过若干次财政危机，是济宁新材料产业园区及所在地的政府——金乡县帮助我们协调，使我们渡过一次次危机。"侯士峰的感激之情溢于言表。

五、拒绝的勇气

2016年，正是石墨烯第一波热炒时期。

当年夏天，一家上市企业D公司，精心规划了一个极其宏伟的石墨烯产业计划，其瞄准国内资质较好的石墨烯初创企业，开启了庞大的收购计划。

这些处于初创时期的石墨烯企业的估值基本在几千万到一亿或几亿之间，股权结构简单，大部分创始人都是大学教师或归国的知识分子，因此，谈收购极其容易。当时，D公司的套路一般是先以现金收购一部分（10%~15%）股份，然后签订控股合同，使其在公司的股份占比在51%以上，拥有绝对的决策权，通过注资、资金周转、资本运

---

① 中国人民银行：《2023年社会融资规模增量统计数据报告》，http://www.pbc.gov.cn/goutongjiaoliu/113456/113469/5202049/index.html，访问日期：2024年1月12日。

② 企名创服：《2023年新材料产业规模增加，发展潜力无限！》，https://www.sohu.com/a/751419868_121203063，访问日期：2024年1月12日。

作，D 公司用小部分资金周转的方式，控制了一大批企业。

侯士峰清楚地记得，当时，和 D 公司所有的合同都已经拟订好，年关将至，侯士峰准备回国外家中过年。在北京的友谊宾馆，他思索了很久，最后关头，他拒绝签订合同。

"在那以后，公司遇到困难时、走投无路时，我常常怀疑自己当年的决定是否正确。因为如果当年签了合同，毕竟可以拿回多出投资几倍的现金。"侯士峰说。

几年以后，D 公司遭遇财务危机，一批有潜质的石墨烯企业就此销声匿迹，一批有雄心的科学家就此心灰意冷，远离石墨烯产业界。

这是产业界的悲哀。

其中辛酸，也许只有被收购企业创始人和科学家知晓。

"回望过去，很为消失的同行惋惜，也深深地感受到自己肩上担子的沉重。"

"我们这些还存在的企业，要把石墨烯产业做大、做强。"侯士峰激动地说。

六、守拙与创新

2015 年春，侯士峰随着中国石墨烯代表团赴欧洲参加石墨烯国际会议，其间在米兰驻留时，团队有自由活动时间。

有一天，他独自在米兰的大街上散步，体验米兰的历史。

在斑驳陆离的街道上，绕过著名的米兰大教堂，他看到一个服装店，一位老人在服装店里非常认真地摆弄着一件半成品。侯士峰抬头看了看店名，那是一个小众但很知名的品牌。

于是，他走进去，和老先生进行了对话。还好，他听得懂老先生带着意大利口音的英语，老先生也听得懂他的语言。

"嗨，你好！"

"你好！"

"介意参观一下吗？"

"欢迎！"

"这是你的公司？"

"是我工作的公司。"

"您在这工作多少年了？"

老先生张开右手掌。

"50 年了？"

"对！"

"那你年轻时就在这工作。"

"从 16 岁就在这工作了。"

"从未换过工作？"

"是的"

"我知道这个品牌，它虽然小众，但客户很稳定，有些男士只穿这个品牌的衣服。"

"非常自豪。"

"你们为什么不扩产？"

"你知道，这个需要人工一件一件地做。我们做好每一件衣服即可，与规模无关。"

"精益求精。"

老人用非常肯定地语气说道"Improving constantly"（不断进步）。

从欧洲回来后，侯士峰一直在思考如何把石墨烯做好。

后来，他做了一张 PPT，来阐述对利特纳米的质量要求（图 10）。

霍达在她的小说《穆斯林的葬礼》中说过，你需要时时想到可能会被别人超越，才会用双倍的时间和精力去超越别人。

2024 年 2 月，利特纳米举行了 2023 年年会，装饰喜庆的会议室中热闹异常。

年会的高潮是入职 10 周年员工的颁奖仪式。

几位在公司工作 10 年以上的员工上台领奖。

侯士峰亲自颁奖（图 11）。

奖牌是公司专门定制的 10 g 的印有公司 logo 的纯金纪念金牌。

"有时，有人问我们，作为前沿新材料的石墨烯产业，需要创新吗？"

"当然，但更需要的是，打好基础，少安毋躁。"

"读过迟子建的小说《采浆果的人》吗？"在我们谈话的过程中，侯士峰忽然问我。

"没有。"我的回答有些局促。

图 10　利特纳米的质量要求

图 11　侯士峰为入职 10 周年的员工颁发纪念金牌

"年轻人应该读一读。"

"人，是需要时时反省、时时自我纠偏的，这是很重要的。"

"一个民族的发展，是需要文化沉淀的。"侯士峰说。

后来，我仔细读了这篇小说。

《采浆果的人》是著名作家迟子建用优美文笔讲述的一个东北林区的故事，意义深远。

在东北林区的山村里，一直依着古老的节奏生活，以远处的山峦为参照，山峦披绿纱就播种，山峦银霜闪烁时就秋收。秋收季节，村子收割土豆、蔬菜，储藏后过冬。年复一年，从未舍弃。

主人公是几个村民：有些智障的孪生兄妹大鲁、二鲁，聪明人曹大平夫妇和其他村民。

村子周边的山林里满是野生的浆果，以往，村民从未当回事，只是偶尔采集、食用。这一年的秋收时节，山村来了一个收浆果的人，告诉村民浆果是绿色产品，可以在山外卖个高价。于是，在秋收时节，大部分村民被采浆果的利润所吸引，放下农活，搁置了秋收，进山采浆果。村民们认为，粮食晚收一天没关系，可浆果晚采一天，拿现钱的就是别人。其中，表现最积极的一对夫妇，他们为了对岸枝头可观的果实，在深秋时节，光腿涉水渡河采集浆果。开始时收入颇丰，但后来涉水过河时，男人突然大腿抽筋，河水卷走了竹篮和他不舍得弄湿搭在身上的新裤子，最终无果而返，悲愤交加之下竟然卧病了。后来，一场突然而至的大雪，把收成无情地封冻在了大雪之下，一年的收成因采浆果迟误，错过了秋收的时机，等待他们的是饥饿的漫漫冬日。

小说的主角，是什么都不懂、不会的大鲁和二鲁，由于轻度智障，他们只能谨遵父辈的叮嘱，坚守着传统的劳作方式与对父辈的承诺——春天播完种，秋天下了霜就秋收，他们面对收浆果的诱惑不为所动，成为这一年村里唯一收获了庄稼、储存了过冬食物的人家。

小说中描述的是现代社会金钱对传统生活方式和价值观的冲击、价值取向和结局，金钱的诱惑使小山村的"聪明人"以为一切都在掌控中，鱼和熊掌可兼得，自然规律可以违反，人定胜天！在这里，作家直指人性的贪婪和本末倒置的愚行。

"《采浆果的人》只是告诉大家一个哲理，春种秋收，应时而为。"

"把本职工作做好了才会丰衣足食。把工作做到卓越，就能收获成果。"

"对此，我也有深刻的体会。"

"1989年，那年，我在大学教书。"

"5月底，母亲给我打电话，让我回家帮她收割麦子。"

"我5月30号回的家，但回家后才发现，麦子稍青，需要再等2~3天。"

"但母亲为了不影响我工作,决定尽快收割。"

"于是,我和叔叔用了3天的时间,完成了小麦的收割、打场、晾晒、入仓。"

"那时,已经是6月3号了。"

"6月5号,整个华北平原下了一场大雨,所有的麦子都被淋在地里,发芽,发霉。"

"那一年,全村只有我们一家收获了干干净净的麦子。"

"但我们吃了一年发霉的麦子。"

"因为我们的麦子被全村人用发霉的麦子换成了麦种,又播种进了地里。"侯士峰讲述着发生在他身边的故事。

七、创新与弯道超车

对于人才的选择,侯士峰有两点要求:独立思考、脚踏实地,既有头脑又兢兢业业,这样的人才是最重要的。侯士峰说:"我们经常强调创新,其实我认为创新的理念不需要刻意提醒,科学发展有自己的规律,创新的基础不是突发奇想,而是大量的知识积累。"所以,利特纳米现在对于人才的需求也越来越多元化。

高端人才的匮乏仍然是利特纳米面临的最大问题,而利特纳米也需要能把现代的管理理念和当地人文环境相融合的综合性管理人才。

侯士峰说:"有些同行经常跃跃欲试,企图弯道超车,我想说的是,在新材料领域,不存在超车的可能性。"

"其实,在石墨烯产业化领域,中国本来就起步较早,我们一直处于领先地位,但是,其他关联领域的薄弱基础,如设备基础、仪器基础,是新材料发展的瓶颈。"

侯士峰介绍,石墨烯在许多领域的应用前景极其广泛,但不同领域对石墨烯粉体材料的要求各异,需要通过可调工艺,制备出对应不同领域的石墨烯产品。但从石墨到石墨烯生产,需要十几步工序、控制几十个参数,每一道工序、每一个参数都会对石墨烯粉体和最终产品的性质产生决定性的影响。因此,石墨烯粉体工艺控制难度大,产品参数是通过大量实验数据叠加、累积出来的结果,目前仅有部分结构有理论指导,可以精确控制。需要通过对大量实验数据的统计分析,从理论上总结出共性和特异性的规律。以理论指导材料的参数控制、强化制备工艺、优化流程、量化质控指标,是解决石墨烯粉体材料制造"产品参数复杂、工艺控制难度大"问题的关键。

侯士峰认为,可以综合石墨烯原材料数据、工艺数据、应用领域数据反馈,以数据统计、分析为石墨烯材料的制备提供工艺,缩短石墨烯在材料领域应用的开发周期。

八、（10年）流水与故事

（一）10年的故事之得意之作

2015年12月，《南方周末》的一份报告，以《"十三五"石墨烯产业激情退去 环境污染隐忧成明患》为题，对石墨烯生产过程中的环境污染问题进行了系统的报道。文中谈到，用氧化还原法制备石墨烯，通过石墨与强酸反应生成氧化石墨，经过分散形成氧化石墨烯，再加入还原剂制得石墨烯粉体，这个过程需要消耗大量的水和硫酸，同时产生大量酸性废水、含锰的废酸，因此，会对环境产生污染。

文中引用专家的观点，认为现在产业刚刚开始，还未产生严重的污染事件，但产业规模大了，如果没有很好的管理机制和方式，对生态肯定会造成影响。

当时侯士峰和其他行业专家的观点是，石墨烯生产会对环境造成污染是个伪命题。任何化工产品都有废弃物，关键看能否变废为宝。

当时，石墨烯是作为添加剂使用的，不是以量取胜的材料。假如作为橡胶添加剂，1 t石墨烯就能带动50 t甚至100 t的产能。

虽然利特纳米一直坚持努力做到安全处理，但一直没有一个闭环的处理方式。

山东省鲁信工业转型升级投资企业（有限合伙）的尽调人员刘东清一直坚持，利特纳米必须为石墨烯生产过程的硫酸处理开发自主的技术，并断言，这将决定利特纳米的发展空间。

侯士峰带着技术团队，开始了技术解决之路。

经过几年的努力，终于开发出了石墨烯生产过程中稀硫酸、锰离子的回收利用技术。

在这个综合的技术工艺中，团队顺利地实现了将石墨烯生产过程中的稀硫酸和锰离子转变为硫酸镁、纳米硫酸钡、二氧化锰，并实现了二氧化锰、硫酸镁、纳米硫酸钡的工业品制备和利用。

石墨烯全闭环生产工艺可以实现石墨烯粉体材料的闭环、绿色生产。

这一技术为建设石墨烯产业链打下了较好的基础，消除了环保风险，为利特纳米快速发展提供了可能。利特纳米技术储备、人员储备、业内合作的储备，可以使其从容应对行业发展需求的突然爆发，闭环技术使随时扩产成为可能。侯士峰和同行一起如图12所示。

图12　侯士峰和同行一起

（二）10 年的故事之趣事——万吨石墨烯

2014 年 12 月 26 日，利特纳米的第一条 20 t 石墨烯生产线建成投产，那是山东省的第一条石墨烯生产线。在一个全市相关部门领导都参加的会议后，侯士峰有些疲惫，回到办公室休息。

下午 4 点的时候，朱军教授打来一个电话。

"士峰，看新闻了吗？"

"没有，怎么了？"

"我们的产能变成了 20 万 t。"

"什么？"侯士峰一个激灵，疲劳一扫而光。

他立即查看新闻，发现果不其然。

他立即打电话给园区负责此项工作的李建国主任，询问事情的原因。

五点半，李建国主任回电话解释说："在领导的讲话和园区的新闻稿中，数据都是 20 t，但记者认为，园区的化工产品以往都是以万吨、百万吨计，因此，对 20 t 的生产线说法，编辑人员或记者可能都听错了。于是，当天下午的网络上便出现了 20 万 t 的字眼。"

这让侯士峰哭笑不得，他用非常严厉的语气说："李主任，务必在明天上班之前把报道中的'万'字去掉！"

在这个互联网时代，把"万"字从源头去掉容易，从枝头一一清除谈何容易。

"侯博士，我一定全力以赴！"李建国斩钉截铁地说。

那一晚，李建国主任打了无数个电话，先从源头开始，又逐一清除转发的媒体。

终于，在半夜时分，李主任给侯士峰打电话："做完了！"语气如释重负，也有些兴奋。

"李主任，谢谢你！"侯士峰说。

"我们不为别的，我们需要严谨的说辞，不可以误导大家。"

（三）10 年的故事之憾事

1. 憾事一：优质催化剂昙花一现

那是在大学里，有一天，侯士峰的一个研究生在合成石墨烯负载钯催化剂。在合成完毕后，侯士峰刚好在实验室，于是，他要求研究生仔细清洗，先用水，然后用乙醇冲洗。在清洗过滤过程中，随着乙醇慢慢过滤到漏斗里，褐色的带有纳米钯催化剂的石墨烯逐渐在滤纸表面露出。

突然，淡蓝色的火苗在滤纸表面升起，乙醇被引燃！

研究生急忙拿灭火器，侯士峰制止了。

火苗只在漏斗里闪耀，他用一个表面皿盖上后，火苗闪了几下，不情愿地灭掉了，但整个材料被烧毁了。

"重复所有的过程。"侯士峰非常兴奋。

因为着火意味着石墨烯催化剂的超高活性可以直接引燃乙醇，如果能重复出来，将得到一个非常好的催化剂。

可学生重复了几十次，都未能成功复制乙醇直接燃烧的场面。

"10年了！"虽然因为研究方向的转变，侯士峰不再做电化学催化方向，但他一直想重复这个结果，却一直没能做出来，言语中，他些许感到遗憾。

应该是一个神秘的参数参与了合成过程，可能是某种元素，也可能是氧化石墨烯的某种结构，但氧化石墨烯的结构太复杂，没有办法从某一结构开始研究。

但是，以石墨烯为基底，确实可以合成性能优异的催化剂。

如今，新能源汽车的发展尤其是燃料电池和氢能源的发展，对高性能催化剂的需求越来越大，因此，石墨烯作为载体的催化是其中一个方向。

其实，石墨烯还有许多未知的功能。当年侯士峰在国外教书时，一个研究生发现，将石墨烯加入油水界面，石墨烯可以形成非常稳定的液液界面，界面形状可以随意调整。这个现象值得研究与探讨。

这也许就是科研的魅力吧。

2. 憾事二：水处理项目束之高阁

2015年，侯士峰申报的国际合作项目获批，通过双方合作研发，优势互补，解决几个技术难点：氧化石墨烯对铅的吸附量高达800 mg/g，远高于活性炭的60~120 mg/g。在对比活性炭、碳纳米管和石墨烯材料对0.1ppm铅的吸附能力时发现，通过特殊技术对氧化石墨烯表面进行功能化后，功能氧化石墨烯（氧化石墨烯）对金属离子的吸附特性可得到进一步的优化和增强，对低浓度的重金属离子去除能力可达到ppb级。因此，发展氧化石墨烯成型加工关键技术，在此基础上开发氧化石墨烯材料用于重金属污染处理关键技术，实现氧化石墨烯材料成型加工、氧化石墨烯材料彻底去除重金属，从而彻底回收重金属。

2018年，项目顺利完成，但在推广时遇到困难。

"虽然有些遗憾，但我们有技术储备，希望有朝一日可以将其发扬光大。"侯士峰说。

谈话结束了，窗外是初春难得的晴朗天气。

我突然间不知该说什么。

沉默，长时间的沉默。

侯士峰静静地望着墙上的一张照片，那是秋天的片片枫叶，有黄的，有红的，画面中间，一个深色的枝条横穿其中，斑驳而沧桑。

"多长时间没和您的家人团聚了？"我问。

"从2020年3月18号，到这个月（2024年3月）17号，整整4年了。"他说。

"想回去看看吗？"

没有回答。

"人们常说，做事要无愧！是这样吗？"我问。

"不，做自己喜欢的事情，无怨！"侯士峰说。

从论文到产品

——记中国石墨烯创业功勋人物高超

> **人物介绍**
>
> **高　超**　浙江大学（简称浙大）高分子科学与工程学系（简称高分子系）求是特聘教授，博士生导师，浙江大学高分子科学研究所所长，杭州高烯科技有限公司创始人、首席科学家，石墨烯联盟副理事长，国家杰出青年基金获得者。他主要从事石墨烯化学与宏观组装材料等方面的研究，在 Science 等国际知名期刊上发表学术论文 200 多篇，连续 6 年成为科睿唯安全球高被引科学家。他是石墨烯纤维的提出者，曾获首届钱宝钧纤维材料奖青年学者奖、2021 年度浙江省自然科学奖一等奖等荣誉。他通过产学研协同创新，建成了全球首条 IGCC 认证的单层氧化石墨烯生产线，创制了全球首个石墨烯车用发热组件及航天热控组件产品，发明了第四代纤维——石墨烯康护纤维，打通了石墨烯的料材器用全链条，实现了从原创论文到原创产品的成功转化，为石墨烯的科学发展和产业化做出了重要贡献。

一、创新：石墨烯科学中的发现与发明

（一）厚积薄发，敢为人先

1. 淬炼拼搏精神

1991 年 7 月，在湖北省恩施土家族苗族自治州利川市第一中学，高考成绩公布，高超与同学们正在热烈讨论高考志愿填报。高超的哥哥偶然在电视上看到了湖南大学（简称湖大）的宣传片，立即被它的悠久历史和敢为人先的创新精神吸引。在他的强

烈建议下，高超在高考第一志愿栏中填上了"湖南大学"。

在湖大，高超度过了本硕7年的激扬岁月。尽管学的是化学专业，但湖大意气风发的校园氛围、经世致用的家国情怀，滋养着他，让他的写作潜能得到了充分释放。入学第一年，在学校举办的"新生杯"作文比赛中，高超获得了一等奖（全校共4人获得此奖）。他担任学生会宣传干部，每天坚持写新闻稿、广播稿及随笔，写作能力得到了进一步锻炼，由此获得了"铁笔"名号。万事相通，没有白走的路，高超认为他的汉语写作基础对其之后的英文学术论文的撰写颇有裨益。对于文章架构、论证逻辑、表述角度、详略处理、科学问题凝练、重难点分析、引申与想象等，他觉得无论用中文还是用英文写作，只是文字符号不同而已。科学也可以诗情画意，理科生也有浪漫情怀。

本科毕业后高超被保送到本校化学化工学院化学工程与工艺专业攻读硕士学位，师从陈声宗教授。在撰写学位论文时，要完成一个染料合成的实验，但当时在市面上买不到关键的原料五氯化磷。怎么办？那就自己合成！方法倒不难，用三氯化磷与氯气反应就行。20世纪90年代的高校，实验的硬件条件有限，没有专门的毒害气体操作空间和防护措施。简陋的防护服根本挡不住氯气，实验时他被刺激得泪流满面、满眼血丝。在这种环境下，他忍着生理上的不适，成功得到了想要的五氯化磷。有了关键原料，后面的实验就能正常开展了，他顺利完成了毕业论文，取得了硕士学位。

临近毕业，高超因为担任湖南省研究生工作委员会主席及湖大研究生会主席等学生工作时表现优秀，获得了作为储备干部培养的机会。但是，他认为现代化建设需要大量科技人才，还是想从事科研，走科技强国之路，便毅然选择了考博，继续深造。20世纪90年代，我国改革开放步入一个新的阶段。高超当时经常读一本杂志《浦东开发》。虽然当时我国的创业热土是深圳，大批弄潮儿奔向那里，但高超更想去刚刚吹响开发号角的上海，到改革的最前沿去，那里的考博竞争也很激烈。既然选择了远方，便只顾风雨兼程。他认真准备，特别是对于弱项英语，更是下了狠功夫，背了一万多个单词，写下的词汇卡片有60多厘米厚；有一门专业课"高分子物理"，他之前没有学过，也没有老师可以请教，他只能自学，最后达到整本书都可背诵的熟悉程度。功夫不负有心人，最终他以优异的成绩考入了上海交通大学攻读高分子材料专业博士学位，师从著名高分子化学家颜德岳教授，从此走上了漫漫科研之路。

博士生涯是高超科研梦启航的关键时期，他想全身心扑在科研上。在上海交通大学学习期间，多次接到研究生会的入会邀请他都婉言谢绝了。第一学期，在上课之余，他基本都在图书馆，阅读了大量专业文献，提高了英语阅读和写作能力，把英语短板补齐。一篇文献，他基本上两三分钟就可以掌握其大意。撰写博士论文期间，实验不顺利是常事。思考，分析，实验，坚持下去，总会柳暗花明。

2. 第一次学术研究方向的转变：从有机化工到高分子

人生方向需要不断摸索，做科研也是一样。高超的学术研究方向，自他进入上海交通大学起，先后经历了3次重大转变。

在硕士学习期间，高超的专业是有机化工。随着学术阅历的增长，他有了新的思考。他认为，有机化工侧重化学化工技术，这方面自己已经打下了一定的基础，接下来，他想拓宽自己的研究视野。高分子是研究材料、创造材料的学科，充满了未知和创新，对他有着更大的吸引力。

博士学习期间，对于高分子来说，高超是个外行，他经常请教导师颜德岳教授和组里其他年轻教师，一边做实验，一边有针对性地学习，逐步踏入了高分子的大门。颜德岳教授是一名非常纯粹的科学家，一心扑在科研、教学和学生培养上。颜德岳教授善于捕捉工作的创新点，进行深挖和拓展，形成独特的研究方向，在聚合反应动力学、超支化聚合物、宏观分子自组装、纳米载药等多个领域做出了系统而杰出的贡献，于2005年当选中国科学院院士。

颜德岳教授早年在德国美因茨约翰内斯古滕贝格大学阿克塞尔·H.E.穆勒（Axel H E Müller）的课题组访问时，用动力学理论计算出了超支化聚合物的支化度和分子量分布的解析公式，为该领域的发展奠定了坚实的理论基础。同时，他也敏锐地发现超支化聚合物是一个有前途的新兴研究方向。回国后在从事理论计算工作外，颜德岳教授还立即布局了实验工作，安排了几名博士生做合成，高超便是其中之一。

当时超支化聚合物的简易合成还是一个大难题。1952年，诺贝尔化学奖获得者保罗·J.弗洛里（Paul J Flory）提出通过AB2型单体分子间的缩聚制备高度支化大分子，但这种单体一般不能商业购买，需要实验者自己合成。商品化的双官能团单体（A2）与三官能团单体（B3）反应，可以制备超支化聚合物，但按照保罗·J.弗洛里的理论，这种体系很容易凝胶化，形成不溶解、不熔化的交联网状结构，难以应用。

化学（chemistry）是什么？是尝试！（Chem is try！）根据教科书的内容提示，高超购买了二乙烯亚砜和氨乙基哌嗪作为A2和B3单体，想通过实验来验证保罗·J.弗洛里的理论结果，并找到凝胶化的控制开关。不试不知道，一试吓一跳！与预期恰恰相反，反应并没有出现凝胶化现象。

经过多次重复实验，结果一样：体系没有发生交联，产物的收率高且溶解性非常好。实验结果跟理论预期不一致，高超又震惊又兴奋。这意味着要么保罗·J.弗洛里的理论错了，要么实验有了新的发现。

平复心情之后，他把反应产物进行了一系列表征，结果显示产物的分子量很大，确实发生了超支化聚合反应。他又通过原位红外跟踪整个反应过程，发现B3单体中哌嗪环上的仲氨基氢在与乙烯基发生迈克尔加成反应时比伯氨基氢活性更高，即三个B官能团是不等活性的，B3则异化为B'B2。反应中，由于B'＞B，则A2中的一个A官能团与B'基团优先反应，原位生成了中间体AB2，进一步聚合就形成了超支化聚合物，且不会发生交联。反观保罗·J.弗洛里的A2+B3体系的凝胶化理论，其中有一个核心假设：所有的A或B基团在反应中等活性，即"等活性假设"。因此，理论与实验相矛盾就可以解释得通了。

在颜德岳教授的指导下，高超将该方法进一步拓展，变成了具有普适性的非等活性合成策略，成为超支化聚合物的经典合成方法，其优点很多：反应原料是商品化的单体，简单易得；反应过程可控简便，且不交联；可扩展到其他单体的聚合体系，具有普适性。

高超将这个成果写成论文投稿到 Macromolecules（《大分子》），获得评审人的高度评价，很快顺利发表（2000年）。在"梦中情刊"上发表论文，这是当时高分子专业学子的奋斗目标。

后来他沿着这一"非等活性"思路，又发表了一系列高质量的论文。非等活性策略自从被报道以后，被国内外多个课题组成功推广并应用，成为制备超支化聚合物的重要策略，为超支化聚合物的规模化制备奠定了基础。基于这些研究成果，高超的博士学位论文荣获"2005年全国优秀博士学位论文"。颜德岳教授先后有3名博士生曾获得这项殊荣，而高超是其中的首位。

2001年博士毕业前夕，高超收到了上海几家外资企业的高薪岗位邀请。他的想法很简单，即使进入外企拿到了高薪，但解决不了科技创新的问题，这不是他的追求。他想做的一直都是"原创科研"。没有过多地纠结与权衡，高超决定按照颜德岳教授的指引，留校任教。2001年8月，他被聘为上海交通大学化学化工学院讲师。1年后，他就被破格晋升为副教授。

由于在超支化聚合物方面取得的优秀研究成果，颜德岳教授和高超收到国际综述性顶尖期刊《高分子科学进展》（Progress in Polymer Science）的邀请，撰写综述性论文。为此，高超整天泡在图书馆查阅资料。那个时候用的是纸质文献，需要自己复印、摘录笔记。他收集了当时能找到的全部相关资料，并分主题装订起来，有30余册。

这篇综述以 Hyperbranched polymers: from synthesis to applications 为题发表在 Progress in Polymer Science（2004年）上，成为该领域的经典文献，位列2002—2012年我国所有学科高被引论文的前10名，截至目前已被引用2 000多次。

因为这篇综述性论文的影响力，Wiley 出版社邀请颜德岳教授和高超出版专著，并邀请该领域的国际知名学者、德国美因茨约翰内斯古滕贝格大学的 Holger Frey 教授一同作为主编，编写了题为 Hyperbranched polymers: Synthesis, properties, and applications 的国际上第一本超支化聚合物专著。专著出版后，化学领域的权威期刊 Journal of the American Chemical Society 和 Angewandte Chemie International Edition 对此做了书评。图1为高超与颜德岳教授及师母合影。图2为颜德岳教授（左三）、高超教授（左二）及高超教授的研究生合影。

3. 第二次学术方向的转变：从高分子到碳纳米管

留校工作后的次年，高超获得前往德国柏林自由大学 A. D. Schlüter 教授的课题组访问的机会。在这次短暂的交流中，他关注到碳纳米管这一当时"时髦"的新兴领域。碳，生命万物之始，它是我们这颗蓝色地球上的生命"建筑师"。直觉告诉他，在碳材料领域可以大有作为。回国后，高超决定转变科研方向，主攻碳纳米管的可控功能化，解决碳纳米管的分散问题。

高超当时协助颜德岳教授指导在读博士生孔浩，实现了碳纳米管表面可控功能化，并在高分辨透射电子显微镜下观察到了聚合物包覆着碳纳米管的形貌。论文成果 Controlled functionalization of multiwalled carbon nanotubes by in situ atom transfer radical polymerization 发表在 Journal of the American Chemical Society（2004年）上。这是当时上海交通大学化学化工学院首篇发表在 Journal of the American Chemical Society 上的高分子相关论文。孔浩的博士学位论文《碳纳米管的原位 ATRP 可控功能化》也获得了"2007年全国优秀博士学位论文"。

图1　高超与颜德岳教授及师母合影（2017年3月摄于上海）

图2　颜德岳教授（左三）、高超教授（左二）及高超教授的研究生合影（2021年5月摄于浙江大学玉泉校区）

为了在碳材料领域有更深入的研究，2003年，高超主动联系英国萨塞克斯大学的富勒烯的发现人哈罗德·克罗托（Harold Kroto）爵士，到他的组里做访问学者。

4. 第三次学术方向的转变：从碳纳米管到石墨烯

哈罗德·克罗托爵士与罗伯特·柯尔（Robert Curl）、理查德·斯莫利（Richard Smalley）一起，因发现了全新的碳元素结构"巴克明斯特·富勒烯"（也被称为"C_{60}"），共同获得了1996年的诺贝尔化学奖。

在访学期间，高超的科研能力和发展潜力获得了哈罗德·克罗托爵士的赏识。后来，哈罗德·克罗托爵士将原本默认优先留给欧盟人员的宝贵的博士后研究员职位提供给了高超，高超便从自费的访问学者变成了萨塞克斯大学的博士后研究员。

哈罗德·克罗托爵士退休离开英国去美国工作时，还为高超去德国做洪堡学者写了推荐信。图3为高超与哈罗德·克罗托爵士及同事们的合影。

2004年，曼彻斯特大学的安德烈·盖姆（图4）教授的课题组在 Science 上发表了关于石墨烯的第一篇论文。身在英格兰南部的高超，敏锐地关注到这个碳的同素异形体家族的新成员——石墨烯。此后，他便一直留意石墨烯的科研进展。

2005年7月，高超顺利完成在萨塞克斯大学的访学与博士后工作，又来到了欧洲

图3　高超（右一）与哈罗德·克罗托爵士（前排左一）及同事们的合影（2004年摄于英国萨塞克斯大学）

图4　应高超教授邀请，安德烈·盖姆教授赴浙江大学做学术报告，并被授予浙江大学名誉教授的称号（2016年摄于浙江大学玉泉校区）

另一科研圣地——德国，在拜罗伊特大学开展洪堡学者的研究工作。

在德国访学的第一站是一个美丽的小镇 Schwäbisch Hall。受洪堡基金会资助，高超先与爱人罗亭亭及其他洪堡学者等一起在这里的歌德学院全时学习了2个月的德语。

德语学习完成后，高超于当年9月到了拜罗伊特大学，师从阿克塞尔·H. E. 穆勒教授（图5）。阿克塞尔·H. E. 穆勒教授是著名的高分子化学家，在高分子领域具有较大的影响力和较高的声誉。

图5　高超与德国导师阿克塞尔·H. E. 穆勒教授及其团队的洪堡学者合影（2005年摄于德国）

德国的化学及高分子工业很发达。高超与 BASF（巴斯夫）、Bayer（拜尔）等公司也做过访问交流。实验之余，他还经常思考材料的工业应用问题。不能用的只能称为物质，能用的才是材料。高超思考：碳纳米管会缠结，功能化改性成本太高，这就导致它的应用受限。而新发现的石墨烯是二维平面材料，对这种结构的改性控制应该

比碳纳米管更容易。石墨烯来自石墨,中国有大量的石墨矿资源,意味着这种材料产业化的潜力巨大。历史多次证明,凡原料是从地下挖出来的,产业链都可以做大做强,比如石油、钢铁、有色金属、煤炭等。同时每一次材料的变革都会引起生产力的飞跃。石墨烯这种新材料,未来肯定会发挥重要作用。这种材料刚刚被发现,加上我国石墨矿藏的优势,如果抓住机会,加快攻坚基础研究,布局产业技术,我国完全可以在石墨烯这种新材料的研发赛道上抢占先机。开拓一个新领域,要趁早!

越想越激动,他抬头看向远方,无数念头消融在浩瀚的星空中。一个想法越来越清晰:拥抱石墨烯!于是,高超在2006年回国后就着手筹备石墨烯的研究。

8年时间,他辗转英国、日本、德国和我国上海、杭州,走过千山万水,得遇多位名师教导指引,历经3次转变,最终将自己的研究方向确定为石墨烯化学与组装。

5. 打造科研团队

2008年,对高超个人来说是人生转折的一年。这一年,他做了一个决定,前往杭州,加盟浙大高分子系。当年他被评为教授、博士生导师,成立了"纳米高分子课题组"(简称纳高课题组),正式开启了独立的石墨烯研究事业。

高超选择加入浙大,还得益于一位贵人的引荐和帮助。在一次学术会议上,时任浙大高分子系主任的郑强教授关注到了高超的学术成绩。为了组建强大的人才队伍,郑强教授向高超抛出了橄榄枝。高超入职浙大时,郑强教授忙前忙后,帮他协调实验室和办公室。2013年,在高超准备国家自然科学基金委员会国家杰出青年科学基金答辩时,正担任贵州大学校长的郑强教授,在百忙之中专程赶回杭州,逐页指导高超修改答辩用的PPT。

加入浙大后,校领导对高超和他所从事的石墨烯科研事业非常支持。当时杨卫校长联系高超,表示对石墨烯新材料领域非常看好。为了帮助年轻的高超顺利开展研究,杨卫校长为他特批了"校长基金"。后来,高超申报某人才计划,杨卫校长还为他写了宝贵的推荐信。吴朝晖校长在担任浙大校长不到1个月的时间内,先后两次联系高超进行一对一的谈话交流。吴朝晖校长再三告诉高超:"要两条腿走路,要对创新和创业同时发力,做好石墨烯原创科研和产业化这两篇大文章。"图6为高超与杨卫教

图6 高超与杨卫教授(前排左五)等共同参与由梁君英教授牵头主持的浙大优秀研究生课程——"浙江大学UPP课程"(摄于2024年1月)

授等共同参与由梁君英教授牵头主持的浙大优秀研究生课程——"浙江大学UPP课程"。

浙大高分子系的优秀前辈沈之荃院士、沈家骢院士、汪芒教授等也在各方面帮助了高超成长。其中沈家骢院士多次公开点评高超所发明的石墨烯纤维："高性能石墨烯纤维的产业化，将抢占未来碳纤维领域的创新制高点，实现未来碳纤维市场的全方位布局，实现我国核心材料的首创、自主性生产和换道超车，意义重大。"

浙大高分子系的历任党委书记、系主任及其他领导，都大力支持高超开展石墨烯产学研合作。

桃李不言，下自成蹊。截止到2024年，纳高课题组已经走过了17个春夏秋冬。在高超的带领下，有4名青年教师先后加盟，课题组跨越玉泉、西溪、紫金港、海宁、绍兴5个校区和基地，汇聚了60余名团队成员。2023年12月，纳高课题组学生共同庆祝建组15周年，与恩师高超共叙师友情。从教20多年，高超培养了数十名博士、硕士研究生，指导出站博士后20余名。

浙大纳高课题组是高超针对石墨烯的科研原创策源地。2022年，高超在浙大绍兴研究院又组建了石墨烯材料与器械团队，这是他的石墨烯事业的另一个"火车头"——技术攻坚先锋军。

纳高课题组团队（图7）建立后，高超积极参加及组织学术会议，营造良好的学术氛围，助推石墨烯行业发展。例如，石墨烯青年论坛由高超、刘兆平（中国科学院宁波材料技术与工程研究所）、朱彦武（中国科学技术大学）、林时胜（浙大）发起（首届论坛于2013年在浙大玉泉校区举办），逐渐发展成为国内石墨烯领域颇具特色和影响力的专业学术会议，为该研究领域的优秀中青年科学家和研究生提供了高水平的学术交流平台，图8为发起人合影。时隔10年，第九届石墨烯青年论坛再临杭州，在浙大紫金港校区圆满举办。另外，高

图7　纳高课题组团队标志

图8　发起人合影（左起：林时胜、高超、刘兆平、朱彦武）

超还担任了4届中国化学会学术年会纳米碳材料分会的共同主席，组织推进相关分会的活动。图9为2013年与2023年石墨烯青年论坛合影。

纳高课题组团队的科研工作得到了包括科技部、国家自然科学基金委员会、浙江

图 9　2013 年与 2023 年石墨烯青年论坛合影

省自然科学基金委员会等在内的多个部门的基金资助。例如，石墨烯纤维自诞生起长期受到国家自然科学基金委员会的重点、重大项目等的资助，科学认识不断深入，纤维性能不断提升，持续推进高性能化和高功能化，不断推动"从 1 到 10"的进步。2021 年，高超负责的"结构功能一体化石墨烯纤维基础研究"项目获得国家自然科学基金委员会重大项目的资助，清华大学徐志平教授、北京化工大学于中振教授、东华大学孙宾教授担任课题负责人。

打造一流团队，产出一流成果，承担重大项目，支撑国之重器，服务国家需求，纳高课题组团队在追求卓越中不断成长壮大。

6. 独创科研理念

做什么样的科研？怎么做科研？高超逐渐形成了一套理念，他将其归纳为"3T""4发"。"3T"即"First（首创）、Best（极致）、Most（使命）"，"4发"即"发奋、发现、发明、发达"。他提出了"创建一流团队计划"，即"一流文化、一流平台、一流待遇、一流成果、一流团队"。

"3T"是纳高课题组的核心文化，也是科研价值的判据。具体来说，First（首创）代表在研究方向上要抢占先机，找到自己独特的研究视角，创造独特的学术价值。科研人员要敢为人先，站在研究的最前沿，提出新的概念、理论、方法、工艺、原理。Best（极致）代表在研究过程中要追求卓越，把物质和材料的性能做到极致，表征分析抵近极限，机理认识足够明晰。即使自己所做的研究在业内并非独一无二，也要努力做到最好，刷新现有纪录。Most（使命）有两层意思：第一层意思，即在理论上是"the most impact"，有最广泛的影响力，可以修正过去错误的认知，集众人所长，建构一个领域的理论框架，做专业教科书式的整理与优化；第二层意思，即实现研究成果的社会价值的最大化，采用新方法、新思路优化现有研究，简化流程，降低成本等，促进产业发展，创造社会经济效益。

关于 Most(使命)，高超又将其细分为 3 个层次。

第一个层次，把金钱变成知识。金钱就是研究时投入的科研经费。科技工作者要把财政资金高效率地转化成新理论、新概念、新方法，把每一分钱花在刀刃上，创造更大的科学价值。

第二个层次，将科学理论变成产品，也就是把知识变成财富。开展产学研合作，把实验室的研究成果孵化成产品或技术服务，再作为商品去流通，最后变成收益，为社会贡献经济效益。

第三个层次，也是更高层次的使命，即促使某一行业颠覆性地发展。比如，针对芯片、发动机、碳纤维等领域，作为科研人员，能不能解决"卡脖子"的难题？

高超认为，科研不是在真空中存在的，不能空想、瞎想。科研工作者的使命是满足国家战略的需求、社会发展的需要、学术进步的内在要求。个人的科研价值，要与更高层面上的社会价值结合起来。

怎样才能创造更高的科研价值呢？高超把科研创新的途径概括为"4发"（或称"4D"），即发奋（diligence）、发现（discovery）、发明（devise）、发达（developing）。

发奋，是指要有坚定的科研理想和信念，为科研事业持续付出努力。发现，指的是要有敏锐的洞察力和严谨的科学态度，能够发现新现象并对其解释、发现客观规律并对其诠释。发明，就是把发现的新原理转化为物质和具体的实物。发达，则是指通过科研工作，实现个人和团队的共同发展，推动社会进步，助力国家发达。发奋是手段，发现是认知，发明是突破，发达是前进。概括起来就是，通过发奋拼搏，有所发现；利用发现，有所发明；把发明转化为有竞争力的产品，实现发达。

不管是指导科研团队和创业团队，还是给中小学生进行科普宣讲，高超都再三强调"3T""4发"的科研理念。这是他对学生提出的要求，更是他自己坚持不懈的追求。

他凭借敢为人先的"首创"、追求卓越的"极致"和毫不动摇的"使命"，带领团队在科学之路上闯过各种难关，收获了一连串的硕果。2021年5月28日，高超参加中国科学技术协会第十次全国代表大会（图10）。

截至目前，纳高课题组在 Science、Science Advances、Nature Communications、Advanced Materials 等期刊上发表SCI论文270余篇。2018—2023年，高超连续6年入选科睿唯安"全球高被引科学家"名单。在知识产权方面，获得授权中国发明专利

图10　高超参加中国科学技术协会第十次全国代表大会（摄于北京人民大会堂）

200余件、国际专利10多件，完成了78项石墨烯相关专利权转让，转让金额超2 000万元。这是高超推进石墨烯产业化发展及布局知识产权保护迈出的重要一步。

（二）勇闯无人区，发现与发明

高超有3个身份，他对每个身份的要求都很高：作为一名教师，要教书育人、为人师表，承担"领路人"的责任；作为一名科研人员，要"首创""极致"完成"探索者"的使命；作为一名科技工作者，要向社会阐释科技用在哪儿、如何用好，成为产业的"探路者"。

自2008年起，高超在石墨烯化学与组装的基础研究领域劈波斩浪，取得了一系列学术成果，这些成果是对First、Best、Most的注解。

First：首次发现氧化石墨烯液晶现象以及氧化石墨烯纤维的可逆融合与分裂效应；首次发明了石墨烯纤维。

Best：将石墨烯宏观组装体材料的性能推向极致——创制出石墨烯气凝胶。

Most：解决现有材料方面的难题，研制出高性能石墨烯薄膜和石墨烯光电子器件。

1. 惊鸿一瞥：发现氧化石墨烯液晶

2009年，正在攻读博士学位的许震偶然发现，盛放在烧杯中的氧化石墨烯水溶液在玻璃棒的搅动下，呈现出丰富的织构和彩色条带，在光照下尤其明显。这种神秘而美丽的现象引起了许震的兴趣，他向导师高超报告了这一情况。凭着对科学的敏感，高超判断这可能是因为形成了液晶（liquid crystal）。

高超鼓励许震对这一发现进行深入探究。他们在偏光显微镜下进行仔细观察，最终确认了氧化石墨烯分散液的这一液晶现象。当时国外已经有很多团队在研究石墨烯。但高超发现别人基本都立足于单片石墨烯，研究一片石墨烯的性能。

于是，他们跳出研究单片石墨烯的常规框架，用全新的视角去探索石墨烯群。经过深入研究，他们发现了氧化石墨烯溶液的液晶性，包括向列相、层状相和手性相等多种介晶相［相关成果发表在 *ACS Nano*（2011年）和 *Nature Communications*（2011年）上］。氧化石墨烯的液晶性，为他们打开了石墨烯液晶湿纺成材料的新研究方向，为制备有序宏观组装石墨烯材料奠定了理论基础。

后来，许震的博士毕业论文《石墨烯液晶及宏观组装纤维》被评为"浙江大学优秀博士学位论文"。作为高超在浙大指导的第一名博士生，许震目前已经成长为纳高课题组教师团队的中坚力量，并于2021年获得国家自然科学基金优秀青年科学基金项目资助，是浙大的长聘副教授、博士生导师。

氧化石墨烯液晶的发现引起了学术界的关注。*Asia Materials* 杂志评论道："高超团队对液晶的发现会带来长程有序石墨烯组装材料的发展。""从基础研究角度看，这一发现也很有趣，氧化石墨烯可作为液晶理论与模拟的模型体系，为胶体的流体物理带来新的视野。"灵感就像是夜空中的一颗流星，被眼疾手快的人捕捉到了，就是莫大的惊喜。只因为高超那天在实验室里多看了它一眼，多动了一点儿心思，便有了后续一系列的成果。

他们根据氧化石墨烯的液晶现象,打通了石墨烯多维宏观体制备、结构调控与重大工程应用之间的链条,发明了石墨烯纤维、气凝胶、膜等。2022年7月11日,浙江省自然科学奖揭晓,高超团队的"氧化石墨烯液晶及可控宏观组装材料"项目获得2021年度浙江省自然科学奖一等奖(图11、图12)。

2. 另辟蹊径:发明石墨烯纤维

图11 "氧化石墨烯液晶及可控宏观组装材料"项目获得浙江省自然科学奖一等奖

图12 "氧化石墨烯液晶及可控宏观组装材料"项目完成人合影(中间:成果第一完成人高超;右二:成果第二完成人许震;右一:成果第三完成人刘英军;左二:成果第四完成人高微微;左一:成果第五完成人彭蠡)

距发现氧化石墨烯液晶现象仅 1 年，又一重磅成果——石墨烯纤维诞生了，它是在石墨烯宏观组装材料中打头阵的"成员"。石墨烯纤维是石墨烯片沿轴向有序排列组装而成的新型碳纤维，是在氧化石墨烯液晶现象的基础上，高超团队有意识地组装出来的。

在传统的高分子纤维理论框架里，都是链与链相互作用，片状结构怎么能形成性能很强的材料？传统观念认为片与片堆叠在一起会滑移，不可能形成高强度的材料。的确，刚开始不能连续纺丝，只能得到一小截一小截的短纤。

看到学生日渐灰心，高超给予鼓励："既然能够得到 1 mm 长的东西，为什么不能得到 1 cm 长的？如果能得到 1 cm 长的，为什么不能得到 1 m 长的？"在一连串"为什么不能"的倔强追问下，他们反复调整纺丝原液浓度、凝固浴、纺丝速度等参数。大概过了半年，终于连续纺出了纤维。

这是中国人发明的第一根新型石墨烯基碳纤维（相关成果发表在 *Nature Communications*，2011 年），具有完全自主知识产权，是中国人自己的碳纤维。

激动之余，他们又想，该怎么表现这个新生事物的特点呢？纯的石墨烯是一种碳材料，没有柔性，而石墨烯纤维的柔性却非常好。他们想到了古老的打结形式，正好能体现材料的柔韧性。于是，他们便将石墨烯纤维打了结。浙大石墨烯纤维结图像 2011 年入选《自然》(*Nature*)，引起了科技界的广泛关注。当年一同入选的还有"美'奋进号'航天飞机退休之旅""俄'联盟号'宇宙飞船返回舱""日本大地震及核泄漏"等图像。

石墨烯纤维的发明，颠覆了传统碳纤维以高分子、沥青为原料的技术路线，开辟了用天然石墨制备碳纤维的全新路线，具有原料来源广、成本低等特点，兼具高导热、高导电、高模量等特性，潜力巨大。

Nature 在线新闻评论道："高超团队所制备的纤维强而韧，可能是实现石墨烯在太阳能电池等现实器件中应用的关键材料。""石墨烯物理性能优异，但要驾驭这些性能，必须找到能将纳米级粒子转化为宏观材料的方法。来自浙江大学的高超和许震恰好实现了这一愿望。"

Nature Asia 网站上的"研究亮点"评论道："之前的研究基本聚焦在石墨烯的电性能和电子应用，而高超团队展示了怎样从氧化石墨烯胶体液晶纺制宏观石墨烯纤维，为碳纤维的制备提供了新途径。"

国家自然科学基金委员会党组书记、主任窦贤康院士在接受《瞭望》周刊专访时提到，在国家自然科学基金的长期资助下，我国科研人员在高铁、石墨烯纤维、燃煤机组超低排放、国产盾构机、免疫治疗等方面取得了突破性进展。

因发明石墨烯纤维，高超荣获首届"钱宝钧纤维材料青年学者奖"（图 13）等荣誉。时至今日，团队已在此方向上深耕 10 余年，先后提出大尺寸石墨烯纺丝法（2013 年）、缺陷工程（2016 年）、塑化拉伸（2020 年）、融合纺丝（2021 年）及双向调控石墨烯有序排列（2024 年）等方法，不断深入推进高性能化，力争实现石墨烯纤维

 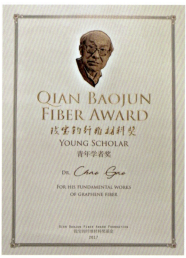

图 13 高超荣获首届"钱宝钧纤维材料青年学者奖"（摄于 2018 年 5 月 27 日）

的结构功能一体化。

3. 天马行空：发现氧化石墨烯纤维可逆融合与分裂效应

石墨烯纤维诞生 6 年后，也就是 2017 年，纳高课题组在连续化湿法纺丝技术的基础之上，成功研制出了第一块由纯石墨烯纤维构成的织物（图 14）。这块石墨烯织物完全由石墨烯纤维构成，没有添加任何黏结剂，仅利用氧化石墨烯纤维间的自融合现象使得纤维在接触结点处融为一体。这次发现的氧化石墨烯纤维的自融合现象埋下了一颗种子，它在 4 年后的春天破土萌芽。

图 14 纳高课题组研发的第一块由纯石墨烯纤维构成的织物

在《西游记》中，孙悟空能 72 变。在《哈利·波特》中，巫师们能用魔法把一小块木头变成玻璃珠，再变回木块。然而在现实世界，这种动态可逆转变却难以实现。如果想让材料像神话故事中那样实现动态转变，可行的方法之一是将材料以多单元组装体的形式分解和重组，这需要组装单元之间的界面能够按需结合与解离。

近年来，研究者们利用仿生学的原理，模仿细胞的融合与分裂。然而，组装体之间的界面往往发生了不可逆的物理或化学变化，导致融合与分裂过程难以精确可逆，组装体的数量、尺寸、化学组成、结构在一个融合与分裂循环后不能完全恢复至原先的状态。例如，两个泡可融合成一个泡。但当这个泡再分裂成两个泡时，却不再是原来的那两个泡了，其中的物质组成已经发生改变。因此，如何实现神话般精确可逆的融合与分裂，成为物质动态组装领域的重大科学难题。

科学突破有时需要"脑洞大开"。2017年发现石墨烯纤维的自融合现象后，高超就时常想：既然氧化石墨烯纤维能够接触自融合，那这种融合能否像按了"撤回"键那样撤销？如果可以，这将打破宏观材料的可逆融合与分裂的已有认知。他把这个大胆的想法告诉了当时研究这个方向的博士生畅丹。

发现现象、实验论证、讨论复盘、再做实验补充……畅丹的4年多博士生时光，是一个螺旋式艰难推进的过程。研究者不是机器，在漫长的看不见希望的时间里，畅丹有过畏难情绪，想要放弃。高超的决心、耐心给了畅丹极大的鼓励。精诚所至，金石为开。最终，他们成功实现了宏观材料的首次可逆融合与分裂。为了获得理论模拟支撑，他们找到西安交通大学的刘益伦教授做该现象的模拟论证，得到了满意的模拟验证数据。他们将神话里的"变身"与"撤回"变成了现实。这项成果发表在顶级期刊 Science（2021年）上，受到国际广泛关注。该成果发表后，被 Nano Today、Advanced Fiber Materials、Chemical & Engineering News、Physics World、《中国科学报》等国内外多家科技媒体评论或报道，同时入选了"浙江大学2021年度十大学术进展提名"（图15）。

图15　高超与成果第一作者畅丹共捧"浙江大学2021年度十大学术进展提名"荣誉证书（摄于2023年12月）

畅丹博士顺利毕业，还获得了多项荣誉，包括入选2021年度未来女科学家计划、2023年度博士后创新人才支持计划，获得浙大"竺可桢奖学金""2022年度京博科技奖－化学化工与材料京博优秀博士论文奖"和2022年浙江省优秀博士学位论文等。现在的她是高超团队的一名博士后，将继续攀登石墨烯前沿高峰。

4. 世界最轻：石墨烯气凝胶

2011年，美国哈佛机器人实验室、加州大学欧文分校和加州理工学院合作制备了一种由镍构成的气凝胶，其密度为 $0.9~mg/cm^3$，创下了当时最轻材料的纪录。把这种材料放在蒲公英花朵上，柔软的绒毛几乎没有变形，这给高超留下了深刻印象。他想：能不能制备一种材料，挑战这个极限？这种材料是用金属做的，如果用石墨烯来做，宏观体应该可以更轻，密度可以更小，从而打破这个纪录。

的确，他们把材料表观密度做到了 $0.4~mg/cm^3$，比金属基气凝胶轻了一半多。但是很不巧，正当他们信心满满准备投稿时，有一篇文章横空出世，其他团队把材料密度做到了 $0.18~mg/cm^3$。这一消息如当头一棒，团队成员非常沮丧。从发表论文的角度看，即便他们制备的气凝胶不再是最轻的材料，但因为用的材料和方法完全不一样，论文也是可以发表的。怎么办？是马上投稿，还是继续突破后再投稿？对于向来追求

"极致（Best）"的高超来说，这个问题不需要选择。他当时跟博士生孙海燕说："他们既然能做到 0.18 mg/cm³，我们应该可以做得更轻。我建议先不投稿，努努力打破这个纪录再说。"

石墨烯气凝胶（图 16）是一片一片石墨烯堆积而成的多孔材料，要做得更轻，就需要更大片的石墨烯原料。就像盖房子一样，想让它空间更大，需要墙壁越薄、墙面越大。但是凡事都有临界点，空间大到一定程度房子会塌掉，这就要掌握其中的平衡。

2013 年，高超带领博士生孙海燕和许震，成功突破传统的溶胶–凝胶法及模板导向法，首次采用无模板冷冻干燥法，用石墨烯和碳纳米管复合成功制得超轻气凝胶，表观密度低至 0.16 mg/cm³，仅为空气密度的 1/8。一大块蛋糕般的气凝胶，可以稳稳地立在花蕊上。这打破了纪录，获得"最轻固态材料吉尼斯世界纪录"认证。

图 16　石墨烯气凝胶

石墨烯气凝胶虽轻于鸿毛，但它的影响力却不容小觑。成果投稿后，很快就发表了［*Advanced Fiber Materials*, 2013（25）：2554–2560］。截至目前，已被引用超 1 700 次，为高被引论文，在当时成为该领域的研究热点。

成果发表后，被 *Nature* 两度评论。*Nature*（2013 年）以 *Solid carbon, springy and light* 为题配图评论："高超团队用非模板法获得了导电、弹性且密度低于空气的固体泡沫材料。" *Nature*（2013 年）以 *When two is better than one* 为题评论："气凝胶的应用常苦于缺乏弹性。碳管和石墨烯协同组装可以同时实现气凝胶的多功能、超轻和超弹性。高超课题组显示了怎样利用两种不同的碳纳米材料间的协同组装来创建多功能材料；扩展作者的协同组装方法至其他纳米材料可产生有新奇性质的诸多体系。"成果入选 2013 年中国十大科技进展新闻及中国百篇最具影响国际学术论文，当时一同入选的还有嫦娥三号、神舟十号、量子反常霍尔效应等的相关成果。

这项成果还走出了学术界，引起了社会重视。路透社、《赫芬顿邮报》、*Scientific American*、新华社、中央电视台、《人民日报》等数百家国内外媒体和通讯社给予了报道。关于石墨烯气凝胶密度的知识点还被选入中小学课堂，产生了良好的科普效果。

在石墨烯气凝胶的基础上，纳高课题组又做了延伸研究，向无机材料的拉伸难题发起冲锋。生活中随处可见的玻璃、陶瓷这类无机材料又脆又硬，耐高温，缺乏弹性。橡胶之类的有机材料韧性好、弹性足，却不耐高温。让无机材料变得像有机材料那样可以回弹，这是很多科学家努力的目标。

他们受生物体启发，在肌肉和关节的拉伸中寻求灵感，设计出类似传统拉缩式灯笼的结构，在一片片石墨烯中人为地制造出"褶皱"。这样，石墨烯材料就可以拉伸100%，但是如果继续拉伸，一片片石墨烯就会断开。想进一步提升性能，该怎么办呢？纳高课题组又用碳纳米管在石墨烯中间打上了"补丁"。于是，石墨烯材料可以拉伸200%，而且具有优异的抗疲劳性能。在拉伸200%时，能稳定循环100圈。在100 Hz、1%应变的状态下，可以稳定循环至少百万次。这种全碳气凝胶弹性体改变了材料本身的特性，是一大创造（相关成果2018年发表在 Nature Communications 上）。

2013年，高超获得了国家自然科学基金杰出青年科学基金的资助。次年，孙海燕博士在完成题为《石墨烯基多功能超轻弹性气凝胶》的毕业论文，顺利获得博士学位之后，选择与导师高超一起创业。

5. 柳暗花明：高性能石墨烯膜诞生

纳高课题组用高导热超柔性石墨烯膜叠成的千纸鹤（图17），曾引起广泛的关注。谁也想不到，这么漂亮的石墨烯膜当初差点儿进了垃圾桶。

当时，高超让博士生彭蠡做石墨烯宏观膜材料的课题。彭蠡用涂膜法制备氧化石墨烯薄膜，在高温处理后，得到了膜内部鼓包的"残次品"。

他沮丧地向导师高超汇报了这个情况，准备放弃这批"残次品"。高超看到这一结果后却非常高兴。他认为，意料之外恰恰是发现之始。这种现象别人没有报道过，研究下去一定能挖到宝。

在高超的指导下，彭蠡对这批样品进行了详细的表征测试。他们发现，氧

图17 高导热超柔性石墨烯膜叠成的千纸鹤

化石墨烯膜在还原碳化过程中，产生了很多气体，气体不能立即释放，就会膨胀发泡，甚至形成气囊。做成材料后，通过机械辊压成膜，把里面的气体赶出去，石墨烯表面就形成了很多褶皱。这就像手指关节处的皮肤一样，这些褶皱大大提高了材料的韧性，特别是耐弯折性。

石墨烯本身有良好的导热性能，表面的褶皱可以带来柔韧性，为解决高晶态材料的导热和柔性兼容的矛盾提供了新思路。想到这一点，高超兴奋得睡不着觉。他们通过在制备石墨烯膜的过程中引入褶皱，让石墨烯膜成为一种"能屈能伸"的材料，就像百褶裙，裙摆可以展开很大。由此制备的石墨烯膜材料热导率达1 940 W/(m·k)，接近高定向石墨[2 000 W/(m·k)]，断裂伸长率高达16%，耐弯折次数超过数万次（相关成果2017年发表在 Advanced Materials 上）。这一成果解决了宏观材料高导热和超

柔性不能兼顾的材料学难题。

高导热超柔性石墨烯膜被 Advanced Science News 进行亮点评论："浙江大学高超及同事发明了具有超高导热且超柔性特性的石墨烯材料。这样的设计理念和实验策略能够拓展至其他二维纳米材料中，使得很多大面积多功能的二维材料能够应用到现实世界的柔性器件中，从航空航天到智能手机，不一而足。"加拿大魁北克大学的 Z. Zhang 教授认为："石墨烯片的微褶皱极大地提升了石墨烯膜的柔韧性。"这一成果现在已被广泛应用在航天领域，解决了热控、减重及减振难题。

6. 化腐朽为神奇：探索石墨烯光电子器件

心怀国之大者，当不畏艰险，勇闯科研无人区，助力国家走向材料强国。这一直是高超对自己的要求，他常常说："我们不去，谁去？"

我们知道，如果材料内部带有晶格缺陷，就不能制备高性能器件。CVD 法制备的石墨烯薄膜吸光率低，不适合用在光电子器件中。高超带领团队用氧化法制备的氧化石墨烯，在保证一定层数的基础上，吸光率高，但是它的微观结构有缺陷。那么关键问题来了：如何把氧化石墨烯组装修复成完美的石墨烯薄膜？如何应用在光电子芯片中？

在这之前，高超带领团队以氧化石墨烯为原料，已经制备出了多功能的石墨烯纤维、薄膜和气凝胶。但是这些材料最小的三维尺度都在微米级别以上。在这一尺度上，宏观组装氧化石墨烯材料的电学、热学及力学等性能与单层纯石墨烯材料的差距较大。高超想：如果将尺度缩小至纳米级别呢？于是，他继续安排彭蠡博士研究石墨烯纳米膜。石墨烯纳米膜的厚度是纳米级别，可以紧密地贴合在多种基底上，因此在电子和光电子高端器件中的应用潜力巨大。

这项研究涉及与多家机构的专家交叉合作，包括韩国基础科学研究院低维碳材料中心的罗德尼·S. 劳夫（Rodney S Ruoff）教授、香港城市大学的陆洋教授等。一种材料是否适合产业化推广，需要考虑它能不能大规模制备、使用是否方便、是否能解决关键症结，以及制备成本高低。几经讨论与摸索，高超确定了研究方向：制备大面积、独立支撑且高结晶的宏观组装石墨烯纳米薄膜。

已知的石墨烯纳米膜组装方法都需要固态或液态基底作为支撑。基底的存在使得石墨烯纳米膜不能通过高温还原或者化学掺杂的方式进行结构和性质的调节。此外，常见的 CVD 法石墨烯纳米膜在转移过程中经常会引入刻蚀剂和聚合物，会对样品造成污染。

高超带领团队提出了一种用樟脑替代传统聚合物的冷缩法，可制备大面积（直径为 4.2 cm）独立支撑的超薄石墨烯纳米膜（nMAG）。樟脑起到了界面剥离的作用，这种方法规避了常规方法中聚合物和金属盐的污染，保证了整个制备过程的清洁度。致密堆积的宏观结构及高结晶的微观结构赋予了石墨烯纳米膜高导热［2 820~2 027 W/（m·k）］、高导电（1.8~2 MS/m）、高拉伸强度（5.5~11.3 GPa）、长载流子寿命（23 ps）等综合性能。

他们惊喜地发现，制备的 nMAG 在特定应用领域具有超越单层石墨烯及宏观组装微米厚石墨烯膜的性质，可用于热声器件，提升器件的响应度和响应速度（30 μs）；可用于太赫兹等离子激元检测痕量分子浓度，显著提升检测最低浓度极限（20 倍左右）。这种方法具有普适性，可扩展到其他二维材料及异质结的制备，应用于多功能高频电子器件中，此项成果发表在 Advanced Materials（2021 年）上。

在宏观组装石墨烯纳米膜材料制备的基础上，高超带领团队紧锣密鼓地开展了应用研究。有了结构和性能优越的材料，后续的工作势如破竹。在 1 年多的时间里，他们成功制备出室温高速中红外探测器。他们提出宏观组装石墨烯纳米膜 - 硅肖特基结的研究思路，解决了高吸光率和大面积原子级异质界面接触的难题，又创造了室温超快中红外光电子探测器。图 18 为高质量宏观组装石墨烯纳米膜及 4 μm 中红外检测器成像。

相较于单层石墨烯，nMAG 具有独特的性质：约 40% 的高光吸收率、约 20 ps 的长载流子弛豫时间、4.52 eV 的功函数和体相效应抑制的载流子数波动等，显著增强了电子俄歇复合及光热电子

图 18　高质量宏观组装石墨烯纳米膜及 4 μm 中红外检测器成像

发射效应。将其和硅组装成肖特基结，在维持肖特基结纳秒级超快响应速度的情况下，增强的光热电子发射效应将硅基肖特基结的探测波长从近红外（1.5 μm）扩展到了中红外（4 μm）。这项应用研究打通了从低成本商业化氧化石墨烯到高结晶度可量产宏观材料，再到高性能光电子器件的新道路，为探索体相二维材料中的热载流子动力学提供了平台，也为研发下一代室温超快宽光谱探测器奠定了基础（相关成果 2022 年发表在 InfoMat 上）。

这项成果让纳高课题组集齐了新时代的"两烯一芯"：单层氧化石墨烯（原料）、石墨烯宏观体（材料）及石墨烯光电子芯片（器件）。

日拱一卒，功不唐捐。石墨烯料材—器—用的道路就这样一点点打通了。2022 年 12 月，回首 10 多年的石墨烯科研时光，高超有感而发，赋诗一首：

咏烯

一片石墨立潮头，九重天河闪星眼。
丝丝融焊热电导，面面搭接纤维诞。
褶皱舒卷分合起，虚空便自立峰尖。
高烯纤维功能多，烯美天下享康健。

二、创业：实现石墨烯原创硬科技转化落地

（一）向石墨烯产业化进军

时间的指针转到2013年，这一年高超获得了国家杰出青年科学基金的资助。对他来说，这证明了学术研究方向转变的成功。夜深人静，他独自坐在老和山下的办公室里，思绪飘向了未来。从2008年到2013年，他在石墨烯领域钻研了6年，已经初步建立起自己原创的理论和技术体系，接下来该怎么办呢？继续在实验室里研究石墨烯，发表更多的论文吗？这条路已经驾轻就熟，沿着惯性走下去会比较顺利。但是，要不要到未知的产业界闯一闯呢？跨界意味着冒险，资金、技术、团队、市场，各个环节压力会非常大。两个念头在头脑中打架，他站起来走来走去。他不禁问自己：这辈子到底要追求什么？研究石墨烯的初心是什么？答案很明确：科技强国。当初转向石墨烯，就是看中了它的工业价值。现在，是时候让科研成果走出象牙塔，到产业的大舞台上一展身手了。如果能让科技创造更大的产业价值，这个风险值得冒。

高超的好朋友、上海交通大学的副教授、科学家合伙人赵斌元一直鼓励他创业，还四处奔走，为他的项目启动筹措资金。罗亭亭也坚定地支持丈夫的决定，还辞去了公司的高管职务，陪他一起创业。2014年，在浙大西溪校区一间普普通通的实验室里，高超教授、罗亭亭女士和孙海燕博士、韩燚博士、陈琛博士（当时在读），怀着满腔豪情，用几台设备，开始了石墨烯产业化的探索。他们怎么也想不到，这一干就是10年。

1. 创立石墨烯产业化"三生"模型

英国曼彻斯特大学物理学家安德烈·盖姆和康斯坦丁·诺沃肖洛夫在2004年从石墨中分离出石墨烯，并因此获得了2010年的诺贝尔物理学奖。自此，石墨烯进入大众视野。众多投资人看到了商机，认为科研成果很快就能转化，短期内就能升值。投资机构、制造企业纷纷上场，想抢占新的风口。于是，社会上出现了各种各样的石墨烯产品，让人眼花缭乱。一时间，石墨烯火爆非常。即使是业外人士，也多少听说过石墨烯的大名。然而，短期营利只是人们的一厢情愿。潮水退去，留下一片狼藉。大家慢慢发现，石墨烯产业化没那么简单。于是，有些人便转向了另外一个极端，悲观地认为石墨烯只是概念炒作，没有产业化的价值，失望地退出了这个领域。

市场之所以一时激进，一时退缩，主要是大多数人不了解石墨烯技术发展的内在规律，对石墨烯产业化的预估不准确。石墨烯是新材料领域的原创硬核科技，需要长期研发、持续积累，逐渐实现突破。高超根据自己在石墨烯领域多年的科研与创业的经历，认为石墨烯产业化是一场持久战，需要分阶段稳步推进，急不得，也慢不得。为此，他提出了以"三生"模型为基础的3个阶段的发展战略。

2021年，在访谈节目《匠心》上，高超特意讲述了"三生"模型。

第一个阶段是伴生。石墨烯就像工业味精，作为功能添加剂与其他材料相伴

而生，可增强现有材料的性能。可以用石墨烯制备改性纤维、防腐涂料、散热涂层、导热填料、导电填料、电磁屏蔽等。伴生阶段，高超选择了石墨烯改性功能纤维进行科研和产业化，已经突破了涤纶、锦纶、莫代尔、黏胶等品类的量产和细旦化技术，可实现批量稳定供货。

第二个阶段是共生。石墨烯作为功能主体，在产品的性能表现中起主导作用。比如，石墨烯发热膜、散热膜、电池电极、打印电路、电容器、传感器等产品。对于这个阶段的产业化产品，高超带领团队聚焦发热膜、散热膜。

第三个阶段是创生。石墨烯可以创造性地施展优势，颠覆现有的产品性能。比如，石墨烯基碳纤维、电池、吸波隐身材料、电化学催化、海水淡化膜、光电子器件等产品。高超选择主攻石墨烯基碳纤维，同时布局石墨烯电池和光电子器件。

2. 打造石墨烯"122"技术及产品体系

石墨烯的应用范围非常广泛。全球科研人员都在持续探索石墨烯在不同领域应用的可能性。目前，纳高课题组已经研制出石墨烯改性功能纤维、石墨烯基碳纤维、石墨烯膜、石墨烯气凝胶、石墨烯无纺布、石墨烯-铝离子电池、石墨烯/硅室温宽光谱光电探测器、石墨烯光电子芯片等，并发表了一系列高质量的前沿论文，拥有众多知识产权。

科研探索可以无限发散思维，天马行空地想象，但是产业化却需要将有限的人力、物力聚焦再聚焦。创业前，高超主要考虑一个问题：做什么产品？在"三生"模型的基础上，他带领团队做了市场调研，盘点了团队的技术储备和资金后，决定把氧化石墨烯原料、石墨烯改性功能纤维作为创业的起点。

刚开始，纳高课题组"天真"地认为，只要用心做出好产品，肯定不愁卖。但当他们拿着产品走进市场才发现，现实跟想象的不一样，他们不得不面对新的问题：客户在哪里？客户需要什么产品？

在频频碰壁与反思中，他们结合市场需求、国家需求，逐渐探索出一条独特的产业化思路，高超把它提炼为"122"技术及产品体系，即1片原料（单层氧化石墨烯）、2根纤维（石墨烯改性功能纤维、石墨烯基碳纤维）、2张膜（石墨烯散热膜、石墨烯发热膜）。

创业10年来，他们一步一个脚印，把"122"技术从论文变成产品，实现了P2P（from papers to products）的转变。图19为"122"技术及产品体系的创新创业历程。

2019年7月，中国科学院院士刘忠范带队到高烯科技调研（图20）。那时，单层氧化石墨烯10 t级生产线刚投入运行，石墨烯改性功能纤维初步实现了量产，其他技术还在开发中。高超向他详细介绍了高烯科技以单层氧化石墨烯为核心，开发应用产品的发展思路。刘忠范院士鼓励他抓住机会，大力推进。

4年以后，在上海举办的"2023中国国际石墨烯创新大会"上，刘忠范院士又来到高烯科技的展位，了解各种产品的最新进展（图21）。这时，高烯科技的"122"产品体系已初具雏形。

图20　刘忠范院士到高烯科技调研（摄于2019年7月23日）

图19　"122"技术及产品体系的创新创业历程

图21　刘忠范院士参观高烯科技的展位（摄于2023年11月10日）

2024年2月25日，大型电视纪实类节目《非凡匠人》播出《烯天下 创未来》，镜头聚焦高超带领团队勇闯产学研无人区，打通石墨烯原创硬科技产业化之路，实现"122"技术从原创论文向原创产品的转化。

3. 提倡奋斗精神

伟大事业始于梦想，基于创新，成于实干。高超的石墨烯事业起步于开创"烯碳文明"的梦想。为此，他形成了"3T""4发"的科研理念，不断创新。

为了让团队成员更好地理解奋斗的含义，2018年他专门写了一篇《奋斗者之歌》，后来又多次修改完善。在杭州德烯科技集团有限公司（简称德烯科技）、高烯科技的重要活动中，他都会带领大家一起朗诵（图22）。

图22　2024年1月26日，高超创业团队朗诵《奋斗者之歌》

（二）全球首个单层氧化石墨烯产品

产业发展要从最基础、最核心的原料开始。没有高品质、低成本、大批量的原料供应，石墨烯产业就无从谈起。于是，高超创业伊始就瞄准了石墨烯原料的量产。

1. 聚焦单层氧化石墨烯

石墨烯是一种单层片状二维材料，量产难度很大。2018年，诺贝尔物理学奖获得者、石墨烯发现者之一的康斯坦丁·诺沃肖洛夫在 Advanced Materials 期刊上发表了一篇题为 The worldwide graphene flake production 的文章。他当时收集了全球60多家石墨烯生产商的产品，检测结果显示这些石墨烯质量非常差，甚至大多数公司生产的只是石墨微片，并不属于科学界定义的石墨烯。

高超的科研理念是 First、Best、Most，追求人无我有、人有我优。当其他企业做多层石墨烯的时候，他选择带领团队迎难而上，奔向真正单层的石墨烯。

在高超看来，氧化石墨烯虽然有缺陷，但优点也很多，如良好的溶解分散性、自发的液晶性、表面可修饰易掺杂、皱褶构象可调控、容易加工成材料、容易还原为石墨烯、成本低等，这些对于工业生产来说都是优势。综合比较后，高超选择了氧化法。接下来，团队就开始想办法解决氧化石墨烯结构的缺陷和浓硫酸的安全环保隐患问题。

针对氧化石墨烯的微观结构缺陷，高超提出"先成材，再修复"。氧化石墨烯加工成纤维、膜后，可以利用其他工艺进行处理，以提升其性能。如果宏观组装材料性能达不到使用要求，即使原料的微观结构再完美也没有意义。毕竟工业应用看中的是复合材料的性能，而不是在显微镜下才能看到的六边形结构。

从氧化石墨烯改性功能纤维、石墨烯基碳纤维、石墨烯发热膜、石墨烯散热膜的性能表现来看，氧化石墨烯的微观缺陷实在是无伤大雅，可以忽略不计。对于在产业化中神通广大的单层氧化石墨烯，高超的喜爱之情溢于言表。看到氧化石墨烯被很多人误解，他心有不忍。2018年，他挥毫写下一组诗，专门为氧化石墨烯"正名"。

氧化石墨烯（一）

插层氧化石成金，水洗超声片片新。
纵是千疮身百孔，组装修复变烯神。

氧化石墨烯（二）

肩负使命勇向前，身怀绝技化万千。
料材器用通达时，一笑而藏天下安。

氧化石墨烯（三）

环碳连一片，氧氢挂四边。
光发红外波，貌美桃花颜。
抑螨肌肤爽，抗菌腐臭完。
养生离子负，共聚成神纤。

氧化石墨烯（四）

生命碳中来，文明烯碳归。

氧氢齐助力，万物生光辉。

关于浓硫酸的危害，其实也有一个误解。浓硫酸是一种特别常见的工业用料，制造业对它的管理很完善，回收处理的工艺也很成熟。根据《建筑设计防火规范》（GB 50016—2014，2018年版）的规定，浓硫酸不具可燃性，火灾危险类别为戊类。只要按照操作规范执行，运输、存储和使用浓硫酸是非常安全的。

在生产氧化石墨烯的过程中，浓硫酸只是充当溶剂，不会在最终的氧化石墨烯产品中残留。高超创业团队经过多次探索、实验，改进了工艺，把浓硫酸的用量降到最低。他们还采用两种方法提高浓硫酸的综合利用率。第一种方法，把浓硫酸变成副产品硫酸钙晶须、硫酸铵等，以固态形式由专业的工业废料处理公司回收利用。第二种方法，把用过的稀硫酸变成浓硫酸，进行循环利用。

在安全、环保方面，高超一直都高标准、严要求。氧化石墨烯生产线的设计、安全、环境影响都经过了第三方专业机构的审核评价，政府管理部门也严格监管企业的危化品和三废，平时有各种工具全天候监控检测，还会不定期到现场抽检。

很多人不了解工业中浓硫酸的处理方法，认为氧化法不环保。为此，高超在很多场合都遭到了质疑。每次他都会耐心地解释，要用工业办法来解决工程问题。

2. 创业摸索

2014年一个普通又寒冷的冬日，孙海燕蹲在实验室的地上，给一桶发往哈尔滨的浆料一层层地包裹保温棉，又联系物流公司发货。等忙完手头的事情，一抬头外面的天已经全黑了。早出晚归是创业团队的常态。对他们来说，每天都是新的考验。在各种挑战中，几名创业成员练就了十八般武艺。做实验、维修设备、网络布线、清洁打扫等，他们都自己动手搞定。图23为创业摸索期的高超。

2017年，高烯科技获得余杭区领军型人才团队奖，高超与孙海燕、韩燚在颁奖典礼上合影（图24）。

图23 创业摸索期的高超

图24 高超与孙海燕、韩燚在颁奖典礼上合影（摄于2017年11月27日）

2016年9月20日，石墨烯的发现者之一、诺贝尔奖获得者安德烈·盖姆到浙大西溪校区交流，专门参观了解了高超创业团队的成果（图25）。他对高超的产学研思路非常认可，鼓励创业团队推进单层氧化石墨烯原料的量产，让石墨烯尽快走出实验室，走进千家万户。

2023年11月10—12日，2023（第十届）中国国际石墨烯创新大会在上海举办，高超与安德烈·盖姆再次相聚。在石墨烯联盟理事长李义春、国家石墨烯创新中心主任刘兆平及其夫人的陪同下，安德烈·盖姆专程来到高烯科技的展位。这时，高烯科技的产业化已初具规模。高超向安德烈·盖姆介绍了石墨烯基碳纤维（图26）、石墨烯散热膜等产品的产业化情况。

图25 安德烈·盖姆到浙大西溪校区参观

图26 高超向安德烈·盖姆介绍石墨烯基碳纤维

在2023（第十届）中国国际石墨烯创新大会举办的诺奖对话会上，高超与安德烈·盖姆、刘忠范院士、刘兆平博士等同人面对面，共同探讨石墨烯领域的发展现状、趋势，深度解析石墨烯产业化发展路径。

3. 工程化突破

孙海燕在读博期间，用实验室设备一周只能制备10 g GO。在浙大西溪校区创业摸索时，一周可制备出500 g GO。完成石墨烯制备方法的验证后，创业团队就开始向产业化进发。但要达到年产10 t，可不是简单把实验过程延长就行了。这条路上的困难远远超出了他们的认知和想象。

产业化首先要有合适的场地，要建生产线，可是到哪里去找厂房？大家两眼一抹黑。后来，在高超的湖南大学校友、浙江海虹控股集团有限公司董事长陈海贤的热心介绍下，单层氧化石墨烯10 t生产线最终落户杭州良渚，这个项目也得到了当地政府的大力支持。

好像是冥冥之中的安排，良渚曾在历史上创造了无比璀璨的玉石文明。21世纪，它又成为石墨烯的孵化地，承载全球首条10 t级单层氧化石墨烯生产线，创造新的"烯碳文明"。

在他们争分夺秒的努力下，2017年年中，研发中心的基建完成了。2021年7

月21日，高烯科技举办了简单又不失隆重的开业典礼（图27）。公司监事赵斌元、时任良渚新城管理委员会副主任蒋旭东等到场祝贺。

图27　高烯科技举办开业典礼

与此同时，产业化还要解决工程技术问题。反应规模超过200 L以后，会发生什么？高超创业团队没有这方面的经验，大家心里都没底。孙海燕在睡梦中都在思考反应的各个环节。刚休完3个月的产假，她就火速回到工作岗位，到全国各地的工厂考察选购设备，无数次实验推算，反复求证。

2019年1月14日，生产线正式投料运转。孙海燕和负责安全生产的同事在车间值守，时刻查看设备的运行状态。第一次投料运转顺利，她稍微松了一口气。经过半年的正常运行，生产稳定了下来。高超又开始考虑产品推广的难题：检测认证。由于缺少权威的行业标准、国家标准，检测机构没办法证明送检产品是石墨烯。销售人员即使费尽口舌解释，客户也会有所怀疑。综合考虑后，高超选择由IGCC做鉴定。IGCC通过检测产品和检查生产现场的管理，最终给出认证结果。

2019年6月6日，高烯科技召开新闻发布会，向社会正式宣布：全球首条IGCC认证的单层氧化石墨烯生产线试车成功。新闻发布会现场，IGCC技术委员会副主席维尔纳·伯格霍尔茨博士（Dr. Werner Bergholz）为高烯科技颁发认证证书（图28），并激动地说："我认为这是一个历史性的时刻。这不仅是全中国，也是全世界的首个单层氧化石墨烯认证证书。"

图28　维尔纳·伯格霍尔茨博士为高烯科技颁发认证证书

石墨烯联盟秘书长李义春出席发布会，对高烯科技所取得的成绩表示肯定与祝贺："高烯科技产品获得国际认证，标志着粉体石墨烯产品及其应用进入单层时代，石墨烯产学研用全生态链迈入健康有序发展的新时代，中国石墨烯原创产业技术走向国际，引领时代！"

取得全球首个IGCC单层氧化石墨烯认证证书对于石墨烯产业发展意义重大，高超倡议将6月6日定为国际石墨烯日（International Graphene Day），2019年6月6日即首届国际石墨烯日。这个倡议得到了石墨烯联盟等127家单位的响应。2019年6月6日，在高烯科技举办的发布会上，李义春正式宣读了这份倡议。此后，每年6月6日，石墨烯联盟、高烯科技等都会组织庆祝活动。

目前，高烯科技是第一个也是全球唯一一个获得IGCC单层氧化石墨烯产品认证的企业。单层氧化石墨烯产品在全球有几百家用户，被数十个国家和地区的科研机构作为试剂应用于大量严谨的科学研究中，产品品质得到了社会各界的认可，先后获得第22届中国国际工业博览会CIIF新材料奖、第21届中国国际高新技术成果交易会优秀产品奖等荣誉。高烯科技的单层氧化石墨烯成果还入选了中国科学院主管的《互联网周刊》、中国社会科学院信息化研究中心、北京硅谷动力电子商务有限公司（简称硅谷动力）、德本咨询（北京）有限公司（简称德本咨询）联合发布的"2020—2021年度中国市场黑科技TOP50"榜单，与中国航天科技集团、华为技术有限公司、龙芯中科技术股份有限公司等巨头一起排在榜单前列。

（三）全球首个单层氧化石墨烯改性功能纤维

衣食住行是每个人每天生活的必需。袁隆平院士有一个禾下乘凉梦，终其一生解决粮食问题，把饭碗牢牢端在了中国人手中。高超也有一个梦，他想让石墨烯造福全社会，实现"烯美天下"。

偶然间，他看到一篇介绍化学纤维发展史的文章，不禁皱起眉头。一个想法油然而生：做中国原创纤维品牌，把穿衣权掌握在国人手中！

说干就干，高超便开始带领团队研究石墨烯改性尼龙。2010年，纳高课题组发表了关于氧化石墨烯-尼龙6原位聚合制备纤维的首篇论文［GAO C, XU Z, *Macromolecules*, 2010（43）：6716-6723］，并持续深耕这个方向。

1. 开创原创纤维品牌

在漫长的人类历史中，人类一直使用棉、麻、毛、丝等天然纤维。直到进入工业时代，化学纤维横空出世，纺织纤维品类骤增。19世纪开始，德、法、英、美等国陆续发明了硝酸纤维素、铜氨纤维、黏胶纤维、醋酸纤维、再生蛋白质纤维、氯纶、聚酰胺（尼龙）、涤纶、锦纶、腈纶、维纶、氨纶、丙纶等。

我国是世界上最大的纺织品服装生产国和出口国，产量巨大。我国虽是纤维大国，但缺少有国际影响力的原创纤维品牌，化纤产业向高附加值、差别化、功能性转型刻不容缓。

高超认为，原创纤维品牌包含4个关键要素：原创的原料、独立的生产技术、自主知识产权、主导制定的标准。围绕这4个要素，高超带领团队"十年磨一线"，攻克了核心原料单层氧化石墨烯和单层石墨烯改性功能纤维的量产技术，掌握了核心原料和纤维生产的工艺。

与此同时，高超还布局全球的知识产权。从 2016 年开始，高超创业团队陆续申请中国专利近 400 件，授权中国发明专利 230 多件。在美国、俄罗斯、欧洲（德国、法国、英国、比利时、瑞士、爱尔兰等）、日本、印度、韩国等国家和地区，授权国际专利 30 多件，覆盖了单层氧化石墨烯原料、石墨烯改性功能纤维等产品技术。他还注册中国商标 150 多件，通过马德里商标、国际注册体系在美国、欧洲、俄罗斯、日本、韩国、新加坡、印度等国家和地区注册商标 80 多件。高超也在努力推进单层氧化石墨烯原料的国际标准和石墨烯改性功能纤维的国内标准的制定。

基于原创的原料、技术、知识产权与标准，打造原创的纤维品牌，助力我国从纤维大国走向纤维强国，从中国制造走向中国创造，进而达到中国智造，高超的蓝图正在一步步变成现实。

2. 提出"第四代康护纤维"的概念

在日常生活中服饰扮演了很多角色。除了满足基本的保暖和舒适需求外，它还彰显着人们的审美个性，承载着情感记忆。随着社会发展，人们对纺织服饰又有了健康的需求。尤其是后疫情时代，健康纺织成为社会热词，是纺织转型升级的重要方向。

高超创业团队在深入研究的过程中发现，石墨烯改性功能纤维及其纺织品除具有抗菌、抑螨、紫外线防护、远红外发射、负离子发生等功能外，还具有抗病毒功能，是一种兼具多种康护功能的原创纤维品种。看到检测报告上的数据，高超忍不住叫好。他像"炫宝"似的，逢人便介绍这是"第四代康护纤维"。

2021 年 3 月 18 日，高烯科技在 2021 中国国际纺织纱线（春夏）展览会上，举办了主题为"烯美天下——第四代康护纤维"的发布会，高超正式向社会讲解"第四代康护纤维"的概念。

远古时代，人类使用的棉、麻、毛、丝等天然纤维属于第一代纤维；19 世纪末 20 世纪初，人们发明了涤纶、锦纶、腈纶、氨纶等化学纤维，这是第二代纤维；20 世纪 50 年代，出现了使用助剂的各种功能纤维，其具有抗菌、防紫外线等性能，这是第三代纤维；21 世纪，自带多种康护功能的石墨烯改性功能纤维面世，高超及业内人士称它为"石墨烯康护纤维"，这是第四代纤维。纤维的发展历程如图 29 所示。

2023 年，纳高课题组在 Advanced Fiber

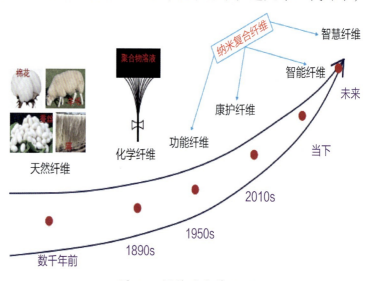

图 29　纤维的发展历程

Materials 上发表了题为 A review of multifunctional nanocomposite fibers: design, preparation and applications 的综述性文章，系统阐述了多功能纳米复合纤维的发展现状及未来趋势，正式定义高烯科技原创的石墨烯改性功能纤维为第四代纤维。

3. 在碰壁中摸索前行

2015 年的某一天，纳高课题组开会讨论纺丝时出现的断丝、散丝和飘丝现象，问题出在单层氧化石墨烯的干燥环节。单层氧化石墨烯在水中以单层状态分散良好，但在干燥过程中会发生堆叠团聚，形成多层结构。这种团聚的石墨烯与己内酰胺、聚酰胺等单体发生聚合反应时分散不好，导致树脂切片不均匀，大颗粒会堵塞喷丝孔。现象和原因都很明确，关键是怎么解决。争论许久也没有结果，会议陷入僵局。

这时一个学生用纸擦过鼻涕后随手把纸揉成一团，扔进了垃圾桶。旁边的高超看到后灵光一现，单片的氧化石墨烯就像一张纸，在水里一张一张分散地漂着。把水蒸发掉，纸张就叠在了一起。把叠在一起的纸再放到水中，就很难把它们分开了。如果干燥时把每张纸都团成一团，等再次入水，想办法让每一个纸团伸展开，不就行了吗？

在高超的指导下，创业团队很快发明出石墨烯褶皱微粉原位伸展聚合技术，用这种技术他们攻克了石墨烯改性功能纤维制备的均匀分散难题。

2017 年，在上海某个工厂的车间里，韩燚博士紧盯着租借的生产线。在生产线一端投料后，经过一道道工序，成卷的丝束顺利下线，车间的工人都忍不住鼓掌欢呼起来。他们之前已经见过好几批人尝试用石墨烯纺丝，但是都失败了。当韩燚博士、陈琛博士第一次出现在车间时，他们以为又来了一伙"痴心妄想"的人。看着他们一次次在车间调试，没想到竟然真的成功了。

此时，距离高超创业团队首次发表论文已经过去整整 7 年。纺织用的石墨烯尼龙终于走出实验室，在生产车间实现了低速纺丝。这是石墨烯改性功能纤维量产路上的第一个里程碑。

2018 年，高烯科技与化纤巨头恒申集团合作，实现了石墨烯尼龙的高速纺丝，石墨烯改性功能纤维的量产工艺正式打通。在纺织纤维领域，高烯科技这才算是真正"入行"了。

2019 年 6 月 6 日，单层氧化石墨烯改性功能纤维与单层氧化石墨烯一起获得了 IGCC 全球首个产品认证证书。同年，还通过了欧盟纺织品信心 100 OEKO-TEX 附录 6 的环保认证，可应用于婴幼儿纺织品中。

2021 年年底，单层氧化石墨烯改性功能纤维跟全球的石墨烯产品竞争，经过来自全球 30 个国家和地区的评委层层评选，最终战胜法国的石墨烯智能创可贴、英国的手持式生物蛋白传感器、西班牙的石墨烯生物传感器，夺得了"2021 年度最佳石墨烯产品创新奖"；同年，高烯科技获得 2021 年度石墨烯产业杰出贡献奖，如图 30 所示。

图 30 高烯科技获得 2021 年度最佳石墨烯产品创新奖、2021 年度石墨烯产业杰出贡献奖

（四）全球首个石墨烯基碳纤维

碳纤维是国家战略材料，具有轻质、高强度、高模量、抗摩擦、导电、导热及耐腐蚀等优点，既有碳材料固有的本性特征，又兼有纺织纤维的可编织性，可以加工成各种复合材料，被广泛应用在航空航天、交通设备、电子电器等领域。

1. 突破"卡脖子"技术包围圈

1860 年，英国人约瑟夫·斯旺首次制得碳丝，1879 年爱迪生尝试用碳丝制作灯丝。20 世纪 50 年代以来，美国与日本等国家相继发展出了聚丙烯腈基（PAN 基）及中间相沥青基两种石油系碳纤维，前者主打高强度（T 系列）和高模量（M 系列），后者主打高导热（K 系列）。

事实一次次证明，关键核心技术要不来、买不来、讨不来。只有把核心技术掌握在自己的手中，才能保障经济安全和国防安全。面对风云变幻的国际形势，必须尽快开发出高品质的国产碳纤维。

经过数十年的努力，我国自主发展了碳纤维技术体系，基本掌握了 T 系列碳纤维技术，产业规模逐年扩大，战略支撑作用日益凸显，但导电导热碳纤维仍未被完全突破。与此同时，航空航天与民用市场对碳纤维的需求趋向结构功能一体化。然而，传统碳纤维的性能发挥已接近极致，无法满足产业未来发展的重大需求。

高超很早就开始关注碳纤维的"卡脖子"技术。2009 年，看到氧化石墨烯液晶现象，他不由得眼前一亮。如果放弃传统的石油制备碳纤维路线，采用全新的原材料，会不会有突破呢？他开始有意识地把氧化石墨烯液晶往纤维方向组装。2011年，成功用液晶湿法纺丝制成纤维，这让他更加有信心了。理论计算表明，由于石墨烯的分子非常大、片径尺寸大、导电和导热性能突出，用石墨烯组装成的纤维在力学、电学、热学方面可以超越传统的碳纤维，更符合未来碳纤维结构功能一体化的发展趋势。

在石墨烯和石墨烯基碳纤维领域，我国的科研和产业化水平都走在世界前列，抓住这个难得的机会，完全有可能换道超车、后发制人。

2. 出奇制胜创造新体系

《孙子兵法》云："兵以正合，以奇胜。"要跳出碳纤维的传统技术路线的包围圈，最好的办法就是大胆原创，出奇制胜。从理论到模型，再到工程与产品，建立完全原创的理论与技术体系。但是，这个过程并非一帆风顺。

让所有的氧化石墨烯薄片听从指挥，列队整齐，成为完美结构的纤维，这是高超创业团队制备石墨烯基碳纤维的目标。然而，石墨烯显然有自己的"想法"，不肯乖乖地"听话"。它们的各种表现着实让高超和团队成员头疼。

在原子级别，石墨烯片与片之间有孔洞，边界有时会有重叠；在微观尺度上，有折叠导致的多级孔洞；在宏观层面，存在纤维粗细不均匀、褶皱随机定向的问题。这些导致纤维结构不完美的现象，被高超统称为"缺陷"。为了修复这些多级多尺度缺陷，他在2016年提出了一条策略——"全尺度协同缺陷工程"策略，全方位处理纤维从原子尺度到宏观尺度可能存在的缺陷。针对每一个缺陷，对症下药，让石墨烯整齐、均匀地排列。

把微观的二维石墨烯片组装成肉眼可见的宏观材料，相当于对石墨烯片进行了重新排列。但是，石墨烯片与片之间的作用力太强，不能随意移动。怎么才能削弱片层间的作用力，激活片与片之间的运动呢？润滑剂给他们提供了一个思路。

果然，经过多次试验调整，他们找到了合适的溶剂和插层方法，使石墨烯褶皱随机变平，并调节高阶和堆积密度的薄片，从而形成大的晶体域。这种利用插层给石墨烯塑形的方法，被高超称为"塑化插层"。

高超把石墨烯基碳纤维量产作为工作的重中之重，整个创业团队投入了大量精力。2009—2011年，纳高课题组完成了石墨烯纤维从0到1的突破。之后，又开始工程化的攻关。经过10多年的努力，他们摸索出用石墨烯制备碳纤维的独特技术，高超将这项技术的特点归纳为"四新"：

一是新路线。传统高导热碳纤维遵循石油化工制备路径：石油→聚丙烯腈/沥青→碳纤维。高超带领创业团队跳出固有框架的束缚，开辟出独特的技术路线：石墨→单层氧化石墨烯液晶→石墨烯基碳纤维。

二是新理论。在传统碳纤维分子裂解融合机制外，建立了"片-片互锁"新理论模型。传统碳纤维是"链-链缠结"模型，晶区小、晶界缺陷多，难以实现较强的导热性。石墨烯基碳纤维是"片-片互锁"模型，分子间力、电、热的传导性能更好，为实现碳纤维的高导热提供了可能。

三是新性能。石墨烯基碳纤维突破了传统碳纤维的小晶筹局限，可以实现大晶筹和结构功能一体化。目前石墨烯基碳纤维的导热系数达 1 200 ~ 1 400 W/(m·K)，高于美国氰特公司的沥青基王牌高导热碳纤维 K1100 的 950 W/（m·K），更是远高于日本三菱化学公司的沥青基碳纤维的 800 W/（m·K）。伸长率达 0.8%~2.8%，超过沥青基碳纤维的 0.3%~0.4%，可编织性更好，是一种极具潜力的新型碳纤维。

四是新体系。作为新的碳纤维品种，石墨烯基碳纤维要建立新的知识产权体系和技术体系。高超创业团队建立了全单层氧化石墨烯＋石墨烯纤维的制备技术体系，拥有全链条自主知识产权，技术壁垒高。

2013 年起，石墨烯基碳纤维项目陆续获得国家自然科学基金委员会国家杰出青年科学基金项目和重点、重大项目的资助。2018 年，实现单丝到 1 K 丝束的跨越。2021 年，纳高课题组发现可逆融合与分裂新效应，成果刊载在 Science 杂志上。2022 年 11 月 11 日，在 2022（第九届）中国国际石墨烯创新大会上，高烯科技重磅推出了高导热石墨烯基碳纤维产品（图 31），石墨烯联盟理事长李义春为这款产品揭幕。

2023 年，"高性能石墨烯基碳纤维研发及产业化项目"在科学技术部主办

图 31　高导热石墨烯基碳纤维产品发布

的"2022 年度全国颠覆性技术创新大赛"中，经过 4 轮筛选、调研及线上、线下答辩等环节，从 2 800 多个参赛项目中脱颖而出，获得大赛总决赛的最高奖——优胜奖（图 32）。随后，石墨烯基碳纤维亮相第二十三届中国国际工业博览会，荣获新材料产业展优秀产品奖。

目前，高超正在带领创业团队建设石墨烯基碳纤维的 10 t 级生产线，推进这项技术快速转化。在他的规划中，石墨烯基碳纤维是一个大家族，第一代产品主打高导热，第二代产品主打高模量、高导热，在已经实现高导热的基础上，提升产品的模量，第三代产品主打高强度、高模量、高导热、高导电，实现结构功能一体化，高超把它叫作"四高纤维"。

图 32 "2022 年度全国颠覆性技术创新大赛总决赛优胜奖"证书

（五）全球首个航天级石墨烯热控器件

2024 年 2 月 3 日 11 时 06 分，捷龙三号运载火箭在广东阳江附近海域点火升空，我国首个民营全自主可控的超高速星地双向激光通信终端也顺利进入预定轨道，发射任务获得圆满成功。该款通信终端为按星间建造规范研制的星地星间通用产品，关键性能符合卫星互联网技术标准，各项关键指标均处于我国星地激光链路试验领先水平。此次通信卫星的相机散热模组正是由高烯科技自主研发生产的高通量酷冷模组，这是全球首个航天级石墨烯散热器件。

1. 在航天热控中大显神通

随着我国空间技术的不断发展，卫星的探测系统，如高分辨率光学相机、红外探测器等对高精度控温提出了越来越高的要求。同时，探测系统内部的半导体器件也不断朝着小型化、高集成方向发展，导致功率密度越来越大，对散热要求越来越高。为了保证卫星探测器的温度分布均匀，系统的热管理成为急需解决的问题。石墨烯膜兼具高导热和高柔性，为解决这个问题提供了新方案。

由石墨烯膜制备而成的航天用散热器件，诸多性能优越。高超给它取了一个响亮的名字——高通量酷冷模组。这是一种由金属端头和柔性散热石墨烯膜组成的散热组件，将石墨烯膜的高导热和高柔性融合在一起应用于航天卫星时，可使得卫星相机散热结构整体质量减少，降低冷热端之间的温差，并大幅提升其散热性能，同时也可改善相机模块和散热面结构间的受力情况。

高通量酷冷模组在散热、减重、减振等方面，显著优于航天卫星相机散热器件之前普遍采用的铜、铝导热索。

首先，在常温条件下，高烯科技高通量酷冷模组的导热率分别是铜导热索的 3~4 倍、铝导热索的 5 倍。它的使用使得卫星相机冷热端之间的温差下降了 73%，散热性能提升了 3 倍以上。相机冷热端温差越小，相机之间的线热膨胀系数变化越小，成像的质量就越高。当高通量酷冷模组热端有大量热量产生时，石墨烯散热膜就能及时地将热量传导至酷冷模组冷端，减少局部过热现象的发生。因此高通量酷冷模组常用于表面动态温度控制，使相机冷热端保持在一定的温差范围内，避免温差过大造成设备损坏或者精度失控，保证了相机模块的探测灵敏度。

其次，航天卫星的整体质量每减少 1 kg，发射成本就能减少 10 万元左右。相较于之前采用的铜、铝导热索，高通量酷冷模组使得通信卫星相机的散热结构的整体质量减少了 43%，对民用卫星的成本控制是一大利好。

最后，高通量酷冷模组有一个酷冷模组热端对应另一个酷冷模组冷端，两者之间通过高柔性的石墨烯导热膜段连接。柔性的设计改善了相机模块和散热面结构间的受力情况，可以起到很好的减振作用。

2. 关关难过关关过

高超创业团队从石墨烯膜起步，在客户需求的推动下又向前迈进一步，将石墨烯膜做成了热控器件。他们从 2019 年开始思考石墨烯散热模组，到 2024 年成功列装于民用卫星，困难重重。从进入供应商名录、沟通双方需求、确定方案、专家评审、地面实验到正式生产，整个过程一波三折。

2023 年 1 月，高烯科技开始与民用航天机构接洽，提交了既有的器件样品。经过测试，对方认可了样品的性能。最后因为在价格上没有谈拢，对方改选了其他的供应商。

创业团队成员因错失合作机会而痛心疾首，却又无可奈何，于是开始反思是不是工艺还存在问题，接下来该如何更好地控制成本。然而，4 个月后对方却重新提起合作事宜，希望高烯科技做卫星相机的散热器件。大家又振奋起来，针对相机散热的需求，赶制出新的方案。新的设计稿比第一版的报价更高，但对方很爽快地接受了。整整 1 年，经过一轮轮沟通、一次次性能测试，高烯科技在规定时间内完成了全部产品的交付。

2024 年 2 月，卫星成功发射。此时此刻，在浩瀚的宇宙中，他们的石墨烯热控器件正在轨飞行。

高超创业团队没有拘泥于某个热控产品，而是着眼于热管理整体。除航天用的高通量酷冷模组外，他们还研制出解决芯片散热的导热界面材料（TIM）——"软辉金"和解决局域热点散热的均热膜。

（六）走科技共富之路

1. 推进石墨烯标准制定

"这真的是石墨烯吗？你怎么证明？"

"你们有检测报告吗？"

"其他企业的说法跟你们的不一样，到底该相信谁？"

高超和他的创业团队成员跟客户沟通时，经常会遇到这些问题。基于石墨烯科研和产业化的经验，他们认为检测石墨烯需要 3 步：先用拉曼光谱（Raman spectra）检测，证明产品是碳材料；再用原子力显微镜（AFM），判断它是二维材料；最后用 X 射线衍射（XRD），证明材料厚度小于10层。

虽然他们一遍遍解释，但验证过程太复杂，尤其是之前不了解碳材料的客户，缺少专业的判断力，还是会质疑，对于采用石墨烯产品持审慎态度。

这种困境的根源在于缺少相关检测标准，检测机构无法给出确定性结论。之前有很多企业号称做石墨烯，也推出了一些团体标准。但是他们采用的检测方法比较单一，不能全面反映石墨烯的特征，因此很多东西都能被检测成石墨烯。既是出于市场推广的需要，也是出于正本清源的责任感，2019年高超决定主动制定标准。

高烯科技与中关村石墨烯产业联盟等机构合作制定了氧化石墨烯、石墨烯改性功能纤维的一系列团体标准。

中国化学纤维工业协会（简称化纤协会）在石墨烯纤维标准制定上非常谨慎。2021年4月，化纤协会安排专人到高烯科技的车间随机取样封存，送交国际检测机构测试，检测结果（图33）显示："通过AFM方法测试验证高烯科技的单层氧化石墨烯厚度为1.1 nm，与氧化石墨烯单层理论值相符。"化纤协会组织编制的团标《纤维中石墨烯材料定性鉴别方法》（T/CCFA 00012—2022）于2022年11月15日发布，12月1日起正式实施。

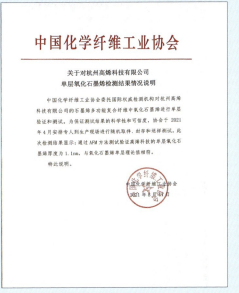

图33　化纤协会的检测结果

为了方便产品检测，并出具市场认可的检测报告，2022年6月，江苏省特种设备安全监督检验研究院牵头制定了江苏省地方标准《改性纤维中石墨烯的定性检验方法综合实验法》，高烯科技和上下游的单位参与了这项标准的起草。等该标准正式发布后，石墨烯改性功能纤维的检测便有据可依，使用石墨烯纤维的厂家可以放心送检，下游客户也可以快速识别产品的真伪。

在完善国内标准的同时，高超放眼全球，布局国际标准，2020年启动了氧化石墨烯国际标准的起草工作。高烯科技与国际电工委员会（IEC）合作制定的国际标准 Nanomanufacturing – Product specification – Part 3-6 Graphene related products – Blank detail specifications: Graphene oxide in powders and dispersions（《纳米制造　产品规范　第3—6部分氧化石墨烯：分散体中的粉末和粉末的空白详细规范》，IEC/TS 62565-3-6 ED1）于2023年12月正式立项。

2. 成立高烯联盟

高超创业团队创业之初没有任何产业化经验，只能跌跌撞撞地摸索，向市场交了不少学费。这些年他们摸爬滚打，从不同渠道获取到的经验就像一块块拼图，慢慢拼在一起后，才看到整个产业环境的轮廓。他们与很多供应商和客户合作，但这些合作伙伴分布在产业链的不同环节，连接非常松散，彼此之间的信息传导耗时长，沟通成本很高。前些年，有很多企业顺应潮流，尝试开发石墨烯产品，但中间过程不顺利，只能蜻蜓点水，凑个热闹就退出了。

市场需要产业链的各个环节快速反应，提供物美价廉的产品。为了让上、下游企业互动更紧密，使石墨烯技术成果转化更高效，高超提出建立一个技术交流、资源共享的平台，让科技助力产业升级，共拓科创共富路。

2020年7月18日，在庆祝第二个国际石墨烯日的活动上，高烯科技联合石墨烯与纤维纺织相关领域的权威专家学者、科研院所、行业协会等，发起成立了石墨烯多功能复合纤维共同体研究院。沈荣骏院士、才鸿年院士、颜德岳院士等担任顾问，朱美芳院士担任专家委员会主任，为石墨烯多功能复合纤维共同体研究院提供强大助力。

2023年7月28日，在第五个国际石墨烯日的活动上，高烯科技联合产业链多家单位共同成立了高烯联盟（图34）。高烯联盟融合政、产、学、研、用、检测、金融、媒体等各方力量，以高烯科技的技术产品为核心，把上、下游企业紧密链接在一起，通过专利授权、技术开发、标准制定、标识管理、吊牌发放、信息整合、经贸合作、市场营销、交流培训等形式，为产业链合作伙伴赋能，打造优质的石墨烯供应链平台，构建石墨烯新材料产业新生态。在高烯科技"122"技术及产品体系中，目前产业化成熟度最高的是石墨烯改性功能纤维，高烯联盟现阶段主要是围绕改性功能纤维，汇聚纺织领域的资源。

高烯联盟的总体思路是链接、整合、共赢。2023年上半年，高烯科技组织供应商和客户交流大会，宣讲高烯联盟的理念、运作方式，得到了大家的认可。截止到2023年年底，高烯联盟已有副理事长单位45家、理事单位121家。在建立链接的基础上，高烯科技与联盟成员以及成员单位之间进行更深入的合作，整合优质的资源。

图 34 · 高烯联盟成立

3. 科普推广

2023年7月28日，杭州国际石墨烯博览馆正式开馆（图35）。颜德岳院士与夫人、太原理工大学党委书记郑强教授、石墨烯联盟理事长李义春、国家石墨烯创新中心主任刘兆平、杭州市经济和信息化局材料产业处处长陈丽华等嘉宾一起剪彩。这是高烯科技及其母公司德烯科技重磅打造的石墨烯产学研用宣传阵地和科普教育平台。在开馆仪式上，颜德岳院士、郑强教授分别致辞（图36），祝贺杭州国际石墨烯博览馆开馆，郑强教授为杭州国际石墨烯博览馆题词（图37）。

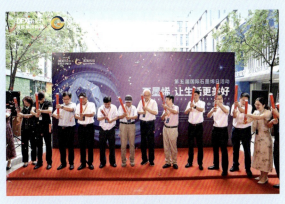

图35　杭州国际石墨烯博览馆开馆

高烯科技向高烯联盟成员单位开放自己的宣传资源，为大家创造全链条的展示宣传平台。该博览馆内除了展示石墨烯的前世今生与高烯科技的"122"技术及产品体系，还专门为高烯联盟成员单位的石墨烯产品提供了展示区。湖北汉武帝健康科技发展有限公司的汉武帝石墨烯面料药枕、杭州悍将体育科技有限公司的系列运动功能袜、南通富玖纺织品科技有限公司旗下AB品牌的"黑金"3代凝胶枕等，已经先后入驻该博览馆。

图36　颜德岳院士、郑强教授为杭州国际石墨烯博览馆开馆致辞

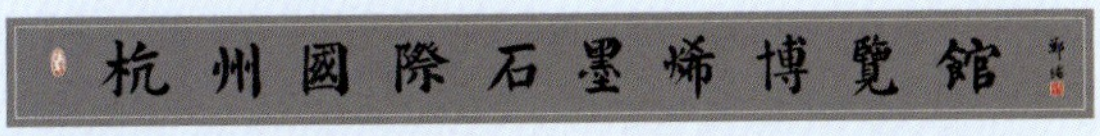

图37　郑强教授为杭州国际石墨烯博览馆题词

4. 建言献策

科学家跨界创业，既遇到了众多科技型中小企业的共性问题，也遇到了原创硬科技领域的个性问题。其中，有困难、辛酸，也有很多收获。高超一直复盘总结经验教训，在多种场合分享自己的创业心得，希望为石墨烯产业更好地发展贡献自己的智慧。

2021年12月23日，浙江省委经济工作会议在杭州召开，共有20位浙江省民营企业家代表受邀参会并参与讨论。高超作为科创企业家代表出席了会议，为浙江省打造三大科创高地，特别是新材料高地建言献策。他建议设立科创共同体性质的团体组织，如"新材料科创聚变会"，以更好地推动石墨烯等战略前沿新材料的产业化，连通创新链、政策链、资本链、产业链、市场链等多条链条，解决各链条孤立的问题，支持产业从无到有，从有到大，从大到强。

2022年12月9日，杭州市委常委、余杭区委书记刘颖主持召开民营企业家座谈会，强调深入学习贯彻党的二十大精神和习近平总书记关于民营经济发展的重要讲话精神，政企同心、共谋发展，为建设杭州城市新中心、争当"两个先行"排头兵做出新的更大贡献。在座谈会上，高超作为民营企业家代表之一，就推动民营经济高质量发展、助力城市新中心建设提出了自己的建议。

2022年12月16日，浙江省委常委、杭州市委书记刘捷主持召开民营企业家座谈会，共有13家企业参会。高超作为国家专精特新"小巨人"企业代表受邀出席，但是由于身体原因他未能到场，便让助理俞丹萍转达了他对石墨烯产业化的对策建议。

（七）在挑战中勇往直前

凌晨的机场，高超健步如飞。刚刚结束北京的学术研讨会，他就马不停蹄地返回杭州。稍微休息洗漱后，一大早他又准时出现在公司的会议室，精神抖擞地与投资方开始商务谈判。创业以来，在拂晓的车站匆忙赶路，在深夜的会议室头脑风暴，兼顾学校科研与企业运营，这是他的生活常态。

创业是勇敢者的游戏，不仅需要投入大量的时间、精力、智慧，还需要大笔资金。一定程度上可以说，科技型企业创业的前期就是"烧钱"，尤其是致力于原创硬科技的中小企业，研发与转化周期长，资金回收较慢，具有高成长、高投入、高风险的特点。在产品获得市场认可前，很长时间内企业都处于亏损状态，同时还要持续投入资金进行研发、生产、市场推广，一旦资金链出现断裂，就会前功尽弃。

高超在创业路上遇到了无数挑战，最让他头疼的是资金。

1. 缘起朱家角

2015年年底，高超到上海朱家角参加国家杰出青年科学基金项目中期检查。科学家合伙人赵斌元、刘新老先生、徐义方主任（时任长兴县经济和信息化委员会主任）一行3人专程来找他讨论石墨烯产业化的可行性。大家一致认为，石墨烯非常契合长兴县的产业发展。于是，徐义方主任向上级推荐了高超的项目。

紧接着，长兴县副县长带队到杭州来考察项目。从2015年年底到2016年年底，整整1年时间，招商团队与高超在长兴县、杭州市之间来回奔波，一遍遍商谈项目落地的细节。最终，双方达成协议，长兴浙信丞烯创业投资合伙企业（有限合伙）（已注销）投资5 500万元，与高超合作成立了长兴德烯科技有限公司（现名为"杭州德烯科技集团有限公司"）。

启动资金到位后，又投资成立了全资子公司高烯科技，作为成果转化的基地，开始单层氧化石墨烯、改性功能纤维的工程放大。

2. 知识产权转让

在高超与长兴县商谈合作的过程中，知识产权是双方讨论的焦点。石墨烯技术是高超在浙大工作期间的职务发明，所有权归学校。如果由企业来转化实施，产权归属和经济效益该怎么处理？专利不转让就等于废纸，是不能产生任何价值的，所以国家相关部门及地方政府出台了支持知识产权转让及创新创业的多项政策和法规。高超及团队成员认为，要想把论文写在祖国大地上，就要把原创论文转化为产品，专利转让必须合法合规办理，因此再难也要去推进。

通过浙大认可的第三方机构的评估，纳高课题组拟转让的78项专利价值为2 041万元。这是浙大当时一次性转让标的最大的成果转让交易之一。浙大科学技术研究院、工业技术转化研究院、计划财务处、国有资产管理办公室等管理部门都很重视。经过学校内部标准的决策流程后，2019年4月11—25日，浙大工业技术转化研究院在浙大官网上公示了这78项专利转让的详细信息。校内公示无异议后，2019年7月12日，工业技术转化研究院又向浙江知识产权交易中心提交了挂牌申请。

当时，浙江知识产权交易中心推出了网上公开市场，所有知识产权交易都要在网上进行。2019年7月16—25日，这项专利转让交易在浙江知识产权交易中心官网上公开挂牌转让。所有有意向的主体（匿名）都可以来购买这些专利，并缴纳保证金。长兴德烯科技有限公司（匿名）向交易平台支付了保证金，作为意向购买方参与出价活动；挂牌期满后，由于只有一家主体提出购买意向，最终成功摘牌。2019年7月30日，浙大与长兴德烯科技有限公司签订技术转让合同。2019年8月20日，国家知识产权局收到变更专利权人的申请。2019年9月4日起，这批专利陆续变更专利权人。历时近2年，最终完成了该批专利转让的全部流程和手续。

3. 无问西东

2019年7月，高烯科技的单层氧化石墨烯原料生产线试车成功，石墨烯产业化迈出了重要一步。由于长兴县打算从长兴德烯科技有限公司退出，高超必须马上筹钱，接手这部分股权。当时生产线刚刚建成，产品还没开始销售，前期购买设备的大额投入还没有转化为收益，企业一度连发工资都很困难。高超卖掉了自己的房子，又通过私人借款等方式才帮企业渡过了难关。

在企业实现盈利之前，最好的筹资办法就是争取社会资本的支持，融合各方的优势资源，集众人之力把石墨烯产业做大做强。2020年年初，长兴德烯科技有限公司开始进行股改，向内部员工和社会人士开放投资渠道。

山西阳泉煤业（集团）有限责任公司（简称山西阳煤集团）纳谷（山西）气凝胶科创城管理有限责任公司（简称气凝胶科创城）成立专家委员会，聘请高超担任气凝胶科创城研发中心气凝胶材料工程研究中心专家委员会副主任。高超介绍了石墨烯气凝胶，双方由此开始了解彼此的需求和优势，发现了石墨烯生产线落地山西的可能性。2020年年底，山西阳煤集团正式投资长兴德烯科技有限公司，长兴基金退出。2021年，长兴德烯科技有限公司从长兴迁至杭州未来科技城，更名为"杭州德烯科技集团有限公司"。

虽然平稳度过了长兴基金退出的危机，但企业还没有真正走出困境。山西阳煤集团的投资和内部员工的投资，主要用来接手长兴县的股份，企业的账面资金依然非常紧张，还需要继续向社会融资。2022年，德烯科技正式启动了B轮融资。

创业这些年，高超带领团队成员到全国各地参加招商会、路演，一遍遍讲述石墨烯"122"技术及产品体系，让更多人了解石墨烯行业的现状与前景。在这个过程中，高超结识了很多志同道合的伙伴，越来越多的机构和个人认可他，加入了他的石墨烯事业。

2023年，德烯科技顺利完成了B轮融资，共2亿元。其中，1.8亿元用于德烯科技车用智暖和石墨烯基碳纤维项目的扩大生产，另外2 000万用来成立杭州高烯散热材料科技有限公司，专门生产石墨烯散热膜。在本轮新增的股东中，既有杭州余杭属地的国有创投基金、广州的国有基金，也有上海匀升投资管理有限公司等专业投资机构和高烯科技产业链上、下游的合作企业，还有很多关心高超创业、希望推动石墨烯产业壮大的社会人士。

面对这么多的困难，高超为什么没有放弃？专心当科学家不好吗？负重前行的动力是什么？他说，一方面是国之大者的家国情怀。他认为要想实现科技成果转化，实现科技强国，必须走通从原创论文到原创产品这条路，逐步建立起原创产业。产业发展由早期的引进模仿到学习提高，再到未来的原创引领，中国人对人类文明有重要贡献。很多人认为科学家就做好科学家的事即可，成果转化应交给企业家去做，一个人既要当好科学家，又要做好企业家，是不可能的。但实际情况是，真正原创的知识成果是很难转化的，要贯通科学—技术—工程—装备—控制—产品这条路径。如果科学家本人不亲自上阵，解决其中的堵点、难点和痛点，是很难说服他人投资的，企业家只能在初级产品生产出来后才能起到作用。如果科学家只做科学家的事，企业家只做企业家的事，知识与新产品之间的鸿沟就没有人来跨越。因此，在新形势下，必须有科学家走出转化这一步。千难万难，干就不难。披星戴月，无问西东。另一方面是责任。他一路走来得到了众人的信任和支持。他要对所有投资者和一起拼搏的团队成员负责，不能辜负大家的期待和共同的"烯碳文明"之梦。

在高超创业团队多年的坚持与经营下，企业发展迅速，得到了社会各界的认可。高烯科技于2019年成为国家高新技术企业、2022年入选工业和信息化部的第四批专精特新"小巨人"企业，被评为2022年浙江省创造力百强企业，还陆续成为国家石墨烯创新中心会员单位、博鳌亚洲论坛国际科技与创新论坛第三届大会健康科技合作伙伴等。

（八）用科技成果回馈社会

2020年年初，新型冠状病毒来势汹汹，牵动了全国人民的心。高超看着新闻非常着急。他也想尽自己所能捐赠一些物资，为防疫出一分力、尽一分心。

当时，高烯科技刚推出的石墨烯康护袜和康护内裤有抗菌、远红外发射、负离子发生等功能，刚好能派上用场。它们可以有效抑制细菌繁殖，显著消除因细菌产生的各种异味，可长时间为皮肤提供舒爽的环境。石墨烯的大苯环结构在 5~15 μm 波长范围内具有强烈的红外吸收和辐射功能，能量与人体细胞组织发生共振，从而加速血液循环，可以缓解疲劳、增强细胞的活力。这些产品可以在一定程度上为医务人员缓解疲劳、提高免疫力。

高超一边安排高烯科技的工作人员准备物资，一边发动自己的朋友圈，集众人之力寻找捐赠的渠道。通过电话和网络，高超创业团队很快联系到了武汉市金银潭医院（湖北省及武汉市突发公共卫生事件医疗救治定点医院），高烯科技各部门的工作人员都做好了前期的准备。

2020年3月4日，高烯科技的石墨烯康护衣物正式发往武汉，如图38所示。2020年3月11日，看到武汉市金银潭医院的物资接收函，高超才放下心来。

图38　高烯科技向武汉市金银潭医院捐赠石墨烯产品（摄于2020年3月4日）

2020年3月4—12日，经朋友介绍，高超还联系到了厦门大学附属医院援鄂医疗队、浙江大学医学院附属第一医院（简称浙大一附院），高烯科技将最新生产出来的石墨烯康护衣物迅速捐赠给了白衣天使。

2019年年底，高烯科技的原料生产线刚正常运转半年，还没有获得多少销售额，买专利、建生产线又几乎花光了资金，企业经营状况十分不好。曾经有人问高超：在这么艰难的情况下，为什么还要做公益？他回答说："别人需要，我恰好有，当然要帮忙。企业的困难是暂时的，努努力总能闯过去。不管什么时候，都要尽己所能去帮助更需要帮助的人。公益是日常善举，不用非等到腰缠万贯后才去做。"

2021年11月，浙大紫金港校区遇到缺少棉被的棘手问题。高超知道消息后，马上打电话给高烯科技的运营负责人，询问石墨烯被子的库存。当时仓库里有150床石墨烯被子，这是客户预订的，正准备发货。高超直接决定先把这批货拦下，全部捐赠给浙大,解决燃眉之急,再跟客户好好解释。

2021年11月26日,高超赶紧联系浙大负责接收物资的部门。高烯科技相关工作人员迅速组织装货,协调能进入浙大指定区域的车辆,连夜把150床石墨烯被子运送到了浙大。

2023年12月18日深夜,甘肃临夏州积石山县突发6.2级地震,受灾地区天气寒冷,夜间最低气温达到-16℃,受灾民众急需御寒的物资。看到新闻,高超赶紧组织调配库存的御寒物资,准备捐赠。这时,正好石墨烯联盟、西安市追梦硬科技创业基金会组织会员单位给灾区捐赠急需物资,高烯科技马上响应。2023年12月20日下午,满载石墨烯远红外光波毯、石墨烯光波绒抑螨自热被、石墨烯多功能袜的货车,从高烯科技的仓库出发,驶向陇原,为受灾同胞送去温暖和支持(图39)。

图39　高烯科技向甘肃地震灾区捐赠防寒物资

科技向善,科技强国,一直是高超秉持的信念。平时,他非常重视对中小学生的科普教育,培育科学创新的种子。他以开放的心态面对各年龄段的学生,欢迎他们走进浙大高分子系的实验室,近距离感受科学的魅力。在浙大实验室他已接待了上百名来自全国各地的青少年,用自己的人生态度和科研热情感染来访的学生。一名上海的中学生在参观完高超的实验室后,立志要从事高分子合成相关的科学研究。

2020年,高超开启了"直播带课",做起了云上科普。西安市追梦硬科技创业基金会举办"神奇的石墨烯改变世界"青少年科普公益活动,他积极参加,面向北京、杭州、利川3个地方的中小学生开展了4场科普讲座——《石墨烯的诗与远方》(图40)。从梦想、责任和"3T""4发"科研理念,到石墨烯的科研进程,高超不仅讲解了石墨烯的相关科学知识,还传递了对科学的热爱和认真。他幽默的讲课风格活跃了课堂氛围,学生们积极互动,乐在其中。

图40　高超开展直播科普(摄于2020年3月25日)

杭州国际石墨烯博览馆是高超精心打造的石墨烯展览、交流中心，也是青少年科普教育基地，向全社会开放。2023年12月24日，高烯科技与杭州《都市快报》合作，组织了一场研学游（图41），孩子们对石墨烯的相关知识和分子结构模型非常感兴趣，围着工作人员不停地问问题。一整天的知识讲解、实物展示、实验互动、知识竞答等精彩环节，让孩子们直观地感受到了石墨烯科技，激发了他们对科学的热情。

图41　杭州国际石墨烯博览馆与杭州《都市快报》合作组织研学游

高超深信科学的力量可以改变世界，希望通过自己的努力让更多的人了解石墨烯、热爱科学。作为科学家和企业家，他在不同的领域尽自己的力量去回馈社会。他的责任、担当得到了社会认可，他被西安市追梦硬科技创业基金会聘请为青少年筑梦科学专家委员会委员、"神奇的石墨烯改变世界"青少年科普公益活动特聘讲师与追梦少年领跑导师，获得了"筑梦科学爱心大使""社会责任先锋奖"荣誉，高烯科技也获得了"硬科技创业示范企业"等荣誉称号。

三、烯创未来：东方烯谷冉冉升起

高超在长沙度过了7年时光，深受湖南大学"实事求是、敢为人先"校训的熏陶。在浙大工作期间，又被浙大的"求是创新"校训深深影响。

2016年，他故地重游，漫步在橘子洲头，看着毛泽东青年艺术雕塑，念着毛泽东在《沁园春·长沙》中写的"问苍茫大地，谁主沉浮"，不禁问自己：作为科研工作者，如果不在前沿领域创新，怎么引领科学的未来，怎么推动国家的强盛？只靠电商，靠共享经济，靠模式创新，显然远远不够，必须要有原创的硬科技。

一时间他感慨万千，便模仿《沁园春·长沙》的风格写了一首《沁园春·中国梦》：

橘子洲头，青年润之，笑迎东方。

忆峥嵘岁月，抗争不息；豪杰志士，血染江山。

巨狮醒吼，人民傲立，百年屈辱尽涤荡。

看今朝，辟"一带一路"，功盖汉唐。

雄略如此了得，论当世风流莫感伤。

……

风轮转，领中华崛起，唯靠原创。

经过 10 余年的探索，高超创业团队已经打通了石墨烯 P2P 的道路，建立了 1 片原料、2 根纤维、2 张膜的"122"技术及产品体系。他们用实际行动证明了石墨烯产学研道路的可行性，实现了科技成果的转化变身，切切实实把论文写在了祖国大地上。

创业 10 余年来，他带领团队成员建立了单层氧化石墨烯 10 t 线，实现了石墨烯改性功能纤维千吨级量产，正在建设石墨烯基碳纤维 10 t 级生产线。这些成绩是高超创业团队努力与勤奋的成果，建立在无数次试验、修正、再试验的基础上，成就于一次次迎接挑战的过程中。

这仅仅是产业化的开始，在他的东方"烯"谷规划中，"122"技术及产品体系将逐步裂变，转化成 10 吨、百吨、千吨、万吨生产线……产品的应用不会局限于现有领域，将逐渐拓展到"衣住用行玩，智芯能电感，星空天地海"，石墨烯将上天入地，大显神通。

高超的愿景是"高瞻远瞩 烯美天下"，用石墨烯原创技术与产品造福全社会。他主导成立的高烯联盟，向上、下游企业开放技术，不仅促进了产业链上、下游企业的紧密合作，也为石墨烯产业的健康发展提供了新思路。未来，随着石墨烯技术体系的完善和产业的逐步成熟，他想向全球开放石墨烯技术，助力全球产业发展，用科技推动构建人类命运共同体。

打造东方"烯"谷，创领新一代"烯碳文明"，已是大势所趋。在新的时代背景下，高超创业团队将久久为功，在实现中华民族伟大复兴的伟大征程中贡献智慧和力量！

四、致谢

既逢盛世，当不负盛世。

从论文到产品，从小烧瓶到大生产线，从书架到货架，高超的石墨烯创新创业之路走了 10 多年。这一路风雨兼程，有筚路蓝缕的艰辛，有岌岌可危的艰险，有山重水复的困顿，有柳暗花明的惊喜。高超感慨良多。

2023 年，在石墨烯联盟成立 10 周年之际，石墨烯联盟理事长李义春为高超颁发了"创业功勋人物"（图 42）荣誉称号，表彰他深耕石墨烯行业 10 余载，不断追梦前行。

接过沉甸甸的奖牌，他分享了 3 个关键词：梦想、坚持、团队。第一是要有梦想。他的梦想是开创全新的第六代烯碳文明，这个梦想是他的方向和责任。第二是坚持。追梦途中困难重重，要坚持、坚持、再坚持，坚持自己的特色，坚持不懈地走下去。第三是团队。一个人的力量非常有限，大家聚在一起才能无惧风雨，力量无穷。

除此之外，他最想说的是感谢。

感谢这个伟大的时代，为每个有梦想的人提供了追梦的机会和圆梦的资源。

感谢石墨烯，恰逢其时地出现，为基础材料革新、产业转型升级提供了利器，为第六代烯碳文明的开创提供了载体。

图 42 "创业功勋人物"高超

感谢国家，高度重视战略前沿新材料，大力支持石墨烯产业发展。

感谢各地政府，为石墨烯项目落地提供资金、场地、配套服务。

感谢长兴县经济和信息化委员会原主任徐义方，最早考察了高超的项目。感谢长兴县政府领导和长兴基金，为成果转化注入了启动资金。感谢杭州市余杭区经济和信息化局、科学技术局与良渚新城、良渚街道等各级管理部门，关心和支持科技型中小企业发展。

感谢浙大的各级领导，他们鼓励高超创新创业。杨卫、林建华、吴朝晖 3 位校长一直支持高超开展产学研合作，关心他的科研和创业。沈之荃院士、沈家骢院士、汪芒教授、叶胜荣老师等前辈，郑强、徐志康、高长有、李寒莹、毛峥伟等多位高分子系领导，王庆文、楼仁功、胡昱东等多位书记，浙大相关部门领导及高分子系教师，都关心支持他的创新创业工作。

感谢各位前辈、老师，他们对高超悉心指导和大力支持。上海交通大学的颜德岳院士，从高超攻读博士学位开始就关心他的学术研究。在高超创业后每次举办发布活动时，颜德岳院士都到场参加。中科院院士、厦门大学田中群教授和厦门大学石墨烯工程与产业研究院常务副院长周涵韬教授，也在产学研过程中给予了高超诸多支持和帮助。

感谢产业界的投资方和上、下游合作伙伴，加入高超的石墨烯事业，一起推进石墨烯产业化。

感谢团队的伙伴们，大家齐心协力，坚持不懈，把一个个不可能变成了可能。

感谢家人的支持和付出,创业、融资、对赌、卖房、借贷、风险管控等,家人都给予了最大支持。

开创新一代"烯碳文明",不仅是高超一个人的梦,也是石墨烯人共同的梦。10年,只是一个起点。但伟大征程,既已开启,就不会停步。志之所趋,虽艰必克;梦之所引,虽远必达。期待更多伙伴与同道加盟,共筑大梦,共创大业,共领大势,共享大成。

永不满足的赶路人

——记中国石墨烯创业功勋人物潘东晓

> **人物介绍**
>
> **潘东晓** 男，1974年出生，加拿大皇家大学工商管理硕士，高级工程师，华高控股集团有限公司（简称华高控股集团）董事长，青岛华高墨烯科技股份有限公司董事长，华高数字科技有限公司（简称华高数字）董事长，"中国石墨烯创业功勋人物"，人民城市发展研究中心常务理事，数字城市委员会主任。潘东晓在数字城市及石墨烯领域业绩突出，拥有多项发明专利。主导和参与制定了国际标准1项、国家标准3项、行业标准5项，在城市数字经济平台、安全大脑、交通大脑、健康医疗大脑、生态云大脑，以及海绵城市大脑和石墨烯系列产品研发应用等方面有较多成功案例。

一、初识潘东晓

（一）独秀山下育英才

1. 千年古城，人杰地灵

在安徽省西南部的皖河河畔有座历史悠久的千年古镇——石牌镇，这就是被称为安徽省首府首县的历史文化名县——怀宁所在地。怀宁历史悠久，人文荟萃，有着厚重的文化积淀和独具特色的地域文化，并涌现出许多杰出的人物，他们在政治、文化、艺术、科技等领域有着卓越的成就，其中有书法大师邓石如、中国共产党的主要创始人之一陈独秀、教育专家王星拱、"两弹元勋"邓稼先、青年诗人海子等。正是因为有了文化底蕴的浸染，怀宁县在改革开放后培育了无数政商界的优秀人才，潘东晓（图1）就是其中之一。民间艺术形式也在怀宁县得到了很好的保护和传承，成为当地文化的重要组成部分。此外，怀宁县还有许多民俗文化活动，如舞龙舞狮、打鼓歌、采茶灯等，这些活动富有浓郁的地方特色，展示了怀宁人民多姿多彩的生活和创造力。

2.苦难磨砺韧性，家贫更懂感恩

潘东晓于20世纪70年代初出生于怀宁县。少年的潘东晓非常懂事，也十分体贴父母。他深知父母的艰辛和不易，从不乱花一分钱，更少惹事淘气，放学之后主动帮着父母做家务，尽量减轻父母的负担，因此，他从小就养成了勤劳、节俭的习惯。

图1　潘东晓

潘东晓在家乡深厚的文化底蕴、淳朴善良的乡风乡貌、勤劳刚毅的家教的影响下，从小就善于学习、乐于助人、勇于承担、甘于吃苦，在校学习优良，在家孝顺父母，在小伙伴中也颇具号召力。他从小就立下远大志向，虽然身在皖西南一隅，但他的思想却早已飞向远方。他立志成为一个对社会、对家庭有用的人，这些都为他日后的发展奠定了坚实基础。

有心的孩子善于从每一件事中汲取灵感。上小学时，潘东晓由于学习成绩优异，一直是班长，他小小年纪就显示出不凡的领导才能，经常组织同学开展活动。有一次，学校邀请当地一位老红军到学校讲革命传统课，老红军英勇顽强的革命意志、积极乐观的人生态度、艰苦朴素的生活作风，还有军营那火热的战斗生活，都给少年的潘东晓留下了深刻印象。当他代表少先队上台发言时，他不仅立下了好好学习、报效祖国的坚定志向，还在心底隐隐地激起了对军营的热切向往，这为他日后从军打下深深的烙印。临近中学毕业时，凭借优异的成绩他完全可以上大学深造，但他选择听从祖国的召唤，投身军旅，弃笔从戎。因为他知道，在军营里他可以接受更严苛的考验。

（二）海军潜艇学院的优秀学员

1993年，18岁的潘东晓被录入海军潜艇学院，开始了人生一段不平凡的旅程。在潜艇学院，有这样的口号：

"胜利，是军人最高的荣耀！冲锋，是青春最好的姿态！"

潘东晓的 8 个月军校生活基本可以用 3 个"不"来概括，那就是"不弃、不停、不退"。文化课的学习对于入学成绩优秀的潘东晓来说没有太大问题，但是上了训练场，身体稍显单薄的潘东晓显得格外吃力。

1. 训练场上的"拼命三郎"

第一大难题就是障碍跑，他当时最好的成绩是 4 min 多，离及格还有不短的距离。"体能弱，那就练！"潘东晓没有退缩，他立刻调整状态，为自己制定了一份"超强超细版训练套餐"：在障碍场上保持比别人更强的训练强度，反复加训过单个障碍，利用晚上时间有针对性地锻炼自己的上肢和腿部力量……近乎疯狂的训练使潘东晓博得了一个"拼命三郎"的称号。那段时间，潘东晓的体能明显增强，成绩提高了近 1 min。

在临近正式考核时，队里组织了模拟测试。恰好那天气温骤降，在测试过程中，凛冽的寒风刮得潘东晓头疼不已，一阵阵强劲的风吹得他有些摇晃，对身体状态造成了影响。潘东晓心中不免有些发慌："糟糕，这次测试的成绩搞不好又要不及格了。"

怎么办？他想起了教导员平时的话，训练场就是战场，训练就是备战打仗。他咬紧牙关，无视疼痛的感觉，一路狂奔，拼尽全力朝终点跑去。最终的测试成绩超出及格线 20 s，这样的成绩让他兴奋不已，也进一步增强了他战胜困难的决心。

虽然在这次模拟测试中达到了及格线，但潘东晓不敢有一丁点儿松懈。不久后的障碍训练中，他在基础训练之余，又反复冲刺 400 m。同时，利用队内组织的帮扶对子，他向成绩优异的同学请教动作要领，只为再提高一两秒。

每天夕阳西下之时，偌大的训练场上总有一个人拖着长长的影子，坚定地奔跑着，像是在与晚风荡起的沙尘进行着倔强的斗争。这样的坚持不懈最终给他带来了可喜的结果，在正式考核时他以优异成绩顺利过线。

2. 从"狗刨将"到"浪里白条"

同样是依靠"三不"精神，潘东晓从"狗刨将"变成了"浪里白条"。

来自皖河边上的潘东晓，在进入海军潜艇学院之前只是在家乡附近的浅塘里玩水，是典型的"狗刨将"。但是，作为一名水兵，他必须成为真正的"浪里白条"，除了刻苦训练，他别无选择。

游泳课上，教员对游泳基础不同的学员进行了分班，基础较为薄弱的进甲班，底子较为扎实的进乙班。为了更快地提高游泳技能，被分在甲班的"狗刨将"潘东晓决心脱胎换骨。

为了跟上进度，他观看游泳教学视频进行自学，将教员讲授的方法和要领熟记于心，然后再下水体会动作要领。

他一有机会就泡在水里，甚至在别人放松休息时，他也一门心思地在泳池里反复练习着。

坚定意志，打磨能力，砥砺心志。2个月内他的游泳成绩就飞速提升，成了名副其实的"浪里白条"。这一转变震惊了所有人，也给他自己带来了人生启迪。

每一次训练都是一次淬火，这个从来不服输的安徽小伙子不会停下冲锋的脚步。他将火热的目光投向接下来的一个又一个目标，并最终以全优的成绩毕业，成为核潜艇中的一员。

海军潜艇学院的学习使潘东晓懂得，没有克服不了的困难，没有战胜不了的敌人。每一次障碍的翻越、每一次入水、每一次瞄准击发、每一次竭尽全力，都是热血青春里难忘的记忆。所有的沉淀和积累终将化为成功的基石，流过的血与汗都将化作超越自我的力量。他始终相信，只有拼搏才能胜利；魂牵深蓝，唯有苦练才能成才。

（三）核潜艇里的青春岁月

没有在核潜艇里待过的人无法想象，在不见天日的狭小空间中生活和战斗是一种什么样的体验。只有身处其中的人，才能体会这方世界里的艰苦与寂寞。

"艇动三分险，生死一瞬间。"在海军的各兵种里，潜艇兵被认为是最危险的兵种之一。核潜艇具有超长的潜航时间和超大的下潜深度，因此，核潜艇兵面临的危险更是可想而知。为了守卫祖国海疆，许许多多潜艇官兵无畏生死、不惧挑战，默默奉献着青春芳华。他们用自己的方式，书写无悔的青春航迹，也留下独特的心灵体验。

在水下的日子里，潘东晓始终坚守在自己的岗位上，几年如一日，未曾有过半点儿懈怠。

潘东晓后来回忆说："国家把这么重要的装备交到我们手里，我们一定要让祖国和人民放心。"在潘东晓心中，这何尝不是一种幸福。

在与大海朝夕相处的日子里，他对大海、对人生有了更新、更深刻的认识，对航海专业来说，潜艇和水面舰艇最大的不同就是多了"深度"这一维度。潘东晓养成了立体的思维习惯。除此之外，军令如山、爱艇如命又使他养成了雷厉风行、令行禁止、爱岗敬业的良好作风。潘东晓在执行任务时从不掉以轻心，他总是一遍又一遍重复操作指令，让操作习惯深深地刻在自己的脑海里，融入肌肉中，形成自然习惯，哪怕面对黑暗的环境和特情也能做到准确无误。因此，每次在执行航行任务时，他都显得沉稳而自信，操控自如，对自己负责的工作了如指掌。几乎所有的领导都对他这个上岗不久的新兵给出这样的评价："沉稳果断，业务精熟，意志坚定，值得信任。"

核潜艇里度过的岁月无疑在潘东晓身上留下了不可磨灭的印记，也塑造了他不畏艰辛、勇往直前、忠诚可靠、一丝不苟等诸多优秀品质，为其日后发展事业、管理企业、承担社会责任奠定了坚实的基础。

二、初入商海，出手不凡

踏入商海的年轻创业者潘东晓，他凭借出色的能力和过人的胆识，很快便在商海中崭露头角，成为众人瞩目的焦点。

潘东晓认为，想在商海中立足，就必须具备敏锐的市场洞察力和独特的商业眼光。同时，他也非常注重人才培养和团队建设，为公司的长远发展打下了坚实的基础。

（一）商海奇才，崭露头角

潘东晓有着敏锐的市场洞察力，从部队转业之后，他发现了青岛这座海滨城市的旅游服务业这一巨大的新兴市场，并果断地抓住了这个机会。

初入商海，潘东晓以非凡的魄力和才干，带领团队改革创新，拓展业务，引入竞争机制，改变经营模式，提高服务质量，取得了显著的效益，使青岛中山宾馆的效益得到了大幅提升。他管理严格，坚决照章办事，被同事们称为"冷面主任"。这些成果的取得证明了他在商业领域的才华和能力。

1. 解剖麻雀，矢志改革

面对宾馆内部管理混乱、工作效率低下的问题，潘东晓开始了改革。他引领新的管理理念和方法，倡导推行绩效管理制度，激发了员工的工作热情，提升了他们的工作效率。同时，他也没有忽视宾馆安全的重要性，加强了宾馆的安全措施，确保客人的安全。这些改革措施的实施，使宾馆的整体管理水平得到了大幅提升。

他不仅关注宾馆的内部管理，也关注着每一名员工的成长和发展。他积极组织员工培训，提高他们的专业技能和素质，为宾馆的美好未来播下了希望的种子。

2. 对症下药，拓展业务

基于改革的理念，他积极推动业务领域的拓展，引入了多元化的特色服务项目。例如，他引入新颖的餐饮项目，得到众多顾客的青睐。同时，他也对宾馆的住宿业务进行了创新，增设了多种房型和设施，以满足不同客户的需求。这些举措的实施，使得宾馆的业务范围得到了显著扩大，提升了宾馆的市场竞争力。

此外，他还加强与周边社区的合作，共同推动当地经济的发展。他积极参与各种公益活动，为社会做出了积极的贡献。他的努力得到了社会各界的认可和赞誉，也为宾馆带来了良好的口碑和声誉。

3. 挖掘内部潜力，引入竞争机制

为了提升服务质量，他引入了竞争机制，鼓励员工之间的良性竞争。他建立了员工考核制度，定期对员工的工作表现进行评估和奖罚，以激发员工的工作热情和积极性。此外，为了确保宾馆的服务质量始终处于较高水平，他加强了对供应商的管理，引入多家供应商进行竞争，从而提高采购效率和质量。

4. 牛刀小试，立见成效

在拓展业务的过程中，他进一步调整了经营模式，采用"一拖多"的方式，成功地吸引了多个商户入驻宾馆内部开设门店，将宾馆的经营模式转向商圈的经营和管理模式。这些商户可以提供更多的服务和商品，使宾馆的整体业务得到了更广泛的拓展和延伸。这一系列举措，不仅使宾馆的经营效益得到了显著提升，同时也提升了宾馆的影响力。

这种转变不仅为宾馆带来了新的生机和活力，也推动了商圈的发展和繁荣。宾馆的经营模式的转变及商户的引入，对于提升商圈的活跃度和影响力具有重要意义。

通过这些举措，"冷面主任"成功地将青岛中山宾馆变成了一家高水平的商业机构。他领导的团队也成为商界的佼佼者，受到了广泛的认可和赞誉。

（二）给一片天空，他就能展翅高飞

2000年，这位有远见的领导者，勇敢地踏入建筑工程领域，创立了青岛康居博信建筑技术开发有限公司（"华高数字科技有限公司"的曾用名）。

潘东晓的商业策略非常独特，他善于抓住市场变化，不断调整自己的产品和服务，以适应不断变化的市场需求。他带领的团队也十分给力，每个成员都有着出色的专业能力和勤奋的工作态度，使得公司在短短的时间内迅速崛起。在商业竞争激烈的市场中，潘东晓带领的团队表现出了极强的竞争力，为公司赢得了众多的客户和合作伙伴。

青岛康居博信建筑技术开发有限公司从无到有，从小到大，经过无数次的磨砺和考验，始终坚守质量第一、客户至上的原则，创造了不凡的创业神话，绘就了一幅展现奋斗者坚韧不拔精神的生动画卷。

1. 白手起家，艰辛创业

2000年，年轻的创业者潘东晓带着满腔热血和坚定的信念，开始了他的创业之旅。他凭借着对建筑业的热爱和对市场的敏锐洞察力，创立了青岛康居博信建筑技术开发有限公司。

2001年，青岛康居博信建筑技术开发有限公司承接了青岛中南公寓智能楼宇建设项目，这是一个良好的开端，但也是一次高难度的挑战。那时青岛市智能楼宇方兴未艾，技术人员、参考案例都匮乏，无数同行都对这个领域望而却步，潘东晓大胆地承接了这个项目，带领着他的团队踏入了这个全新的领域。

项目开工后，团队遇到了难题，公寓的面积大、房间多，青岛市场上现有的产品无法满足客户的要求，而要从外地引进新一代的设备需要把之前的施工方案全部推翻，对应的工作量几乎是之前的两倍，并且当时厂家产能不足，交通运输能力不足，新设备的到货周期在2个月以上，而项目的总工期只有不到6个月。然而，不更换设备需求就无法满足，项目前期的投入将前功尽弃，这对一个初创公司来说无异于雪上加霜。

为了解决这个难题，潘东晓与他的团队经过激烈的论证与研讨，最终，潘东晓

决定，加急采购新设备，做好设备安装的全部前置工作，竭尽全力保工期。潘东晓亲自坐镇，带领他的团队夜以继日地研究、讨论、试验，一次又一次地尝试突破。在这个过程中，他们经历了失败，也收获了成功。他们以坚韧不拔的精神一次又一次地挑战自我，突破自我。最终，按期保质保量地完成了项目，得到了客户的高度评价。

2.做难事必有所得，路虽远行则将至

创业的道路并非一帆风顺。在创业初期，公司面临着资金短缺、市场竞争激烈的困境。潘东晓带领团队成员夜以继日地努力工作，用汗水与泪水浇灌着公司的成长。

2006年，青岛康居博信建筑技术开发有限公司承接了青岛奥帆中心智能系统建设项目，这个项目不仅代表着公司进入了一个全新的领域，同时也承载着公司的未来和发展的希望。潘东晓通过合理地调配公司的资金流向，削减一些不必要的开支，把节省下来的资金投入这个关键项目中。他还寻求与其他公司或投资者合作，共享资源，降低成本并获取额外的资金，以确保项目的资金得到保障。

在潘东晓的带领下，团队成员展现出了高度的凝聚力和执行力。他们共同面对挑战，互相支持，共同成长。他们通过技术创新、提高产品质量和服务水平等方式，不断提升自身的竞争力。经过一段时间的努力，潘东晓和他的团队终于克服了重重困难，成功完成了项目的任务目标。这个项目不仅为公司带来了丰厚的收益，也为公司未来的发展奠定了坚实的基础。

在所有困难面前，潘东晓从未放弃过他的目标。相反，他始终坚信，只要坚持努力，成功总是有可能的。他的坚定信念和对成功的执着追求让团队成员看到了希望，他们受到鼓舞，愿意为共同的目标而努力。潘东晓展现出的坚韧和决心不仅鼓舞了他的团队，也赢得了合作伙伴和客户的尊重。

3.用诚信打造脊梁，用质量铸就辉煌

青岛康居博信建筑技术开发有限公司始终坚持质量第一、客户至上的原则。从项目设计到施工，每一个环节都严格把关，力求做到最好。公司员工深知，只有过硬的质量和优质的服务才能赢得客户的信任和支持。

2009年，青岛康居博信建筑技术开发有限公司承接青岛胶州湾大桥智能交通项目。作为青岛市的重点工程项目，该项目实施过程中的质量把控成为项目的重中之重。

从项目的设计阶段开始，潘东晓就对每一个细节都进行了严格把控。他与团队成员一起反复研究、讨论、修改，力求设计出最符合实际需求、最具有前瞻性的方案。他们的努力得到了回报，最终的设计方案得到了客户的高度认可。

在施工阶段，潘东晓更是倾注了全部的心血。他始终坚信，只有严格把控每一个环节，才能保证最终的质量。从材料的选购、施工工艺的执行到设备的安装调试，每一个环节都经过他的严格把关。他与团队成员一起日夜奋战，确保每一个细节都符合要求。最终施工质量得到了客户的肯定，项目的智能化水平也达到了前所未有的高度。

青岛康居博信建筑技术开发有限公司的创业之路是一段充满挑战与机遇的历程。潘东晓和他的团队用坚韧不拔的精神书写着商业传奇。正是这种精神，使得他们在市场中逐渐崭露头角，赢得了客户的信任和支持。他们的成功经验告诉我们：只有坚守质量第一、客户至上的原则，勇于创新，不断追求卓越，才能在市场竞争中占据优势。

（三）创立华高控股集团，向新型科技大公司迈进

1. 战略方向的选择

时间到了 2010 年，潘东晓的事业迎来了蓬勃发展时期。潘东晓的目光开始转向企业战略发展以及与之相适应的企业股份制改造。经过审慎的研究与分析，他创建了华高控股集团，确定了生态环保、新能源、新材料及信息数字产业等几大发展方向，先后创建成立了立东生态科技有限公司（简称立东生态）、青岛华高能源科技有限公司（"青岛华高墨烯科技股份有限公司"的曾用名）、华高数字等高科技企业，全面吹响了向高新技术领域进军的号角。

2. 立东生态落户雄安新城

2007 年 4 月 1 日，雄安新区设立。潘东晓顺应国家大势，果断决策，于 2018 年 10 月在雄安成立集团控股子公司——立东生态，致力于绿色、生态系统解决方案。

立东生态联合国家信息中心、中国科学院生态环境研究中心，参与雄安数字生态顶层规划，为雄安"蓝天、碧水、净土、清废"制订中国式解决方案。立东生态最早参与的是白洋淀数字化建设，打造白洋淀"空、天、地"一体化监测的整体解决方案，以实现空气质量网格化监测、河流断面超级站监测预警。

立足雄安，辐射京津冀。2019 年，立东生态与河北省生态环境厅深度合作，自主研发"生态云大脑"，创新搭建环境眼 AI（人工智能）感知、环境码全面体检、环境芯智能分析、环境链协同治理四位一体的数字化综合解决方案，采用 AI、区块链等关键技术，实现"部－省－市－县"四级联动，致力河北省污染防治，助力"美丽河北"建设并取得明显成效。

立东生态承建邢台市生态环境大数据平台，以"数字底座、业务中台、应用大脑"为整体架构，应用"空气预警预报、污染精准溯源" 智能算法模型，精准追溯到邢台市排名前 50 的重要污染源，一一精准诊治。立东生态的数字生态核心能力获得省市政府认可。

立东生态开创了河北新样板——衡水市生态环境指挥中心。打破衡水市生态环境局各业务科室孤立、不联合的痛点，同时联动衡水市住房和城乡建设局、水务局、气象局等相关委办局，形成全市统一调度一盘棋，市领导统一作战指挥，各局、科室小组协同联动的格局，聚力打赢污染防治攻坚战。该中心被评为"京津冀数字生

态先进案例",为共建"天蓝、地绿、水清"的美丽中国做出了贡献。

实现固定污染源的精准攻克后,潘东晓将重心转移到移动污染源。立东生态承建了秦皇岛市移动污染源在线监管系统,对移动的机动车实时定量监测,对移动污染源的排放实现精准管控,同时整合空间智能优化算法模型,对排污车辆实现精准调度,有效将污染值降到最低,有力保障了疗养胜地北戴河的生态质量。

经过3年努力,立东生态实现了河北省"1+7"的布局,落地雄安、邢台、衡水、邯郸、秦皇岛、廊坊、沧州,在全省的数字生态市场的占有率排名第一。同时创建了生态环境部全国"部－省－市－县"四级联动的典范。

3. 布局数字产业

（1）布局数字产业的"快"和"准"。

2003年,潘东晓和他的技术团队推出了青岛玺景园数字社区项目,这一项目凭借具有前瞻性的数字技术应用和具有创新性的业务模式,被住房和城乡建设部评为"数字家居"示范项目。同年,青岛四方区数字四方项目也取得了荣誉,被住房和城乡建设部评为"数字新城"试点示范项目,成为国内第一批数字中国建设的探路者。

（2）数字科技创新的"高"和"强"。

为了更好地引进优质人才,给公司提供源源不断的后援动力,潘东晓将公司总部迁至北京,同时在粤港澳大湾区打造研发基地。

华高控股集团先后制定了30余项国家及行业标准,这些标准涉及数字科技的多个领域,如城市综合码、数字化车间评价、政务服务码系统等。这些标准不仅提高了行业的规范化水平,也提升了华高控股集团在行业中的地位和影响力。

此外,华高数字还拥有242项技术专利和608项软件著作权。这些成果都是公司在数字科技领域自主研发的结晶。其中,具有代表性的软件包括"生态云大脑"管理平台、"云链万家"智慧城市公共服务平台、"智慧城市大脑"管理平台等,这些软件为企业的数字化转型提供了强有力的支持。

华高控股集团的这些创新成果不仅为自身带来了巨大的经济效益,更为整个数字产业的发展注入了强大的动力。

（3）华高数字的耕耘和收获。

华高数字积累了城市数据运营方方面面的案例,涉及民生、金融等多个行业,为后期进行智慧城市整体顶层设计和运营打下坚实的基础。

2006年,华高数字参与了国内首批"智慧场馆"项目——青岛市体育中心游泳跳水馆和综合训练馆的建设,该项目使公司积累了大型甲级专业运动场馆的智慧化建设经验。华高数字承接了奥帆博物馆的建设,由于博物馆对灯光、数字化等都有极高的专业要求,公司联合设计院和相关专家共同打磨,最终交出了满意的答卷。

2011年,华高数字参与了国内首批智慧酒店和智慧校园项目建设。中国海洋大学智慧校园安防综合管理平台基于校园模型及地图,着力于实现安消一体化、安交一体化,提升消防管理、交通治理、人员管理、警情处置、应急救援能力,促进从"孤军奋战"向"协同作战"转变,实现对校区人、事、物的统一、全过程信息化管理。

在智慧交通领域,公司打造了青岛国家高新技术产业开发区(简称高新区)交通大数据可视化实战指挥平台,该平台面向城市交通管理部门、建设部门,覆盖交通设施、交通信号、交管勤务、交通指挥、交通组织、公众出行等业务领域。公司在高新区接入了1 721个设备,涵盖242个点位、307个设施。除了高新区,公司还在青岛胶州、莱西,山东德州,山西大同等市也搭建了相应的交通指挥平台,均已落地应用,以数字化赋能当地的交通现代化。公司获得了许多荣誉:智慧交通系统软件获得"青岛市中小企业专精特新产品(技术)"证书;高新区和莱西的智能交通项目均荣获"2020青岛信息化百佳典型案例"。

在智慧公安领域,华高数字通过"以图搜图"模式快速检索匹配视频图像信息,打造符合实战需求的视频图像应用,贯通视频图像在事前预警、事中处置、事后研判过程中的业务流程,有效支撑反恐维稳、指挥处置、治安防控、侦查破案等公安工作。高新区智慧安防小区建设项目荣获住房和城乡建设部"金标杯"BIM/CIM应用成熟度优秀成果奖。全息感知平台在2022年被山东省工业和信息化厅评为山东省优秀数字产品(方案)并在中国新型智慧城市创新应用大赛中获奖。

潘东晓始终追求创新和突破。他敢于尝试新的技术,不断推动公司业务的多元化和智能化。他认为,只有通过不断创新和发展,才能在日益变化的市场环境中保持领先地位。从刚开始的涂料粉刷工程到小区智能化、公共建筑智能化,再到智慧城市和数字政府,又从智慧园区到石墨烯行业,每次新的行业的选择都展现出潘东晓超前的眼光和卓越的智慧,每次赛道的选择都处在时代的风口上,他通过坚韧的毅力坚持到底。

三、石墨烯编织新梦想

(一)创建华高墨烯,触摸高端科技

石墨烯自2004年被发现以来,因其优良的性能及广阔的应用前景,受到各国的重视。潘东晓也注意到了石墨烯这个行业,了解到了石墨烯优异的性能,其不仅在民用领域应用广泛,在军用领域也大有作为。潘东晓决定投资石墨烯这个实体产业,认为它是国家扶持的朝阳产业,前景无限。

2012年年底,潘东晓偶然在报纸上看到了关于泰山学者刘敬权教授的报道,得知刘敬权教授已从事石墨烯纳米材料和纳米复合材料的制备和应用多年,在石墨烯研究领域取得了丰硕的科研成果。潘东晓辗转联系到了刘敬权教授,在与其深入交流之后,更加坚定了投资石墨烯产业的决心。作为科研人员的刘敬权教授,在听到潘东晓要投资石墨烯产业时很是兴奋,他也想让自己的科技成果落地,尽快实现石墨烯的产业化。二人一拍即合,于2013年共同创办成立了青岛华高墨烯科技股份有限公司(简称华高墨烯),专注于从事石墨烯材料及其应用产品的研发、

生产及销售，如图2所示。公司成立后，刘敬权教授担任首席专家，潘东晓迅速建立了公司的研发团队，并要求团队成员每天学习石墨烯的相关理论知识及制备技术，并到刘敬权教授在青岛大学的实验室中学习、试验。同时，他开始着手石墨烯粉体中试线的组建工作。

2014年6月11日，青岛华高石墨烯新技术新产品发布暨高新区产业研发中心揭牌仪式（图3）在青岛高新区举行。会上刘敬权教授对石墨烯粉体、石墨烯分散液、石墨烯量子点等8种石墨烯产品进行了介绍，获得了与会人员的肯定。石墨烯联盟和青岛高新区领导共同为高新区产业研发中心揭牌。至此，潘东晓的石墨烯创业之路正式开启。

潘东晓在2014年随青岛高新区管理委员会、石墨烯联盟相关人员，一起赴法国参加了2014法国石墨烯国际会议（Graphene 2014），并在此期间参观了英国曼彻斯特大学（图4）、意大利技术研究院等科研院所，深入了解了石墨烯在国际上的研究发展情况。看到国际上多个研究机构都在热火朝天地研究石墨烯，他备受鼓舞，坚信自己选择了一个朝阳行业，并坚信石墨烯在多个领域都将大有作为。与会期间，他在不断了解石墨烯的同时，还不忘人才引进，与欧盟石墨烯旗舰计划子课题组组长陈同来签订了人才引进协议。

图2　华高墨烯创立大会

图3　青岛华高石墨烯新技术新产品发布暨高新区产业研发中心揭牌仪式

图4　潘东晓与刘敬权教授等在曼彻斯特大学国际石墨烯孵化器前合影

结束2014法国石墨烯国际会议的行程回青岛后，他开始了马不停蹄的考察工作。2014年9月，在青岛市经济和信息化委员会的大力支持和帮助下，潘东晓代表华高墨烯参加了在哈尔滨举行的"第三届中国国际新材料产业博览会"。同时，公司接受了中央电视台的采访，面向全国宣传公司产品，提高了公司的知名度，吸引了潜在客户。同月，在宁波举办的"2014中国国际石墨烯创新大会"上，公司与西班牙国家纳米中心（图5）、西班牙光子科学研究所（ICFO）等机构签订了战略合作框架协议。2015年，潘东晓代领团队参观了贝特瑞新材料集团股份有限公司，为石墨烯产业发展及产业链的建立奠定了基础。

2015年6月，潘东晓聘请冯冠平教授为公司首席专家。同时聘请多位专家作为企业战略发展顾问，为公司的稳健发展进行规划与指导。公司组建了一支高水平的研发队伍，以刘敬权教授为技术总监，以许元红教授为技术总监助理，以中国海洋大学陈守刚教授和青岛科技大学郭金学教授为技术顾问，他们带领多名石墨烯领域的博士、硕士研究生，进行石墨烯产品的研发。公司还特别重视引进海外知名专家，如澳大利亚迪肯大学的Colin教授、西班牙国家纳米中心的Arben教授、西班牙光子科学研究所的陈同来教授、澳大利亚阿德莱德大学的Dusan教授等，以这些海外人才的科研成果及研发经验作为支撑，不断提高公司的技术实力与创新能力，拓展应用研发领域。图6为青岛国际石墨烯创新中心及青岛国家石墨烯产业创新示范基地揭牌仪式。

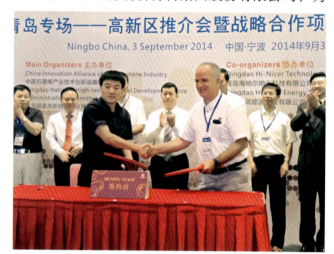

图5 华高墨烯与西班牙国家纳米中心签约

潘东晓紧跟时代形势，着眼前沿，建立了青岛华高国际石墨烯产业研究院。青岛华高国际石墨烯产业研究院在青岛市高新区锦安路以南、宝源路

图6 青岛国际石墨烯创新中心及青岛国家石墨烯产业创新示范基地揭牌仪式

以西、锦业路以北区域地块上规划打造国际石墨烯产业研究院。该研究院立足青岛，以石墨烯产业为核心，带动高新技术产业发展，推动科技创新，坚持不懈地将"共享完美科技"进行到底，从而实现"科技兴国、产业报国"的梦想。

青岛华高国际石墨烯产业研究院的主要功能为：①建立多元化的国际科技合作体系，引导合作、构筑平台，促进高精尖技术人才交流，助推全球创新资源整合。②建立前沿技术及关键共性技术研发平台，促进区域乃至全国科技创新，推动传统产业转型升级。③培育高新技术产业，促进科技成果转化，加速产业孵化。④为技术成熟、市场前景好、产业容量大的石墨烯项目提供产业化基地。

青岛华高国际石墨烯产业研究院以石墨烯产业为核心，引进了一批高精尖的技术专家、学者，孵化了一批石墨烯相关的高新技术企业，聚集了一批技术可行、前景看好、市场容量大的石墨烯项目，融合、贯通石墨烯上、下游产业，围绕产业链部署创新链，围绕创新链布局产业链，提升产业链、供应链的稳定性和竞争力，推动经济高质量发展。

（二）"在战争中学习战争"

面对领先世界的前沿科技，面对石墨烯这一陌生的新材料，怎样开发？怎样推广应用？无数的难题汹涌而来。当公司成员束手无措的时候，从部队走出来的潘东晓明白一个道理——"在战争中学习战争"，干起来就是最快的成长之路。

潘东晓在成立华高墨烯之初就确立了"着眼前沿，扭住领先"的发展战略，以科技创新抢占前沿，积极开展国际交流合作，大力引进技术人才，打造以学科专家为核心的研发队伍，建立健全自主研发与合作研发相结合的创新机制，自主创新拥有了一批石墨烯制备及其应用技术专利，主导或参与制定了许多有关石墨烯的国家及行业标准，为石墨烯产品占据领先优势和提升市场核心竞争力提供了技术和平台支撑、体制机制保障。2016年，华高墨烯于新三板挂牌上市（图7），开启了资本市场的探索之路。

在潘东晓的领导下，公司建立了自主研发与合作研发相结合的研发机制，以青岛华高国际石墨烯产业研究院为平台，以全国纳米技术标准化技术委员会分委会委员郭洪云为技术带头人组建专业研发团队，开展技术研发创新；与中国科学院化学

图7　华高墨烯于新三板挂牌上市敲钟

研究所、清华大学、中国石油大学等科研院所建立常态技术交流研发机制，与中国海洋大学、青岛大学成立联合实验室，弥补公司大型实验设备及高端检测设备不足的短板，实现优势互补。

潘东晓深知，产业发展，标准先行。标准是经济社会活动的技术依据，更是石墨烯行业产业化的重要规范和保证。2016年，国家标准化管理委员会联合工业和信息化部成立了"石墨烯标准推进工作组"；2017年6月，国家标准化管理委员会联合英国标准协会（BSI）在英国伦敦成立了"中英石墨烯标准化合作工作组"。公司作为两个工作组的核心参与单位，牵头、参与制定了国际、国家、行业、团体标准20余项，其中10项已发布实施（参编的首个石墨烯行业国家标准于2018年12月28日实施）。公司积极参与我国石墨烯标准体系建设，于2020年被认定为青岛市石墨烯技术标准创新基地，2021年获批建设山东省石墨烯制造业技术标准创新基地，并于2023年通过评估和验收。公司秉持产学研相结合的理念，经过团队的精耕细作，自主研发拥有了70余项石墨烯制备及其应用技术专利、5项专有技术。

2018年9月，公司在潘东晓的带领下获批牵头组建山东省石墨烯制造业创新中心，其是全国五家省级石墨烯制造业创新中心之一，依托该中心集区域和省内技术优势于一体，攻克共性关键技术壁垒。经过两年多的运营，该中心打通了石墨烯材料生产—石墨烯材料应用技术—石墨烯产品生产全产业链。目前该中心与北京石墨烯技术研究院有限公司、中国空间技术研究院（航天五院）、中国核动力研究设计院、中航工业航宇救生装备有限公司、三橡股份有限公司沈阳橡胶研究设计院有限公司等大型国有企业建立了紧密合作关系，形成优势互补、融合发展的格局，为提高公司石墨烯产品的市场竞争力提供了组织保障。此外，公司作为发起者之一成立了石墨烯联盟、山东省石墨烯产业技术创新战略联盟、青岛国际石墨烯创新中心。公司是石墨烯军工应用委员会副秘书长单位、青岛市石墨烯国际科技合作基地、青岛市先进碳纳米材料工程技术研究中心、青岛市专精特新企业、青岛市碳基纳米新材料技术创新中心。公司与清华大学联合共建了清华大学 – 华高墨烯石墨烯工程技术中心，与中国海洋大学联合共建了中国海洋大学 – 青岛华高墨烯新型碳材料联合实验室。

2022年年初，华高墨烯作为主要发起股东单位，参与国家级石墨烯创新中心的筹建工作。2022年11月，国家石墨烯创新中心正式获得批复。该中心面向石墨烯产业发展的薄弱环节，围绕石墨烯材料规模化制备、石墨烯材料产业化应用和石墨烯行业质量提升等研发方向，开展关键共性技术攻关，支撑打造贯穿石墨烯各领域创新链、产业链、资金链、人才链和价值链的创新体系，助推我国石墨烯产业创新发展。

在潘东晓的指导下，公司自主研发了石墨烯粉体、石墨烯浆料等石墨烯材料，石墨烯智能健康采暖系列产品、石墨烯导静电轮胎、石墨烯/氯化亚铜 – 镁泛水电池、石墨烯复合载热剂、石墨烯电热保暖救生衣及电热保暖潜水服等石墨烯应用产品。

公司的各项技术均具有创新性，处于国内领先、国际先进水平，产品在中国国际新材料产业博览会等众多大赛中屡获金奖。公司凭借石墨烯制备技术荣获第四届中国创新创业大赛新材料行业总决赛第二名，石墨烯导静电轮胎项目荣获中国青年创新创业大赛全国赛铜奖、第三届"市长杯"青岛市小微企业创新大赛金奖。图8为潘东晓荣获"中国石墨烯创业功勋人物"荣誉称号。

图8　潘东晓荣获"中国石墨烯创业功勋人物"荣誉称号

（三）用石墨烯铺就的宽广大道

经过潘东晓多年的创业投资及研发团队的精耕细作，华高墨烯积累了丰富的石墨烯材料制备及应用技术。公司针对不同的材料体系，研发专用改性石墨烯材料，通过自主研发的分散技术、添加技术等制备的石墨烯功能复合材料，其可应用于航空、航天、应急救援等军工领域。

1. 石墨烯材料在橡胶领域的应用

公司自主研发了石墨烯与胶质材料复合技术，实现了石墨烯在胶质中的均匀分散，解决了石墨烯分散困难的技术壁垒，并突破了材料功能的"魔三角"效应。

（1）石墨烯导静电轮胎。

公司发明的石墨烯导静电轮胎（图9）填补了轮胎行业空白，与同型号轮胎相比较，其性能突出，电导率达 1×10^{-5} S/m，对于军用指挥车、电子设备专用车、易燃易爆品运输车、导弹运载发射车，可实现全地域、全时段、连续、可靠导出车体静电，消除静电对电子设备的干扰，提高其工作稳定性，消除静电所引发的车载易燃易爆品爆燃的危险，杜绝车载火控品爆炸；湿地刹车距离缩短1.82 m，抗湿滑性能突出，大大提高了行车安全性；滚动阻力降低6%~16.2%；轮胎的强度、散热性、耐磨性、抗老化性及使用寿命等综合指标提高30%~50%。产品已通过国家级鉴定会认可，其鉴定结论为："该

图9　石墨烯导静电轮胎

生产工艺稳定可靠、制造工艺装备先进，从技术上看，具备大批量生产能力；产品综合性能达到国际先进水平，具有良好的社会经济效益及推广价值。"

（2）石墨烯功能航空轮胎。

基于石墨烯导静电轮胎的成熟技术，公司自主研发了石墨烯功能航空轮胎，填补了国内航空轮胎行业的空白，其在保证应有（强制标准）导电性能的同时，保压时长提高了30%，同时消除了材料的"魔三角"效应，与同型号轮胎相比较，其强度、韧性、耐磨性等综合指标提高30%，抗湿滑性能明显提高。石墨烯功能航空轮胎能有效提高飞机起落时的抗冲击性和抗湿滑性，在雨雪天能有效保证飞机起降的安全性，延长了使用寿命；特别是解决了在高湿、高盐、高温环境中，舰载机在钢质甲板上起降时易产生滑移的问题，有效保证了舰载机起落时的安全性。

2. 石墨烯材料在应急救援装备中的应用

针对我军舰船海上护渔护航、巡逻、国际维和、海上救援在低温水域活动，特别是海上作战行动中舰伤、舰损或人员落水情况时有发生，对功能性应急救援装备需求强烈，公司自主研发了以泛水电池供电、以石墨烯电热膜为电热元件的电热保暖救生衣。电池激活供电后，可使救生衣与人体间的温度保持在 18~30 ℃，供电时长大于 10 h，可为低温水域落水人员提供保暖，从而赢得援救时间，提高生存概率。石墨烯电热保暖救生衣填补了海上救生装备的空白，能为我军海上作战人员提供有效的应急救援保障。

3. 石墨烯导电/导热材料

公司还研发了系列石墨烯导电/导热材料，包括石墨烯复合载热剂、石墨烯导电硅胶、石墨烯复合电热膜、石墨烯导热材料等。如公司自主研发的石墨烯复合载热剂，无漂浮、无聚沉、性能稳定，具有倍增的载热能力、良好的润滑性，可减少流动的摩擦阻力，同等条件下可明显提高流速和流量，提高导热效率，并明显提高抗腐蚀性；作为载热介质，可用于核反应堆、热电和舰船动力机组载热剂，在原系统、设备不变的条件下，能明显提高热功效。

在服务民生方面，潘东晓建立了石墨烯远红外复合电热膜青岛生产基地，并于 2019 年在青岛蓝谷成立全资子公司——青岛华高烯暖新材料科技有限公司，专门从事石墨烯复合电热膜的研发、生产及销售。由石墨烯复合电热膜衍生出的技术可达、产品领先的石墨烯智能健康采暖系列产品，涵盖了石墨烯电加热地暖、石墨烯电加热壁画、石墨烯电加热地毯及石墨烯电加热吊顶等产品，可承接电采暖工程安装及施工业务。公司的石墨烯复合电热膜生产及电热采暖工程技术成熟、资质齐全，电热采暖业务已在全国多个城市展开。采暖系统具有大数据中心远程控制、分时分区、自动限温、安全稳定、初装费低、运行费低、远红外健康养生、使用寿命 ≥ 50 年等特点，可广泛应用于家居采暖、公建采暖、农业及工业采暖。

四、始终战斗在最前沿的董事长

潘东晓作为董事长，他始终脚踏实地，扎根基层，冲锋在前，享受在后，认真履行着普通士兵的角色。但这名普通的士兵可是归属于公司所有部门的兵，而且还是一名不怕麻烦的兵，他从不推卸责任，总是说："为什么不早和我说？""有问题不找我找谁？"因此，华高控股集团总能快速决策，高效执行，为成功奠定基础。

从军营走出来的潘东晓深谙"商场如战场"，因此，他始终奋战在一线，站在最前沿。他很少在办公室指手画脚，更不会在会议上夸夸其谈，他明白，作为高科技企业的领导人，在一线战斗不只是简单地冲锋在前，更要懂得如何指挥、如何示范，真正让大家心服口服，愿意追随你去一起战斗。他对公司各个部门、各个项目、各个环节、各类人员都了如指掌，研究问题深入细致，对各种数据如数家珍，并且通过与专业人士的交流，时刻能够精准把握科技发展的大方向，因此，能够做到指出问题切中时弊，出的点子恰到好处，协调关系游刃有余。

一年365天，他没有节假日，没有8h之外，全年出差天数总在200天以上，经常是上午在青岛本部开调度会，下午在北京总部会见客人，晚上则出现在河北某项目现场，而且轻车简从，不许人接站、接机，没有人提包递水，随身携带的只有降血糖药和各类文件报表。

潘东晓还是一位谦恭的倾听者，他特别注重倾听来自一线的声音，从不轻易否定他人意见，对于一线员工反映的问题几乎全部是第一时间给予答复和解决。潘东晓经常主动征求意见，有时会策划头脑风暴，以此发现问题。他特别强调问题的及时发现和及时解决，在华高控股集团的"十二条钢规文化体系"（简称"十二条钢规"）里有两条被他经常拿来引用，一是"细节"，一是"不让问题过夜"。他对爱提意见的员工尤其偏爱，他深深懂得，爱提意见说明员工爱思考，能够发现问题、提出问题，离解决问题和走向成功也就不远了。同时，爱提意见说明员工爱企业、爱工作、追求完美、追求卓越，这样的员工是公司的宝贵财富。

潘东晓深知一个道理："坐在办公室都是问题，深入一线都是办法。"企业在发展的过程中，不可避免会遇到各式各样的问题，技术方面的、管理方面的、市场方面的、客户方面的……其实所有的问题都是人的问题，抓住这一关键问题，就是抓住了牛鼻子。潘东晓大部分时间都是在一线和干部、员工在一起，体味他们的甘苦，了解他们的心声，倾听他们的建议，解决他们的困惑，更会在背后给予一线工作人员全方位的支持。

（一）公司发展的行家里手

他所有的时间几乎都在讨论，参与所有重大项目的关键环节，他也特别善于在纷繁复杂的信息和矛盾中发现问题和解决问题，这使得他对所有情况都了如指掌，他在面对项目问题、员工需求、甲方要求、合作方的合作意向时都能给出恰如其分的解决方案，让大家心服口服。很多情况下，甲方和合作方往往从刚开始的不满到愿意倾听，再到将信将疑，最后心服口服，成为值得信赖的合作伙伴。

正是由于潘东晓常深入一线，他知道一线的重要性，也知道一线的难处，因此，在公司制定政策、分配资源、晋升奖励等时，充分向一线集中。

（二）做事先做人的道德典范

在华高控股集团大家遵守的一条准则就是"宁可挨饿，不失人格"，这也是华高人纵横驰骋商场的真实写照。

潘东晓一直信奉这样的人生信条——做事先做人，做人德为先。

潘东晓经常说，做人要知道"先德而后得"之理，也就是先做人后做事。在潘东晓的眼里，优秀的员工必须是德居首位。有了这一评判标准，华高人逐渐形成了这样的共识，有德之人付出的是汗水，收获的是成功。

五、为什么是华高？

在我国强手如林的科技公司中，华高控股集团没有久远的历史，没有深厚的背景，没有超大的规模，但是却以蓬勃的发展速度、独树一帜的行事风格、利剑在手的独门绝技在市场上纵横驰骋，成为国家科技创新百强企业、中国软件和信息服务最具价值企业、国家信息中心新型智慧城市技术合作单位、国家大数据产业发展试点企业、全国智标委/信标委成员单位、工信部大数据百强企业、住建部智慧城市依托单位等。华高控股集团凭什么拥有如此众多的光环和荣耀？又是靠什么取得这些优异成绩？其实华高控股集团与许多优秀企业一样，重视人才、加大投入、勤奋刻苦，但"利他"一直是华高控股集团奉行的核心理念。

潘东晓懂得，一个人乃至一家企业的成功，并不是一加一等于二那么简单的事情，有时一加一也许等于"零"。舍得舍得，有舍才有得，这里的舍是"德"，舍就是付出，舍就是奋斗，一个人怕苦、怕累，遇事总想投机取巧，总想偷工减料，怎能够得呢？

在华高控股集团举行的内部会议上，潘东晓曾给大家讲过得与失的辩证关系。有付出才有收获，有汗水才能成功，人生有得有失，不想付出，守株待兔，什么都得不到。有德的人能正确对待付出，舍得为工作和事业付出汗水；无德的人只想得到，不讲付出，多干一点儿事情也要讨价还价，怪话连篇，牢骚满腹。

什么是利他？指的是尊重他人的利益，一种出于自觉自愿的有益于社会的行为。人们通过采取某种行动，一方面满足了自己的需要，一方面又帮助了别人。在某些情况下，有的人可能会不惜放弃自己的需要来满足别人的愿望。

潘东晓曾引用《人性的弱点》一书中的说法："人记忆最深刻的莫过于给自己最大帮助的人。"因此，帮助别人就是让别人记住我们的最好办法，给他人提供帮助，往往最能给他人留下深刻的印象。

在一次内部培训中,潘东晓跟大家分享了日本著名企业家稻盛和夫在《活法》一书中的想法。求利之心是人开展事业和各种活动的原动力,因此,这种欲望无可厚非。但这种欲望不可停留在单纯的利己范围之内,也要考虑别人,要把单纯的私欲提升到追求公益的大欲的层次上。这种利他的精神最终会惠及自己,扩大自己的利益。

潘东晓提出,要从两个方面养成利他的思维习惯。

一是培养自己的格局。一个人的改变首先是心态上的改变,当我们意识到利他的重要性时,不能只停留在表面上的认识,而是要向内心深处去挖掘自己乐于助人的善良品质,多读一些名人传记、传统文学作品,了解做人的担当,发自内心地景仰优秀的人,学习为人处世的智慧,培养自己的使命感和责任感。

二是从行为上做到真正的利他。当和别人说话时,发自内心地微笑,耐心倾听;为身边的人做一些力所能及的小事;参加志愿者活动,为社会发展贡献自己的力量,以此收获成就感。

潘东晓深知,前路漫漫,未来可期。为了拥有一颗更加宁静、平和的心,我们要培养利他思维。

潘东晓深知,企业同样面临着队伍建设和作风建设问题。如果只埋头发展业务和订单,只讲究效益和利润,只追求个人收入和晋升就很有可能走入歧途,成为争名逐利、自私狭隘、个人主义泛滥的势利之徒,甚至成为害群之马。那么,怎样激发大家投身事业的工作热情,激发其昂扬向上的工作斗志,把工作当事业,把单位当家庭,把岗位当责任呢?潘东晓认为精神上的正确引导和工作方向的实时把握尤为重要,他结合华高控股集团多年的奋斗历程,提出了华高控股集团钢规文化的建设体系,即"一套支部组织体系""十二条钢规""五个维度的钢规价值体系"。

"一套支部组织体系"就是每个部门或中心单位成立钢规支部,每个支部的书记相当于部队的政委角色,负责员工或团队的思想建设工作,纠偏查错、正气清源;"十二条钢规"是整个体系的核心内涵;"五个维度的钢规价值体系"是方法论、工作标准、工作态度、工作习惯。其中"十二条钢规"具体内容如下。

"第一条　忠　诚
第二条　利　他
第三条　决　心
第四条　坚　持
第五条　主　动
第六条　沟　通
第七条　细　节
第八条　成　本
第九条　创　新

第十条　　作　品
第十一条　　没有任何借口
第十二条　　不让问题过夜"

"十二条钢规"是华高人2014年制订第一个3年规划时创立的，后来不断优化、完善，如今已成为华高人最高的行为准则。

"十二条钢规"——"忠诚、利他、决心、坚持、主动、沟通、细节、成本、创新、作品、没有任何借口、不让问题过夜"，是华高控股集团的文化精髓，是在实践中被检验证明行之有效的价值观和方法论体系，成功指导了华高控股集团的发展和华高人的成长。

"十二条钢规"，是华高控股集团发展的魂，是华高控股集团进步的灯，是华高控股集团从成功走向进一步成功的战略方法，是华高控股集团宝贵的精神财富。

"十二条钢规"条条都是为人处世的标杆，只要严格遵守，就没有做不成的事。

综上所述，践行"十二条钢规"是华高控股集团发展、华高人家庭幸福和成长的需要，是华高控股集团锻造钢铁团队、营造幸福家庭和促进个人成长的根本保障。每个人都应该学习并践行，从而实现人生价值，达成人生目标。

华高控股集团通过钢规文化熏陶员工，把个人的素质、企业的发展结合在一起，所有的事情沿着钢规文化的路径、方法、标准去做，努力让企业、个人成为社会、行业，乃至国家靓丽的风景。

正是在这种钢规文化的引领和武装下，潘东晓打造出了一个具有鲜明特色的团队，他们秉承华高传统，弘扬华高旗帜，从山东青岛出发，让钢规文化发扬光大。

六、胸怀宽广，兼济天下

（一）企业家应该有怎样的情怀？

潘东晓经常说："对于企业家来说，企业的社会责任不仅仅在于创造就业机会，贡献税收或者做慈善公益。"在他的眼里，企业的社会责任还有国家的兴盛、人民的福祉、社会的发展、中华民族的崛起。

就个人来说，他是成功者，但他很少关注自己。他衣着简朴、饮食清淡，但他对员工却非常关心，每个员工的情况他都了如指掌，员工家里有事或身体抱恙，他都会第一时间送去关心和慰问；外出办理公务，同员工一起就餐时，他总是说多点几个菜让大家吃饱、吃好，而他自己却吃得很少。2020—2022年，公司业务受到极大影响，很多欠款难以收回，但华高控股集团却没有因经营困难辞退一名员工，也没有少发一分薪金。

他没有把企业变成挣钱工具，而是利用华高控股集团的技术优势为政府和相关行业出谋划策。每到一个城市，他最关注的是城市的发展、城市的优势发挥，因而总能契合当地城市发展需要提出一个又一个科学合理的建议,甚至还从国家部委、大专院校、合作企业请来专家、学者为城市发展建言献策。几年来,他带领团队跑遍全国上百个城市,足迹遍及各地。不论走到哪里,他都是带着满满的热情,倾尽全力为当地政府出谋划策,特别是对家乡怀宁,他更是倾注了大量心血,助力怀宁特色产业走向全国。

(二)潘东晓的故乡情结

怀宁县是著名的蓝莓之乡,当地的蓝莓产业发展得如火如荼,有约8万亩的蓝莓种植基地,还有配套相关产业。蓝莓产业是当地老百姓的主要收入来源,怀宁县目前已成为长三角地区最大的蓝莓种植区。"怀宁蓝莓"于2019年获批国家地理标志证明商标,入选2021年第三批全国名特优新农产品名录,并成功创建怀宁县蓝莓林业产业示范园区。怀宁县的蓝莓产业在潘东晓的眼中,不仅是家乡的一张名片,更是推动经济发展的重要引擎。他深知要使蓝莓产业真正做大做强,必须借助现代化的科技手段。于是,他决定用数字化技术为蓝莓产业插上腾飞的翅膀。

潘东晓深知蓝莓产业对家乡经济发展的重要影响,因此他决定将自己的资源、资金投入家乡的这一事业中。在他的引领下,华高数字与怀宁县交发公司携手合作,共同探索数字化技术在蓝莓产业发展中的实际应用,结合华高控股集团多年的行业经验和技术实力,将信息化手段融入蓝莓产业的生产、流通、管理等各个环节。

2023年春节,当绝大多数人还沉浸在合家团聚的喜庆氛围里,潘东晓已经开始了他的寻根之旅。大年初四(1月25日)上午,潘东晓同怀宁县政府领导及相关委办局人员就怀宁县数字乡村建设、数字蓝莓产业品牌运营和发展深度交流(图10)。通过此次交流,初步达成由华高数字和交发公司合作成立公司以启动数字乡村建设的共识。华高数字与交发公司通过蓝莓产业深度融合,凭借政府主导、资本参与、科技赋能,引领怀宁县的数字乡村建设,助力以蓝莓为主要产业的国家乡村振兴示范区的建设,打造以"独秀蓝谷"为特色产业的数字乡村国家级示范县。

图10 潘东晓与怀宁县政府领导及相关委办局人员深度交流

为深扎本地、深入行业,双方携手成立合资及后期运营公司,潘东晓投资1 000余万元将信息化行业赋能蓝莓产业。针对怀宁县本地的蓝莓产业,借助物联网、大数据、人工智能等技术手段,实现了蓝莓生产过程的智能化管理,提高了生产效率和产品质量。同时,建立农产品追溯系统,确保农产品的安全和品质。电子商务平台的兴起为蓝莓产业的流通提供了便捷的渠道，降低了流通成本，提高了农民的收入。

除此之外，潘东晓还非常注重完善蓝莓产业链的各个环节。他通过信息化管理手段，完善了现代化的加工厂和仓储设施、冷链物流体系，确保蓝莓的新鲜度。同时，他高度关注科技信息服务平台的建设。这一平台不仅有助于普及和推广科技知识，提高农民的科技素质和生产技能，还可为农民提供最新的科技成果和市场动态信息，引导他们进行科技创新和应用。

潘东晓全身心投入家乡的蓝莓产业，带动了数字蓝莓产业的发展，提高了生产效益，为当地农民带来了实实在在的收益，提供了就业机会，增加了农民的收入来源。他通过信息化手段将蓝莓产品推向全国乃至国际市场，提高了品牌的知名度和影响力，以此回报社会，助力家乡建设，为家乡的繁荣做贡献。

潘东晓的这一善举不仅为家乡的蓝莓产业注入了新的活力，也为数字农业的发展树立了典范。他的故事启示我们：企业家在追求经济利益的同时，更要关注公益事业和社会价值。只有这样，才能共同创造一个更加美好、繁荣的社会。潘东晓的事迹将激励更多的企业家投身于公益事业和社会价值的创造，为实现家乡的繁荣贡献自己的力量。

（三）潘东晓的梦想

潘东晓善于把个人、公司的发展与国家、民族的发展紧紧联系在一起，他时常讲："只有胸怀天下的人才能拥有天下，只有懂得感恩的人才能拥有未来。"企业要发展，就必须时刻跟随时代的脚步，与合作伙伴、广大员工携手同行，承担更多的社会责任，为国家和民族的未来做出贡献！

华高控股集团作为一家高科技企业，集数字产业、石墨烯新材料、数字产业园的协调发展和研发、生产、运营于一体，拥有甲级保密资质的国家级高新技术企业，秉持"着眼前沿，扭住领先"的战略和"共创、共享、共赢"的理念，致力于打造名副其实的新型数字城市建设的领先者。华高控股集团着力建设具有较强创新能力、综合实力、市场竞争力和品牌影响力的高科技企业，致力于创造一流队伍、优质产品和诚信服务；同时，努力构建事业发展命运共同体和员工幸福家园，让员工共享发展成果，更好地回报社会，造福民众。

潘东晓认为，信息时代是人类发展史上伟大的时代，更是中华文明发展史上伟大的时代，华高控股集团完全与这个伟大的时代同步，一定会顺势而为，乘势而上。

从不停下脚步的潘东晓，正带领全体华高人，夙兴夜寐，矢志不移，开启智造华高的新的伟大征程。

躬身入局新材料产业，砥砺前行向未来

——记中国石墨烯创业功勋人物陈利军

人物介绍

陈利军 北京创新爱尚家科技股份有限公司（简称爱家科技）董事长、创始人，北京市房山区第九届政协委员，山西人。陈利军是一名执着且坚定的创业者、企业家。2003年大学毕业后，怀着产业报国梦，他加入了民族品牌爱国者的团队，并且一干就是10年，从一名普通的产品经理，成长为公司最年轻的副总裁。这10年，他学会了如何选择供应商、如何把一款产品做好、如何做营销、如何为用户提供更优质的服务。在爱国者的这10年，他创业者的性格凸显，熟悉他的人说："他以创业者的心态做职业经理人。"陈利军在爱国者的10年，经历了爱国者从高峰到低谷，再到转型的全过程。他曾把自己的职业生涯规划分为4个阶段，每个阶段10年。第一个10年是了解社会，找到适合自己发展的方向；第二个10年是实践，把兴趣和能力释放出来；第三个10年的主题是收获；第四个10年是传承。在这样严谨的规划下，通过在爱国者的历练，陈利军完成了第一个阶段的目标。

一、七年磨一剑

2013年，陈利军开始创业，成立了爱家科技，品牌商标为Aika，是新材料石墨烯驱动的创新型科技公司，专注于石墨烯电光热技术的研发和应用，品牌愿景是"科技温暖新生活"。

石墨烯自2004年被发现之后，一直是感光元件、生命科学、军事重工等诸多行业的宠儿。陈利军之前是做电子消费品的，作为非材料领域的创业者，他说要感谢清华大学的同学，让他有机会走访国内众多石墨烯企业。他说感谢老师冯冠平，把他带入了石墨烯材料的大门，最终确定了公司以石墨烯为核心的发展路线。

爱家科技没有选择进入热门行业，而是攻坚将石墨烯这种高端材料应用到民用领域，力争快速实现产品化并能够给消费者带来高性价比的产品。陈利军走访了国际、国内许多科研院所，在跟专家、学者深度交流后，经过综合判断，根据自身优势、创业的体量、时间周期，他选择了可以更快实现产业化的石墨烯热管理赛道。

最后他决定带领爱家科技瞄准石墨烯优良的导热性，因为石墨烯的电热转换效能可以达到99%，其与其他发热材料相比有着天然的绝对优势。他认为，如果要做智能贴身发热产品，把石墨烯织成纺织物是最好的选择。

这是一条从未有人走过的路，他带领爱家科技的研发团队注定要走得艰难，但是他们从未放弃。怎么才能让石墨烯"嵌入"纺织物里呢？这是研发团队面临的极大难题。

为了解决这一技术难题，他带领爱家科技的研发团队与国际、国内顶尖机构合作。3年多的时间里，80多人的研发团队夜以继日地进行头脑风暴、方案设计、试验、测试、再修改……2016年下半年，他们迎来了期待已久的"爆发"：爱家科技自主研发的超级材料织物石墨烯AIHF（艾弗）问世，获得数十项核心专利，获得由中国纺织工业联合会科学技术奖励大会在人民大会堂颁发的科学技术奖进步奖，被专家评定为达到国际先进水平，被誉为第四代柔性电光热材料，轰动了整个行业。

"材料之王"期待唤醒世界。从新材料到产品应用，更加考验研发团队的市场化能力。2015年12月11日，爱家科技的研发团队初步尝试，研发了首款石墨烯智能披肩（披风），正式启动京东众筹（图1），这是石墨烯智能民用化的第一款产品，定位于带给办公室"低头族"美丽的同时，也带给他们健康，力争让这一世界公认的"材料之王"，飞入寻常百姓家。这款石墨烯智能披肩，最终以519万的众筹结果完美收官。

一个人走和一群人走是不一样的。陈利军入选京东众创学院一期学员。京东众创学院有很多与陈利军一样的创业者，有虽是50后但始

图1 爱家科技的石墨烯智能披肩启动京东众筹

终保持匠人之心的深圳市云动创想科技有限公司（简称猫王收音机）的创始人曾德钧，有创办快轮电动独轮车的90后刘峰，也有国内首个众筹破千万的三个爸爸家庭智能环境科技（北京）有限公司的创始人戴赛鹰，更有无数创业成功者，如北京洛可可科技有限公司（简称洛可可）的创始人贾伟等。这些创业者抱成一团，数十人互相激励、互相帮助。这群同班同学成为强大的互联网创业关系链。他很感谢这段时间内京东集

团的资源支持。

在某一年的圣诞节前夕，爱家科技联手北京紫媒广告有限公司（简称熊猫传媒）、杭州达喀电子商务有限公司（简称请出价达喀电商）、北京甜心良品网络科技有限公司（简称甜心摇滚沙拉）、智车优行科技（上海）有限公司（简称智车优行）、大家智合（北京）网络科技股份有限公司（简称印刷家）、北京宜人康健康科技有限公司（简称宜生到家）和洛可可等公司，以及提供奖品的北京十月逸栈科技有限公司（简称生日管家）、猫王收音机、北京乡村粮仓商贸有限公司（曾用名为"北京老范家农业科技有限公司"）等创业公司，展开了一次温暖的活动，在喜欢新鲜事物的年轻人中推广石墨烯产品。

陈利军和其带领的团队经过长时间的市场探究、规划，确定了人体保暖保障、建筑采暖保障、车辆热力保障的多场景应用和阶梯实现规划，他们根据难易程度，先从人体保暖保障入手。除了在之前的众筹中取得了不错成绩，在服装品牌市场端，他们也开始了新的尝试。

2016年开始，陈利军带领团队开始服装客户的市场开拓。他们参加了当年上海的服装展览会。团队是第一次参加服装展览会，选了一个面积不大的展位，小规模验证，也没有做特装，他们带着新研发的石墨烯加热材料、石墨烯加热服装亮相，提出了"石墨烯轻应用推进者"的概念，当时业界、媒体大多认为石墨烯作为成就诺贝尔物理学奖的材料，应该用在高精尖领域，没想到其还可以应用于服装领域，因此产品受到了极大的欢迎。参观者纷纷驻足，问得最多的就是："什么是石墨烯？能干什么用？"当时驻足了解、咨询的人已经溢出了展位，有的人在过道的位置跟工作人员聊。在这次服装展览会上，还有我们在商场里经常能看到的服装品牌，多个服装品牌表现出了积极的态度和浓厚的兴趣，展览会后和团队开展了积极对接和落地合作。

除了展览会，陈利军也在国内重量级的论坛上推广石墨烯技术。作为世界最重要的时尚消费市场，我国时尚产业不断适应产业发展的新环境和新要求。从世界格局来看，随着经济全球化的深入发展，各国产业间的交流与合作进入一个崭新的阶段，也面临着前所未有的深度调整。基于此，2016年11月6日，在厦门小白鹭艺术中心金荣剧场举行了以"融——全球时尚产业新机遇与新模式"为主题的厦门国际时尚论坛。本次论坛由中国服装协会、厦门国际时尚周组委会、爱慕股份有限公司、北京盛世嘉年国际文化发展有限公司主办，厦门市人民政府提供支持，厦门国际时尚联合会协办。

本次论坛汇聚了许多重磅嘉宾，他们以演讲、对话等形式展开了一场有关全球时尚产业新机遇与新模式的头脑风暴。在科技改变时尚的主题单元下，陈利军代表石墨烯科技材料企业发表了以"爱家科技石墨烯一站式解决方案"为题的演讲，与业内大咖同台交流，展开了一场深入的对话。

作为热衷创新、不惧未来的两个产业，时尚与高科技产业之间总是能擦出不少火花。高科技在时尚产业中的应用，正在掀起一场革命。服装的智能化发展已经初露端倪，其蕴含的机遇值得期待。

这是一个不断变化的时代，也是一个不得不变的时代。新材料、新科技、新模式带来了全新的变革，这一切变化将助力传统产业找寻到更好的发展方向。

2016年10月25日，爱家科技挂牌新三板，如图2所示。"我们从这里再出发"——新三板挂牌仪式暨石墨烯战略发布会在北京顺利举行。作为首家石墨烯轻应用行业新三板挂牌企业，爱家科技致力于石墨烯研发与应用领域，成功制订了集"石墨烯＋智能化＋大数据"为一体的健康理疗型石墨烯智能穿戴解决方案。在发布会现场，国务院原参事、中国可再生能源学会原理事长石定寰，清华大学经济管理学院中国创业研究中心主任高建，石墨烯联盟秘书长李义春，中国服装协会秘书长焦培等领导、嘉宾及新闻媒体，共同见证了爱家科技挂牌新三板的敲钟仪式。

一个好汉三个帮。2017年1月4日，新年伊始，一群神秘大咖到访爱家科技。清华大学经济管理学院市场营销系主任、教授、博士生导师李飞率领清华EMBA校友团（图3）和来自各行各业的代表，其中有乐视官方体验店副总裁赵昱辉、创维集团新闻发言人及品牌管理部总监李从想、神州数码副总裁韩君，以及众多知名建筑、营销咨询、农牧业企业的领头人，亲临爱家科技，在此举办了一场别开生面的新春团拜会。李飞做了细致而专业的点评，给出有效的建议。本次讨论的内容为爱家科技今后的石墨烯产业化道路奠定了强大的基础。陈利军一直非常感谢清华大学的老师、校友给予公司的支持和帮助。

在这期间，爱家科技同新材料与产业技术北京研究院共同开展了石墨烯碳纳米管复合电热膜的产品研究和开发，并于2017年1月20日，在北京举行了专家评估会（图4），探索石墨烯在建筑清洁采暖领域的应用。

图2　爱家科技挂牌新三板

本次专家评估会邀请了暖通、热能、纳米材料、建筑、土木工程等领域的高级专家，包括北京市建筑设计研究院顾问总工程师、原院长、教授级高级工程师吴德绳，中国城镇供热协会副理事长、建设部城建司原副司长、高级工程师徐中堂，国家红外及工业电热产品质量监督检验中心技术负责人、学术带头人、教授级高级工程师曾宇，国家纳米科

图3　清华大学新春团拜会合影

学中心石墨烯团队负责人智林杰，清华大学材料学院教授、博士生导师朱宏伟等9名专家。他们分别从各个学科领域对石墨烯碳纳米管复合电热膜进行了评估和论证。

经过现场几轮专家的提问和反复论证，最后证实石墨烯碳纳米管复合电热膜在材料的创新性、导电导热性、稳定性、环保性等方面都十分卓越，专家表示，能将石墨烯新材料技术产业化应用到如此程度，在国内乃至全球都达到了先进水平。

图4　石墨烯碳纳米管复合电热膜的专家评估会

2017年3月15日，亚洲地区最具规模与影响力的服装专业展会CHIC2017春季正式开幕，20余个国家及地区的1 000余个品牌参展。这里汇聚着行业最前沿的观点、最优秀的产业链资源，是中国服装品牌把握商业终端变革和探究品牌发展方案的范本市集。除国内外各大服装厂商纷纷亮相之外，具有特色的科技企业更让人眼前一亮。爱家科技作为助力服装品牌升级的代表，展会第一天即引起关注，观展客户纷纷走入展厅深度了解爱家科技带来的具有核心专利技术的"石墨烯智能服饰解决方案2.0"（图5）。爱家科技本次的展厅以"未来已来，石墨烯智能服饰新主张"为主题，提供集"石墨烯+智能化+大数据"为一体的专业化整体解决方案，并以此为核心不断迭代升级。本次展出在该核心内容的基础上，精准化细分机车服、登山服、户外服、时装、特种工服、裤装、家居家纺等品类的解决方案。

图5　爱家科技展区

每一个品类的解决方案都结合产品特色和细分市场进行区隔化定制。

2017年，整合了织物石墨烯材料、传感器技术、无线传输技术、服务器软件技术的爱家科技石墨烯智能发热服装系统AIHF（艾弗）因其石墨烯材料和智能化应用的创新性，被蒋士成院士在内的专家评委团评定为具有"国际先进水平"。

同年年底，爱家科技的AIHF（艾弗）材料技术系统获得由中国纺织工业联合会在人民大会堂颁发的科学技术进步奖（图6）。

图6　科学技术进步奖获奖证书

2017年是陈利军带领爱家科技开拓之年。从实验室到市场，爱家科技通过技术创新让石墨烯不再是只可远观的"水中月"，而成为能够真实触碰到的产品。这一年，爱家科技的"石墨烯智能服饰解决方案"实现了10万出货量，得到了鄂尔多斯、探路者、思凯乐、华伦天奴等50多家服装品牌的信赖并进行深度合作；石墨烯发热眼罩、护颈、护腰、护膝、马甲等产品陆续上市，迎来市场的良好反馈；尝试网络销售方式，仅仅两周，3 000套护具首发售罄；真丝发热眼罩27天内众筹134万元；发热马甲每6 min销售一件……市场对于爱家科技产品的追捧再一次证明：好产品靠市场说话。

爱家科技甘当匠心造物者。在石墨烯科技健康产业升级的过程中，爱家科技围绕"石墨烯＋智能＋健康"的思路，打造了智能健康修复护具系列、健康办公系列、健康家居系列、专业医疗系列、智能睡眠系列等大健康解决方案。其中，已面市的BLACKT、健康护具等产品收获了消费者的广泛好评。

石墨烯发热理疗马甲可有效地缓解腰背部疲劳、酸痛，排出寒、湿气，促进身体血液循环；石墨烯健康护具3件套针对不同群体的健康需求，提供全方位的发热理疗功效，弥补了目前市面上高科技护具品类单一的不足，使石墨烯新材料应用于人们的日常生活。

值得一提的是，石墨烯发热眼罩是爱家科技的全新力作。它采用石墨烯纺织物发热纤维与5A级桑蚕丝优质材料，具有均匀发热、透气性强、亲肤抗敏等特点，给人以舒适的亲肤感与良好的健康体验。10 s速热等特点展现了石墨烯纤维材料的超强属性，水晶弹力带、隐藏式电源接口及多挡控温等设计极大满足了现代人的健康与时尚需求。从呵护女性健康的BLACKT到针对各类人群提供疲劳修复功效的健康护具3件套，再到拥有最高科技配置的石墨烯发热眼罩等产品，爱家科技甘心扮演秉持匠心的生产者。

脚踏实地，爱家科技让"黑金"发光。爱家科技作为一家具有科技实力与创新力的企业，以生产者的良知成就品牌的未来，以好产品赢得市场的肯定。它以技术创新为发展的动力，不断挖掘石墨烯轻应用的价值高地，重新定义健康护具产品的发展方向，也为更多纺织服装企业提供了创新升级的路径。

正是凭借着一件件极具创新价值的石墨烯产品，爱家科技迅速成长为石墨烯轻应用领域的代表企业。生产者的初心便是爱家科技深耕石墨烯轻应用的决心。当舆论嘈杂、概念纷飞的时候，爱家科技以脚踏实地的态度坚持做好新时代的工匠，打磨着石墨烯，让它越发光亮。

因在石墨烯研究领域的成果突出，爱家科技受主办方之邀，参加了在英国曼彻斯特大学举行的二维材料研讨会（图7）。2017年10月，石墨烯领域的中、英专家、学者和企业家代表进行了亲切会面与技术交流，为推动在该领域的合作起到了积极作用。

图7　在英国曼彻斯特大学举行的二维材料研讨会

爱家科技董事长陈利军作为参会一员，受到曼彻斯特大学校长南希·罗斯韦尔与科学家安德烈·盖姆的热烈欢迎，陈利军送上爱家科技出品的石墨烯健康护颈，并与校长南希合影留念（图8）。本次交流中，爱家科技在推动中、英两国在石墨烯领域的合作方面取得了重要进展，助力产业蓬勃发展。

图8　陈利军与曼彻斯特大学校长南希合影

爱家科技作为石墨烯智能服饰领域的实践者，带来了全产业链的"石墨烯智能服饰解决方案"，引发了轰动。经过不断的研发创新，爱家科技突破技术难点，打造了唯一呈现为纺织物形态、具有卓越的发热效能、可释放宽频谱能量光波的新型科技材料——AIHF（艾弗），以及能够使石墨烯远红外光波的转化率比普通碳系材料提升30%的光波增强技术——Hinave（哈尼微）。爱家科技提供了一套系统化的"石墨烯智能服饰解决方案"，该套方案通过将自主研发的石墨烯纺织物材料剪裁成型，形成石墨烯智能模组，与手机APP相连，可实现智能控制和大数据采集，可广泛应用于服装、工装、护具、家纺等领域。

在全球三大顶级家电及消费电子展之一的AWE（中国家电及消费电子博览会）上，吴晓波频道设立了"百匠大集"展区，携手消费升级下的10位中国新匠人（他们以极致的专业精神重新想象和定义熟悉的物件）出席，以新科技形象打破"匠人只会手作"的传统感受。吴晓波体验了发热眼罩（图9），深度询问了爱家科技石墨烯核心材料 AIHF（艾弗）的科技原理，然后又深度体验了伏案工作者最爱的石墨烯发热护颈。吴晓波当场决定：吴晓波频道与爱家科技要做石墨烯发热护颈产品的联名款，要让爱家科技的石墨烯科技产品具有人文气息。

图 9　吴晓波体验爱家科技产品

2018 年伊始，吴晓波频道联合复旦大学、京东大数据研究院、清科研究中心、清博大数据、龙信数据研究院正式发布"新匠人 100"榜单，共有 26 家居家品牌、10 家文化创意品牌、18 家食品品牌、12 家箱包服饰品牌、21 家数码家电品牌、13 家美妆个护品牌上榜（图 10）。

2019 年，爱家科技的研发团队开发了云颈枕，即 360° 无

图 10　爱家科技入选"新匠人 100"榜单

死角支撑、带热敷的颈枕采用螺旋形设计，没有任何扣子，各节凹凸有别，刚好互相卡住。这也是爱家科技在石墨烯产品设计领域的一次创新。

2019 年，由中国纺织工业联合会与 CCTV 4 合作拍摄的《穿衣革命》系列片圆满收官，向世人展示了新材料在服装领域的创新应用，将石墨烯应用于纺织材料中，助力服装行业在各个环节的新突破，带来了我国服装行业革命性的巨变。

2019 年 10 月，由爱家科技和福建七匹狼实业股份有限公司联合打造的石墨烯智能发热羽绒服，荣获由中国纺织工业联合会主办的"2019 年度十大类纺织创新产品"的"智能科技产品"奖。

2019 年，爱家科技联合爱慕集团创新性地研发了一款加热模组可以调整位置的石墨烯发热服，哪里冷了就可以把发热服的发热模组贴到哪里，10 s 快速发热，最高温度可达 59℃，还可以用 APP 精准控制温度。石墨烯发热模组还有远红外功能，可以水洗。

在 2018 年中国国家石墨烯创新大会开幕式上，爱家科技总工程师马峰博士领取了全球石墨烯行业的独立第三方认证机构 IGCC（国际石墨烯产品认证中心）授予的产品认证合格证书（图 11），这标志着爱家科技在技术研发、产品控制、市场价值方面受到认可。

2019年10月，在北京石墨烯论坛2019上，爱家科技携"智能温控石墨烯复合纤维开发及应用"在11个全国顶尖的石墨烯科技企业中脱颖而出，获得唯一的"最具投资价值奖"。本次论坛由北京石墨烯研究院（BGI）主办。

2019年，在2019京津冀石墨烯大会暨北京石墨烯产业创新中心种子孵化园启动仪式（图12）上，爱家科技获得第二届"燕山杯"新材料创新创业大赛金奖（图13）。本届大赛共有来自全国20多个地区的百余家优秀的新材料创新应用领域的企业参与，最终经过评选共有15家企业获奖。爱家科技成为北京石墨烯产业创新中心种子孵化园的首批入驻企业。这次相遇开启了爱家科技与北京市房山区人民政府、燕山工作委员会、地区办事处的不解之缘。

爱家科技的研发团队深耕细作，从2017年起陆续将织物石墨烯AIHF（艾弗）应用于智能温控发热健康穿戴产品、智能温控发热服装、智能发热家居家纺等上。在业内，爱家科技作为石墨烯轻应用推进者，始终没有忘记自己许下的让科技温暖健康生活的愿景，努力把石墨烯轻应用推入更辽阔的市场，温暖更多的人。

图11　爱家科技总工程师马峰博士领取IGCC授予的产品认证合格证书

图12　2019京津冀石墨烯大会暨北京石墨烯产业创新中心种子孵化园启动仪式

图13　爱家科技获得第二届"燕山杯"新材料创新创业大赛金奖

二、逆风飞翔,"科技冬奥"促成"冬奥科技"的诞生

2020年,爱家科技的研发团队研发出石墨烯口罩,其充分应用石墨烯抑菌的特性,可以实现更好地防护。同年,爱家科技承接北京市科学技术委员会"科技冬奥"专项课题,于2020年7月—2022年3月,对科研课题展开全面的支持。图14为爱家科技参加2022年北京冬季奥运会测试赛的系列产品。

保障国家体育场(鸟巢)观礼台任务是2022年北京冬季奥运会保障任务中最具挑战性的。2022年北京冬季奥运会期间的天气在一定程度上对很多室外设备及服务人员的保暖设备提出了更高的要求,并且还要达到办赛安全和万无一失的要求,这些综合因素都是摆在2022年北京冬季奥运会筹备人员面前的难题。

图14 爱家科技参加2022年北京冬季奥运会测试赛的系列产品

从2017年开始,国家体育场(鸟巢)由于要承担2022年北京冬季奥运会、冬季残奥会开、闭幕式4场重要仪式活动,向社会寻求有效解决大型户外体育场馆低温环境下的有效保暖问题的方案。累计对比几十种国内、外技术方案后,鉴于必须要达到国际最高的安全要求,摒弃了220 V交流电方案,选定24 V直流电方案。国家重点支持的战略级新型材料石墨烯,因其极好的电热转换性能、可直流低电压驱动,成为其中的突围者。在众多石墨烯加热技术的供应商中,由北京市科学技术委员会支持的"科技冬奥"重点专项课题、北京石墨烯技术研究院有限公司孵化的爱家科技提供的"低温环境石墨烯智能发热产品及热力保障应用"方案,因自主研发的石墨烯柔性加热材料AIHF(艾弗)和整体技术方案具有"安全性、远红外健康辐射、绿色节能、防雨雪、跟纯棉布料一样轻薄和舒适"等特性,历经3次国内相关领域知名专家的论证鉴定、4次方案修订,并经多部门联合考察,最终于2021年8月获得批复,项目进入实施阶段。

为服务和保障2022年北京冬季奥运会,爱家科技进一步升级并研发了第二代石墨烯纺织物柔性发热材料AIHF(艾弗),其基于爱家科技的三维石墨烯水性分散技术,是用石墨烯和碳纳米管分散液辅助工艺喷出来的,摆脱了对基材的依赖,做成了一块能够发热的"布",可以做到方阻特别低,材料又很薄,所以可以做得跟棉布一样薄、软,又可以用24 V安全低电压驱动。这一创新性的技术让石墨烯纺织物柔性发热材料在拥有出色的热传导性能的同时,还兼具普通布料所具备的耐水洗、柔软、轻薄、舒

适和耐用等优势，可反复水洗、揉搓和剪裁，而不会影响功效。

在国家体育场（鸟巢）最严格的标准要求下，冬奥改造重点项目——"观礼台区域精准加热保障项目"顺利完成，创新性地实施了将石墨烯柔性加热材料应用于桌椅、沙发、地毯的配套方案和安全控制系统，形成了一套完整的、高质量的低温环境下石墨烯加热系统的整体解决方案。通过控制系统启动和调节，长按控制按键 3 s，芯片启动，桌椅、沙发表面就可快速实现升温加热。轻触控制按键的一挡、二挡、三挡，分别可以进行 47 ℃、37 ℃、30 ℃的高、中、低 3 个温度的控制。图 15 为爱家科技服务 2022 年北京冬季奥运会国家体育场（鸟巢）观礼台的石墨烯发热座椅。

图 15　爱家科技服务 2022 年北京冬季奥运会国家体育场（鸟巢）观礼台的石墨烯发热座椅

整个加热保障区域只需要 28.5 kW 的电量，相当于使用 15 台小型电暖器的电量保障了 1 000 多平方米面积的户外加热。

发热材料 AIHF（艾弗）在 2022 年北京冬季奥运会礼仪服中大放异彩。中国传统文化与高科技石墨烯深度结合做成的石墨烯加热内衣，使得颁奖礼仪服既美观又保暖。图 16 为爱家科技为 2022 年北京冬季奥运会颁奖礼仪服提供的石墨烯发热内胆。

除了为 2022 年北京冬季奥运会提供发热服装外，石墨烯材料还解决了云转播设备在低温环境下正常工作的难题。应用石墨烯柔性发热织物材料的云转播背包（含有石墨烯加热层、保温层）可以瞬间升温。工作人员可以调节温度挡位，大概能供热 8 h。2020 年 11 月 11 日获准上市的石墨烯冰墩墩暖手宝（图 17）里也有一层石墨烯材料，这是石墨烯技术在冬奥会特许商品中的首次应用和尝试。

爱家科技打造的这套"低温环境石墨烯智能发热产品及热力保障应用"方案，在冰雪运动的服装服饰、极寒条件下的特种加热装备、清洁采暖、新能源汽车的加热座椅及加热系统、户外场馆建设等领域，持续发挥

图 16　爱家科技为 2022 年北京冬季奥运会颁奖礼仪服提供的石墨烯发热内胆

出科技创新应用能量,使 2022 年北京冬季奥运会的科技成果从冬季奥运会走向城市发展的应用场,飞入寻常百姓家。

2022 年北京冬季奥运会之后,爱家科技收到了来自北京市 2022 年冬奥会工程建设指挥部办公室的感谢信,其给予了高度评价。信中写道:"在北京市委、市政府的坚强领导下,在北京市冬奥工程建设指挥部直接指挥下,国家体育场改造项目,牢记总书记嘱托,提前高质量兑现北京申办庄严承诺,胸怀国之大者,彰显出冬奥建设者心中有国、默默奉献、勇于创新、追求卓越的'国之匠者'精神,坚持奥运标准,践行'绿色、共享、开放、廉洁'办奥理念,实现了高质量、高标准、高速度建设;突出'科技、智慧、绿色、节俭'特色,展现出冬奥工程建设的国际一流水平、简约厚重的中国气质。"图 18 为科学技术部的感谢信。

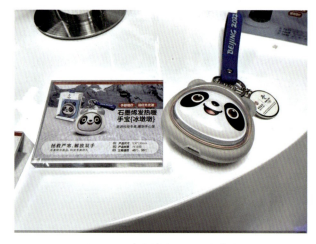

图 17　石墨烯冰墩墩暖手宝

图 18　科学技术部的感谢信

三、石墨烯热管理技术认定

北京石墨烯技术研究院有限公司(简称研究院)是由中国航发集团公司和北京市政府发挥央地联动优势,共同出资发起设立的专门从事石墨烯创新技术研究及产业孵化的新型创新主体,是北京石墨烯产业创新中心的运营主体。爱家科技是入驻北京石墨烯产业创新中心的首批石墨烯科技企业之一。

爱家科技也积极和上、下游企业合作。"冬奥会是一个展示的平台、应用的平台,希望借冬奥会形成一个正向循环。"陈利军说。爱家科技保障 2022 年北京冬季奥运会,起源于北京市科学技术委员会、中关村科技园区管理委员会的课题支持。赛后,北京市科学技术委员会、中关村科技园区管理委员会组织的专家团对 2022 年北京冬季奥运会、冬季残奥会期间爱家科技提供的"低温环境石墨烯智能发热产品及热力保障应用"方案进行验收。该方案突破了低温环境下石墨烯智能控温复合织物的三维远红外高效热辐射网络，并通过了低温（-40℃）启动、宽温度调控范围（38~52℃）、水洗具有稳定性（50次性能无衰减）、长效的工作时长（8 h）、阻燃性等各项关键技术考核，相比于传统的电阻丝加热方式，其具有无污染、无排放、加热效率高、性能稳定、电磁辐射低等优点，实现了热量向人体和专业设备的精准智能传递，为2022年北京冬季奥运会低温环境下的人员和设备带来了安全、高效的热力保障服务。

突破的各项技术主要应用在国家体育场（鸟巢）观礼台及VIP区域的加热座椅、桌子及地毯上；为2022年北京冬季奥运会颁奖礼仪服提供发热内胆；为5G云转播背包、手机等设备提供加热内胆；为预备赛的志愿者提供加热手套、围脖，有效地满足了低温环境下的保暖需求；还为广大市民设计了石墨烯冰墩墩暖手宝，让大众可以更近距离地体验"科技冬奥"带来的创新生活。

专家组成员在听取报告并对关心的问题逐一了解后，给予了该方案很高的评价，建议技术凝练并应用推广。组长刘吉平认为："此课题产生了很高的社会效益与经济效益。"专家高峡认为："此课题的成果转化及产业化推广都具有较好的前景。"专家杨滨认为："要拓宽产品的应用领域，形成相关产业化集群。""低温环境石墨烯智能发热产品及热力保障应用"具有的无污染、无排放、加热效率高、性能稳定、电磁辐射低的优势，很符合绿色节能需求，在房屋采暖、蔬菜大棚煤改电、工业伴热领域有很大的发挥空间。爱家科技加快了石墨烯绿色低碳产业的推广与普及。

为落实中共中央办公厅、国务院办公厅印发的《关于促进中小企业健康发展的指导意见》，2022年8月，工业和信息化部公示了第四批专精特新"小巨人"企业名单，爱家科技名列其中。

陈利军带领的爱家科技专注于石墨烯热管理领域10载，先后突破了石墨烯柔性纤维织物加热材料的低温启动和运行、快速电热转换等关键技术，成功研发出可在-20℃低温环境下安全使用的石墨烯柔性纤维织物加热材料，其凭借轻薄、透气、透湿、低能耗、高导热、安全舒适等优势，得到了市场的广泛认可，为2022年北京冬季奥运会、冬季残奥会提供了安全、高效、科技化的热力保障服务。

四、特种工装的突破性发展

2020年12月19日，由中国人民解放军军事科学院系统工程研究院指导、中国纺织工业联合会主办、东方时尚中心承办的首届军服文化高峰论坛暨第二届"军服文化创意设计大赛"颁奖典礼在青岛如期举办。爱家科技的作品"石墨烯柔性电加热面料"在第二届"军服文化创意设计大赛"军服功能材料设计模块荣获铜奖，如图19所示。

2021年,北京石墨烯产业创新中心种子企业孵化器正式启用,爱家科技的石墨烯研发实验室搬到了房山区石墨烯种子园,建成了中试生产线,开启了全方位的石墨烯特种工装系列的研发测试。同年,爱家科技承接某边防部队

图19　爱家科技荣获第二届"军服文化创意设计大赛"军服功能材料设计模块铜奖

的石墨烯发热服项目,这也让爱家科技在军用产品上又向前迈进了一步。

爱家科技还为燕山石化一线员工研发了新型石墨烯加热防爆防护服,于2022年12月向燕山石化顺利交付具有防爆防护功能的石墨烯加热马甲6 000套、石墨烯加热手套2 430双,寒冷冬日为燕山石化一线员工送去了温暖,保障一线员工户外工作时穿着轻便,暖意融融。

燕山石化的巡线工人不仅需要长时间在户外步行巡视,而且基于石化管道特殊的作业环境,工作服不能产生任何静电,并有防爆要求。因此为他们设计的石墨烯保暖服装还要添加获得防静电、防爆认证的材料。第一次穿着发热马甲完成巡视的工程师小赵评价说:"发热马甲护住了前胸后背,而且相比棉服减少了对双臂的束缚,室外操作时更轻便了。"他还建议在工作用发热马甲上多添加口袋,方便放对讲机、巡检仪、笔等外操需要携带的物品。

2022年11月12日,北京降温。中关村科技园区房山园管理委员会紧急为社区内的共12个检查站、派出所的一线民警派发了500件园区内企业自主研发的石墨烯发热马甲。爱家科技利用石墨烯材料的保暖性能,把为2022年北京冬季奥运会研究制订的"低温环境石墨烯智能发热产品及热力保障应用"解决方案,在警用服饰上进一步拓展应用。

2022年北京冬季奥运会后,石墨烯技术的应用进入了一个快速发展的阶段。爱家科技制作了添加石墨烯的衣服内胆,在通电的情况下碳分子团之间相互摩擦、碰撞而产生热能,从而将电能高效转化为热能,热能又通过远红外线以平面的方式均匀地辐射出来,能很好地被人体接收。只要按下开关,添加石墨烯材料的衣服就可以加热,将温度从零下十几摄氏度提高到体感舒适温度。

在燕山工作委员会、地区办事处提供了燕山石化的应用场景后,爱家科技与国内行业标杆企业联合制定了团体标准《特殊环境用石墨烯加热服》(T/ZTCA 012—2022)。"石墨烯柔性电加热防护服"荣获了中国纺织工业联合会颁发的安全防护产品类"2023年度十大类纺织创新产品"称号。为燕山石化提供的石墨烯加热防爆防护服,取得了市场拓展,在国际上打造了石墨烯加热防爆防护服新的产品品类。

2023年5月11—14日,第11届中国国际警用装备博览会(简称警博会)在北京

首钢会展中心举办，本次警博会以"新起点开启新征程，新装备护航新时代"为主题，展示了国内外警用装备最新的发展成果。爱家科技作为警博会成员，带着军警智能发热服及2022年北京冬季奥运会材料亮相现场，如图20所示。

五、产业基金支持，捕捉市场机会，全面步入快车道

2021年5月，爱家科技获北京航动烯创投资基金（简称航动基金）10 000万元人民币

图20 军警智能发热服及2022年北京冬季奥运会材料展示区

投资。北京航动烯创投资基金由北京市科技创新基金、中国航发集团、北京石墨烯技术研究院、北京燕和盛投资管理有限公司（简称燕和盛投资）共同发起，是北京市首个石墨烯产业创投基金。

2023年8月，爱家科技获得北京中关村创业投资有限公司的战略投资。本次融资用于石墨烯热管理技术在智能穿戴、建筑智慧采暖、车辆智慧热管理3个领域的研发及市场建设。

（一）2023第五届京津冀石墨烯大会

2023年6月6日，以"把握新'烯'望，引领碳未来"为主题的2023第五届京津冀石墨烯大会在北京市房山区燕山石化举办。工业和信息化部材料工业司原副司长邢涛，北京市经济和信息化局党组成员、副局长毛东军，北京市科学技术委员会、中关村科技园区管理委员会党组成员、副主任张宇蕾，燕山石化党委书记、董事长李刚，房山区委书记邹劲松，房山区委副书记、区长阳波，房山区其他领导张明智、高武军、李光明等出席大会。

英国曼彻斯特大学教授、诺贝尔物理学奖得主康斯坦丁·诺沃肖洛夫、乌克兰工程院外籍院士王守国、中国工程院院士蒋士成、中国科学院院士刘云圻分别就前沿尖端成果进行主旨演讲，共同探讨石墨烯在新能源、环保、电子等领域的广泛应用和未

来发展趋势。

在签约环节，爱家科技董事长陈利军与北京中车长客二七轨道装备有限公司总经理侯昆仑签署了《北京中车长客二七轨道装备有限公司与北京创新爱尚家科技股份有限公司战略合作协议》，与国家先进功能纤维创新中心主任王玉萍签署了《智能可穿戴电子织物开发及应用战略合作协议》。

图 21 为陈利军主持"圆桌论坛：石墨烯热管理技术产业化应用和前景"。工业和信息化部材料工业司原副司长邢涛，北京市经济和信息化局党组成员、副局长毛东军，房山区委副书记、区长阳波，房山区副区长高武军到爱家科技展位参观，并对智能穿戴设备、绿色低碳建筑及轨道交通热管理3个领域的应用给予了肯定，如图 22 所示。

图 21　2023 第五届京津冀石墨烯大会

图 22　工业和信息化部、北京市经济和信息化局、房山区领导体验爱家科技的石墨烯地铁加热座椅

（二）穿戴服装领域的拓展

2023 年 8 月 28—30 日，由中国国际贸易促进委员会纺织行业分会、中国纺织信息中心和法兰克福展览（香港）有限公司共同主办的中国国际纺织面料及辅料（秋冬）博览会（简称"2023 intertextile 秋冬面料及辅料展"）以 24 万多平方米的展出规模，集结全球 27 个国家和地区近 4 000 家优质面辅料供应商，邀请全球纺织人共聚国家会展中心（上海）。爱家科技携新一代科技保暖系统解决方案——石墨烯低温热能柔性热管理材料亮相国家会展中心（上海）。冬奥冰雪主题场馆布置得亮眼异常，为炎夏带来了丝丝沁人心脾的凉意，更为此次博览会带来了具备科技创新和市场前瞻的好产品。

作为行业风向标的重量级展会，2023 intertextile 秋冬面料及辅料展上，智能穿戴领域的产品和辅料成为一种新的趋势，代表了穿戴领域的发展方向，作为较早进入智能穿戴领域的爱家科技，更是走在了这一领域的前列。图 23 为国际友人驻足于 2023

intertextile 秋冬面料及辅料展上的爱家科技展区。

例如，采取模组解决方案，可以提供健康穿戴、家居日用品等的定制化服务；整衣发热更能实现在全面覆盖、同等耗电的前提下，发热面积扩大 3 倍的加热效果，完美解决了极寒环境下的保暖需求；通过热压工艺实现了发热模组和成衣面料融合的隐形发热衣，完美实现了轻薄、隐形的效果，让"风度"和"温度"兼备，成为时尚爱美人士的首选。爱家科技已经具备提供全面的石墨烯科技整体化解决方案的能力，更是具备了引领智能穿戴服饰应用于相关领域的发展趋势的实力。

图 23 国际友人驻足于 2023 intertextile 秋冬面料及辅料展上的爱家科技展区

2023 年 9 月 2—6 日，爱家科技亮相 2023 服贸会房山文旅展区，北京市经济和信息化局副局长王磊和房山区委书记邹劲松、区长阳波、副区长高武军、副区长李光明等多位领导莅临爱家科技展区，并对石墨烯智慧采暖系统应急保障小屋"两快一省"应用、理疗智能发热套装及地铁座椅等给予了肯定。如图 24 所示，陈利军为北京市经济和信息化局副局长王磊介绍爱家科技的系列产品。

图 24 陈利军为北京市经济和信息化局副局长王磊介绍爱家科技的系列产品

2023 年 10 月，新研发的石墨烯温控羽绒风衣亮相市场，进一步丰富了石墨烯温控服饰系列产品。通电后石墨烯发热，释放远红外光波，产生温热效应，让身体由内而外暖起来。通过电热转换，释放 5~25 μm 的远红外光波，这种光波与人体细胞中的小分子振动频率相近。

2023 年年底，爱家科技又推出了新品——石墨烯掼牌温控加热垫，其由中国航发北京石墨烯技术研究院监制，核心发热材料是 2022 年北京冬季奥运会国家体育场（鸟巢）观礼台座椅使用的石墨烯加热材料，安全、舒适、节能；产品设置了 40 ℃、45 ℃、50 ℃ 3 挡温度，长按键即开启，短按键即调温，在南、北方都能达到舒适温度。

（三）全面拓展——公共建筑领域的发展

2023 年 11 月 14 日，由爱家科技自主研发的石墨烯智慧采暖系统全面应用于北京市房山区和门头沟区灾后重建的安全应急小屋,保障受灾群众安全、温暖过冬,如图25所示。

图25 房山区用于应急保障和灾后重建的安全应急小屋

在北京市科学技术委员会、中关村科技园区管理委员会的支持下,安全应急小屋建成并投用,以应对汛情可能造成的断路、断电、断水、断通信等突发情况。安全应急小屋由新源智储能源发展(北京)有限公司及北京海博思创工程技术有限公司牵头建设,爱家科技负责提供石墨烯低碳精准智慧采暖技术解决方案(图26),为安全应急小屋的采暖提供保障。

图26 石墨烯低碳精准智慧采暖技术解决方案

安全应急小屋也是使冬奥科技成果从赛场走向城市的应用案例,其在绿色低碳领域提供了以石墨烯热管理技术为核心的综合解决方案。

在爱家科技提供的石墨烯低碳精准智慧采暖技术解决方案中,"两快一省"即为施工安装速度快(单片设备可实现3 min快装);制热速度快(石墨烯制热可实现30 s高速升温);智慧控制系统结合电热转换效率达到99%的石墨烯发热技术及储热技术,可实现节能、低碳的采暖目标。经测试,对比空调、电暖器等电采暖设备,节能率提升了20%以上。

石墨烯智慧采暖系统推向市场后,除成功应用于房山区安全应急小屋外,还应用于海淀区方舱医院、海淀区发热门诊、古泉小镇公寓等。在实现应急项目采暖快速化、智慧化、节能化、精准化、直流化的同时,形成了一整套能满足"急平结合"的智慧采暖保障方案。未来,爱家科技研发的石墨烯智慧采暖系统,可在突发自然灾害、日常应急等特殊、极端的情况下提供采暖解决方案。同时,也可为相关设备、设施(如储能电池、管路、罐体）提供石墨烯智慧伴热设备。

（四）全面拓展——车辆热管理领域的发展

2023年4月，爱家科技的地铁石墨烯智能加热座椅（图27）全线应用于北京地铁15号线，成为首条应用石墨烯智能加热座椅的地铁线路。运行期间，当乘客坐下时座椅发热，站起时其自动断电，实现智能省电。这也是石墨烯在车辆热管理领域的重大突破。

针对北京地铁15号线，地铁公司要求其新风系统的通风量要达到90%以上，需解决秋冬季节地铁内乘客的保暖问题。基于2022年北京冬季奥运会保障国家体育场（鸟巢）的加热座椅技术，陈利军带领公司的研发团队与中车项目团队加班加点开发出地铁石墨烯智能加热座椅的技术方案。爱家科技开发的石墨烯低功耗柔性加热材料的热转换效率较传统加热材料高35%左右，且更加低碳节能，使得冬奥技术服务于民生。

图27 爱家科技地铁石墨烯智能加热座椅

2023年7月，"冬奥低温复杂场景石墨烯柔性发热材料关键技术及后冬奥推广应用"鉴定会（图28）在北京召开，专家组主任由中国工程院院士蒋士成担任，专家组一致通过认定，认为该项目处于"国际先进水平"。

爱家科技从作为国家体育场（鸟巢）的石墨烯加热座椅的供应商起，攻破了"低温环境石墨烯智能发热产品及热力保障应用"的"科技冬奥"专项课题，成功服务和保障了2022年北京冬季奥运会。

图28 "冬奥低温复杂场景石墨烯柔性发热材料关键技术及后冬奥推广应用"鉴定会

2023（第十届）中国国际石墨烯创新大会授予陈利军"创业功勋人物"荣誉称号（图29），由中国石墨烯产业奠基人冯冠平教授亲自上台颁奖，他将这一殊荣授予了在石墨烯行业深耕、不断突破的创业人。

图29 2023（第十届）中国国际石墨烯创新大会授予陈利军"创业功勋人物"荣誉称号

2023年12月6日，中国纺织工业联合会在北京召开2023年度中国纺织工业联合会科学技术奖励大会，对获奖代表进行表彰。爱家科技、北京石墨烯技术研究院有限公司、国家先进功能纤维创新中心、江苏新视界先进功能纤维创新中心有限公司共同完成申报的项目"石墨烯柔性发热材料关键制备技术及推广应用"，荣获2023年度中国纺织工业联合会科学技术奖二等奖（图30）。

图30　爱家科技等荣获2023年度中国纺织工业联合会科学技术奖二等奖

"石墨烯柔性发热材料关键制备技术及推广应用"项目的主要完成单位爱家科技、北京石墨烯技术研究院有限公司、国家先进功能纤维创新中心、江苏新视界先进功能纤维创新中心有限公司分别获得单位级科技进步奖二等奖荣誉称号，项目主要完成人陈利军、王旭东、张林、李炯利、贺洪影、王玉倩、谢晶兰、白莹、王怡婷、张维萱分别荣获个人科技进步奖二等奖。

"石墨烯柔性发热材料关键制备技术及推广应用"项目属于新材料的研发和推广应用，项目创新提出石墨烯/碳纳米管/炭黑三维稳定导电复合材料的制备方法，突破了复合纤维和薄膜柔性导电材料规模化制备的核心技术，设计并开发出智能发热模组及其高效制备技术，红外发射率高，持续使用寿命长，可为低温复杂场景的保暖提供支撑，节能效果显著。

后冬奥时代，"石墨烯柔性发热材料关键制备技术及推广应用"项目所研发的技术表现出持续的商业应用价值。在轨道交通及新能源汽车领域已应用于座舱设计，既可提高舒适度，且轻量化、低功耗，又可增加车辆的续航里程，已为地铁提供石墨烯智能加热座椅、为汽车提供石墨烯恒温座舱系统等。在节能智慧建筑领域，该项目研发的石墨烯采暖技术具备节能降耗、安装简便和可实现分区、分时、分温度控制等优势。2023年，应用于安全应急小屋，提供温暖保障。在低温极寒特种工装及智能穿戴领域，已应用于为一线战士提供马甲、护膝等石墨烯发热保障产品，为公安系统等提供发热保障产品，为户外一线作业工人提供低温特种工装，为服装品牌提供民用石墨烯加热技术。

"石墨烯柔性发热材料关键制备技术及推广应用"项目具有自主知识产权，获授权发明专利4件、实用新型专利2件，制定实施团体标准3项。中国纺织工业联合会的鉴定结论为：总体技术处于国际先进水平。

这是爱家科技第二次领取行业的奖项，也是继2017年获得中国纺织工业联合会颁发的科技进步奖三等奖后的重要进步。获得2023年度中国纺织工业联合会科技进步奖二等奖，不仅是对爱家科技在石墨烯技术领域的努力的肯定，也是对兄弟研究单位北京石墨烯技术研究院有限公司、国家先进功能纤维创新中心有限公司的技术研发的认可，还是对石墨烯发热材料在纺织工业领域创新应用的表彰和鼓励。

2023年10月，受工业和信息化部消费品工业司委托，中国纺织工业联合会开展了2023年度十大类纺织创新产品培育和推广工作。经评定，爱家科技的安全防护产品类石墨烯柔性电加热防护服荣获"2023年度十大类纺织创新产品"称号。

2023年12月，北京石墨烯加热技术践行者爱家科技，正式入驻房山区华冠购物中心，第一家线下体验店正式开业，标志着"科技冬奥"的石墨烯加热技术转化应用于改善民生的一个里程碑式的进步。

爱家科技此次研发的两款主打可穿戴产品——石墨烯温控羽绒风衣和石墨烯温控羽绒马甲，外层使用防风、防水、防静电面料，内里填充新国标鸭绒，运用石墨烯柔性发热纤维材料，通过智能控温，保持人体最舒适的温度，有效应对气温波动。石墨烯发热护具3件套，可有效舒缓肩颈、腰部和膝盖的不适，让人们度过一个温暖的冬天。

六、科技企业的社会责任

2020年3月，武汉气温骤降，陈利军与同事一早赶到库房，打包、联系中国邮政速递物流，向北京大学第三医院援鄂抗疫国家医疗队、湖北省第三人民医院、湖北省委党校方舱医院捐赠公司自主研发的50件石墨烯加热服、50件石墨烯加热毯，用科技温暖医护人员。

2021年10月，陈利军携爱家科技全体员工向新疆洛浦县捐赠公司自主研发的石墨烯发热服饰，用科技力量支援当地建设。

2022年8月，重庆突发山火，陈利军通过母校清华大学经济管理学院EMBA重庆校友会，捐赠了50件爱家科技自主研发的石墨烯抗菌降温液冷服给重庆一线消防人员，助力消防人员扑救北碚缙云山山火。

2023年12月18日23时59分，甘肃临夏州积石山县发生6.2级地震，牵动着社会各界的心。一方有难，八方支援。作为理事单位之一的爱家科技积极响应石墨烯联盟的号召，积极筹备。12月19日和21日，爱家科技通过公益组织纺织之光科技教育基金会、石墨烯联盟和西安市追梦硬科技创业基金会，先后寄出两批御寒物资，驰援甘肃地震灾区，保障受灾群众和驰援人员温暖抵抗寒冬。

地震发生后，爱家科技也积极和相关公益组织取得联系，响应行业号召，不论是作为石墨烯行业的从业者，还是作为可穿戴纺织行业的一员，都积极为灾区捐赠御寒物资，贡献一分力。通过纺织之光科技教育基金会的"织爱行动"，爱家科技捐赠了石墨烯发热毯，保障受灾地区的人们抗寒保暖。通过西安市追梦硬科技创业基金会和石墨烯联盟，捐赠了石墨烯温控发热马甲、石墨烯发热坐垫、石墨烯发热头枕和应急4孔充电器等，为受灾群众和救援人员提供有力支持，以共同渡过难关。

本次捐赠的石墨烯发热毯，通过24 V直流电压，可实现10 s速热、整面发热，提供远红外辅热的热量，保暖且舒适。石墨烯发热马甲可进行40、50、60 ℃ 3挡调温，覆盖身体后侧主要易冷区；5 000 mA的充电宝，可满足智能设备所需。石墨烯发热头枕、坐垫使用50D巴斯夫记忆棉，回弹性好，可进行40、45、55 ℃ 3挡温控。配套的4孔充电器，可供多种设备充电蓄能，是保障应急需求的实用小物件。

工作之余，陈利军积极参与社会活动。2021年8月起任北京市第355流动人才党支部书记，参与筹备清华大学经济管理学院"新三板"研究基金工作，是清华大学经济管理学院创业导师、燕京理工学院创业导师。2021年12月起担任北京市房山区第九届政协委员，其履职尽责，提出了《关于进一步推动"专精特新"企业培育发展的工作建议》，被评为A类议案。

在工作和生活中，陈利军始终牢记初心使命，永葆奋斗精神，坚定理想信念，在工作岗位上砥砺奋进、攻坚克难。从陈利军身上我们可以看到企业家的坚韧、对捕捉市场机会的敏锐度及很强的市场化能力。作为石墨烯产业人，他坚定着为国家新材料产品发展躬身入局的信念，成为石墨烯创业10年中闪亮的星。

廿载如一日，追寻最好的石墨烯材料

——记中国石墨烯创业功勋人物丁古巧

> **人物介绍**
>
> **丁古巧** 中国科学院上海微系统与信息技术研究所（简称上海微系统所）研究员，博士生导师。2009年开始克级氧化石墨烯研究；2012年开始百克级氧化石墨烯研究；2015—2017年，与正泰集团合作并成功开发出石墨烯-铜复合材料；2018年联合创立中科悦达（上海）材料科技有限公司；2020年实现氧化石墨烯和物理剥离石墨烯的批量生产；2022年规模化制造100%由石墨烯组成的导热膜；2023年起攻关100%少层高质量石墨烯的批量制备。他从事石墨烯研究15年，发表国际论文约200篇，被引用超过1万次，H-index为60。他认为石墨烯产业刚刚起步，亟须更好、更薄的石墨烯。他执着、坚韧，围绕石墨烯材料抢占科技制高点，推动行业高质量发展。

一、从求学到坚定科研之心

（一）童年

塘洼村，很少为人所知的一个苏北村庄，地处江苏省盐城市射阳县海河镇。村如其名，水塘多，洼地多，小河流也多。到了夏天河水高涨，河边芦苇飘荡，房屋周围是玉米地、稻田。一条条清澈的河流、沟渠穿插在一片片碧绿的田地之间，加上矮趴趴的农村房屋和一马平川的苏北平原，俨然一幅水墨丹青画。丁古巧就出生在这个静谧、优美而有生机的小村落。

这里有很多盐碱地，在当时算是人少地多的地方。外地人迁徙到此拓荒种地，丁家也在其中。缺少肥沃的土地和祖辈的财富积累，家家户户都生活得很艰苦，村民每天所面临的都是如何解决温饱的问题。在丁古巧上小学之前，村子里甚至都没有电灯，在他上初中的时候，村子里还没有铺设石子路。

到丁古巧出生，已是1978年，改革开放在农村逐步试行。家里人在房前屋后种了很多菜，并且常年喂养猪、鸡和鸭。虽然丁家人在村子里出了名地勤劳，但这个有着5个孩子的家庭开销的地方很多，日子还是过得非常清苦。丁父和丁母每天都非常忙碌，孩子们也需要负责一部分家务和农活。在丁古巧的记忆里，童年的生活是辛苦中带着欢乐的。

丁家最早住的是土坯房，而且离村子里的其他人家有些距离，孤零零的。房前是一条东西走向的河流，河里的水很清澈，鱼也很多。在丁古巧童年的记忆里，母亲和姐姐经常在河边洗衣、淘米、洗菜。土坯房的左后方有一条大约2 m宽的小水沟，这里是丁古巧童年经常捉鱼、虾的地方。

能吃上肉的日子屈指可数，鱼、虾成了最佳的食材，以至于在家中捕鱼、捉虾也是"头等大事"，特别是周末，必定有捕鱼的时间，农忙时也会抽出时间去捕鱼。甚至在放学的路上，发现哪个地方鱼多，赶紧回家拿网来捕鱼。下雨天，雨水冲刷田地，会把食物带到河流中，在有水位差的地方，各种鱼、虾就会集聚在一起吃大餐，这也是兄弟俩高效捕鱼的最佳时机。暑假，雨水多，捕鱼用鱼叉、鱼钩和渔网。寒假，天寒地冻，最好的办法就是到一条条小水沟中把水全部抽干，把水沟弄个底朝天，看各种杂鱼聚集在一起，非常开心。

每每回想起这些童年往事，丁古巧总是感叹，那个时候与自然亲密接触，仿佛与大自然融为一体，每天都像是一幅生态画卷，这才是人与自然和谐相处的体现。

（二）上学

在上初中之前，除了去外公、外婆家所在的阜宁县施庄镇，丁古巧几乎没有外出过，所有的日子都在村子里度过。

乡村小学的学生不多，一个年级也就30余人。作为成绩还不错的学生，丁古巧总是会得到老师的一些优待，周围的同学也会经常来问他作业怎么做，这给丁古巧带来了最初的满足感。

丁母是村子里出了名能吃苦的人。每天起得比谁都早，一起来就在宅基地周边忙活，吃完早饭就奔往地头。

下雨天，村子里的人常常聚在一起打牌，丁家却不允许这样做。丁母总是会提前安排好需要干的事情，要么穿上雨衣继续忙农活，要么待在家里剥棉花、剥豆子等，总是有做不完的事情。特别是剥棉花，是需要耐心和细心的农活。到现在丁古巧都还记得这样的场景：一家人坐在那里，连续几个小时剥着棉花，时间就这样在半梦半醒之间度过。那些年，无论是烈日当空，还是阴雨绵绵，他们总是坚持不懈地努力干活。

家里的事情实在是太多了，农活繁忙，需要孩子分担。虽然5个孩子成绩一直都很好，但3个姐姐被迫先后辍学，只有家里年龄最小的丁古巧和哥哥能够继续上学。回忆起这件事，丁古巧总是觉得愧疚。姐姐们也渴望接受教育，但家庭的现实情况迫使她们无法实现自己的梦想。

　　时间到了1991年，丁古巧在村子里的塘洼中学上初中，这里离家只有两三里路。整个初中只有100多人，初一年级不足30人，就1个班级，整个学校只有语文、英语、数学和体育4位老师。初一的时候，少年的心思还相当浮躁，丁古巧在班级里大胆演唱了一首《小芳》，仿佛自己就是明星。有段时间丁古巧表现出逆反的倾向，穿着破洞裤四处游玩。终于在初一期终考试的时候，遭遇了第一次"滑铁卢"：有一门功课不及格。老师严肃地在班级里公开猛批了丁古巧一顿。这次批评让丁古巧意识到，好成绩是需要自己踏实地学习才可以取得的，小聪明很难长久，他需要对自己负责，对家人负责。在经历了此事后，逐渐懂事的丁古巧开始努力学习，不再需要他人监督，同时也努力做家务，帮助家人减轻压力。每天早晨快速起床后，丁古巧要煮全家人早晨吃的粥，还要制作当天用的猪食，一切忙好后才能匆匆吃点儿早饭去上学。晚上回家后，也是紧张而忙碌的。丁古巧帮忙喂猪，将鸡、鸭赶回窝里，将衣服、农具收拾好，然后开始准备晚饭。烧火、切菜、煮饭，每一步都很娴熟。做好饭菜，切好咸菜，等父母和姐姐们干完农活回来一起吃晚饭。这样的日子日复一日，直到初三第二学期丁古巧不得不住校才停止。那些岁月，虽然日子简朴，却充满了家庭的温暖。

　　当时为了让考生专心备考，学校会要求学生在初中最后半年住校学习。因为学生不多，十几个同学被安排住在一个大房间里，环境非常嘈杂。每天晚上，值班老师都要多次到宿舍门外监督，大家才能安静下来。尽管这样的环境对于学习来说并不算理想，但丁古巧并没有被外界的干扰影响。通过自己的努力和坚持，他最终考到了前三名的好成绩，顺利地被当时比较好的高中——隔壁镇的陈洋中学录取。这个成绩让丁父、丁母非常高兴。

　　1994年9月，丁古巧离开他生活了十几年的塘洼村，来到了陈洋中学。这也是他第一次因为求学离开家乡。对于这个年纪的少年来说，离开家乡是一种成长的体验，也是一次挑战和冒险。在之后的很多年里，他仍清晰地记得自己当时的紧张和兴奋。兄弟俩一起搭上了去往陈洋镇的公共汽车，丁古巧在哥哥的陪伴下第一次出远门，来到陌生的地方、陌生的学校求学。尽管父母没有送他，但丁古巧心里明白，这是他们对他独立成长的一种支持和鼓励。

　　刚到学校，丁古巧就遇到了他高中生涯的第一个困难。第一个月父亲只给了他15元生活费。或许在当时丁父的认知里，每个月15元已经很多了。但学校里一顿饭最少也需要3角到5角。一个月15元，每天只能用5角钱，丁古巧的生活非常拮据。此时，刚刚从农村走出来的丁古巧还比较内向，不太会和同学打交道，强撑着熬过了第一个月。第二个月父亲给了他50元，他总算得以维持正常吃饭的开销。

　　困难接踵而至，猛然间他发现自己在初中时的学习优势消失了，在新的学校、新的班级里,他成绩很差,排在倒数几名。看着周围意气风发的同学们,不甘落后的丁古巧下定决心一定要拼命学习,把差距补上。于是他早上5点多就起床,第一个到教室,晚上最后一个回宿舍。他将所有的注意力都集中在了学习上,对其他事情从不分心。他只是埋头苦学,每天做习题、复习功课和背诵。

回忆这段经历时,他自己评价:"那个时候,基础不好,没有高人指点,甚至能获得的外部支持都很少,只知道拼命学习,努力追赶,真正是死学习、读死书,用了最笨的办法才把成绩赶上去。"

经过高一、高二的不停追赶,到高三上学期的时候,丁古巧的成绩在年级终于能排到前10名了,并且有一次月考还获得了年级第一名的惊人成绩。

1997年7月,他和哥哥一起走进了高考的考场。哥哥比丁古巧大3岁,但是因为家庭原因他们却是同一年上的学。哥哥的求学之路更是曲折坎坷。哥哥因为初中贪玩,没有考上高中,而是上了职业中学,后来在职业中学奋发图强才有机会参加高考。

高考结束后,丁家的两个兄弟并没有在家休息。刚好那几年夏天的河道里龙虾特别多,是难得的创收机会,兄弟俩开始捉龙虾卖钱。活龙虾在村子里是有人上门收的,但是价格惊人地便宜,每斤不到一元钱。即使这样,兄弟俩依旧每天可以挣到三五十元,甚至七八十元,这对当时的农村人来讲已经是一笔了不起的收入,要知道在那个时候种地一年也攒不了几千元钱。

8月,家里相继收到了兄弟俩的大学录取通知书。丁家成了村子里孩子考上大学的第一户人家,并且是兄弟俩同时考上大学的人家,消息传遍了方圆十几里。

考上大学,对丁古巧来说,是人生的一次巨大变化。在收到苏州大学的录取通知书之前,他一直以为会被自己喜欢的文科专业录取,但收到的录取通知书上却显示他被调剂到了物理系的物理教育专业。思考再三,因为教育专业不需要学费,他最终选择了服从调剂。此时的他,还没有意识到这个选择将会在未来带给他怎样的惊喜与热爱。

(三)大学

1997年9月,村子里已经铺了石子路通向镇里。父亲骑着三轮车把丁古巧送到了镇上,准备让他搭乘大巴车前往苏州大学。从镇上到苏州的路程之漫长,在那个时候是令人难以想象的。大巴车每到一个乡镇和市区都会停下来等人上车,甚至在某些地方会和其他大巴车交换乘客。经过长江的时候,需要乘坐轮渡过江。早上6点多出发,折腾了整整12 h后才到达目的地。

面对丰富而多彩的大学生活,来不及欣赏和参与,丁古巧首先感受到了生活的压力。家里务农收入有限,虽然姐姐和姐夫们也给了一些资助,但能够给予的支持有限。丁古巧花了很多时间勤工俭学,以减轻父母的压力。

他先是从学院得到了一些做家教的机会,后来自己又找了一些家教的工作,再后来和舍友一起摆摊,在居民区寻找需要家教的家长。家教的需求量越来越多,他就把多余的家教机会转给了其他同学,做起了中介。这是一次难得的社会实践,作为中介,同时沟通卖家市场和买家市场，丁古巧从中第一次直观感受到了市场经济的魅力。

后来丁古巧回忆道："那个时候腰上挂个BP机，听着磁带式放音机，潇洒地骑着自行车。有的时候一整天也没有一个客户，但也不焦虑。反正就是坚持去做，觉得总会有客户来的，也没有深入分析客户的来源和获客的渠道。"除了勤工俭学做家教，在大二、大三的时候，他还坚持了半年的时间去帮助两个孤儿，每周免费辅导他们半天功课。在大三的时候，丁古巧因为比较活跃，在同学中人缘较好，竞选班长成功，做了一年的班长。因为各方面都表现积极，大四的时候他顺利加入了中国共产党。

虽然整个大学期间丁古巧用于打工的时间较多，但是学习也没有放松，只要有时间他就会去教室自习。但是即使十分努力，在高手如云的物理系，他的成绩只能算中上等，并不拔尖，特别是在学习量子力学、电动力学方面比较吃力，这也是后来他没有选择理论研究的原因。

毕业前夕，丁古巧收到了苏州一个中学的录用通知，也收到了苏州大学硕士研究生的录取通知书。考虑到不太喜欢做重复的事情，丁古巧选择继续留在苏州大学攻读硕士研究生。

2001年9月开始的硕士研究生生活并非一帆风顺。刚开始丁古巧在物理系跟着一位导师做铁氧体，但实验推进不太顺利。后来跟随材料学院的李亚东老师做纳米氧化物粉体。选择不同的前驱体，经过不同的配比和研磨工艺，通过热处理温度控制固相反应过程，获得产物。在经历了之前的社会实践后，丁古巧意识到勤奋就是最好的工具。他每天准时到达实验室，很晚才回去。特别有意思的是，因为准时到，离开得又最晚，当时材料学院楼的门卫大爷主动让丁古巧去配了一把钥匙，就这样丁古巧成了材料学院的编外"锁门人"。

转眼到了研究生二年级，同期的同学科研进展都很顺利，有的还在国际期刊上发表了水平较高的论文，这让丁古巧感受到了压力。于是他和导师协商加快科研工作的步伐，尽快完成毕业论文，并申请提前半年毕业，报考春季入学的博士研究生。机会总是留给有准备的人，经过一番努力，丁古巧得到了中国科学院上海硅酸盐研究所和上海交通大学的面试机会，最后进入上海交通大学攻读博士学位。其间他整日泡在实验室里，导师沈文忠安排丁古巧制备氧化锌量子点并研究其光电性能。他一边查找文献，一边跟着课题组的郑茂俊做实验。制备氧化锌量子点需要纳米孔阵列膜作为掩膜，以避免量子点之间形成连接。这个课题的核心也是前提就是制备孔径小于100 nm、厚度在300 nm左右的双通多孔阳极氧化铝（anodic aluminum oxide，简称AAO）掩膜，当时只有国外课题组报道了这种超薄的、转移到硅片上的纳米掩膜板，丁古巧只能尝试自己制备，花费了大约半年时间，之后又在量子点制备和性能表征上花费了半年时间。

2004年年底，丁古巧开始撰写自己的第一篇论文。因为硕士期间没有发表过英文论文，所以，虽然论文学术水平不错，却被英文水平拖了后腿。导师沈文忠要求很高，提出了很多完善和修改建议。2005年，丁古巧先是以第一作者在 *Nanotechnology* 上发表了第一篇SCI论文，标题为 *Fabrication of controllable free-standing ultrathin porous alumina membranes*；同年，又以第一作者发表了第二篇 SCI 论文，这次的论文写作过程很顺利，没有让导师过多费心。由于持续进行实验并取得创新，仅 2006 年丁古巧便以第一作者先后发表了 4 篇论文，其中有 2 篇发表在 *Applied Physics Letters* 上。

努力有了结果，也获得了导师的认可。2006 年，经导师沈文忠同意，他在没有毕业的情况下到外企联合利华集团实习了半年。碰巧的是，当时他所在的联合利华集团的研发团队正好在研究表面结构的浸润性调控，丁古巧提出的对铝和铝合金表面先纳米化再改性的方案，得到了支持。在联合利华集团实习期间，他和一位同事在化学与材料科学领域的知名国际一流期刊 *Langmuir* 上发表了一篇学术论文，那篇论文已被引用 250 次。

攻读博士期间，丁古巧拿到了国家优秀奖学金、"上海-应用材料研究与发展"基金研究生奖学金、力特科技奖学金。科研给了丁古巧足够的信心的同时，不知不觉中也让他完成了从科研门外汉到喜欢科研、立志从事科研的研究者的蜕变。

临近毕业，他完成了联合利华集团的实习任务并成功获得了劳动合同，但同时也获得了陶氏化学（中国）有限公司（简称陶氏化学）的录用机会。考虑到进入陶氏化学工作的机会非常难得，丁古巧最终选择入职陶氏化学。

2007 年 3 月，丁古巧正式加入陶氏化学，这是他的第一份正式工作。在陶氏化学工作期间，他做了 1 个合成项目、2 个高分子加工项目。工作之余，丁古巧保持着浓厚的科研兴趣，在下班时间和周末，不间断地和师弟们合作，讨论学术问题，整理科研数据，撰写学术文章，每年都有学术论文发表。

2008 年，金融危机来袭，报纸上和电台里，铺天盖地都是全球金融经济的负面消息。2009 年，陶氏化学在全球大规模裁员，包括在中国。在残酷的裁员风波过后没有多久，丁古巧考虑到自己虽然是在公司做研发，但是并没有找到在上海交通大学做科研时的兴奋感，于是他主动辞职，离开了陶氏化学。

二、从接触石墨烯到研究石墨烯

（一）初探

2004 年是石墨烯的元年，英国科学家安德烈·盖姆和康斯坦丁·诺沃肖洛夫从石墨中成功分离出了石墨烯。彼时，远在大洋彼岸的丁古巧刚刚进入上海交通大学攻读博士学位，正沉浸在纳米材料的研究中，并没有意识到这条讯息将会在未来对自己、对新材料行业产生多么巨大的影响。

2008 年，正在陶氏化学工作的丁古巧被安排前往美国，进行一个短期的项目合作。其间，一次偶然的机会，他遇到一位同事在实验室进行石墨烯制备。这位同事身穿防化学腐蚀的特种服装，戴着安全眼镜、防护头罩和手套，从头到脚把自己裹得严严实实，像个外星人，在通风橱前缓慢地操作。这样少见的慎重操作引起了丁古巧的注意。

既然这么危险,为什么一定要做这个实验,有什么特别之处吗?

带着疑问和好奇,丁古巧第一时间与这位同事进行了交流,并查阅了相关的论文和专利。那时关于石墨烯的学术论文少之又少,大家只知道这是一种非常厉害的材料,但是对它的研究刚刚起步。查看文献时,在看到二维石墨烯的单原子层结构、六角形晶格的排列特征时,丁古巧感到眼前一亮。他攻读博士期间的研究内容就是利用有序排列的一维纳米孔阵列组成的二维超薄掩膜板,制备零维量子点阵列,所以丁古巧一直对材料的维度、微观结构比较敏感。当看到石墨烯的单原子层结构、蜂窝晶格及其优异的性能后,立刻对石墨烯产生了浓厚的兴趣。回到国内,虽然没有立刻去开展相关工作,但他已开始"惦记"上了石墨烯。这次的偶然相遇,为未来数次的坚定选择埋下了伏笔。

2009年6月,丁古巧成为常州大学的一名专职科研教师。来不及思考工资大幅度下降的影响,他第一时间开始了石墨烯制备和其性能研究工作。当时还没有多少人关注石墨烯,甚至很多人不知道这种超级材料的存在。选择石墨烯作为自己的研究方向,有偶然性,也有丁古巧对其未来的大胆预判。非常幸运的是,从事石墨烯研究的想法得到了领导的支持。当时丁古巧所在的丁建宁、袁宁一课题组,也主要从事低维材料和微纳器件研究。袁宁一在实验室的科研资源方面给予了丁古巧全方位的支持。至此,丁古巧开始了在当时特别前沿的石墨烯研究。

当时该研究方向尚属全新,参考文献很少,甚至制备石墨烯的实验条件都非常有限。据丁古巧回忆,石墨氧化插层过程需用高锰酸钾和浓硫酸,实验过程需要在通风橱内完成,最令人担心的是强氧化剂高锰酸钾万一爆炸,伤害很大。因为不确定实验的边界条件,所以丁古巧都是自己先尝试,不敢贸然让学生做实验。

2009年国庆节前后,经过不断的尝试和探索,丁古巧终于制备出氧化石墨烯,其在水中超声后沉淀很少,加入氨水后迅速改变颜色,处于分散状态,持续的光照和较低的温度处理,能够改变其分散性和导电性。多年来丁古巧一直有着良好的实验记录习惯,在保存完好的实验记录本上,我们看到了2009年10月11日的实验记录,上面完整地记录了制备氧化石墨烯用的试剂用量、温度、实验过程中的颜色变化等,如图1所示。

2009年11月,丁古巧在原子力显微镜下看到了大量单层、双层氧化石墨烯(图2、图3)。在获得氧化石墨/氧化石墨烯粉体的

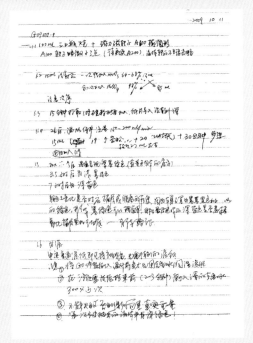

图1 丁古巧的实验记录本上详细记录了氧化石墨烯的实验过程

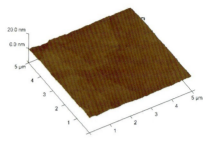

图2　还原氧化石墨烯的SEM照片显示出其超薄、超柔和褶皱特征

图3　丁古巧进行AFM测试，获得了单层、双层氧化石墨烯

基础上，又研究了在不同温度（300～1 000 ℃）下，将氧化石墨/氧化石墨烯粉体快速送入CVD管式炉的高温区，利用含氧基团热分解产生的气体使氧化石墨充分剥离并还原，得到还原氧化石墨烯，在扫描电子显微镜下看到了大量超薄、柔性的石墨烯片层。利用当时课题组已有的原子力显微镜、比表面积分析仪等设备，丁古巧进行了大量的样品测试，证明超过70%的产物为单层或双层氧化石墨烯，并且还原氧化石墨烯的比表面积高达700 m²/g。比表面积为宏观指标，与电子显微镜的微观测试相比，更能反映出样品的平均厚度。

一家后来在行业内较有知名度的公司，当时愿意以3 000元/g的价格购买还原氧化石墨烯粉体，要求是单层率高、比表面积大于500 m²/g。直觉告诉丁古巧，既然有公司愿意以高价收购，并且自己在实验室里可以制备出来，那么说明它是有价值的，在未来是可以转化为生产力的。

2010年年初，丁古巧想申请50万经费搭建一个10～100 g的氧化石墨烯制备装置，可惜没有得到批准，只能放弃。后来回想起此事，丁古巧总觉得如果当时自己能再坚持一些，或者有足够的魄力自己投资，可能后续的产业化进程会更快些。

虽然申请没有得到批准，但丝毫未影响丁古巧继续探索石墨烯的热情。以实验室克级的氧化石墨烯为起点，他带着研究生一起做了一些探索性实验：在玻璃上做了简单的涂布，发现其成膜性能很好，不需要任何辅助，并且不同浓度皆可成膜，成膜后通过不同温度热处理不同时间，可以获得不同的导电性能，从而可以取得透明、半透明的有趣效果。

2010年3月19日，丁古巧以第一发明人申请标题为"基于单层或几层石墨烯的透明防雾膜"的专利，这个专利与后来比较热门的石墨烯电加热除冰、电加热红外理疗、石墨烯电加热座椅、石墨烯保暖服装等应用的原理是一致的。氧化石墨烯水溶液极易成膜，是目前石墨烯导热膜制备过程中涂布的基础。

时任常州大学副校长丁建宁是润滑方面的专家，也是课题组的负责人。他提出石墨烯在润滑方面会大有前途，并在润滑方面做了一些尝试，其研究成果在2010年4月1日申请了标题为"基于单层或几层石墨稀的润滑油添加剂"的专利。后来证明，石墨烯在润滑、超润滑和固体润滑等领域确实具有应用潜力。

当时氧化锌研究比较热门，以氧化石墨烯为模板，可利用水热法使氧化锌纳米结构和石墨烯复合形成连续的结构。丁古巧发现氧化石墨烯片有强烈的诱导氧化锌二维生长的能力，可以形成二维石墨烯和二维氧化锌的特殊复合结构。于是在2010年5月28日，丁古巧再次以第一发明人申请标题为"一种大面积、连续的石墨烯／氧化锌复合结构的制备方法"的专利。石墨烯和其他纳米材料，包括氧化锌、二硫化钼、二氧化钛、氧化钒等，在复合过程中有望诱导层层堆叠的特殊结构，这和化学气相沉积法将石墨烯和其他二维材料进行组装的原理是类似的。

离开企业进入常州大学，对于丁古巧的石墨烯之路来说是极其重要的第一步。常州大学的科研环境非常宽松，学校给予丁古巧以绝对的信任。没有周例会，没有月度考核或季度考核，丁古巧得到了充分的鼓励，他可以尽情探索和实践自己的科研想法（图4）。这种宽松的科研环境大大激发了丁古巧的创造力，在常州大学的一年多时间里，他不仅申请了3个专利，还相继发表了3篇论文。特别是申请的3个专利，其相关内容后来被证明都是很有意义的应用方向。有意思的是，对于这几个重要的实验结果，丁古巧都是先申请专利，而不是先撰写学术论文，这体现了丁古巧对科技成果实用化的追求。其间，丁古巧把全部的时间都放在做实

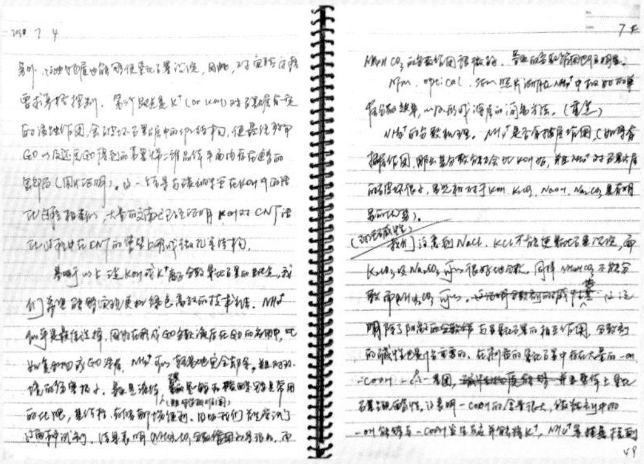

图4　2010年7月4日，丁古巧对氧化石墨烯在氢氧化钾、碳酸钾、碳酸钠等碱性条件下和不同电解质中的分散性进行的思考

验、搞科研上，还指导了多名研究生和本科生，其中比较优秀的杨蓉、刘跃斌等学生仍活跃在科研领域。

2010年年中，命运的齿轮再次转动。丁古巧攻读博士期间的一位同学，在得知他正在做石墨烯的相关研究后，将他的信息推荐给了中国科学院上海微系统与信息技术研究所的谢晓明研究员。随后，谢晓明研究员安排人事部门联系到还在常州大学工作的丁古巧，邀请他来上海微系统所从事石墨烯研究工作。这突如其来的橄榄枝让丁古巧又惊喜又意外，并陷入犹豫中。一方面，常州大学当时给了他非常多的科研支持，帮助他正式开始了石墨烯研究。另一方面，丁古巧深知，研发平台和研发资源投入的重要性，当时国内还没有多少人从事石墨烯研究，资助石墨烯研究的项目资源少之又少，而上海微系统所已经参与了一个近千万元的石墨烯项目，并且后续可能会牵头组织更大的石墨烯项目，这是非常具有诱惑力的。

权衡再三后，丁古巧还是决意全力奔赴石墨烯。他征得了丁建宁和袁宁一的同意后，正式离开了常州大学，进入上海微系统所工作。从2009年6月入职，到2010年9月离开，在常州大学的短短15个月，对丁古巧来说是非常特别和重要的，他不仅在

学术上完成了对石墨烯的初步探索，还遇到了他的爱人。从此，他带着专注与自信奔向了属于他的石墨烯之梦。

（二）石墨烯项目管理

2010年9月25日，经过正式、严肃的面试流程，丁古巧正式加入上海微系统所。得益于对科研的热爱，在博士毕业后不到4年的时间里，丁古巧共发表了12篇SCI论文，其中有4篇是通讯作者，特别是在外企工作期间不间断地发表学术论文，切实体现了他对科研工作的兴趣和热爱。正是因为这份热爱，丁古巧才能够在32周岁时以副研究员的身份加入上海微系统所。

上海微系统所早在2008年就已开始了石墨烯研究，2009年作为参研单位参与了中国科学院知识创新工程重要方向项目"石墨烯的可控制备、物性与应用探索"，该项目负责人为中国科学院金属研究所研究员成会明院士，参研单位还有中国科学院上海硅酸盐研究所、宁波材料技术与工程研究所、长春应用化学研究所、上海有机化学研究所、半导体研究所等兄弟单位。这是中国科学院最早的石墨烯项目，项目投入990万，是当时我国最早的近千万的石墨烯研发项目。后来在石墨烯行业极具影响力的刘兆平研究员、任文才研究员等都参加了该项目。

上海微系统所最早从事石墨烯研究的人员除了谢晓明研究员之外，还有狄增峰、曹俊诚、李铁和于广辉等研究员，阵容庞大。在2009—2011年的相关项目的进展报告中，团队已经提及铜/镍/镍铜合金等表面催化生长石墨烯、石墨烯粉体、石墨烯B/N/Ca掺杂、石墨烯光学特性等研究内容。

2011年，上海微系统所牵头组织申报国家科技重大专项项目"晶圆级石墨烯电子材料与器件研究"，联合清华大学、北京大学、南京大学、复旦大学等单位合作攻关，最终顺利获得了国家科技重大专项的支持，项目任务执行时间为2011年1月至2014年12月，谢晓明研究员是项目负责人。

丁古巧进入上海微系统所时，正值该项目召开相关会议以及撰写和整合任务合同书，于是他承担起项目管理的相关工作。项目管理工作其实是非常富有挑战性的，任务合同书的内容包含技术可行性、技术方案、预算数据等，任务合同书、预算书的整合过程相当复杂。大家提交的是word版本，由于各个单位的软件版本不同，合并在一起时常会出现格式错误甚至文字丢失的情况。丁古巧需要不停修改、完善，才能完成信息的整合。完稿后的word还需要转成可以直接打印的PDF格式。打印需要到专业的打印店，常常打印到一半就因为这样那样的细节问题而需要重新制作文件。每次丁古巧都需要和当时的课题组秘书兼财务戴芸老师通宵解决。

对国家科技重大专项的科研过程管理要求很严格，每个月要交月度工作报告。丁古巧需要把多家单位的研发资料收集上来，再整理成一个整体报告。由于每家单位提交的内容重点不同、格式不同，他要对每家单位提供的内容进行完善后再整合，在理解的基础上制作项目进度条，还需要将不同单位的研究进度整合形成甘特图，用于追踪进度，查漏补缺。这些内容繁杂、工作量大，在2010—2013年，丁古巧每个月都要花几天时间加班加点完成。

正是这些枯燥乏味的工作，让丁古巧积累了处理重复性工作的大量经验及忍耐力。丁古巧并没有因此而灰心丧气，反而积极主动地将这份工作视为积累经验的机会，并在工作过程中深刻体会到顶层设计对团队效率的重要性，以及跨领域团队协作的重要性。通过这一基础性工作，丁古巧得到了很多宝贵的项目经验。他学会了"多线程、多任务"的工作模式，培养了耐心和细心的工作态度，渐渐掌握了项目整合和项目管理的技巧，能够快速而准确地将各个项目的要求整合在一起，确保项目的顺利进行。

2011年10月18日，江南石墨烯研究院举行奠基仪式。江南石墨烯研究院是由常州市、武进区两级政府出资5 000万元，创全国之先成立的全球第一家专业从事石墨烯研发和产业化的新型研究机构，辐射苏州、无锡、南京等地。当很多人还在观望时，常州勇闯石墨烯领域"无人区"，走出了一条科技自立自强的独特路径。江南石墨烯研究院的成立具有里程碑意义，丁古巧参加了奠基仪式，并且参与了之后举办的石墨烯技术研讨会。在奠基仪式上，会务组送给丁古巧一个有寓意的笔筒，上面印着"2011年9月，江南石墨烯研究院"，丁古巧非常喜爱，一直放在办公室显眼的地方。

2011年10月27日，上海微系统所举行了国家科技重大专项"晶圆级石墨烯电子材料与器件研究"项目启动会暨研究进展交流会，会议地点位于长宁园区8号楼2楼裙楼会议室。此次会议邀请了重量级专家、子课题负责人及上海微系统所领导，这是上海微系统所加快石墨烯研究的标志性事件。在该项目的推动下，丁古巧协助谢晓明研究员为上海微系统所先后引进了姜达、于庆凯、王浩敏等研究员。其中姜达在胶带剥离单层石墨烯方面经验丰富，其博士后合作导师为安德烈·盖姆教授。于庆凯是石墨烯生长领域的开拓者，最早提出并实践了在铜表面用化学气相沉积的方法生长石墨烯，其关于在镍箔上生长石墨烯的研究也被广泛引用。王浩敏在新加坡国立大学取得博士学位，曾在新加坡国立大学、南洋理工大学、斯坦福大学从事博士后研究工作，在新型电子材料与元器件方面具有丰富的研究经验。

2011年12月，于庆凯访问上海微系统所，并做了题为 *Graphene synthesis by chemical vapor deposition* 的学术报告。在报告中，于庆凯详细介绍了铜和镍上制备石墨烯薄膜的工作，重点阐述了石墨烯单晶畴的制备和表征、石墨烯单晶畴的生长机理和单晶畴的排列，以及石墨烯晶界对电学特性的影响。于庆凯有金属材料工程专业背景，最早提出并实践了铜上利用CVD法生长石墨烯，对铜、镍等金属表面上生长石墨烯有深刻的理解，正是国家科技重大专项所需要的人才。丁古巧代表课题组加强了和于庆凯的互动，包括联合指导研究生等。2012年6月19日，在上海微系统所3号楼举行了于庆凯兼职聘用仪式。后来于庆凯在镍铜合金表面超快生长英寸级单晶、氮化硼薄膜生长、熔融金属催化生长二维材料粉体等方面都取得了重要进展。

这期间丁古巧还做了很多与项目相关的其他工作，其中包括协助落实石墨烯薄膜和晶圆的实验室场地和购置科研装备，并协助课题组先后调研、购置了扫描电镜、拉曼光谱仪、XRD、椭偏仪、原子力显微镜和光学显微镜等石墨烯生长、测试设备。

这些项目管理经验在后来的产业化过程中成为丁古巧的一大优势。作为项目的执行者，丁古巧积累了丰富的项目操作经验。他从不轻视小事，细致、认真地完成每一个任务。无论是在组织、实施，还是在监管和评估过程中，丁古巧都能够准确把握项目的要求和目标，并采取相应的行动确保项目顺利进行。他注重细节，精益求精，始终保持高度的责任心和敬业精神。即使面对复杂的问题和困难的局面，丁古巧也能够冷静思考，积极沟通，和团队一起迅速找到解决方案，克服困难。丁古巧凭借卓越的项目执行能力，成为值得信赖的项目执行者，获得了更多的机会，而这些机会又再次帮助丁古巧积累了经验，为之后科研成果的产业化打下了坚实的基础。他的项目整合和管理能力让他在产业化过程中能够快速拨开云雾，敏锐洞察到市场需求，迅速做出决策。

（三）参与氮化硼上 CVD 生长石墨烯

在国家科技重大专项的支持下，上海微系统所的石墨烯团队的第一个重要的科研成果是六角氮化硼（h-BN）衬底上无催化直接生长石墨烯薄膜和单晶。国家科技重大专项的总体要求是制备高质量的晶圆级石墨烯薄膜，并以此为基础研究石墨烯器件，因此获得高质量的石墨烯薄膜就成了项目的基础。丁古巧参与了石墨烯薄膜和单晶的相关工作。

当时普遍应用的方式是将石墨烯生长在铜箔上，用 PMMA 涂层保护石墨烯，再腐蚀去除铜箔，石墨烯连同 PMMA 转移到目标衬底上后，去除 PMMA 即可获得目标衬底上的石墨烯。但是，腐蚀过程和去除 PMMA 的过程都会给单原子层的石墨烯带来严重污染，这一点在当时难以克服，甚至至今也没有完美的解决方案。如果石墨烯能够直接生长在目标衬底上，比如硅、二氧化硅、氮化镓等上，对于器件应用非常重要。但由于这些衬底没有催化作用或者催化效果相比于铜、镍金属差很多，且气态碳源的分解和重构比较困难，因此生长出来的石墨烯品质较低。课题组在日常研讨过程中认为氮化硼和石墨烯原子排列结构相似，晶格常数也相差较小，很有可能是理想的石墨烯衬底材料，因此同时尝试了氮化硼、氧化铝、氮化铝等不同的氧化物和氮化物，初步的结果和预期相同，六角氮化硼上的确更容易生长出低缺陷的石墨烯。

课题组的一名博士研究生进行了大量的实验，尝试用不同的六角氮化硼粉体作为原料，探索了在不同的反应温度、碳源、时间、分压等条件下，在六角氮化硼上得到了不同品质的石墨烯，拉曼测试结果中代表缺陷的峰可以被抑制，结合微观形貌表征，没有零维非晶碳颗粒堆积。通过优化沉积工艺，特别是调整沉积时间与甲烷对氩气的流量比，可以实现对石墨烯层数的大致调控。

这个结果令人兴奋，无须催化且常压就有望在绝缘衬底上直接获得石墨烯薄膜（图5），这无疑为石墨烯器件制作带来新"烯望"。谢晓明研究员不仅组织、参与讨论，而且亲自主导了论文撰写，相关成果以非常快的速度，并以 Letter 的形式发布在 2011 年的 *Carbon* 上，全文非常精练，出版页面不足 3 页，论文题目为 *Direct growth of few*

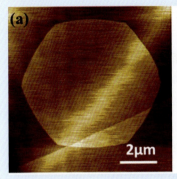 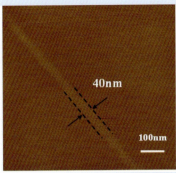 

图 5　在绝缘衬底氮化硼表面生长石墨烯单晶、石墨烯纳米带的典型照片

layer graphene on hexagonal boron nitride by chemical vapor deposition，谢晓明是通讯作者，丁古巧是第二作者。虽然最初的结果非常粗糙甚至有瑕疵，只是原理验证，但正如谢晓明研究员所预料，结果具有原创性和先见性，氮化硼上生长石墨烯后来成为研究热点，该论文也被后续多篇顶级论文引用，至今总引用次数达 180 次。

2011 年，唐述杰作为第一作者在 Carbon 上发表了题为 Nucleation and growth of single crystal graphene on hexagonal boron nitride 的论文，在这篇论文中只提及了单晶，没有提及纳米带，丁古巧是论文的第二作者。后续上海微系统所的石墨烯团队在 Carbon、Scientific Reports 等国际顶级期刊上发表了系列相关研究成果，包括石墨烯形核控制、石墨烯纳米带等的相关研究成果。六角氮化硼和石墨烯在横向边缘台阶连接和纵向层层堆叠的研究持续至今，相关研究也促进了氮化硼薄膜、单晶、粉体的发展，基于氮化硼组装的薄膜在绝缘导热领域已得到应用。

2020 年 5 月 19 日上午，2019 年度上海市科学技术奖励大会在上海展览中心举行，隆重表彰为上海科技创新事业和经济社会发展做出突出贡献的科技工作者。上海微系统所的"高质量石墨烯电子材料制备研究"项目团队荣获 2019 年度上海市自然科学奖一等奖。获奖的公开报道中提到："独创单点可控成核技术，研制 1.5 英寸石墨烯单晶，创造了单核石墨烯单晶尺寸与生长速度世界纪录；在国际上报道 h-BN 衬底石墨烯生长，攻克成核、取向、催化、手性控制、异质结和纳米带制备等关键技术；在国际上首次实现半导体锗基石墨烯 CVD 制备，实现 4 英寸石墨烯单晶晶圆生长。通过聚焦成核机理、大面积单晶制备、带隙及手性调控，该团队突破了多项关键技术，形成完整且具有特色的研究体系，获得多项原创性成果，在国内外同行中产生了广泛影响。"由此可见，六角氮化硼上生长石墨烯的相关研究在其中的重要地位。虽然丁古巧并未在 2019 年度上海市自然科学奖一等奖的获奖名单中，但依然为上海微系统所的石墨烯薄膜和单晶方向的研究成果感到自豪。

除了氮化硼上 CVD 生长石墨烯，丁古巧还主导了液态金属表面 CVD 生长石墨烯的研究。丁古巧发现低熔点金属中镓的催化性很强，镓的熔点仅为 29 ℃，室温下可以呈现液态，但表面容易形成氧化层，相关成果以 Chemical vapor deposition of graphene on liquid metal catalysts 为题，于 2013 年年初发表在 Carbon 上，这应该是学界第一篇关于金属液体表面生长石墨烯的论文。图6是镓表面生长石墨烯后的扫描电子显微镜照片，左上部分是光滑新鲜的镓表面，右下部分镓的表面好像有一层氧化物质，颜色较深且呈现为不规则多边形的为石墨烯。将镓放在硅片衬底表面生长，不仅在镓表面发现了高质量的石墨烯，在镓和硅的界面也发现了几百纳米的六角形石墨烯小单晶的生长。将镓放在碳化硅衬底表面，在碳化硅表面还发现了像宝塔一样六角螺旋式堆叠的石墨台阶生长的过程。这些结果背后都有很多有趣的、值得探究的课题，特别是界面浸润、固气/固液界面行为和界面反应等。由于丁古巧的兴趣点不在CVD石墨烯薄膜和单晶上，最终没有继续深入研究。后来武汉大学付磊教授团队在液态金属表面生长石墨烯方面做了更为详尽、更有深度和突破性的系列工作。

虽然有以上CVD生长石墨烯的相关工作基础，但在上海微系统所，丁古巧更多的精力是放在石墨烯粉体材料及其应用探索上，尤其是2015年开始更是专心研究石墨烯粉体。时至今日，每次丁古巧做汇报或被邀请做报告，都会在标题或摘要中明确自己的研究范围是石墨烯粉体或浆料。他说："虽然研究范围界定为石墨烯粉体也不够恰当，但起码可以让大家知道我不是做石墨烯薄膜或晶圆研究的，更不是做石墨烯器件研究的。"他希望可以让参会者更清晰地知道他的研究体系。

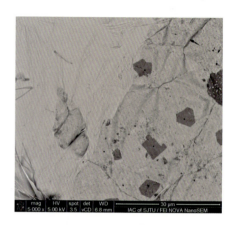

图6　镓表面生长石墨烯后的扫描电子显微镜照片

三、产学研结合的探索

（一）选择石墨烯，坚持石墨烯

受读博期间研究有序氧化铝六角形纳米孔阵列材料的影响，丁古巧对纳米阵列、有序排列、蜂窝结构等特别敏感。2008年，当第一次接触到石墨烯时，了解到其单层不到1 nm的厚度、原子在平面内六角形排列、氧化石墨烯水溶性等特征所带来的优异性能，他的直觉告诉他石墨烯这个材料"有戏"。

2009年，丁古巧放弃外企的高薪回到高校做科研，第一时间就选择对石墨烯展开探索，并坚持至今。说到坚持，他常常开玩笑说自己是受到命运眷顾的"笨小孩"。当时我国对石墨烯的探索还处于起步阶段，即便是在行业内也没有引起太多人的关注。丁古巧选择研究石墨烯，只是出于科研直觉，认为它是有巨大潜力和发展前景的。随着研究的深入，丁古巧对石墨烯的研究从兴趣成为爱好。时至今日，研究石墨烯已近15年，谈起石墨烯，丁古巧依旧滔滔不绝、兴趣昂扬。因为感兴趣，所以坚持，因为坚持，所以获得。

从 2009 年开始，丁古巧就对石墨烯粉体充满了兴趣，后来参与国家科技重大专项项目，做了一些 CVD 石墨烯的相关工作，了解到石墨烯单晶晶圆、石墨烯薄膜，但对石墨烯粉体的兴趣还是远远大于对石墨烯薄膜。石墨烯粉体是他进入行业至今，一直在坚持研究的方向，从未中断。在保留下来的实验记录中可以看到，早在 2009 年丁古巧就进行了氧化石墨烯的相关实验，2010 年 3—5 月，先后申请了 3 项石墨烯专利。至今在丁古巧的计算机中，还能找到显示下载时间为 2010 年 9 月 5 日和 9 月 14 日的几十篇石墨烯相关文献。

进入上海微系统所后，丁古巧做了氧化石墨烯系列实验。2010 年 10 月 29 日，丁古巧以唯一发明人申请了"一种制备单层氧化石墨烯水溶液的方法"，该授权专利至今有效。2010 年 12 月 17 日，丁古巧以第一发明人申请了"一种制备石墨烯粉体的方法"，将氧化石墨分散剥离成氧化石墨烯悬浮液，利用喷雾干燥实现溶剂去除，核心是实现没有团聚或可以解决团结的干燥，该专利至今也是有效的。目前，氧化石墨烯溶液、粉体和还原氧化石墨烯依然是研究和应用的热点。

2011 年 3 月，丁古巧的项目进展报告中已经有关于氧化石墨烯溶液、喷雾干燥氧化石墨烯粉体等的内容，同时还有基于氧化石墨烯的冻干复合氧化物和静电纺丝复合高分子的材料。同年 4 月，在江苏宜兴举行了中国科学院方向性项目进展汇报与交流会，在这次交流会上丁古巧提交了氧化石墨烯制备的进展报告。上海微系统所的谢晓明研究员、于广辉研究员、曹俊诚研究员、中国科学院金属研究所的任文才研究员、李峰研究员，中国科学院宁波材料技术与工程研究所的刘兆平研究员、李润伟研究员，还有中国科学院长春应用化学研究所、中国科学院上海有机化学研究所、中国科学院北京半导体研究所的相关老师也参加了此次会议。凭借之前已经实现的单原子层氧化石墨烯和超高比表面积还原石墨烯，丁古巧和他的研究生们做了石墨烯和多种功能材料复合的尝试，比如石墨烯和二氧化钛、氧化石墨烯和 PVA、氧化石墨烯可控还原和分散性、石墨烯电镀复合铜等的研究。这一时期对石墨烯的研究做得比较杂，还没有形成系统。值得一提的是，丁古巧在电镀铜箔方面的研究进展很顺利，但在电解液中加入石墨烯粉体或氧化石墨烯粉体，期望实现石墨烯和铜颗粒的共沉积，实验结果并不是很好，没有深入研究下去。时至今日，石墨烯和铜复合制备高导铜复合材料已成为研究热点。

2012 年下半年，上海微系统所石墨烯团队已经十分壮大，团队成员大部分是 CVD 石墨烯相关工作人员，达到 20 多人的规模，每个人的分工比较明确，丁古巧在国家科技重大专项项目方面的压力大大减轻。在上海微系统所开放、开明的科研环境中，丁古巧的工作重心明确倾向于氧化石墨烯和石墨烯粉体。

基于实验室制备 1 g 氧化石墨烯的成功，丁古巧自购 1 L 的反应釜在通风橱内一次制备 10 g 石墨烯，在 10 g 这个量级做了很多边界条件研究，包括鳞片石墨原料选择、原料预处理、硫酸浸润时间、硫酸和高锰酸钾的当量、反应温度和时间、终止方式、清洗方式、热还原方式等。2012 年年中购置了 10 L 反应釜，10 L 反应釜一次可以制备 100～150 g 氧化石墨烯。

在熟悉了 1 g 和 10 g 级氧化石墨烯的制备后，丁古巧开始百克级尝试。实验用的 10 L 的反应釜很大，普通实验室的通风橱根本放不进去，再加上配套的循环水冷却装置、气体吹扫装置、尾气吸收装置也占据了不少空间。然而，定制足够大的立式防爆通风橱需要两三个月的时间，丁古巧没有等立式防爆通风橱到位，就安排了 10 L 反应釜的实验，尝试一次做 100 g 原料，可以获得 150 g 左右的氧化石墨烯。

这是一次冒险的尝试，虽然对实验室制备 1 g 和 10 g 级氧化石墨烯已经非常熟悉，但对于制备 100 g 以上的石墨烯大家心里都有些没底。由于担心爆炸，丁古巧咨询了做试剂合成的企业界朋友，从优质厂家购置了定制的双层高强玻璃反应釜，并在玻璃反应釜周围增加了一层金属网格，防止万一爆炸产生玻璃碎片。在反应釜外围面对操作人员的那一面又增加了一个塑料围挡，防止硫酸液体溅到人身上。操作人员操作时穿着防护服并佩戴防护面罩。

确认安全后，丁古巧亲自操作，做了第一次实验。他后来回忆，从添加原料到反应釜内开始，到终止反应需要 12 h 以上，实验前他对这个过程是相当担心的，那时候还没有便捷的网络摄像头，只能不停地去现场观察，生怕出现意外情况。根据氧化过程中颜色的变化、光镜下石墨边缘和透明度变化的情况、终止反应后液体的颜色、洗涤后的黏度和光学显微镜测试结果等建立了质量控制参数。但随着实验的深入，新的难题出现了。如何实现氧化剂可控地添加，如何清洗氧化石墨烯，如何实现尾气、废酸、废水的处理等成了难题。

在 10 L 反应釜的多次实验过程中，最头疼的就是随着洗涤的进行，氧化石墨逐步剥离形成黏稠的胶体，并且清洗次数越多就越接近中性，黏度越来越大，就像黏稠的糨糊无法固液分离。100 多克氧化石墨烯，人工清洗需要几天时间，耗时长、难度大，清洗成了制备瓶颈。丁古巧在尝试了一些特别的连续过滤的方式后，带着溶液去离心设备厂家尝试新型的连续离心装备，终于找到了比实验室之前的效率高很多的方式。但是由于实验室所在楼为百年老建筑，承重能力有限，同时楼下就是办公室，不能有剧烈的震动和噪声，最终没有购置这些清洗分离设备。

于是丁古巧开始思考有没有办法可以将氧化石墨洗涤和剥离这两个关键工序分开进行，而不是混合在一起。虽然理论可行，遗憾的是，这条技术路线几经尝试都没有完全实现。但幸运的是，在实验中丁古巧发现氯酸盐和浓硫酸混合可以产生很强的氧化性，并且所制备的氧化石墨在洗涤过程中，不会像纯高锰酸钾氧化剂那样变稠，可以通过物理方法挤出分离高浓度的酸液和氧化石墨，从而显著降低氧化石墨清洗的难度，减少废水产生量，并同样获得高单层率的氧化石墨烯。

10 L 反应釜的实验进展顺利，于是他在 2012 年 10 月购置了 20 L 反应釜，还定制了立式通风橱、防爆装置、尾气处理装置等（图 7）。安装好之后，双开门落地式通风橱的门完全打开时，人可以走进去，设备可以推进去，里面还有可以拉下来的防爆玻璃门，最里面是带有金属防护的双层夹套反应釜，丁古巧称之为"三层防护"。

下方还有应急液体收集容器（second container），防止反应釜破裂。通风橱的左边是碱液吸收塔，右边是吹扫用的氮气瓶。整个装置被放在杏佛楼4楼。在实验过程中，由于使用了含氯的盐，会产生类似消毒水的味道，需要吸收塔保持正常工作。另外溶液从反应釜中流出来终止反应后，需要进行固液分离和清洗，在操作的过程中会有酸味，操作人员需戴上具有吸附功能的防毒面具。图8是20 L反应釜第一次实验的现场照片，从中可以看到整个装置比较复杂，占据几十平方米，通风橱内部有20 L夹层反应釜，通风橱外有冷却装置、气瓶和吸收塔和1 g氧化石墨烯的实验条件完全不同。

图7　左边为吸收塔，中间为定制的多重防护通风橱

图8　20 L反应釜第一次实验的现场照片

（二）产业化尝试

之后，丁古巧团队围绕这套百克级制备装置又开展了几十次实验，并对每次的样品进行了测试。因为和实验室克级样品不同，所以做一次实验需要花费大量精力和时间。一次实验要花几天时间，并且产生几十千克的废水，很快房间里就开始堆积起一排一排的白色和蓝色塑料桶，里面装满了废液。随着实验的推进，大家也逐渐意识到石墨烯材料百克级放大没有那么容易。好在测试表征（AFM、TEM、BET等）显示和克级实验结果没有差异，百克级还原氧化石墨烯样品BET测试结果从原来的700 m²/g提升到800 m²/g，甚至超过900 m²/g。还原氧化石墨烯堆积密度很低，收集和包装需要优化，并需要足够的存放空间（图9）。

在百克级实验过程中，谢晓明研究员一直关心相关进展，提醒团队注意安全及实验的一致性。随着实验的不断推进及指标的提升，他建议可以适当引入上海微系统所之外的资源，做一些产业化尝试。在实验室完成制备是相对容易的，进行产业化则涉及更多方面的考量。引进上海微系统所之外的资源进行产业化尝试，这对当时的团队来说是认可，也是挑战。

经过多次沟通，2012年11月20日，上海微系统所与上海新池能源科技有限公司（简称新池能源）签署了中试一期合作协议，目标是制备至少100 g/d的石墨烯粉体。新池能源提供设备和工人，上海微系统所提供场地、研究人员和测试。由于场地在上海微系统所内,新池能源的员工要到上海微系统所内办公,这是一种特殊状态的产学研结合。关于为什么把协议称为"中试",是因为当时觉得制备百克级石墨烯的装置很大(相比于实验室设备),但是现在回头看来,百克级石墨烯材料应该是"小试"实验,"中试"对应公斤级石墨烯更加合适。

图10为2012年12月丁古巧团队和新池能源工作人员的合影,后排从左到右为施建中、李修兵、丁古巧、操作工师傅、匡照宇,前排从左到右为杜福平、陈吉、徐传艳、朱云、孙静。其中施建中、操作工师傅、匡照宇来自新池能源,其余人员属于上海微系统所。这张照片记录了丁古巧进行石墨烯产业化的第一次探索。

团队把制备的百克级石墨烯材料提供给了一些客户,其反馈比较积极。除了日常科研工作,丁古巧偶尔也会和同事施建中一起拜访客户。施建中来自新池能源,本科毕业于清华大学,是上海微系统所的研究生,管理能力强,做事有条理,在百克级实验中提供了很多支持和帮助,包括实验装备、场地优化、队伍建设等。2013年6月,团队在上海新国际博览中心参加石墨烯论坛和展览,参会、参展的人很多,大家对石墨烯充满了期待和好奇(图11)。谢晓明研究员参加了会议并做了学术报告,其间在展台和大家深入交流(图12)。

图9 存放在超大干燥柜中的还原氧化石墨烯粉体

图10 2012年12月丁古巧团队和新池能源工作人员的合影

图11 团队在上海新国际博览中心合影(从左到右分别为丁古巧、杜福平、孙静、李修兵和施建中)

百克级的装置获得了很多氧化石墨烯,丁古巧带领团队开发了一套氧化石墨烯还原工艺,将氧化石墨烯粉末快速送入高温区可在几秒内实现还原,并在苏州的一家科技企业定制了一套连续热处理的炉子,利用氮气保护,可以升温到1 000 ℃。氧化石墨或氧化石墨烯粉末放在一个导热匣钵中以一定的速度经过高温区就会快速膨胀、还原得到还原氧化石墨烯(rGO)。那段时间需要还原氧化石墨烯做研究的人很多,团队以为会有应用突破,可惜至今还原氧化石墨烯的应用还是很有限。有意思的是,氧化石墨烯在500 ℃的马弗炉中会产生特殊的自燃现象,没有明火,但在黑暗的环境中可以看到像燃烧的烟头发出的微弱的光,并且自我蔓延直到全部消失（图13）。这是一个特殊的氧化自燃过程，可能是由于有金属杂质残留作为助燃剂，也可能是其他原因所致。因为时间有限，当时没有找到特殊的应用场景，所以没有去深究具体的燃烧机理。

2014年，石墨烯团队（包括上海微系统所和新池能源的工作人员）进一步扩大，如图14所示。同时上海微系统所在国内基础研究领域的知名度很高，铜上石墨烯单晶、氮化硼上石墨烯等工作成果不断发表，加上石墨烯粉体的产学研合作不断取得进展等，石墨烯联盟的李义春秘书长找到上海微系统所领导，提出双方合作的意向，并希望在上海微系统所里有办公的地方。上海微系统所非常支持，在杏佛楼4楼靠近石墨烯实验室的地方提供给石墨烯联盟一间办公室，同时还有一个更大的房间，用于展示和对接。2014年12月，上海微系统所的石墨烯团队在石墨烯联盟的展厅内合影（图15）。

时间到了2015年，石墨烯研究和产业化的热度高涨。11月30日，《工业和信息部 发展和改革委员会 科学和技术部 关于加快石墨烯产业创新发展的若干意见》发布，这是我国石墨烯领域首个国家层面的纲领性文件，提出将石墨烯产业打造成先导产业，逐渐实现石墨烯材料在部分工业产品和民生消费品上的产业化应用。

2015年3月27日，上海市经济和信息化委员会（简称上海经信委）领导带队调研上海的石墨烯研究情况。石墨烯联盟的李义春秘书长、上海微系统所的谢晓明研究员、中国科

图12 谢晓明研究员（左一）在上海新国际博览中心和与会者交流

图13 氧化石墨烯粉体在500 ℃左右的处理环境中自燃

图14 新池能源、上海微系统所团建活动的合照（照片中有8名博士）

图15 石墨烯团队在石墨烯联盟的展厅内合影

学院上海硅酸盐研究所的孙静研究员、上海理工大学的杨俊和教授、上海第二工业大学的谢华清教授和于伟教授参加了会议并留影，如图16所示。

实际上，在2015年这个时间节点，学术界和产业界还不太确定石墨烯规模化应用的最佳方向，但各种有关

图16　上海经信委领导带队调研并留影

石墨烯的消息铺天盖地，包括石墨烯用于超级电容器、锂离子电池、水过滤和分离、高分子复合材料等，社会各界普遍对石墨烯的应用前景充满了信心。

（三）产业化考验

随着社会各界对石墨烯的热情持续高涨，2013年7月，在北京香山，李义春牵头成立了石墨烯联盟，丁古巧参加了石墨烯联盟的成立仪式，并在同期举办的石墨烯技术研讨会上做了学术报告，参加了石墨烯联盟的第一次工作会议。2013年11月，丁古巧参加了首届"中国石墨烯青年学者论坛"暨"浙江大学西湖学术论坛"第102次会议。2015年10月，国家主席习近平参观英国曼彻斯特大学国家石墨烯研究院，听取了诺贝尔物理学奖获得者康斯坦丁·诺沃肖洛夫介绍石墨烯研究情况，参观了石墨烯产品展示和生产石墨烯薄膜的地下超净实验室。国家主席习近平指出："在当前新一轮产业升级和科技革命大背景下，新材料产业必将成为未来高新技术产业发展的基石和先导，对全球经济、科技、环境等各个领域发展产生深刻影响。"

上海微系统所在石墨烯研究领域不断有成果产出，在国内的知名度逐步提升。2015年年初，正泰集团股份有限公司（简称正泰集团）开始和上海微系统所的领导沟通石墨烯方面的产学研合作。在上海微系统所领导的支持下，经过多方努力，正泰集团成为新池能源的控股股东并和上海微系统所签署合作协议。

2015年3月9日晚上，丁古巧和正泰集团董事王国荣一起跟随石墨烯联盟，抵达西班牙北部港口城市毕尔巴鄂，参加为期4天的由Phantoms Foundation主办的2015石墨烯年度大会，17日，跟随石墨烯联盟参观、访问瑞典查尔姆斯理工大学石墨烯中心，并做了与石墨烯材料相关的演讲，图17为主要演讲者照片。2016年9月9日，丁古巧参加了在杭州举行的正泰GRABAT石墨烯技术应用（中国）发布会，正泰集团的南存辉董事长、石墨烯联盟的李义春秘书长、西班牙Graphenano公司的CEO兼GRABAT的董事长马丁、正泰集团的王国荣等参加了发布会，如图18所示。

在和正泰集团合作的过程中，随着石墨烯材料中试和应用的拓展，招聘更多人员、购置更多实验设备和扩大实验空间势在必行。上海微系统所长宁园区空间较为有限，

所领导建议将和企业相关的研发搬到上海嘉定北开发区新池能源现有的场地，办公留在长宁园区。但是这又产生了新的问题，嘉定北开发区距离长宁园区 45 km 左右，把办公和研发分开，势必会对工作效率有所影响。基于提高工作效率的考量，丁古巧向上海微系统所提出，将其在所里的课题组的办公、研发全部搬到嘉定，避免两地管理，推进产学研紧密结合。经过讨论，这个提议得到了支持。按照上海微系统所的要求，团队做了详细的资产盘点和搬迁规划，同时协同新池能源进行嘉定场地的装修。

图 17　在瑞典查尔姆斯理工大学石墨烯中心做演讲的主要演讲者

在征得上海微系统所相关部门同意的情况下，课题组的人员和实验设备搬进了合作公司，相当于使研究生培养和公司的研发进一步深度结合。

"从 2010 年 9 月进所到 2015 年 6 月搬离杏佛楼，我一直在长宁园区杏佛楼从事科研工作，在杏佛楼的这段时间是我个人科研能力和认知成长最快的一段时光。曾经吃着早饭看着实验，曾经累了睡在实验室；在这里看着十几名研究生成长，看到优秀的学生夜以继日；看到了比我优秀很多、努力很多、辛苦很多的老师们，特别是尤立星、

图 18　丁古巧参加正泰 GRABAT 石墨烯技术应用（中国）发布会

彭炜、荣亮亮老师；在这里发表了几十篇论文，申请了不少专利，也在这里从博士变为副研究员、研究员、导师。我对这座有着百年历史的庄严建筑充满了怀念和感恩！"丁古巧回忆道。图 19 为 2013 年超导课题组在杏佛楼前的合影，包括部分石墨烯团队成员。

图 19　2013 年超导课题组在杏佛楼前的合影（丁古巧在第二排）

2016 年 1 月，上海微系统所和新池能源正式签署中试二期合作协议，明确两点内容，一是继续进行氧化石墨烯相关材料的中试技术开发，二是将石墨烯应用于超级电容器，双方还成立了联合实验室。在签署协议之前，丁古巧根据自己对石墨烯性质的了解，尝试写了一份关于未来研发方向的调研和规划，对之后的工作提出了一些方向性的建议。当时，下游客户使用还原氧化石墨烯粉体，在超级电容器方面取得了相当不错的成果。团队当时认为超级电容器的市场不算小，而且石墨烯应用在超级电容器上也有技术基础，于是把超级电容器作为攻关重点。

正泰集团作为新池能源的控股股东，带来了很多资源，特别是市场资源。丁古巧跟随正泰集团的王国荣先后到正泰集团的数十家关联企业和合作企业参观交流，涉及电网、电池、合金等领域。在这些对接交流中，丁古巧不断了解市场，也更加明确成熟的产业链支撑创新技术应用的重要性。

随着新池能源研发队伍的壮大，以及接待和对接工作的深入，研发工作量大幅度增加。但最初设定的两个方向——氧化石墨烯材料和超级电容器，研发进展并不顺利。氧化石墨烯材料送样很多，但只有少量能够销售，始终打不开市场，没有形成批量销售或稳定的下游客户。同时，超级电容器的研发进展也差强人意。

经过多次探讨，正泰集团的领导，特别是王国荣，及时修正研发方向，引领新池能源的研发和正泰集团的产业链深度结合，密集对接调研太阳能、合金、电力、储能等产业链，最终在正泰集团的产业链上锚定了应用方向。于是，重新招募人员，组织攻关。从实验室研究、中试放大到批量制造，正泰集团始终严谨务实、围绕需求，时至今日，还在不断投入研发和生产。丁古巧认为正泰集团发展石墨烯产业的过程是值得学习的，也是行业的榜样。

新池能源的研发和产业化进展总体顺利，丁古巧带领团队在锚定的新方向上不断有成果产出，研发团队也逐渐壮大。2015—2017年对丁古巧来说是非常艰难的。和新池能源合作之初设定的两个方向（氧化石墨烯材料和超级电容器）进展都不顺利，再加上超长的5+1（周一到周五，再加周六）、白加黑（8:00~21:00）的工作时间，让他和团队都逐渐显示出疲惫之态。同时，研究生培养也遇到了问题，因为新池能源及其周边单一的生活环境和上海微系统所的环境相去甚远。新池能源在科研上投入很多，包括购置拉曼光谱、导热、电池和超容等测试设备，但和上海微系统所相比，高端检测设备还是欠缺很多。研究生培养和管理难度加大，2016年6月，团队骨干成员孙静提出离职。

孙静离职对丁古巧来说是一个不小的打击。孙静博士是2012年7月进入课题组工作的，是非常早就参与项目的成员。她做事情极为认真、负责，而且对成果和功劳从不主动争取，日常也会主动承担课题组的各种繁杂事务。孙静的离职，在意料之外，又在情理之中。丁古巧后来回忆道，当时团队的工作量不断增加，工作节奏很快，每一个人压力都很大。大家都是第一次做这样的项目，同时承受着合作公司和上海微系统所两个方面的工作压力。作为负责人，丁古巧觉得自己在这方面的经验不够，对团队成员的压力没有及时干预，没有使压力得到及时、有效的释放。

骨干员工离职，短期内石墨烯行业又不可能盈利，而自己又每天花费十几个小时在工作上，研究生培养远离中国科学院这个大环境也带来一些问题。面对这些，他感觉自己的压力越来越大，需要停下来重新审视自己的工作和生活。经过慎重思考，2017年过完元宵节，丁古巧正式提出从新池能源离职，希望结束在新池能源的兼职首席技术官（CTO）工作，回到上海微系统所嘉定园区工作。2017年8月初，丁古巧带着课题组回到上海微系统所。至此，和正泰集团的合作告一段落。

虽然经受了一些挫折，但是这次合作所收获的锻炼和成长，对丁古巧来说是巨大的财富。得益于上海微系统所和正泰集团领导的支持，这次产业化做了很多有益的尝试，积累了宝贵的产业化经验。虽然丁古巧离开之时正泰集团的石墨烯产业尚处在孵化期，未能成型或定型，但是丁古巧亲历了学术和产业化之间的差异，也为之后的勇敢再出发奠定了基础。

（四）再出发

在结束与正泰集团的合作后，丁古巧选择回到上海微系统所重新沉淀与总结。课题组回到上海微系统所后也碰到很多问题。没有实验室和办公室，临时借用嘉定园区刘正新老师的实验室。重新装修实验室，购置新的实验设备，那一段时间，这些零散的事务占据了丁古巧不少的工作时间。

从合作公司回到上海微系统所对丁古巧来说无疑是一种考验，好在他心态很快调整到位，他知道，这是人生道路上必经的阶段。他重新审视自己在石墨烯应用上的研究方向，与团队进行了探讨和复盘。

时间到了2017年年底，江苏悦达集团有限公司（简称悦达集团），也就是丁古巧老家盐城的第一大国有企业，抛出了合作的橄榄枝，希望可以和上海微系统所进行石墨烯应用方面的合作。

有意思的是，其实早在2014年，悦达集团就已找过丁古巧，双方进行了多轮沟通并形成了具体协议，只可惜最终未能实施。在此后的3年时间里，悦达集团在石墨烯应用上也做了不少尝试，并获得了一定的成果。

经历了2014年石墨烯研发热潮，2017年是石墨烯消沉的一年，很多企业在这一年开始收紧对石墨烯的投入。整个行业明显降温，行业开始洗牌，光环暗淡后的石墨烯产业开始归于理性。但基于对石墨烯行业的长远判断，悦达集团仍然制订出投资计划，发出合作邀约。

在悦达集团董事局主席王连春、江苏悦达新材料科技有限公司董事长张正林的全力支持下，这一次双方的合作出乎预料地顺利。2017年年底，达成初步合作意向，2018年3月，正式成立了上海烯望材料科技有限公司（简称上海烯望公司）。此次合作，江苏悦达投资股份有限公司（简称悦达投资）出资2 450万元，丁古巧个人代表团队出资200万元（借款出资），同时上海微系统所和团队以技术入股。2018年5月28日，石墨烯联盟秘书长李义春来访（图20）。

上海烯望材料科技有限公司这个名称，是丁古巧在上海微系统所嘉定园区3号楼的1楼的临时办公室内申请成功的。对于这个名称，丁古

图20　石墨烯联盟秘书长李义春来访

巧有自己的期许："烯"既是石墨烯的"烯"，也与希望的"希"同音。对他而言，"烯"望是行业的口号，也是石墨烯行业的未来。

为了充分使用中国科学院的科研资源、节约费用、快速推进公司正式运营，丁古巧经多地实地调研，并与股东方多次沟通、协调，最终确定租赁上海微系统所嘉定园区新微大厦B座的9楼作为公司办公及实验场所。公司成立初期，搭建了以上海悦达墨特瑞新材料科技有限公司（2012年11月成立，2018年1月启动注销，2019年12月完成注销，保留6人——廖莉、潘德军、陈伟、夏候璐、缪利芸、刘雷庭）的成员

为班底,连同悦达投资委派的董事长张正林、副总经理徐德善和总经理丁古巧等共9人的初创团队。

万事开头难,新公司的成立需要开展的工作千头万绪,从办公场地改造、实验室租赁装修、建章立制、团队组建到研发推进……很多工作大家都是第一次接触或经历,难免感到陌生或茫然。上海烯望公司成立之初人少活多,团队每个成员都身兼数职。丁古巧作为公司的总经理,既当指挥官,又当冲锋员,亲力亲为,舍小家顾大家,发扬"三过家门而不入的"的大禹治水精神,全身心投入新公司的筹建工作。在丁古巧的带领下,公司初创团队不等不靠,不囿于分工,抢时间抓进度,仅仅两个月就完成了公司成立之初设立的各项工作目标,为公司在5月份成功承接公司的第一单业务——陕西煤业化工集团有限责任公司(简称陕煤集团)石墨烯材料生产线项目奠定了坚实的基础。

陕煤集团石墨烯材料生产线项目顺利推进。经过多轮次沟通、谈判,2018年5月,一举拿到了陕煤集团近1 000万元的生产线技术服务项目,打响了第一枪。这个项目包含石墨烯规模化生产技术开发、生产线建设和调试等,是一个完整的生产线项目,这对刚刚成立不久的公司来说是非常鼓舞人心的。陕煤集团项目的成功,带动了公司在生产线技术服务项目上的发力。在此之后的很长一段时间里,石墨烯相关技术服务的销售额约占公司全部销售额的一半以上。

为扩大新公司的知名度、提升影响力,在丁古巧的牵头和组织下,上海烯望公司于2019年3月13—15日在上海举办了2019(第五届)石墨烯/碳纳米材料制备技术及终端应用创新论坛(图21),旨在推动石墨烯行业上、下游联动,推动石墨烯终端应用快速、健康发展。论坛邀请了国内外石墨烯/碳纳米材料产业链上、下游配套企业,包括石墨烯生产设备企业、石墨烯生产制造企业、石墨烯下游应用产品开发企业,也

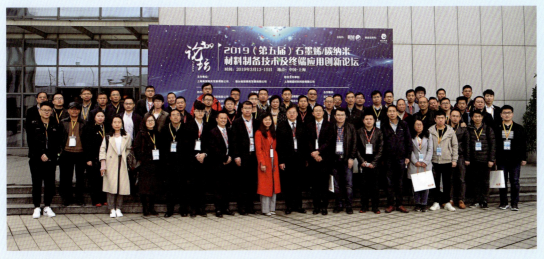

图21　2019(第五届)石墨烯/碳纳米材料制备技术及终端应用创新论坛合影

邀请了国内外顶级专家做了精彩报告。上海微系统所、中国科学院宁波材料技术与工程研究所、浙江大学等科研机构，悦达投资、东旭光电科技股份有限公司、宝泰隆新材料股份有限公司等上市企业，陕煤集团、中国石油天然气集团公司、海科集团等近40家国内知名企业，以及上海经信委、上海市科学技术委员会、上海市嘉定区科学技术委员会、上海市石墨烯产业技术功能型平台等也参加了此次论坛。此次论坛的成功举办使上海烯望公司迅速融入石墨烯行业，提升了知名度。

2019—2020年，公司迎来了飞速发展的时期，承接了多项生产线技术服务，并与上海微系统所一起成立了石墨烯材料与应用联合实验室。此后不久，公司正式更名为"中科悦达（上海）材料科技有限公司"（简称中科悦达），这次更名许可也体现了中国科学院对公司的信心与支持。

公司发展初期，除了石墨烯生产线技术服务，团队也开始在多个石墨烯应用方向进行探索。那个时期，只要是市面上出现过的石墨烯应用领域，团队或多或少都曾进行过讨论或尝试。先做出样品，再根据市场的反馈探索应用产业化的可行性。到了2020年年底，经过所有人的共同努力，中科悦达实现了微盈利，这是非常难得的。

上海微系统所也给予了公司极大的支持，合作初期就提出了股权激励制度，这也是所里成果转化后奖励股权给团队的首例。悦达集团同样非常看好公司发展，为了更好地融资并为之后的上市做准备，一路将公司从三级企业调整为悦达集团的直属企业。

本以为公司会这样一帆风顺地发展下去，谁知突如其来的疫情打乱了公司的节奏。原本盈利贡献最多的技术服务首先受到影响。已有项目实施和跟进困难，市场需求量减少，导致新项目开发困难，公司的收入锐减。幸运的是，此时又一个新转机出现了。

国内一家知名手机厂商找到公司，希望公司进行导热膜手机应用方面的研发。丁古巧衡量后觉得这是一个很好的发展机会，因为当时园区关闭，所有人都是线上办公。协议的签署是在停车场的汽车引擎盖上完成的。随后的日子里，丁古巧带领团队加班加点，在短时间内就达到了厂商对性能的要求。在沟通过程中，丁古巧发现这个细分领域应用前景广阔，不仅是手机，还可以把产品应用扩展到笔记本电脑、显示器、新能源、高功率芯片等更多应用领域。很快中科悦达就开始推进在太仓建立实验工厂，进行批量生产。

之后的一段时间里，公司稳步发展，在行业内逐渐崭露头角，众多资方主动找到公司寻求投资，公司按照自己既定的节奏推进着融资的相关工作。在2021年4月底召开的公司三会上，正式批准开始启动中科悦达的A轮融资，这轮融资由董事会牵头，总经理助理刘蕾带领融资小组负责具体的工作。此后的几个月里，他们先后接触了近50家意向资方，收到了多家资方的投资框架协议（TS），完成了审计、评估、尽调、备案等准备性工作，并在上海联合产权交易所完成了挂牌。就在意向资方按照计划准备摘牌和签约的时候，2022年春天，长达3个月的时间里，所有人员只能居家办公，外地资方也无法来上海，摘牌工作一度陷入了僵局。此时，用于融资的评估报告也临近有效期，再不完成相关工作，就预示着本轮融资将以失败告终。彼时，丁古巧正带领技术攻关小组被封闭在太仓工厂进行导热膜量产性能攻关，他对融资工作的推进十分关心，但也真是鞭长莫及。这时可能是骨子里的乐观向上，也可能是多年的创业磨炼，他不仅自己可以保持不急不躁，还经常鼓励融资小组放松心态，正面迎击困难。在这种正向的鼓励下，融资小组顺利协调了各方关系，得到允许可以先完成网上摘牌及线上资料签署工作，后续再补充纸质文件。在整个过程中，上海微系统所的陆泳老师给予了大力支持，在最后的签约阶段，她和刘蕾甚至熬到凌晨3点半整合和核对相关资料。2022年5月底，摘牌和签约工作终于赶在评估报告有效期到期前的最后一天完成，所有资金也于当年全部到位。这是中科悦达的第一次融资，过程十分复杂，包含场内、场外、转股、上翻等多个操作，涉及文件近千份，对融资团队是一个很好的锻炼，也更坚定了公司走下去的决心，融资款项的到位也为公司后续发展提供了有力的支撑。

在首轮融资后，2022年下半年丁古巧又一次做出了重要抉择：主动向董事会提出辞去总经理和法人职务。从2018年作为共同创始人设立中科悦达开始，丁古巧一直担任公司法人、总经理和董事。这些管理经历对丁古巧来说是特别的，从科研人到企业人，不仅仅是管理内容的不同，更多的是思考方式的差异。管理企业，需要时刻关注市场，思考企业的核心竞争力是什么，需要聚焦国家需求、行业难点、关键技术去深耕和攻关；而做科研，只要关心研究方向本身，解决遇到的问题就可以了。管理企业相比于做科研，更多的是去做平衡，做沟通，这样才有可能做出一些成绩。

在公司推进建立太仓试验工厂和盐城量产工厂之后，丁古巧既要忙于技术攻关，又要忙于管理，忙碌于管理的时间越来越多，投入科技研发的精力越来越少。鱼和熊掌不可兼得，急需一位职业经理人分担公司管理的压力。于是他在2022年下半年主动向董事会提出辞去总经理和法人职务，并积极寻找总经理人选。2023年3月，新聘任的总经理到岗，丁古巧转到首席科学家岗位，他得以把全部精力投入研发、实验室，以及对研究生人才的培养上。从总经理到首席科学家的主动求变，是丁古巧更加成熟、理性的体现，人非无所不能，知晓敬畏，知道进退，聚焦自己擅长的，奔赴自己热爱的，才有可能活成自己喜欢的样子。

2023年11月10日，在"创业十年 石墨烯中国梦"庆典活动上，8位坚守创业初心、致力于石墨烯科技成果转化、为推进石墨烯产业化进程做出杰出贡献的企业家获得了"中国石墨烯创业功勋人物"称号,他们是瞿研、刘兆平、侯士峰、高超、陈利军、潘东晓、丁古巧(图22)、方崇卿。丁古巧位列其中,刘忠范院士、李义春秘书长、冯冠平先生和安德烈·盖姆为8位获奖者颁奖。

图22 "中国石墨烯创业功勋人物"丁古巧

四、石墨烯应用之路

(一)在导热膜应用上的探索

丁古巧回忆,石墨烯高端应用开发之路其实是非常曲折的。早在2010—2015年那段时间,面对石墨烯的应用大家都是很迷茫的。虽然石墨烯材料优质,可探索方向很多,但是哪个方向是"杀手锏"级的应用、哪些领域更容易产业化,大家并不太明确,都是在多方向尝试。在应用探索初期,有人将石墨烯添加到电池正极或负极材料中,或者研究石墨烯超级电容器和石墨烯传感器等。相对比较容易的产品有石墨烯面膜、石墨烯美容仪、石墨烯发热服等,但这些容易想到且比较靠谱的应用方向,因为技术门槛不高、投入不大,进入的企业很多,产品质量参差不齐,行业竞争激烈。

丁古巧团队对石墨烯的应用有着自己的坚持,一直在探索石墨烯的颠覆性应用,希望找到"不可替代的"应用。石墨烯导电剂虽然已经批量使用,但其重要性还远不如碳纳米管,谈不上不可替代。美容和发热等应用,可以利用石墨烯的远红外获得较好的应用效果和市场效应,但也并非不可替代。石墨烯和金属复合,其规模化应用尚需时日。

在不断探索的过程中,最终丁古巧团队把目光放在了石墨烯导热应用上。目前行业可以达成共识的是,面内导热的石墨烯导热膜,在性能上有望超越人工石墨膜和天然石墨膜。100 μm厚度的石墨烯热导率已大于1 800 W/(m·K),甚至高达1 900 W/(m·K);石墨烯膜的厚度可以在3~300 μm调节,未来甚至可以达到厘米厚度,但人工石墨膜最厚仅100 μm;石墨烯导热膜在手机散热上得到规模化应用,在航天、军工、芯片等领域也有很大潜力。石墨烯导热膜未来还有望替代热解石墨、高定向石墨等高端石墨制品，并在应用端有可能替代基于金属铜的均热板产品。

除了平面方向上散热用的石墨烯导热膜，石墨烯或石墨烯膜有望直立形成界面导热通道，将石墨烯平面散热的优势转化为垂直方向的界面导热，形成新一代界面导热材料（TIM 材料），纵向热导率有望超过 100 W/（m·K），从而解决目前大功率芯片的散热难题。基于石墨烯材料、石墨烯导热膜的高导热特性，未来还可以开发更多的导热应用产品。

丁古巧回顾自己的石墨烯导热的开发之路，他认为曲折、起伏是比较合适的关键词。早在 2011 年 9 月，参加江南石墨烯研究院的成立仪式，参观常州碳元科技股份有限公司，是丁古巧第一次接触到人工石墨导热膜。2012 年前后，他第一次参与石墨烯导热膜的开发。当时新池能源提供石墨烯粉末，贵州新碳高科有限责任公司（简称贵州新碳高科）以石墨烯为原料，研发和生产石墨烯导热膜。贵州新碳高科建立了工厂，购置了多台石墨化炉。2013 年，贵州新碳高科举行了产品发布会，提到石墨烯导热膜是"纯石墨烯粉末应用产品"，强调石墨烯导热膜的成分 100% 是石墨烯材料，当时市场上还没有 100% 使用石墨烯的下游产品。

实际上丁古巧团队当时应贵州新碳高科的要求提供的是还原氧化石墨烯粉末，制备过程是首先制备氧化石墨烯溶液，再冻干或喷雾干燥得到氧化石墨烯粉体，再将粉体通过 500～1 000 ℃ 的高温还原获得还原氧化石墨烯粉末，将还原后的氧化石墨烯粉体再分散到溶剂中涂布成膜。当时，对石墨烯浆料进行分散和取向涂布，这个技术难度很大，去除溶剂后再通过高温石墨化。2013 年，在贵州新碳高科丁古巧已经提到了高温石墨化过程中石墨烯边缘会生长，晶粒会长大，但当时是双方在技术方面的推测。实际上直到 2022 年才有科学家报道氧化石墨烯膜在石墨化过程中横向和纵向单晶及单晶尺寸的变化。后来，丁古巧自己在 2022—2023 年也通过试验设计、石墨化前后多种测试技术比对，探究了石墨化过程中晶粒尺寸的演变，研究了不同尺寸氧化石墨烯前驱体的影响，证明了 10 年前的一些揣想。但由于氧化石墨烯粉体和还原氧化石墨烯粉体在当时成本很高，价格在 5 000 元左右，再加上石墨化成本高、产能低，即使当时石墨烯导热膜市场价格很高，40 μm 应该在 1 000 元 /m²，但是经济收益有限，最终这个项目没有成功，相当可惜。

后来在回忆第一次尝试导热膜应用时，丁古巧表示有一些遗憾。当时只是专注于粉体材料的提供，没有意识到这个项目的重大意义，没有进一步去深究导热市场。现在回想起来，当时如果能全心钻研进去、聚焦在这个项目上，在导热领域应该会取得更好的成果。

第二次做导热膜是 2016 年前后和正泰集团合作期间，丁古巧担任新池能源的技术总监，在超容项目受阻的时候，团队努力寻求应用突破。这时有其他企业找到公司，并告诉丁古巧可以在铜箔、铝箔上涂布一层石墨烯，因为石墨烯的热导率远高于铜箔，从而可以获得导热性能更好的导热复合材料，并称之为"涂碳铜箔"或"涂碳铝箔"，可以用于和当时价格比较昂贵的人工石墨膜竞争。丁古巧团队进行了一些尝试，将还原氧化石墨烯和少量高分子分散剂复合后形成浆料，再涂布到铜箔表面，分散剂的种类、用量、分散过程等会影响涂层的结合力，最终实现了所需要的结合强度。但是使用手机进行实测试验，发现应用效果一般，甚至可以说是没有什么效果。后来使用膨胀石墨高剪切剥离后再涂布到铜箔上，同样的膨胀石墨/还原氧化石墨烯添加量，发现使用还原氧化石墨烯的效果反而比较差。团队用实际应用案例证明了在 500～1 000 ℃，热还原氧化石墨烯导热性能其实很差，不如膨胀石墨剥离的产物。之后，在客户的建议、鼓励下，团队优化了膨胀石墨剥离和涂布，设法减少分散剂的用量，甚至不使用任何分散剂，从而将导热性能提升到最佳状态，最终通过团队的努力，实现了无分散剂成膜。

然而，该项目最终还是没有成功，主要是因为在铜上涂布的这层膜，本征导热系数应该在 600 W/(m·K) 左右，不会超过 800 W/(m·K)，但涂层较薄，主要还是以下方的铜为主，但铜的热导率低很多，二者复合后，复合材料的整体热导率或等效热导率在 400～600 W/(m·K)，和人工石墨膜当时的热导率 1 200～1 500 W/(m·K) 相差甚远，只能替代低端产品，在高端产品上应用还无法达到所要求的指标。随着智能手机的普及和手机性能的提升，这种产品，包括当时市场上的其他涂碳铜箔产品，利润空间不断压缩，市场需求减少，在市场上所能拿到的份额极其有限，最后彻底被淘汰。第二次导热应用开发，因为没有具体分析市场需求和市场发展方向，导致研发方向走向了低端导热产品，应用之路再次停滞。

第三次导热膜开发是从 2019 年年底开始的。某知名手机品牌公司找到中科悦达，建议进行导热膜研发，并表示愿意提供科研经费。此时的丁古巧经过前两次的折戟沉沙，面对导热膜产品开发更加慎重。在多方调研市场的需求和走向后，丁古巧发现这是一个很好的机会。

首先，国产高端手机的市场需求量大。其次，在手机研发生产中，散热直接影响客户的使用效果，对于好的散热材料，厂商非常愿意花成本去升级。最后，上海微系统所在集成电路方面有很多优势，未来可以转入芯片散热领域。丁古巧决定从这个细分市场切入，对石墨烯应用之路再次发起挑战。

很快，团队就和需求方签署了保密协议，紧锣密鼓开始研发工作。时间到了 2020 年 1 月，在上海微系统所嘉定园区的石墨烯实验室里，丁古巧团队很快就制备获得了相关石墨烯导热膜样品。只是刚开始时研发结果并不理想，热导率只能做到 800 W/(m·K) 左右。大家没有放弃，调整思路，继续研发。五一国际劳动节加班期间，团队终于获得了热导率在 1 200 W/(m·K) 的样品。

合作企业非常认可团队的研发效率，建议中科悦达对这款产品进行批量生产。在对市场分析和产品测评之后，中科悦达的股东们也表示认可。2020 年 8 月，以 3 500 万现金和部分无形资产出资，在毗邻上海的江苏太仓设立了江苏烯望新材料科技有限公司，尝试批量生产。

从研发到生产是无法直接、简单复制的，团队开始迎接新一轮的技术挑战。石墨烯导热膜涉及氧化石墨制备、氧化石墨烯浆料、涂布烘干剥离、多步热处理直至2 800 ℃以上的高温石墨化、压延等关键工艺，在实验室里，一批石墨烯导热膜样品可能1个月完成，但在批量生产时，所需的生产设备更多，生产周期可能会更长。实验室研发的困难解决后，又会出现批量生产难题：浆料一致性、1 m多宽涂布的一致性、大面积石墨化处理的一致性、压延的一致性、连续生产等。产品在生产技术方面存在诸多挑战。

2020年8月—2021年3月，团队夜以继日，终于成功搭建了生产线。2021—2022年不断提升产品的性能和生产能力，导热膜产品的生产样品可以达到1 300 ~ 1 400 W/(m·K)，研发样品可以达到1 500 ~ 1 600 W/(m·K)这一很高的性能。但是导热膜产品生产，项目投入很大，太仓工厂仅仅是试验工厂，还无法完全满足手机企业对产能的要求。

此时，人工石墨膜市场也有了变化，人工石墨膜产品实现了从40 μm到70 μm的厚度突破。同时，中国高端手机的产量和销量都大幅度下降。在多方面因素的影响下，石墨烯导热膜的市场份额突然急剧下降，产业化探索再次面临失败的风险。

丁古巧基于多次的产业化经验认为，虽然市场有所变化，但是在石墨烯应用领域，导热膜产品的机会很大。首先，石墨烯本身具有优异的材料性质，优化产品质量后性能提升很快。其次，在生产上，未来大幅降低成本也是比较有希望的。公司采纳了丁古巧的建议，克服重重困难，实现了首轮融资，并在2022年下半年开始在盐城建设更大规模的工厂。经过不断努力，工厂产品的性能和研发产品的性能都提升到了行业领先水平，公司开始向手机企业交付石墨烯导热膜产品。

从2013年以还原氧化石墨粉体为原料制备石墨烯导热膜，到2016年以膨胀石墨涂布在金属表面制备复合导热膜，再到2020年年初开始以氧化石墨为原料制备石墨烯导热膜，在导热膜应用上团队经历很多失败，走过不少弯路。

丁古巧认为第一次和第二次研发的技术路线有问题，因此成功概率极低。到了第三次，虽然更为慎重，从实验室到中试，再到最终规模量产，但是其中的路程也并非一帆风顺，特别是市场需求，从一片大好到一落千丈，再到慢慢复苏，其间还经历了石墨烯在性能上全面碾压人工石墨膜到人工石墨膜突然取得突破，再到石墨烯导热膜的性能再次超越的过程。

在面对这些起起伏伏的变化的过程中，因为没法精准判断短期的趋势，有时候难免焦虑。尽管从石墨烯本征导热特性、石墨烯成膜优化和导热性能提升、石墨烯材料优化等角度，丁古巧坚定地认为未来石墨烯导热膜的优势还是会超越人工石墨膜，起码在高端产品上会有所超越。

同时，生产石墨烯导热膜的投资巨大，研发和试验工厂建设需要投入 5 000 万以上，批量生产更是需要投入过亿。固定资产投入大，用电需求量大，碳排放量大，成本相比于人工石墨膜偏高，因此，石墨烯导热膜的性价比还需要进一步提高。

丁古巧对石墨、氧化石墨、石墨烯导热膜的应用倾注了很多精力。2023 年 8 月，六盘山论坛 2023——能源材料与绿色催化研讨会在宁夏举行，其间丁古巧撰写了下面这首诗。

从石墨到石墨烯导热膜

一片石墨万层烯，

插层氧化便解理。

千片万片无数片，

落入溶剂不相见。

层层组装漫无边，

百炼千锤终领先。

（2023 年 8 月 12 日）

一个天然石墨鳞片，通过氧化插层法，实现层间解理，可以剥离出数万片石墨烯。单层氧化石墨烯片分散性极好，在溶剂中不易堆叠团聚，经过涂布层层组装，在显微镜下可以看到漫无边际的石墨烯片有序堆叠，经过高温石墨烯化处理和大力压延的锤炼，获得了极高的导热性能。石墨烯导热膜至今也不算取得了成功，未来能否成功突破人工石墨膜、天然石墨膜、其他新技术等的围追阻截尚不清楚，但丁古巧认为导热膜研发过程中不断积累的团队人员、核心技术、研发能力是宝贵的、可以传承的，重点是如何将这些能力转变为市场需求的产品，不一定是导热膜产品，只要是利用相关技术做出市场需要的产品即可。

对于石墨烯的应用，特别是有前景的高端应用，丁古巧喜欢用"长期看好，短期曲折"来描述。在做了很多的应用探索之后，他不断更新自己对石墨烯应用的理解。丁古巧建议，作为研发者，应该更注重底层核心技术的积累，以求技术领先，注重生产技术的集成和优化，以求降低成本，这样在产业化的时候才能发展得更好更稳。

（二）对石墨烯应用之路的反思

从开始做石墨烯应用研究到尝试产业化，很多次面临困难的局面。除了导热膜应用开发过程中感受到的重重困难，丁古巧也经历了高晶体质量、少层石墨烯材料从毫克级到克级再到千克级的放大过程，切实体会到实验室和工程化之间的巨大差异和不确定性。2021 年年底，受宁波德泰中研信息科技有限公司（简称 DT 新材料）的创始人张立生的邀请，丁古巧写了一篇关于科技成果转化的文章，其中有句话是"要把一个企业做成功，不比当好一个教授容易"，这句话是希望大家客观看待基础研究、科学研究、技术进步和企业经营管理各自的重要性。

文中他提到：

"做学术和做产业的思维完全不一样。学术是一个高投入但不追求短期回报的过程，发现新东西、新方法、新理论，并向全世界公布，从而推动和扩展我们对世界的认知边界。这个过程需要国家科研经费、科研平台的投入，产出就是公开的知识与论文、培养的人才。产业追求的是以最少的投入获得最大的回报。研发的 know-how 是不公开的，也会追求高科技，也会持续投入研发，但这是为了保护企业自身的利益。科研人员在学术领域取得成绩、成就不代表转入科技产业就一定能够成功。

做产业和做学术一样需要付出很多。一个成功的科研人员会在选题、攻关、撰写论文等方面付出大量精力，不会做一些'灌水'的工作。在做产业化的过程中，需要解决工程化问题，需要聚焦国家需求、行业难点、关键技术去深耕和攻关。企业还需要一个更强大的协同合作团队，面对各种困难和挑战，需要夜以继日，更需要坚忍不拔。

对产业需要有敬畏之心。企业家非常辛苦，要把一个企业做成功，不比当好教授容易。学术界和产业界需要相互支持、相互尊重。科研人员做产业还有另外一种思路，就是将科研成果进行转让，这可能是对科研学者来说最健康的一种科技成果产业化的方式。顶级的技术只有热爱科研的人才能开发出来，但一个热爱科研的人不一定能做成顶级企业。如果寻找成熟的企业合作，获得短期的转让费和长期的股权回报、销售提成等，在保持科研热情的同时，又不会被产业化耽误大量的时间和精力，这样可能更适合科研学者的发展，也是科学家和企业家合作共赢、优势互补的良好模式。

从我个人的经验来说，产业化的挑战主要体现在：研发、生产、客户。首先，研发需要综合考虑市场的需求和情况，以及国家政策，应选择有市场、有前景的方向。其次，从实验室到生产环节，如何达到批量生产，以及保持产品品质的一致性就成了攻克的难点。最后，客户环节是产业化最重要的体现。只有满足了客户的需求，才能拿到市场的订单。从科研人员变成企业人员，思路和心态都需要非常大的改变。只有亲身体验过的人才能明白其中的差异。

石墨烯材料在过去的发展是合理的，但商业化之路需要抓住关键点。

首先，在源头石墨烯材料这方面，应该加大投入。早在 2010 年，我就呼吁加大石墨烯材料的研发投入，特别是粉体材料。像碳纤维、碳纳米管等碳材料行业一样，石墨烯行业最终的瓶颈是石墨烯材料。石墨烯基础材料方面发展得有序、有体系、有核心竞争力，才能很好地支撑我国石墨烯行业的发展，才能推动下游石墨烯应用企业的技术进步和竞争力提升。例如，关于机械剥离法、氧化还原法、电化学法等制备的石墨烯粉体的横向尺寸一致性，目前绝大多数企业基本上都是在很宽范围内的不对称分布。石墨烯材料的尺寸、厚度的均一性不高，不利于下游企业的应用。如果国内石墨烯的横向尺寸（X-Y 方向）和厚度、含氧量、复合技术能够做到精细的可控性，把细分产品做到极致，将会推动石墨烯行业的快速发展。在石墨烯材料端，特别是粉体材料和浆料，需要做的事情还有很多，需要加大投入和研发力度。

其次,在石墨烯下游应用板块,需要引入有前瞻性眼光的大型企业、上市公司并引领应用,这样可以让石墨烯材料的产业化更顺利。华为、小米等头部企业的介入,使得石墨烯导热膜的发展比较迅速。北京石墨烯研究院就是采取这种方式,在某些具体的石墨烯应用方向,与行业的下游龙头企业深度合作。石墨烯材料的应用领域非常多,例如石墨烯金属复合材料,我们觉得它具有很大的潜能,如果有龙头企业投入大量资金去进行开发,就会体现出竞争力。

五、丁古巧口述:感恩过往,期待未来

(一)感谢的人

在15年的石墨烯研发历程中,很多人帮助了我。回想起来,觉得自己特别幸运,我也特别感激!

感谢常州大学袁宁一教授。直到我自己当了课题组组长,才深刻体会到课题组的场地、经费和人员这些要素配置的难度,更深感当年袁老师对我支持力度之大。在我发表论文的时候,袁老师没有要求成为共同通讯之一,这从课题组管理角度来说非常不容易,也体现了袁老师的宽容和大度。

感谢上海微系统所谢晓明研究员。从2010年到现在,最应该感谢的人就是谢晓明研究员。谢老师是我的指路人、人生导师、榜样。谢老师言传身教,对我影响深远。

谢老师科研能力超群。2011年,关于氮化硼上直接生长石墨烯,研究生写了一篇冗长的论文,谢老师仔细分析了研究结果和意义,认为这是一项具有开创性的工作,但还不完善,建议写一篇简短的快报类(Letter)论文。经过修改,该文逻辑清晰、数据简洁,只有2.5页,得到了同行评审和编辑的支持,发表后被引用次数很多。在那篇论文发表之后,谢老师作为通讯作者,在 Nature 子刊上发表了多篇文章。

印象最深刻的是谢老师对石墨烯超导的预判。早在2010年,谢老师就认为石墨烯的载流子超快输运和金属的高载流子浓度应该能够产生协同效应,有助于超导的形成。后来招聘了具有物理专业背景的姜达博士,他的博士后导师是诺贝尔物理学奖获得者安德烈·盖姆,他进上海微系统所后专门从事石墨烯相关的超导研究。直到2020年,曹原利用两层石墨烯堆叠角度的调控获得了石墨烯魔角超导,在 Nature 上发表了多篇文章,形成了国际轰动效应。谢老师关于石墨烯超导的讨论和探究,让我看到了一位学者科研直觉的重要性。

谢老师总是非常耐心地和我以及同事们讨论科研问题,在讨论过程中、在讨论结果执行过程中、在10余年处理一些重要事项的过程中,以实际行动教导我们认真思考基本的科研问题,用心培养学生和人才,用心呵护偏才,对年轻人宽容对待,对能力一般的人员宽松以待,站在整个上海微系统所的角度配置科研资源,不偏袒

自己的课题组和团队。

感谢上海微系统所狄增峰研究员、宋志棠研究员、尤立星研究员、宋三年研究员、刘正新研究员、于庆凯研究员、何朋副研究员、杨思维副研究员、荣亮亮研究员、董慧研究员、李永强博士、曾宪喆博士。

感谢北京大学、北京石墨烯研究院刘忠范院士、张锦院士。

感谢上海交通大学医学院附属第九人民医院范先群院士、周慧芳教授。

感谢宁波大学王刚教授。

感谢正泰集团南存辉先生、王国荣先生。

感谢悦达集团张乃文先生、张正林先生、王连春先生、符贵兴先生。

感谢中科悦达陆永华先生、刘蕾女士、张明杰先生、廖莉女士、李彦宏先生、国娜女士、王胜红先生、梁英女士等。

还有一位特别的朋友,虽交往不多却给了我莫大的支持,其教导我做人做事安心定心,"做就好了",在此特别感谢。

这些优秀的领导、企业家、专家、同事帮助了我,也鞭策了我。

特别感谢我的妻子,感恩父亲、母亲、岳父、岳母,感谢3个姐姐和1个哥哥,感谢孩子们,是他们与我患难与共,给了我强大的精神支持。

(二)继续书写人生考卷

转眼人生已半途,回首向来萧瑟处,风雨兼程不知秋,心随事转未停留。

我过去的经历印证了读书改变命运,勤奋获得回报。从一个农村小孩,在父母简单重复的"不学习就回家和我们一起种地"的劝导下,秉持"笨鸟先飞早入林"的心态,靠着死记硬背、多做习题,从苏北农村到苏州大学,完成了一次飞跃。在全家勤劳朴实的氛围的熏陶下,在父亲坚毅抗癌的激励下,我完成了博士课题,并形成了较好的科研能力。从2007年博士毕业到2017年这段时间,平均每天的工作时间超过12 h,周末和假期也时常工作。2018年之后有所调整,但以每周5天工作日计算依然每天工作超过12 h。在研究生培养方面,坚持每周六召开周例会,这一习惯持续了10余年。截至2024年,我发表的国际论文数量总计有望超过200篇,被引用将超过1万次,H-index有望达到60,算是一个里程碑。

如果说"勤奋""努力"是我人生的核心词汇,那"改变"就是我人生的高频词。人生几次转折,从选择放弃到懂得坚持。随着经历的增加,对自己想做什么越来越清晰。2008年感觉自己更喜欢科研,果断放弃了高薪的外企工作,进入高校。2009年选择踏入石墨烯行业。2013年选择研究石墨烯粉体。2015年参与和正泰集团的合作,2017年主动选择离开。2018年联合创立中科悦达,坚持做了5年总经理,2023年主动辞去总经理职务。放弃应该放弃的,坚持应该坚持的。

但过去的这些勤奋和改变都是正确的吗?如果方向是错误的,越勤奋是不是陷得越深?如果没有整体和长远的规划,改变是不是带来混沌、凌乱?过去日积月累的奔波、操劳、忙碌是为了小我的财富、荣誉、地位，还是为了小家的幸福安宁？是不是努力地作茧自缚？

或许人生最大的考卷是"一生的目标是什么"。人生的终极目标或许是对自己的认同。其他人都能放过自己，唯独自己不能放过自己。读博士研究生压力很大，工作压力很大，当副教授甚至教授压力还是很大，成为知名学者还是很忙……压力和忙碌使我们很少思考人生的目标和意义。

只为挣钱的人生或许是无奈的，却是可悲的。正确的财富观应该是我们做出了贡献，周边的人和社会给了我们适当的回报。

孩子们在玩耍的时候常常心不二用，往往不知道累、不知道苦、不知道痛，在开心分子多巴胺的催动下，在内啡肽带来的满足和兴奋中，孩子们的欢乐是充满感染力的。如何能像孩子们玩耍一样开心地工作，或者把努力工作和开心生活融为一体呢？或许最佳答案就是竭尽全力、心无旁骛地做一件事，一件自己认为很有意义的事，直到做成。大隐隐于市，退居山林是不现实的。凡事求诸己，像自己宣战，拿自己开刀，开路架桥，迎难而上。求诸己，最重要的是求诸自己的心。

继续书写的人生考卷之一是：如何在石墨烯领域做出自己的一点点贡献，从而有利于行业的高质量发展？聚焦石墨烯材料，而且是少层、高质量石墨烯材料，达到国际标准化组织（ISO）的标准要求，突破现有技术瓶颈，实现批量制备。石墨烯材料是石墨烯行业发展的基础和基石，石墨烯材料的发展水平决定了下游应用开发的高度。从这个角度讲，量产高质量的石墨烯材料是石墨烯行业的技术制高点，抢占科技制高点就是我们的目标。需要抓紧整合资源，加大石墨烯材料的研发力度，集中攻关单层率高、横向尺寸可调、晶格质量高的石墨烯，并以此为基础促进下游应用的开发。

继续书写的人生考卷之二是：未来30年要实现什么目标，或者说一生要达到什么目标？人生就像鱼群逆流而上，鲤鱼跳龙门只是上了一个台阶，未来将继续逆行，在更高的层次上继续前行。在茫茫人群中，我真的很渺小。在千山万水中，任何人都很渺小。在浩瀚宇宙中，你我小得看不见。天地一逆旅，同悲万古尘！我需要不断提升心力，用心约束自己，用心驱动自己。生活在当下的中国，拥有当下的日子，已是非常幸运，用心热爱每一天，用心磨炼事业，努力活成自己喜欢的样子。我的人生目标是追求一个自我认同的过程、一种风雨就是晴天的状态。

附录

中国石墨烯产业大事记
（2013—2023 年）

2013 年

7月13日，石墨烯联盟（CGIA）在北京成立。

10月17日，中国科学院宁波材料技术与工程研究所发布《石墨烯技术专利分析报告》。

12月8日，中国石墨烯标准化委员会正式成立。

12月20日，宁波墨西科技有限公司千吨级石墨烯生产线项目首期工程年产300 t石墨烯规模生产线举行落成投产仪式。

12月25日，重庆石墨烯产业园在金凤电子信息产业园正式揭牌，同时，重庆墨希科技有限公司投资5亿元建设的年产1 000万片大面积单层石墨烯薄膜生产线一期项目正式量产。

2014 年

5月5—13日，石墨烯联盟组织中国石墨烯代表团首次走向国际，参加在法国举办的第四届国际石墨烯学术会议并访问欧美石墨烯旗舰计划项目组。

7月14日，"石墨烯发展暨石墨烯产业技术创新战略联盟成立一周年座谈会"在北京召开。

9月1—3日，"2014中国国际石墨烯创新大会"在宁波举行，这是全球首次以石墨烯产业化为主题的国际会议。

10月18日,"青岛国际石墨烯创新中心"和"青岛国家石墨烯产业创新示范基地"挂牌。

10月23日,发展和改革委员会、财政部、工业和信息化部联合印发《关于印发关键材料升级换代工程实施方案的通知》,支持高性能低成本石墨烯粉体及高性能薄膜实现规模稳定生产,在新型显示、先进电池等领域实现应用示范。

11月12日,石墨烯联盟成员之一的中国第一家以石墨烯为主业的上市公司第六元素在新三板挂牌。

12月13日,科学技术部部长万钢考察"青岛国际石墨烯创新中心",听取了李义春秘书长的汇报。

12月13日,国家主席习近平亲赴江苏高新技术产业研究院,调研石墨烯研发及参观产品展示,并对石墨烯产业寄予厚望。

2015 年

1月16日,联盟军工应用委员会在哈尔滨成立。

3月17日,石墨烯联盟与瑞典查尔姆斯理工大学石墨烯中心签署了广泛战略合作备忘录。

5月19日,国务院印发文件,提出高度关注颠覆性新材料对传统材料的影响,做好超导材料、纳米材料、石墨烯、生物基材料等战略前沿材料的提前布局和研制,加快基础材料升级换代。

5月20日,2015中国国际石墨烯创新创业大赛——常州赛事圆满落幕。

7月14日,发起成立深圳市先进石墨烯应用技术研究院。

7月28日,国内首只石墨烯天使基金在青岛高新区设立。

8月11日,国家火炬青岛石墨烯及先进碳材料特色产业基地、国家火炬无锡惠山石墨烯新材料特色产业基地获批。

9月5日,"东旭光电"杯2015中国国际石墨烯创新创业大赛——无锡赛事圆满落幕。

9月29日,国家制造强国建设战略咨询委员会发布文件,提到发展重点包括电动汽车锂电池用石墨烯基电极材料;海洋工程用石墨烯基防腐涂料;柔性电子用石墨烯薄膜；光/电领域用石墨烯基高性能热界面材料。

10月23日，国家主席习近平参观曼彻斯特大学国家石墨烯研究院，指出中、英在石墨烯研究领域完全可以实现"强强联合"。

10月28日，石墨烯联盟同上海宝山区签署了"上海石墨烯产业技术功能型平台"共建协议。

10月30日，2015中国国际石墨烯创新大会圆满落幕。

10月30日，石墨烯联盟产业研究部编写的《2015全球石墨烯产业研究报告》首次发布。

11月30日，工业和信息化部、发展和改革委员会、科学技术部联合发布《关于加快石墨烯产业创新发展的若干意见》。

石墨烯导电浆料进入比亚迪、国轩等电池厂商，正式开启商业化应用。

2016年

3月17日，国务院印发《中华人民共和国国民经济和社会发展第十三个五年规划纲要》，提到大力发展石墨烯、超材料等纳米功能材料。

4月19日，中国石墨烯产业代表团赴意大利热那亚参加2016全球石墨烯春季大会。

5月17日，首届中韩（青岛）石墨烯产业合作论坛暨项目对接会在青岛举行。

5月19日，国务院印发《国家创新驱动发展战略纲要》，提到开发移动互联技术、量子信息技术、空天技术，推动增材制造装备、智能机器人、无人驾驶汽车等发展，发挥纳米、石墨烯等技术对新材料产业发展的引领作用。

5月20日，石墨烯联盟与瑞典查尔姆斯理工大学签署了会议备忘录，中、瑞开启石墨烯合作新篇章。

6月30日，2016中国国际石墨烯创新大会暨《2016全球石墨烯产业研究报告》首发新闻发布会成功举办。

7月5日，*Nature*首次报道石墨烯联盟在推动中国石墨烯产业化方面做出的工作。

7月28日，石墨烯知识产权保护座谈会在科学技术部知识产权事务中心会议室召开。

9月1日，大赛承载创业"烯"望，无锡助力梦想启航——2016中国（无锡）石墨烯创新创业大赛圆满落下帷幕。

9月24日，"2016中国国际石墨烯创新大会"圆满落幕。

12月18日，石墨烯联盟设立"2016年度石墨烯产业杰出贡献奖"，4家企业获得该奖项。

12月18日，国内首家石墨烯众创空间正式启动。

12月19日，国务院印发的《"十三五"国家战略性新兴产业发展规划》中提到："突破石墨烯产业化应用技术，拓展纳米材料在光电子、新能源、生物医药等领域应用范围。"

石墨烯防腐涂料开始商业化应用（石墨烯防腐涂料可应用于海上风电场风电机组塔筒、电网输电铁塔、波浪能海洋发电平台的防腐）。

石墨烯在健康理疗领域的应用层出不穷，推出石墨烯服饰、智能理疗产品等。

2017年

2月27日，石墨烯联盟"石墨烯电能替代工作组"正式成立。

2月28日，国家新材料产业发展专家咨询委员会成立大会在北京召开，石墨烯联盟秘书长李义春受聘为委员会成员。

3月23日，中国石墨烯产业代表团访问剑桥大学石墨烯中心。

3月26日，中国石墨烯产业代表团与留法学者代表团畅谈石墨烯产业深度合作。

3月28日，2017全球石墨烯春季大会唱响中国之声。

6月3日，石墨烯防腐应用推进工作组在北京成立。

6月10日，《2017全球石墨烯产业研究报告》在北京大学正式发布。

6月26日，石墨烯联盟首个石墨烯团体标准《石墨烯材料的术语、定义及代号》（T/CGIA 001—2017）（1号标准）正式发布。

6月26日，石墨烯联盟首个石墨烯技术标准研制与检测基地正式成立。

8月5日，"弄潮烯碳，浓墨未来"——宝泰隆杯2017中国（七台河）石墨烯应用创新创业大赛隆重举行。

8月31日，工业和信息化部印发《重点新材料首批次应用示范指导目录（2017

年版)》，石墨烯材料入选其中。

9月5日，中共中央、国务院印发的《中共中央 国务院关于开展质量提升行动的指导意见》中提到："加强石墨烯、智能仿生材料等前沿新材料布局，逐步进入全球高端制造业采购体系。"

9月25日，石墨烯军民融合委员会正式成立。

9月26日，迈向命运共同体，开创全球石墨烯新未来——2017中国国际石墨烯创新大会圆满落幕。

9月26日，诺贝尔物理学奖获得者安德烈·盖姆教授等多国代表共同签署了《南京宣言》，打造全球石墨烯产业发展共同体。

11月2日，"不忘初心，砥砺前行"——2017 CGIA全国石墨烯企业巡访服务活动大幕开启。

11月10日，"点燃烯望，成就梦想"——2017年中国（广西）石墨烯创新成果交流展示会在鹿寨成功举办。

12月8日，浙江省石墨烯制造业创新中心正式揭牌。

石墨烯在电加热、LED散热、轮胎、铅酸储能电池等领域开始市场化应用（石墨烯电加热市场开始发力，石墨烯散热材料在大功率节能路灯市场开始商用，石墨烯导静电轮胎通过专家鉴定投入使用，超威集团正式发布石墨烯铅酸电池）。

2018年

1月18日，国际石墨烯产品认证中心（IGCC）正式成立，全球首张IGCC"石墨烯材料"产品认证证书问世于Graphene 2018全球石墨烯春季大会。

1月18日，CGIA Research发布《中国石墨烯产业发展白皮书（2017）》。

1月18日，4家企业荣膺2017石墨烯产业杰出贡献奖。

1月18日，全球18家单位入驻全球石墨烯研发合作平台。

2月25日，平昌冬奥会闭幕式上"北京8分钟"的演员服装采用烯旺公司的石墨烯智能发热服饰。

5月31日，石墨烯改性润滑剂标准研制与示范应用基地落户柳工，标准化战略助力产业创新发展。

6月26日，石墨烯联盟组织产业代表团赴德国参加 Graphene 2018 石墨烯春季大会，尽显中国石墨烯产业风采。

6月28日，国际石墨烯产品认证中心（IGCC）在德国召开标准认证研讨会。

7月2日，石墨烯联盟产业代表团访问波兰低温与结构研究所。

7月3日，石墨烯联盟产业代表团访问俄罗斯石墨烯企业 Graphene Materials。

9月8日，2018中国国际石墨烯创新大会暨《全球石墨烯产业研究报告（2018）》首发新闻发布会在西安召开。

9月19日，智汇西安丨开启全球石墨烯产业发展新时代——2018中国国际石墨烯创新大会在西安盛大开幕。

9月19日，西安丝路石墨烯创新中心揭牌成立。

9月21日，中外石墨烯行业的代表联合签署《西安宣言》。

10月16日，工业和信息化部、科学技术部、商务部、市场监管总局联合印发《原材料工业质量提升三年行动方案（2018—2020年）》，将石墨烯材料归到建材行业，并提出工作目标：石墨烯材料生产达国际先进水平，先进无机非金属材料保障能力明显提升。

10月16日，华为发布 Mate 20X 手机，其搭载石墨烯技术，正式开启石墨烯散热商业化之路。

10月29日，中国石墨烯产业领跑企业培育计划第一批入选企业名单公布。

10月21日，2018广西（鹿寨）石墨烯产业项目推介会在鹿寨成功举行。

10月25日，北京石墨烯研究院（BGI）正式揭牌运行。

10月，舟山基地 380 m 世界最高输电塔防腐工程采用石墨烯防腐涂料。

11月26日，国家统计局发布《战略性新兴产业分类（2018）》，石墨烯粉体、石墨烯薄膜入选。

11月28日，打通全球泛工业品市场石墨烯主渠道——易派客将与 CGIA、IGCC 展开全方位战略合作。

2019 年

1月19日，西安石墨烯产业技术创新战略联盟成立。

3月20日，全球顶级学术杂志 Nature 再次报道石墨烯联盟工作。

6月1日，"烯"望之城 势永业安——2019中国福建（永安）石墨烯创新创业大赛在永安成功举办。

6月6日，凝心共聚力 拥抱烯时代——全球石墨烯人共祝"6.6"国际石墨烯日。

6月25日，全球石墨烯春季大会前夕，两家中国企业获颁 IGCC 认证证书。

6月25日，加强国际合作，践行一带一路——石墨烯联盟（CGIA）产业代表团赴意大利参加 Graphene 2019。

6月28日，西安新三力石墨烯汽车应用研发中心揭牌成立。

10月19日，中节能石墨烯节能环保应用研究院正式揭牌成立。

10月19日，烯连丝路、聚焦应用、共赢未来——2019中国国际石墨烯创新大会在西安盛大开幕。

石墨烯联盟与终端应用企业发起成立汽车、节能环保、农业、纺织产业应用推广中心。

2020年

1月11日，大咖云集聚盛会 产业发展促新生——2019石墨烯产业促进奖颁奖盛典在北京举办。

1月11日，石墨烯联盟与终端应用企业共同成立石墨烯应用专家委员会。

6月6日，《2020全球石墨烯产业研究报告》系列丛书亮相国际石墨烯日。

6月6日，国际石墨烯日青少年科普公益活动暨"追梦杯"国际青少年石墨烯科技创新创意成果展示交流活动盛大开启。

6月6日，"国际石墨烯日"系列活动——西安石墨烯产业发展座谈会顺利举行。

7月10日，2020年"创客中国"陕西省中小企业创新创业大赛石墨烯新材料专题赛成功举办。同日，西安市追梦硬科技创业基金会揭牌成立。

10月17日，石墨烯联盟与全球石墨烯权威机构共同举行首届国际石墨烯颁奖典礼。

10月18日，"烯"世盛会圆满落幕，不忘初心共赴新征程——2020中国国际石墨烯创新大会圆满落幕。

石墨烯散热渐成5G电子产品散热主流方案，华为、小米、vivo、OPPO手机使用石墨烯散热。

石墨烯抗菌抗病毒产品在防疫中发挥作用。

石墨烯重防腐涂料成功应用于国家电网跨海大桥输变电工程。

国产8英寸石墨烯晶圆实现小批量生产。

2021 年

1月14日，拥抱"双碳"目标、助力绿色转型——石墨烯"碳达峰、碳中和"技术应用论坛圆满召开。

1月16日，同心筑梦新征程 携手奋进"烯"时代——2020年度石墨烯产业发展座谈会暨联盟年会在上海成功召开。

11月13日，第二届国际石墨烯颁奖典礼在上海隆重举行，中国石墨烯企业斩获两项国际大奖。

11月13日，2021中国国际石墨烯创新大会–标准论坛在上海大学成功举办。

11月，石墨烯联盟链接上、下游企业，聚焦产业痛点，组织百场供需对接，赋能创新发展。

石墨烯联盟联合西安市追梦硬科技创业基金会发起百场石墨烯公益科普活动。

国内石墨烯粉体产能突破1万t。

2022 年

1月6日，干勇、石定寰、薛群基、冯冠平同志应邀出任石墨烯联盟名誉理事长。

6月6日，追梦新时代 共创烯未来——第四届国际石墨烯日顺利召开。

8月17日，工业和信息化部、国务院国有资产监督管理委员会、国家市场监督管理总局、国家知识产权局联合印发的《原材料工业"三品"实施方案》中重点提到："积极培育石墨烯材料、量子材料、智能材料等前沿新材料，进一步提升高端产品有效供给能力，强化对战略性新兴产业和国家重大工程的支撑作用。"

9月7日，石墨烯袜业应用产业联盟揭牌成立。

11月7日，国家石墨烯创新中心获得工业和信息化部批复成立。

11月11日，汇聚全球石墨烯创新成果，展现中国石墨烯产业发展成就，展韧性、树信心、抓机遇、创新功——2022年度中国石墨烯产业领袖圆桌会在上海成功召开。

11月13日，第三届国际石墨烯颁奖典礼隆重举行，刘忠范院士获得终身荣誉奖。

烯碳铝合金在航空航天领域得到商业化应用。

石墨烯加热服饰、石墨烯电采暖技术在2022年北京冬季奥运会中得到应用。

新建福厦铁路安海湾特大桥成功合龙，钢梁外表采用石墨烯纳米防腐蚀涂料。

西北油田巧用石墨烯涂层技术解决结蜡难题。

高导热-石墨烯基碳纤维全球首发。

2023年

7月14日，发展和改革委员会会同有关部门修订形成了《产业结构调整指导目录（2023年本，征求意见稿）》（简称《目录》）。《目录》由鼓励类、限制类和淘汰类三大类组成，其中鼓励类主要是对经济社会发展有重要促进作用的技术、装备及产品，石墨烯材料被列入鼓励类目录。

8月28日，工业和信息化部与国务院国有资产监督管理委员会联合发布《工业和信息化部　国务院国资委关于印发前沿材料产业化重点发展指导目录（第一批）的通知》，目的在于加快前沿材料产业化创新发展，引导形成发展合力。石墨烯材料位列其中，石墨烯的性能特点：碳原子以sp2杂化共价键连接形成的二维碳材料，具有优异的光、热、力、电性质，兼具良好的化学稳定性，包括高导电石墨烯铜基复合材料、石墨烯电极材料等。潜在应用领域：轨道交通、航空航天装备、新能源、新一代信息技术等。

10月20日，2023"烯创未来"中国（宁波）创业创新大赛决赛顺利举办。

11月10日，中国石墨烯人的盛典——"创业十年 石墨烯中国梦"庆典活动于上海2023（第十届）中国国际石墨烯创新大会期间隆重举行。4位为中国石墨烯产业进步和发展做出突出贡献、在行业内具有极大影响力的著名企业家、专家获得了"中国石墨烯产业风云人物"称号，他们是"中国石墨烯产业播种人"——安德烈·盖姆教授、"中国石墨烯产业奠基人"——冯冠平董事长、"中国石墨烯产业领航人"——刘忠范院士、"中国石墨烯产业护航人"——李义春理事长；8位坚守创业初心、致力于石墨烯科技成果转化、为推进石墨烯产业化进程做出杰出贡献的企业家获得了"中国石墨烯创业功勋人物"称号，他们分别是瞿研、刘兆平、侯士峰、高超、陈利军、潘东晓、丁古巧、方崇卿。

12月，石墨烯联盟联合西安市追梦硬科技创业基金会发布《关于向甘肃、青海等地震受灾地区紧急捐款、捐物的倡议书》，石墨烯企业纷纷响应倡议，为灾区捐赠石墨烯棉被、取暖器等御寒物资。

石墨烯联盟（CGIA）成立十周年。

联盟与中国材料研究学会联合成立中国材料研究学会石墨烯分会。

柳工石墨烯润滑脂出口欧洲市场。

蒙烯玻璃纤维材料顺利实现风电叶片样机吊装，未来将应用在风电除冰等民用领域。

中车研究院与上海交通大学张荻团队联合研制出复合材料超级铜，一年预计将节省185亿度电，已实现小批量生产。

全球石墨烯市场化成果开启新一轮投资热潮。

石墨烯散热市场发展迅速，国内各大手机厂商发布的旗舰手机纷纷使用并迭代石墨烯散热技术。

后 记

从 2013 年中国石墨烯产业化正式揭幕，到 2023 年中国石墨烯产业迈入高质量发展的新阶段，中国石墨烯产业走过了波澜壮阔、风云变幻的 10 年。10 年，在历史的长河中或许只是短暂的一瞬，然而对于中国石墨烯产业而言，却是关键而重要的 10 年，是浓墨重彩的篇章，是铭心刻骨、难以忘怀的 10 年。

为纪念这 10 年，西安市追梦硬科技创业基金会联合石墨烯联盟等单位共同组织编写了本书，主要记述了中国石墨烯人 10 年来创业奋斗的追梦故事，记录了石墨烯行业的发展历程，以期传承创业奋斗薪火，弘扬企业家精神，致敬石墨烯追梦人，传播时代正能量。

本书主要包括两部分，第一部分为产业观察，是对中国石墨烯产业 10 年发展历程及石墨烯联盟工作的总结和梳理；第二部分为人物传记，是为我国石墨烯产业发展做出突出贡献的人物的传记，该部分详细描述了这些人物的追梦故事，包括他们在推动中国石墨烯产业化过程中的科研及创业经历、取得的成果、行业贡献、感人事迹及成长感悟等。本书从宏观和微观的叙事角度，不仅为读者展示了中国石墨烯产业不断发展壮大的历程，更向读者展示了无数石墨烯人为石墨烯中国梦所付出的艰辛、努力和汗水。

本书作为纪念中国石墨烯产业发展十周年系列活动的成果之一，在策划、编写和出版过程中，得到了众多石墨烯相关单位、专业人士，以及业界同人的大力支持，同时收到许多专家、顾问提出的宝贵建议，在此，致以由衷的感谢。书中每篇文章的作者无不认真撰写，反复修改完善，为打造这部精品倾情奉献；在组织编写及出版的过程中，石墨烯联盟、西安市追梦硬科技创业基金会及哈尔滨工业大学出版社相关工作人员做了大量辛苦而细致的工作，在此，一并表示感谢。

"10 年创业写'烯'路，不忘初心启新篇。"如今，中国石墨烯产业已经站在了新的历史起点上，让我们携手下一个 10 年，共同铸就中国石墨烯产业的新辉煌！

编 者
2024 年 8 月